ZU DIESEM BUCH

Michael Crichton hat in seinem Roman kenntnisreich und mit großer Fabulierkunst das heute technisch Machbare und das vielleicht morgen schon Mögliche verbunden. Er führt den Leser zugleich in die fernsten Regionen des Alls und in die Tiefen des Unterbewußtseins.

«‹Die Gedanken des Bösen› bestätigen Crichtons Rang als Mitbegründer und erfolgreichsten Vertreter des Genres ‹Science-Thriller›: spannend bis zur letzten Seite.» («Welt am Sonntag»)

Michael Crichton, geboren 1942 in Chicago, studierte Philosophie und Medizin an der Universität Harvard. Seine Romane und populärwissenschaftlichen Bücher (u. a. «Im Kreis der Welt», rororo Nr. 12946) sind internationale Bestseller. Michael Crichton ist auch ein erfolgreicher Filmregisseur, so drehte er u. a. «Der erste große Eisenbahnraub» (nach seinem eigenen Roman), «Kein Mord von der Stange» und «Runaway».

Michael Crichton

DIE GEDANKEN DES BÖSEN

Ein Science-Thriller

Deutsch von
Alfred Hans

rororo

Rowohlt

Die Originalausgabe erschien 1987 unter dem Titel
«Sphere» bei Alfred A. Knopf, New York

Einmalige Sonderausgabe November 1996

Veröffentlicht im Rowohlt Taschenbuch Verlag GmbH,
Reinbek bei Hamburg, Mai 1993

Umschlaggestaltung Walter Hellmann
(Foto: G+J Photonica; Nick Vaccaro)

Gesamtherstellung Clausen & Bosse, Leck
Printed in Germany
1600-ISBN 3 499 22105 5

Für
Lynn Nesbit

Wenn ein Naturwissenschaftler die Dinge betrachtet,
bezieht er das Unglaubliche in keiner Weise
mit in seine Erwägungen ein.

Louis I. Kahn

Die Natur läßt sich nicht
hinters Licht führen.

Richard Feynman

INHALT

DIE OBERFLÄCHE

WESTLICH DER TONGA-INSELN

Schon seit einer geraumen Weile bildete die Kimm eine eintönige, gerade, blaue Trennlinie zwischen dem Pazifik und dem Himmel. Der Navy-Hubschrauber flog mit Höchstgeschwindigkeit in niedriger Höhe über den Wellen. Trotz des Lärms und der von den Rotorblättern verursachten Erschütterungen schlief Norman Johnson ein. Er war müde; immerhin war er seit über vierzehn Stunden mit verschiedenen Militärflugzeugen unterwegs. Derlei war ein dreiundfünzigjähriger Psychologieprofessor nicht gewöhnt.

Er wußte nicht, wie lange er geschlafen hatte. Als er aufwachte, war die Horizontlinie immer noch vollkommen plan; weit voraus sah er weiße Halbkreise – die Brandung um Korallenatolle. Über die Helmsprechanlage erkundigte er sich: «Was ist das da vorne?»

«Ninihina und Tafahi», erklärte der Pilot. «Gehören zu den Tonga-Inseln, sind aber unbewohnt. Gut geschlafen?»

«Es geht.» Norman warf einen Blick auf die unter ihnen vorüberhuschenden Inseln: Eine geschwungene Uferlinie aus hellem Sand, eine Handvoll Palmen – vorbei. Wieder lag nichts als glatter Ozean vor ihnen.

«Von wo hat man Sie geholt?» wollte der Pilot wissen.

«Aus San Diego», sagte Norman. «Bin gestern abgeflogen.»

«Dann sind Sie also über Honolulu, Guam und Pago gekommen?»

«Stimmt.»

«Ganz schön weit», sagte der Pilot. «Was machen Sie, Sir?»

«Ich bin Psychologe», sagte Norman.

«Seelenklempner?» Der Pilot grinste. «Warum nicht? Sie haben schon alle möglichen anderen zusammengetrommelt.»

«Wie darf ich das verstehen?»

«Seit zwei Tagen karren wir von Guam aus Leute ans Ende der Welt, hier mitten in den Pazifik: Physiker, Biologen, Mathematiker und weiß der Geier was noch.»

«Was ist denn los?» fragte Norman.

Der Mann warf ihm einen Blick zu. Hinter den dunklen Gläsern der Pilotenbrille waren seine Augen nicht zu erkennen. «Uns hat man nichts gesagt, Sir. Und Ihnen?»

«Mir wurde gesagt, ein Flugzeug sei abgestürzt», antwortete Norman.

«Mhm», sagte der Pilot. «Holt man Sie öfter zu so was?»

«Ist schon vorgekommen, ja.»

Seit einem Jahrzehnt stand Norman Johnson auf der Liste des amerikanischen Bundesluftfahrtamtes. Wenn ein Zivilflugzeug abstürzte, entsandte diese Behörde zur Untersuchung der näheren Umstände und der Unfallursache Expertenteams an die Absturzstelle. Deren Mitglieder mußten stets von einem Augenblick auf den anderen abrufbereit sein. Normans erster Einsatz war 1976 in der Nähe von San Diego gewesen, wo eine Maschine der United Airlines abgestürzt war; 1978 hatte man ihn nach Chicago und 1982 nach Dallas beordert. Jedesmal war es das gleiche gewesen – ein dringender Anruf, hastiges Packen, dann war er eine Woche oder länger fortgeblieben. Als man ihn diesmal jedoch am 1. Juli holte, hatte seine Frau Ellen sich geärgert, denn das bedeutete, daß er zu der für den 4. Juli, dem Nationalfeiertag, geplanten Grillparty am Strand nicht zurück sein würde. Außerdem wollte Tim nach seinem zweiten Jahr an der Universität von Chicago auf dem Weg zu einem Ferienjob in den Cascades aus diesem Anlaß zu Hause vorbeischauen. Amy, inzwischen sechzehn, war gerade aus Andover zurückgekehrt; sie und Ellen vertrugen sich nicht besonders, wenn Norman nicht als Vermittler in der Nähe war. Da war noch so manches andere: der Volvo machte schon wieder eigentümliche Geräusche, ganz abgesehen davon, daß Norman möglicherweise in der kommenden Woche den Geburtstag seiner Mutter verpassen würde.

«Worum geht es überhaupt?» hatte Ellen wissen wollen. «Ich hab von keinem Absturz gehört.»

Während er packte, schaltete sie das Radio ein. Aber auch in den Nachrichten wurde mit keinem Wort ein Flugzeugabsturz erwähnt.

Der Wagen, der ihn abholte, gehörte, wie Norman voller Überraschung feststellte, zur Fahrbereitschaft der Navy. Der Fahrer trug eine Navyuniform.

«So einen Wagen haben sie noch nie geschickt», sagte Ellen, während sie ihm die Treppe hinab zur Haustür folgte. «Ist eine Militärmaschine abgestürzt?»

«Ich weiß es nicht», gab er zurück.

«Wann kommst du wieder?»

Er küßte sie zum Abschied. «Ich ruf dich an», sagte er, «ganz bestimmt.»

Aber das hatte er nicht getan. Zwar war jedermann sehr freundlich und zuvorkommend zu ihm gewesen, aber an ein Telefon hatte man ihn nicht gelassen – weder am Stützpunkt Hickham Field auf Honolulu, noch bei den Marinefliegern auf Guam, wo er um zwei Uhr morgens angekommen war. Dabei wäre reichlich Zeit gewesen – er hatte dort bis zu seinem Weiterflug eine halbe Stunde in einem Raum verbringen müssen, in dem es nach Kerosin roch. Während er wartete, hatte er verdrossen in einem Exemplar des *American Journal of Psychology* geblättert, das er bei sich hatte. Als er bei Morgengrauen auf Pago Pago eintraf, hatte man ihn eilends an Bord eines wartenden Sea Knight-Hubschraubers gebracht, der unverzüglich von der Startbahn abgehoben und über Palmen und verrostete Wellblechdächer hinweg Westkurs in den Pazifik hinaus genommen hatte.

In diesem Hubschrauber saß er jetzt seit zwei Stunden. Einen Teil der Zeit hatte er vor sich hin gedöst. Ellen, Tim, Amy und der Geburtstag seiner Mutter schienen in weiter Ferne zu liegen.

«Wo sind wir hier eigentlich?»

«Im Südpazifik zwischen Samoa und den Fidschi-Inseln», sagte der Pilot.

«Können Sie mir das auf der Karte zeigen?»

«Dazu bin ich nicht ermächtigt, Sir. Außerdem würden Sie nicht viel sehen. In einem Umkreis von zweihundert Meilen ist hier nichts als Wasser.»

Norman sah auf die Linie der Kimm, die nach wie vor blau und gerade vor ihnen lag. Das glaube ich glatt, dachte er. Er gähnte. «Finden Sie es nicht langweilig, immer nur das da zu sehen?»

«Ehrlich gesagt, nein, Sir», sagte der Pilot. «Ich bin richtig froh, daß die See so ruhig ist. Dann haben wir wenigstens gutes Wetter. Es hält sich sowieso nicht mehr lange. Über den Admiralitätsinseln soll sich ein Zyklon zusammenbrauen, der bestimmt in ein paar Tagen hier ist.»

«Und was passiert dann?»

«Jeder rettet sich, so schnell er kann. Das Wetter kann in dieser Ecke ziemlich ekelhaft sein, Sir. Ich stamme aus Florida und hab schon als Junge ein paar Wirbelstürme miterlebt – aber im Vergleich zu einem pazifischen Zyklon war das eine leichte Brise.»

Norman nickte. «Wann kommen wir an?»

«Jeden Augenblick, Sir.»

Nach zwei Stunden Eintönigkeit wirkte der Anblick der kleinen Flotte beinahe aufregend. Mehr als ein Dutzend Schiffe verschiedener Typen waren annähernd konzentrisch angeordnet. Im äußeren Kreis zählte Norman acht graue Zerstörer der US-Navy. Näher zur Mitte lagen große Schiffe, die mit ihren ziemlich weit auseinander liegenden Doppelrümpfen aussahen wie schwimmende Trockendocks; dann kamen schwer klassifizierbare kastenförmige Schiffe mit Hubschrauberlandedecks, und in der Mitte stachen aus all dem Grau zwei weiße Schiffe hervor, beide mit einem Landedeck und einer Landemarkierung.

Der Pilot schnurrte herunter: «Außen bilden die Zerstörer einen Schutzring, und innerhalb liegen Fernversorger für die Roboter. Der Rest sind Versorgungs- und Nachschubschiffe, und in der Mitte OFUVs.»

«OFUVs?»

«Schiffe für Ozeanforschung und Vermessung. Sie liefern meereskundliche Daten.» Der Pilot wies auf die weißen Schiffe. «Da an Backbord liegt die *John Hawes* und an Steuerbord die *William Arthur*. Wir gehen auf der *Hawes* runter.» Er flog die Formation in einem Kreis ab. Norman sah zwischen den Schiffen Barkassen hin und her gleiten. Gegen das tiefblaue Wasser hob sich ihr weißes Kielwasser deutlich ab.

«Und all das für einen Flugzeugabsturz?» fragte Norman.

«Nee», sagte der Pilot mit breitem Grinsen. «Von einem Absturz hab ich nichts gesagt. Sind Sie fest angegurtet, Sir? Wir landen.»

BARNES

Die rote Landemarkierung wurde größer und verschwand unter ihnen, als der Hubschrauber aufsetzte. Während Norman sich noch am Verschluß seines Sitzgurtes zu schaffen machte, kam ein uniformierter Angehöriger der Navy im Laufschritt heran und öffnete die Tür.

«Dr. Johnson? Norman Johnson?»

«Ja.»

«Haben Sie Gepäck, Sir?»

«Nur das hier.» Norman griff hinter sich und zog seinen kleinen Übernachtungskoffer hervor. Der Offizier nahm ihn.

«Haben Sie wissenschaftliche Instrumente oder etwas in der Art?»

«Nein, das ist alles.»

«Bitte folgen Sie mir, Sir. Ziehen Sie den Kopf ein und gehen Sie nicht nach hinten, Sir.»

Norman stieg aus und duckte sich unter den Rotorblättern. Der Offizier ging voraus. Von der Hubschrauberlandeplattform ging es eine schmale Eisentreppe hinab. Das Geländer fühlte sich heiß an. Der Hubschrauber hob bereits wieder ab, und der Pilot winkte grüßend. Nachdem das Dröhnen der Rotoren verklungen war, wirkte die Luft über dem Pazifik still und entsetzlich heiß.

«Hatten Sie einen guten Flug, Sir?»

«Doch, ja.»

«Müssen Sie irgendwohin, Sir?»

«Bin doch gerade erst angekommen», sagte Norman.

«Nun, ich meine: Müssen Sie austreten, Sir?»

«Nein», sagte Norman.

«Gut. Die Klos sind nämlich alle verstopft.»

«Ach ja?»

«Seit gestern abend sind bei uns die sanitären Anlagen ausgefallen. Unsere Leute arbeiten daran, und wir hoffen, die Sache bald im Griff zu haben.» Er sah zu Norman hinüber. «Wir haben im Augenblick eine ganze Reihe Frauen an Bord, Sir.»

«So», sagte Norman.

«Für dringende Fälle gibt es eine chemische Toilette, Sir.»

«Nicht nötig, vielen Dank.»

«Dann möchte Captain Barnes Sie sofort sprechen, Sir.»

«Ich würde gern erst zu Hause anrufen.»

«Das können Sie Captain Barnes vortragen, Sir.»

Durch eine niedrige Tür traten sie aus der heißen Sonne in einen von Leuchtstoffröhren erleuchteten Gang. Dort war es merklich kühler. «Wenigstens hat uns in letzter Zeit die Klimaanlage nicht im Stich gelassen», sagte der Offizier, «das ist immerhin schon etwas.»

«Kommt das denn oft vor?»

«Nur, wenn es heiß ist.»

Durch eine weitere Tür ging es in einen großen, werkstattähnlichen Raum mit Metallwänden und Werkzeugständern. Schneidbrenner sprühten Funken, Arbeiter beugten sich über Teile von Schwimmpontons und komplizierte Baugruppen. Kabel wanden sich über den Boden. «Hier werden die ROVs, die Unterwasserroboter, repariert», schrie ihm der Offizier durch den Lärm zu. «Aber nur empfindliche Sachen, Elektronik und so weiter – die rein mechanische Schrauberei wird größtenteils auf den Versorgungsschiffen erledigt. Hier entlang, Sir.»

Sie gingen durch eine weitere Tür, folgten einem anderen Gang und betraten einen niedrigen Raum, der voller Monitore stand. Ein halbes Dutzend Techniker saß in schattigem Halbdunkel vor den Farbbildschirmen. Norman blieb stehen.

«Von hier aus überwachen wir die Roboterfahrzeuge», sagte der Offizier. «Ständig sind drei oder vier von den ROVs da unten im Einsatz – außerdem natürlich unsere Klein-U-Boote und Taucher.»

Norman hörte es knistern und rauschen, leise Wortfetzen von Funkkontakten, die er nicht verstehen konnte. Auf einem der Bildschirme sah er in grellem Kunstlicht einen Taucher über den Meeresboden gehen. Er trug einen Taucheranzug, wie Norman ihn noch nie gesehen hatte: schweres, blaues Material und einen seltsam geformten, leuchtend gelben Helm.

Norman wies auf den Bildschirm. «In welcher Tiefe arbeitet er?»

«Genau weiß ich es nicht, aber ich denke, so an die dreihundert, dreihundertfünfzig Meter.»

«Und was hat man bis jetzt gefunden?»

«Ein großes Leitwerksteil aus Titan.» Der Offizier sah sich um. «Es ist gerade auf keinem der Bildschirme zu sehen. Bill, können Sie Dr. Johnson hier mal die Flosse zeigen?»

«Leider nein», sagte der Techniker, «im Augenblick arbeitet das Hauptgerät nördlich davon, im Planquadrat sieben.»

«Mhm. Das liegt einen guten halben Kilometer von der Stelle entfernt», sagte der Offizier zu Norman. «Schade. Die Sache ist sehr eindrucksvoll. Aber bestimmt werden Sie es später noch sehen. Hier geht's zu Captain Barnes.»

Während sie den Gang entlanggingen, fragte der Offizier: «Kennen Sie den Captain schon, Sir?»

«Nein, warum?»

«Er brennt darauf, Sie zu sehen. Hat stündlich bei den Nachrichtenfritzen angerufen, um zu erfahren, wann Sie kämen.»

«Nein», sagte Norman, «ich kenne ihn nicht.»

«Er ist ganz in Ordnung.»

«Das glaube ich.»

Der Offizier sah sich über die Schulter zu Norman um. «Allerdings kursiert etwas über ihn», erklärte er.

«So? Was denn?»

«Daß er schlimmer beißt, als er bellt.»

Es ging durch eine weitere Tür, die die Aufschrift ‹Projektkommandant› und darunter ein Wechselschild mit dem Namen ‹Capt. Harold C. Barnes, USN› trug. Der Offizier ließ Norman in einen getäfelten Repräsentationsraum eintreten. Ein dynamisch wirkender Mann in Hemdsärmeln erhob sich hinter einem mit Aktenbergen bedeckten Schreibtisch.

Captain Hal Barnes war der Typ des drahtigen Soldaten, neben dem Norman sich dick und schwerfällig vorkam. Barnes war Mitte Vierzig und hielt sich militärisch aufrecht. Er war schlank, trug die Haare kurz geschnitten, hatte ein waches Gesicht und einen betont festen Händedruck.

«Willkommen an Bord der *Hawes*, Dr. Johnson. Wie fühlen Sie sich?»

«Müde», sagte Norman.

«Kann ich mir denken. Sie kommen aus San Diego?»

«Ja.»

«Also waren Sie an die fünfzehn Stunden unterwegs. Wollen Sie sich etwas ausruhen?»

«Ich wüßte gern, warum man mich gerufen hat», sagte Norman.

«Verstehe ich vollkommen», nickte Barnes. «Was hat man Ihnen gesagt?»

«Wer?»

«Die Männer, die Sie in San Diego abgeholt haben, die Piloten, die Sie hergeflogen haben, die Leute auf Guam, wer auch immer.»

«Keine Silbe.»

«Und Sie hatten keinen Kontakt mit Presseleuten oder sonstigen Reportern?»

«Nichts in der Art.»

Barnes lächelte. «Das höre ich gern.» Er bedeutete Norman mit einer Handbewegung, Platz zu nehmen. Dankbar folgte Norman der Aufforderung. «Einen Schluck Kaffee?» fragte Barnes und trat zu einer Kaffeemaschine hinter seinem Schreibtisch. In diesem Augenblick gingen die Lampen aus. Mit Ausnahme des Lichtscheins, der durch ein Bullauge fiel, lag der Raum im Dunkeln.

«*Verdammt* noch mal!» sagte Barnes. «Nicht schon *wieder*. Emerson! *Emerson!*»

Eine Ordonnanz trat ein. «Sir! Wir arbeiten daran, Captain.»

«Was ist es diesmal?»

«Kurzschluß im Roboter-Steuerraum zwo, Sir.»

«Ich dachte, wir hätten zusätzliche Leitungen gelegt.»

«Trotzdem sind sie offenbar überlastet.»

«Ich erwarte, daß das *sofort* erledigt wird, Emerson!»

«Wir hoffen, den Fehler bald behoben zu haben, Sir.»

Die Tür schloß sich, und Barnes nahm wieder Platz. Norman hörte seine Stimme aus der Dunkelheit. «Die Leute können nichts dafür. Die Leitungen dieser Schiffe sind nicht für die hohe Stromaufnahme vorgesehen, mit der wir sie belasten, und – na bitte, schon erledigt.» Es wurde wieder hell. Barnes lächelte. «Wie sieht es aus, Dr. Johnson – Kaffee?»

«Gern, schwarz bitte», sagte Norman.

Barnes goß ihm einen Becher voll. «Wie gesagt, ich bin sehr erleichtert, daß Sie mit niemandem geredet haben. In meinem Beruf ist Sicherheit das A und O, Dr. Johnson. Vor allem bei einer Sache wie dieser hier. Wenn jemand Wind von dem bekäme, was hier vor sich geht, hätten wir alle möglichen Schwierigkeiten am Hals. Immerhin hängt da jetzt schon eine ganze Reihe von Leuten mit drin... Der CincComPac, also der Oberbefehlshaber der Pazifikflotte, wollte mir nicht mal die Zerstörer geben. Erst als ich sowjetische Spionage-U-Boote ins Gespräch brachte, hab ich vier bekommen, und dann sogar acht.»

«Sowjetische Spionage-U-Boote?» fragte Norman zurück.

«Das hab ich denen in Honolulu nur so erzählt», grinste Barnes. «Was bleibt einem anderes übrig – man muß so handeln, wenn man kriegen will, was man für eine Operation wie diese braucht. Heutzutage muß man eben wissen, wie man sich bei der Navy sein Material organisiert. Natürlich ist weit und breit kein Russe zu sehen.»

«Nein?» Es kam Norman vor, als habe er irgendwie nicht verstanden, worum es sich bei dem Gespräch drehte, und er bemühte sich, dies nachzuholen.

«Es ist mehr als unwahrscheinlich, daß die Russen hier aufkreuzen. Natürlich wissen sie, wo wir sind, bestimmt haben sie uns schon längst mit ihren Satelliten ausgemacht. Aber wir senden unaufhörlich entzifferbare Mitteilungen über unsere Such- und Rettungsübungen im Südpazifik. S- und R-Übungen interessieren die nicht besonders, obwohl sie garantiert annehmen, daß es in Wirklichkeit um die Bergung eines abgestürzten Flugzeugs geht. Vielleicht glauben sie sogar, daß wir atomare Sprengköpfe zu bergen versuchen, wie 1968 vor der spanischen Küste. Aber sie werden uns zufriedenlassen – die Sowjetunion will nicht auf politischer Ebene in unsere atomaren Probleme verwickelt werden. Sie wissen, daß wir Schwierigkeiten mit Neuseeland haben.»

«Und das ist alles?» fragte Norman. «Atomare Sprengköpfe?»

«Nein», gab Barnes zur Antwort. «Gott sei Dank nicht. Sobald es um Atomwaffen geht, fühlt sich im Weißen Haus jemand verpflichtet, die Öffentlichkeit davon in Kenntnis zu setzen. Von der Sache hier haben wir nicht mal die Vereinigten Stabschefs informiert. In Washington sind nur der Verteidigungsminister und der Präsident auf dem laufenden, und alle Mitteilungen gehen vom Minister unmittelbar persönlich an den Präsidenten.» Barnes klopfte mit den Knöcheln auf den Tisch. «So weit, so gut. Wir haben nur noch auf Sie gewartet, und jetzt, wo alle an

Bord sind, machen wir den Laden absolut dicht. Nichts kommt mehr rein, und nichts geht mehr raus.»

Norman verstand immer noch nicht. «Aber wozu die Geheimhaltung, wenn es bei dem Absturz gar nicht um atomare Sprengköpfe geht?» fragte er.

«Nun», sagte Barnes, «wir haben noch nicht alle Fakten.»

«Der Absturz ist über dem Ozean geschehen?»

«Ja. Mehr oder weniger da, wo wir jetzt sitzen.»

«Dann kann es keine Überlebenden geben.»

«Überlebende?» Barnes sah ihn überrascht an. «Nein, das denke ich auch nicht.»

«Und was tue dann ich hier?»

Barnes sah verständnislos drein.

«Gewöhnlich», erläuterte Norman, «holt man mich, wenn es bei einem Absturz Überlebende gibt. Der Psychologe in dem Team ist zuständig für akute traumatische Erlebnisse überlebender Fluggäste – und bisweilen auch für den seelischen Zustand ihrer Angehörigen. Für ihre Empfindungen und Ängste, für die immer wieder auftretenden Alpträume. Häufig haben Menschen, die einen Flugzeugabsturz überleben, allerlei Schuldgefühle und Beklemmungen. Sie fragen sich, warum sie überlebt haben und andere nicht. Da sitzt eine Frau mit Mann und Kindern im Flugzeug, und mit einemmal sind sie alle tot, nur sie lebt noch. Solche Fälle.» Norman lehnte sich zurück. «Aber hier – bei einem Flugzeug, das in dreihundert Meter tiefes Wasser gestürzt ist – dürfte es Schwierigkeiten dieser Art nicht geben. Was also soll ich hier?»

Barnes sah ihn unverwandt an. Ihm schien bei der Sache nicht recht wohl zu sein. Nervös schob er die Aktendeckel auf seinem Tisch hin und her.

«Hier ist kein Flugzeug abgestürzt, Dr. Johnson.»

«Sondern?»

«Ein *Raumschiff*.»

Eine kurze Pause trat ein. Norman nickte. «Ach so.»

«Überrascht Sie das nicht?» wollte Barnes wissen.

«Nein», sagte Norman. «Es erklärt sogar eine Menge. Wenn

ein Raumschiff der NASA in den Ozean gestürzt ist, begreife ich, warum darüber nichts im Radio zu hören war, die Sache geheimgehalten wurde und man mich auf diese Weise hergebracht hat... Wann war der Absturz?»

Barnes zögerte den Bruchteil einer Sekunde mit seiner Antwort: «Unserer Schätzung nach vor dreihundert Jahren.»

ULF

Beide schwiegen. Norman lauschte auf das Summen der Klimaanlage. Wie von ferne hörte er die Funksprüche, die im Nebenraum eingingen. Er sah auf den Kaffeebecher in seiner Hand, und ihm fiel auf, daß aus dessen Rand ein Stück herausgebrochen war. Er versuchte sich klarzumachen, was er da eben gehört hatte, aber sein Geist reagierte träge, drehte sich im Kreise.

Vor dreihundert Jahren also. Ein dreihundert Jahre altes Raumschiff. Aber das Raumfahrtprogramm der Vereinigten Staaten war kaum dreißig Jahre alt – wie konnte das Raumschiff dann dreihundert Jahre alt sein? Unmöglich – Barnes mußte sich irren. Doch wie konnte Barnes sich irren? Die Navy würde doch nicht all die Schiffe und all die Menschen herschicken, wenn sie ihrer Sache nicht sicher war. Also lag da unten doch ein dreihundert Jahre altes Raumschiff.

Aber wie konnte das sein? Unmöglich. Es mußte etwas anderes sein. Norman grübelte immer wieder darüber nach, ohne zu einem Ergebnis zu gelangen. Sein Denkvermögen war wie gelähmt.

«– völlig außer Frage», sagte Barnes gerade. «Der Zeitpunkt läßt sich anhand des Korallenwachstums recht genau bestimmen. Immerhin bedeckt eine etwa vier Meter starke Korallenschicht das Objekt – was auch immer es sein mag. Es ist bekannt, daß Pazifikkorallen zweieinhalb Zentimeter pro Jahr wachsen – aber natürlich nicht in dreihundert Metern Tiefe. Also ist die Korallenbank irgendwann von weiter oben in eine größere Tiefe abgerutscht. Die Geologen sagen, das liege etwa hundert Jahre zurück, und damit kommen wir alles in allem auf etwa dreihundert Jahre. In einer Hinsicht allerdings können wir danebenliegen – das Raumschiff könnte ohne weiteres viel älter sein, zum Beispiel tausend Jahre.»

Barnes schob erneut Papiere auf seinem Tisch hin und her, ordnete sie zu Stapeln und richtete sie kantengenau aus.

«Ich verhehle Ihnen nicht, Dr. Johnson, daß mir das Ding da unten große Angst macht. *Deswegen* sind Sie hier.»

Norman schüttelte den Kopf. «Ich verstehe immer noch nicht.»

«Wir haben Sie geholt», sagte Barnes, «weil Sie am Projekt ULF beteiligt waren.»

«ULF?» sagte Norman gedehnt. Beinahe hätte er hinzugefügt, aber das war doch ein Scherz! Da er jedoch sah, wie ernst Barnes es meinte, war er froh, sich rechtzeitig beherrscht zu haben.

Und dennoch – ULF war ein Scherz. Für ihn war von Anfang an alles im Zusammenhang mit ULF ein Scherz gewesen.

Im Jahre 1979, als die Regierung Carter in den letzten Zügen lag, war Norman Johnson Assistenzprofessor für Psychologie an der University of California in San Diego gewesen. Da Gruppendynamik und Angst seine Forschungsschwerpunkte waren, wurde er gelegentlich zu einer der Arbeitsgruppen hinzugezogen, die im Auftrag des Bundesluftfahrtamts Absturzstellen untersuchten. Damals waren seine Hauptsorgen gewesen, ein bezahlbares Haus für Ellen und die Kinder zu finden und weiterhin genug zu veröffentlichen, zumal es mehr als unsicher war, ob ihn die UCSD als ordentlichen Professor auf Lebenszeit anstellen würde. Zwar galten seine Forschungsleistungen als brillant, aber bekanntermaßen war die Psychologie allerlei intellektuellen Modeströmungen unterworfen, und das Interesse an der Angstforschung nahm in dem Maße ab, wie zahlreiche Wissenschaftler Angst für eine ausschließlich biochemische Störung hielten, die sich ohne weiteres medikamentös behandeln ließ. Einer hatte sogar erklärt: «An der Angst gibt es nichts mehr zu erforschen, sie ist für die Psychologie kein Problem mehr.» Ähnliches galt für die Gruppendynamik. Sie hatte ihren Höhepunkt in den frühen siebziger Jahren mit den kollektiven *brainstorming*-Sitzungen und den Erfahrungsgruppen der Gestalttherapie erlebt, jetzt war sie überholt und aus der Mode.

Norman allerdings verstand das nicht, denn er hatte den Eindruck, daß die Gesellschaft in den Vereinigten Staaten zunehmend in Gruppen organisiert war und nicht mehr aus Einzelpersonen bestand; an die Stelle des draufgängerischen Individualismus waren endlose kollektive Sitzungen und Gruppenentscheidungen getreten. In dieser neuen Gesellschaft war seiner Ansicht nach das Gruppenverhalten wichtiger denn je. Auch teilte er die Meinung nicht, die Angst sei ein klinisches Problem, das sich mit Pillen erledigen ließ. Er hielt eine Gesellschaft, in der kein Medikament so häufig verschrieben wurde wie Valium, prinzipiell für eine Gesellschaft mit ungelösten Problemen.

Erst als man sich Anfang der achtziger Jahre näher damit befaßte, wie japanische Firmen ihre Unternehmensführung organisierten, wandte sich die Aufmerksamkeit der Fachwissenschaft erneut Normans Arbeitsgebiet zu. Etwa um dieselbe Zeit bekam die Valiumabhängigkeit in der Wissenschaft endlich den Stellenwert, der ihr gebührte, so daß die ganze Frage der medikamentösen Behandlung von Angstzuständen neu überdacht wurde. Bis dahin aber fühlte sich Johnson über mehrere Jahre hinweg von der Forschung abgekoppelt – so hatte man ihm nahezu drei Jahre lang kein Forschungsstipendium mehr zugesprochen. Es erwies sich als ausgesprochen schwierig, eine feste Anstellung zu bekommen und ein geeignetes Haus zu finden.

Ende 1979, als er an einem Tiefpunkt angelangt war, trat ein junger, ernsthaft wirkender juristischer Mitarbeiter des Nationalen Sicherheitsrats in Washington an ihn heran. Während er Norman gegenüber saß, ruhte sein rechter Knöchel auf seinem linken Knie. Er zupfte nervös an seiner Socke und teilte Norman mit, er sei gekommen, ihn um seine Mithilfe zu bitten.

Norman erklärte sich dazu bereit, sofern es etwas sei, das in seinen Kräften stand.

Unentwegt an seiner Socke zupfend sagte der Mann, er wolle mit Norman über eine «schwerwiegende Angelegenheit der nationalen Sicherheit» sprechen, mit der sich das Land konfrontiert sehe.

Norman wollte wissen, worum es dabei ging.

«Nun, wir sind in keiner Weise auf eine Invasion Außerirdischer vorbereitet – wirklich in keiner Weise.»

Da der Mann jung war und, während er sprach, unverwandt auf seine Socke blickte, hatte Norman zuerst angenommen, es sei ihm peinlich, eine so alberne Botschaft übermitteln zu müssen. Doch als der andere aufsah, erkannte Norman zu seiner Verblüffung, daß es ihm damit völlig ernst war.

«Eine Invasion durch Außerirdische könnte uns bös erwischen», sagte der Mann.

Norman mußte sich auf die Lippe beißen, um ernst zu bleiben. «Stimmt wahrscheinlich», sagte er.

«Die Regierung macht sich Sorgen.»

«Tatsächlich?»

«Man hat *auf höchster Ebene* den Eindruck, daß Pläne für ein solches Ereignis ausgearbeitet werden müssen.»

«Sie meinen Katastrophenpläne für den Fall einer Invasion aus dem Weltraum...» Irgendwie gelang es Norman, ein ernstes Gesicht zu machen.

«Vielleicht ist das Wort *Invasion* zu stark», sagte der Besucher. «Sagen wir vielleicht lieber ‹Kontakt›: Eine Kontaktaufnahme durch Außerirdische.»

«Ich verstehe.»

«Sie haben bereits mit Expertenteams an Absturzstellen von Zivilflugzeugen Erfahrungen gesammelt, Dr. Johnson, und wissen, worum es bei solchen Katastrophengruppen geht. Wir hätten gern von Ihnen Vorschläge darüber, wie ein Team, das außerirdischen Eindringlingen entgegentreten soll, optimal zusammengesetzt sein müßte.»

«Ich verstehe», wiederholte Norman und überlegte, wie er

sich taktvoll aus der Affäre ziehen konnte. In seinen Augen war die Sache einfach lächerlich, nichts als eine Verdrängungsreaktion der Regierung. Da es ungeheure Schwierigkeiten gab, mit denen sie nicht fertig wurde, hatte die Regierung beschlossen, sich anderen Aufgaben zuzuwenden.

Dann hüstelte der Besucher, schlug eine Untersuchung vor und nannte eine beachtliche Summe für die Finanzierung eines zweijährigen Forschungsauftrags.

Unverhofft bot sich Norman die Gelegenheit, ein Haus zu kaufen, und so sagte er zu.

«Ich bin froh, daß wir uns über die Bedeutung des Problems einig sind.»

«Durchaus», sagte Norman und überlegte, wie alt sein Besucher sein mochte. Er schätzte ihn auf etwa fünfundzwanzig.

«Natürlich müssen wir bei Ihnen eine Sicherheitsüberprüfung durchführen», sagte der Mann.

«Eine Sicherheitsüberprüfung?»

«Dr. Johnson», sagte der andere und schloß seinen Aktenkoffer, «dieses Projekt unterliegt höchster Geheimhaltung.»

«Ist mir auch recht», sagte Norman. Er meinte es ernst, denn nur allzu gut konnte er sich ausmalen, wie seine Kollegen reagieren würden, wenn sie von der Sache erführen.

Was als Jux begonnen hatte, nahm bald eine äußerst sonderbare Eigendynamik an. Im Verlauf des folgenden Jahres flog Norman fünfmal nach Washington zu Sitzungen, bei denen er sich mit hohen Beamten des Nationalen Sicherheitsrats über die unmittelbar bevorstehende Gefahr einer Invasion durch Außerirdische unterhielt. Seine Arbeit blieb streng geheim. Im Anfangsstadium war geplant, mit dem Projekt die dem Pentagon nachgeordnete Behörde zur Erforschung hochentwickelter Verteidigungssysteme zu betrauen, dann aber entschied man sich dagegen, und auch der später erwogene Plan, es der NASA zu unterstellen, wurde verworfen. Einer der Verwaltungsleute sagte: «Hier geht es nicht um Wissenschaft, Dr. Johnson, sondern um die nationale Sicherheit. Wir wollen den Kreis der Eingeweihten so klein wie möglich halten.»

Immer wieder war Norman verblüfft, wenn er sah, welch hohe Positionen die Männer bekleideten, mit denen er zusammentraf. Einmal schob ein Staatssekretär auf seinem Schreibtisch die Papiere beiseite, in denen es um die jüngste Krise im Mittleren Osten ging, um ihn zu fragen: «Wie groß schätzen Sie die Wahrscheinlichkeit, daß die Außerirdischen imstande sind, unsere Gedanken zu lesen?»

«Ich weiß nicht», sagte Norman.

«Nun, ich frage mich, wie wir in dem Fall eine Verhandlungsgrundlage schaffen könnten.»

«Das könnte schwierig werden», stimmte Norman zu und sah verstohlen auf die Uhr.

«Es ist schlimm genug, daß die Russen unsere verschlüsselten Depeschen abfangen. Wir wissen, daß die Japaner und die Israelis unsere sämtlichen Codes entschlüsselt haben, und wir beten, daß die Russen noch nicht so weit sind. Sie sehen sicher, daß die Sache mit dem Gedankenlesen ein Problem ist.»

«Natürlich.»

«Ihr Bericht muß auch diese Frage berücksichtigen.»

Norman versprach es.

Ein Mitarbeiter des Stabs im Weißen Haus erklärte ihm: «Sie verstehen, daß der Präsident persönlich mit den Außerirdischen sprechen möchte. So ist er nun mal.»

«Mhm», sagte Norman.

«Das wäre eine großartige Publicity. Stellen Sie sich das vor: Der Präsident trifft in Camp David mit den Außerirdischen zusammen. Ein gefundenes Fressen für die Medien!»

«Überaus eindrucksvoll», stimmte Norman zu.

«Also brauchen die Außerirdischen eine Vorausinformation darüber, wer der Präsident ist. Außerdem muß man ihnen die protokollarischen Einzelheiten bekanntgeben, die zu beachten sind, wenn sie mit ihm sprechen. Unmöglich kann der Präsident der Vereinigten Staaten mit einer Abordnung einer anderen Galaxie oder dergleichen im Fernsehen reden, ohne daß die darauf vorbereitet sind. Glauben Sie, daß die Außerirdischen Englisch sprechen?»

«Wohl kaum», sagte Norman.

«Dann müßte jemand ihre Sprache lernen, richtig?»

«Schwer zu sagen.»

«Vielleicht würden die Außerirdischen lieber zuerst mit einem Abgesandten einer unserer ethnischen Minderheiten zusammentreffen», sagte der Mann aus dem Weißen Haus. «Immerhin eine Möglichkeit. Denken Sie mal drüber nach.»

Norman versprach es.

Der Verbindungsoffizier im Verteidigungsministerium, ein Generalmajor, lud ihn zum Mittagessen ein und fragte beiläufig beim Kaffee: «Was glauben Sie, wie diese Außerirdischen bewaffnet sind?»

«Ich weiß nicht recht», sagte Norman.

«Das ist genau der Haken, stimmt's? Und wo sind sie verwundbar? Ich meine, möglicherweise sind das ja nicht mal Menschen.»

«Das wäre denkbar.»

«Vielleicht sind es Rieseninsekten. Insekten können ziemlich viel radioaktive Strahlung vertragen.»

«Ja», sagte Norman.

«Möglicherweise können wir ihnen nicht das geringste anhaben», sagte der Mann aus dem Verteidigungsministerium düster. Dann leuchtete sein Gesicht auf. «Aber ich bezweifle, ob sie einen direkten Schlag mit einem Atomsprengkörper von mehreren Megatonnen aushalten könnten. Was meinen Sie?»

«Nein», sagte Norman, «das könnten sie wohl nicht.»

«Sie würden verdampfen.»

«Bestimmt.»

«Gegen die Naturgesetze sind auch die machtlos.»

«So ist es.»

«Ihr Bericht muß diesen Punkt klar herausstellen. Die Verwundbarkeit der Außerirdischen gegenüber Atomwaffen.»

«Ja», sagte Norman.

«Wir wollen keine Panik auslösen», sagte der Mann aus dem Pentagon. «Es hat ja keinen Sinn, alle Welt kopfscheu zu machen, was? Bestimmt wird es die Vereinigten Stabschefs beruhigen zu hören, daß die Außerirdischen unseren Atomwaffen gegenüber verwundbar sind.»

«Ich werde daran denken», versprach Norman.

Schließlich hörten die Sitzungen auf, und man ließ ihn seinen Bericht schreiben. Während er die bereits veröffentlichten Spekulationen über außerirdische Lebensformen durchging, ging es ihm durch den Sinn, daß der Generalmajor aus dem Pentagon eigentlich so unrecht nicht hatte. Das Hauptproblem bei einem Kontakt mit Außerirdischen – wenn es so etwas überhaupt geben konnte – war eine Panikreaktion in der Bevölkerung. Die einzige bedeutsame Erfahrung mit Außerirdischen hatte man 1938 bei Orson Welles' Rundfunksendung über den Krieg der Welten gemacht. Die Menschen hatten seinerzeit unmißverständlich reagiert: mit namenlosem Entsetzen.

Norman legte seinen Bericht vor. Er trug den Titel ‹Kontakt mit möglichen außerirdischen Lebensformen›. Der Nationale Sicherheitsrat schickte den Bericht mit der Anregung zurück, Norman möge den Titel so umarbeiten, daß er «technischer» klang, und «alle Hinweise entfernen, die den Eindruck erwekken, als handele es sich um eine bloß hypothetische Möglichkeit, da in manchen Regierungskreisen ein Kontakt mit Außerirdischen als sozusagen sicher gilt».

Nach der Überarbeitung wurde sein Aufsatz, der nunmehr den Titel trug ‹Empfehlungen für die Kontaktgruppe zur Interaktion mit unbekannten Lebensformen (ULF)›, sogleich in die Geheimhaltungsliste der Regierung übernommen. Nach Normans Vorstellungen kamen als Angehörige der ULF-Kontaktgruppe ausschließlich besonders in sich ruhende und gefestigte Menschen in Frage. Dazu hieß es in seinem Bericht –

«Mal sehen», sagte Barnes, während er einen Schnellhefter öffnete, «ob Sie das Zitat hier erkennen.»

> «Kontaktgruppen, die mit einer unbekannten Lebensform (ULF) zu tun haben, müssen sich auf schwere psychische Belastungen einstellen. Nahezu mit Sicherheit werden extreme Angstreaktionen auftreten. Die Persönlichkeits-

merkmale von Menschen, die extreme Angst zu ertragen vermögen, müssen festgelegt und solche Menschen für den Einsatz in der Gruppe ausgewählt werden.

Angst gegenüber unbekannten Lebensformen ist bisher nicht hinreichend untersucht worden. Es ist unbekannt, welche Ängste ein Zusammentreffen mit einer neuen Lebensform auslösen würde, und sie lassen sich auch nicht vollständig voraussagen. Die höchstwahrscheinliche Folge eines solchen Zusammentreffens dürfte blankes Entsetzen sein.»

Barnes klappte den Aktendeckel zu. «Wissen Sie, von wem das stammt?»

«Ja», sagte Norman.

Er erinnerte sich auch, warum er es geschrieben hatte.

Er hatte im Zusammenhang mit dem Forschungsauftrag des Nationalen Sicherheitsrats Untersuchungen zur Gruppendynamik in Fällen psychosozialer Angst durchgeführt. Analog zu den Verfahren von Asch und Milgram hatte er verschiedene Umgebungen geschaffen, in denen die Menschen nicht wußten, daß sie als Versuchspersonen dienten. So schickte man beispielsweise eine Gruppe mit dem Fahrstuhl in ein anderes Stockwerk unter dem Vorwand, daß dort ein Test stattfinden sollte. Der Fahrstuhl wurde zwischen zwei Stockwerken angehalten, und man beobachtete die Versuchspersonen durch verborgene Videokameras.

Dieser Versuch wurde in verschiedenen Abwandlungen durchgeführt: Mal hing ein Schild ‹Außer Betrieb› im Fahrstuhl, mal hatte eine Gruppe telefonisch Verbindung mit dem ‹Fahrstuhltechniker›, eine andere nicht, mal stürzte die Decke des Fahrstuhls ein und das Licht erlosch, mal bestand der Boden des Fahrstuhls aus durchsichtigem Material.

Bei einer anderen Versuchsanordnung lud man Probanden in einen Kleinbus, den der ‹Versuchsleiter› in die Wüste steuerte. Dort ging das Benzin aus, und der ‹Versuchsleiter› erlitt einen ‹Herzanfall›, so daß die Leute völlig auf sich selbst gestellt waren.

Bei der schlimmsten Abwandlung des Versuchs saßen die Versuchspersonen in einem Privatflugzeug, dessen Pilot in der Luft Opfer eines ‹Herzanfalls› wurde.

Trotz der weithin bekannten Vorbehalte gegenüber solchen Versuchen – sie seien sadistisch, ihre Bedingungen seien künstlich, und die Versuchspersonen spürten, daß es sich um gestellte Situationen handelte – gewann Norman beachtliches Material über das Gruppenverhalten unter durch Angst ausgelöster Belastung.

Er stellte fest: Angstreaktionen waren auf ein Minimum reduziert, wenn die Gruppen aus höchstens fünf Personen bestanden; wenn die Gruppen aus Menschen verschiedenen Alters und beiderlei Geschlechts zusammengesetzt waren; wenn deren Mitglieder sich gut kannten; wenn sie Sichtkontakt miteinander hatten und nicht voneinander isoliert waren; wenn die Versuchspersonen festgelegte gemeinsame Ziele und vorgegebene Zeitgrenzen hatten; und wenn sie eine angstfeste Persönlichkeit entsprechend den LAS-Angst-Tests besaßen, wobei deren Ergebnisse wiederum mit dem körperlichen Zustand zusammenhingen.

Die Resultate seiner Untersuchung wurden in statistischen Tabellen voll eindrucksvoller Zahlenkolonnen zusammengefaßt, obwohl Norman wußte, daß er letztlich nur etwas verifiziert hatte, was der gesunde Menschenverstand schon immer gewußt hatte: Wer in einem Aufzug festsaß, blieb ruhiger, wenn sich darin nur wenige, noch dazu körperlich durchtrainierte Menschen befanden, das Licht anblieb und man wußte, daß jemand an der Befreiung arbeitete.

Manche seiner Ergebnisse allerdings standen im Widerspruch zu landläufigen Annahmen. So spielte beispielsweise die Gruppenzusammensetzung eine bedeutende Rolle, denn ausschließlich aus Männern oder aus Frauen bestehende Gruppen wurden mit Stressituationen weit schlechter fertig als gemischte, und auch Gruppen, die ausschließlich aus annähernd gleichaltrigen Menschen zusammengesetzt waren, schnitten weniger gut ab als solche, die aus Menschen unterschiedlichen Alters bestanden. Die ungünstigste Prognose mußte für Gruppen gestellt werden, die schon vor dem Versuch bestanden hatten und zu einem anderen Zweck gebildet worden waren. Als Norman einmal eine Basketballspitzenmannschaft psychischen Belastungen ausgesetzt hatte, waren deren Mitglieder beinahe sogleich seelisch zusammengebrochen.

Trotz seiner soliden Forschungsarbeit empfand Norman nach wie vor Unbehagen angesichts des Zwecks, dem sie ursprünglich hatte dienen sollen – der Vorbereitung auf ein Zusammentreffen mit Außerirdischen –, denn er persönlich hielt ihn für geradezu aberwitzig spekulativ. Daher reichte er seine Arbeit nur ausgesprochen ungern ein, besonders, nachdem er sie umgeschrieben hatte, damit sie bedeutender wirkte, als sie seiner eigenen Einschätzung nach war.

So empfand Norman echte Erleichterung, als sich herausstellte, daß sein Bericht Präsident Carters Regierungsstellen nicht zusagte. Keine seiner Empfehlungen wurde übernommen. Die Regierung konnte sich Dr. Norman Johnsons Ansicht nicht anschließen, daß Angst beim Zusammentreffen mit Außerirdischen ein Problem sein würde, und vertrat die Meinung, Staunen und Ehrfurcht würden bei den Menschen überwiegen. Darüber hinaus war der Regierung an einer großen Kontaktgruppe gelegen. Man dachte an dreißig Personen, unter ihnen drei Theologen, ein Jurist, ein Arzt, je ein Vertreter des Außenministeriums und der Vereinigten Stabschefs, ausgewählte Angehörige der Legislative, ein Luftfahrtingenieur, ein Biologe, der sich auf außerirdische Lebensformen spezialisiert hatte, ein Kernphysiker, ein Kultur-Anthropologe und eine bekannte Fernsehpersönlichkeit.

Wie dem auch sei, Präsident Carter wurde 1980 nicht wiedergewählt, und Norman hörte sechs Jahre lang nichts von seinem ULF-Vorschlag.

Bis jetzt.

«Erinnern Sie sich noch daran, wie die ULF-Gruppe Ihrer Meinung nach zusammengesetzt sein sollte?» fragte Barnes.

«Selbstverständlich», sagte Norman.

Sein Vorschlag sah vier Personen vor – je einen Astrophysiker, Zoologen, Mathematiker und Linguisten – sowie als fünftes Mitglied einen Psychologen, der Verhalten und Einstellung der Gruppe überwachen sollte.

«Sagen Sie mir, was Sie davon halten», forderte ihn Barnes auf und gab Norman ein Blatt Papier:

ANOMALIE-FORSCHUNGSTEAM
DER US-NAVY / UNTERSTÜTZUNGSGRUPPE

1. Harold C. Barnes, Projektleiter, Captain der USN
2. Jane Edmunds, Datenverarbeitungstechnikerin, Unteroffizier $P.O._1C$ der USN
3. Tina Chan, Elektronikerin, Unteroffizier $P.O._1C$ der USN
4. Alice Fletcher, Leiterin Unterwasser-Wohn- und Arbeitseinheit Deepsat Habitat, Chief P.O. der USN
5. Rose C. Levy, Assistentin Unterwasser-Wohn- und Arbeitseinheit Deepsat Habitat, $_2C$ der USN

ZIVILE MITGLIEDER

1. Theodore Fielding, Astrophysiker / Himmelskörpergeologe
2. Elizabeth Halpern, Zoologin / Biochemikerin
3. Harold J. Adams, Mathematiker / Logiker
4. Arthur Levine, Meeresbiologe / Biochemiker
5. Norman Johnson, Psychologe

Norman sah auf die Liste. «Mit Ausnahme Levines ist das die ursprünglich von mir vorgeschlagene zivile ULF-Gruppe. Ich habe ihre Mitglieder damals sogar einzeln befragt und getestet.»

«Stimmt.»

«Aber Sie haben doch selbst gesagt, daß es wahrscheinlich keine Überlebenden gibt. In dem Raumschiff dürfte niemand mehr am Leben sein.»

«Schon», sagte Barnes, «aber was ist, wenn ich unrecht habe?»

Er sah auf seine Uhr. «Um elf Uhr werde ich die Gruppenmitglieder einweisen. Ich möchte, daß Sie mitkommen und mir sagen, was Sie von den Leuten halten», sagte Barnes. «Schließlich haben wir die Empfehlungen Ihres ULF-Berichts befolgt.»

Ihr habt meine Empfehlungen befolgt, dachte Norman mit einem unguten Gefühl. Mein Gott, ich wollte doch damals nur mein Haus abzahlen.

«Ich wußte ja, daß Sie die Gelegenheit beim Schopf packen würden, sich davon zu überzeugen, wie Ihre Vorstellungen in die Praxis umgesetzt werden», sagte Barnes. «Deswegen habe ich Sie auch als den Psychologen der Gruppe eingesetzt, obwohl ein jüngerer geeigneter wäre.»

«Ich weiß das zu schätzen», sagte Norman.

«Das dachte ich mir», sagte Barnes fröhlich lächelnd. Er streckte eine fleischige Hand aus. «Willkommen in der ULF-Gruppe, Dr. Johnson.»

BETH

Eine Ordonnanz brachte Norman zu seiner winzigen grauen Kabine, die viel mit einer engen Gefängniszelle gemein hatte. Sein Übernachtungsköfferchen lag auf der Koje. In der Ecke stand ein Datenendgerät mit einer Tastatur. Daneben ein dickes, blau eingebundenes Handbuch.

Norman setzte sich auf die Koje. Sie fühlte sich hart und unbequem an. Er lehnte sich gegen ein Leitungsrohr, das an der Wand entlanglief.

«Hallo, Norman», sagte eine leise Stimme. «Schön zu sehen, daß sie dich hier auch mit reingezogen haben. Schließlich hast du uns die Suppe ja eingebrockt, nicht wahr?» Eine Frau stand im Türrahmen.

Beth Halpern, die Zoologin des Teams, schien aus lauter Gegensätzen zu bestehen. Sie war sechsunddreißig, hochgewachsen und kantig, doch trotz ihrer scharfen Züge und ihres beinahe männlich wirkenden Körpers konnte man sie hübsch nennen. Seit Norman sie vor einigen Jahren zuletzt gesehen hatte, schien sie ihre männliche Seite noch stärker betont zu haben. Als Ergebnis ihrer Bemühungen – sie hob Gewichte und machte Langstreckenläufe – traten Venen und Muskeln an Hals und Unterarmen sichtbar hervor. Auch ihre in Shorts steckenden Beine waren muskulös. Ihr kurzes Haar war kaum länger als das eines Mannes.

Gleichzeitig aber trug sie Schmuck und Make-up und konnte sich in betörender Weise bewegen. Ihre Stimme war sanft, und sie hatte große feuchte Augen, vor allem dann, wenn sie über die Lebewesen sprach, mit denen sie sich bei ihrer Forschungsarbeit beschäftigte. Bei solchen Gelegenheiten wirkte sie fast mütterlich. Einer ihrer Kollegen an der Universität von Chicago hatte sie als «muskelbepackte Mutter Natur» bezeichnet.

Norman erhob sich, und sie küßte ihn flüchtig auf die Wange. «Ich bin gleich nebenan untergebracht und hab dich kommen hören. Wie lange bist du schon hier?»

«Etwa eine Stunde. Ich bin noch richtig benommen», sagte Norman. «Glaubst du die Geschichte? Hältst du sie für wahrscheinlich?»

«Ich glaube, was ich sehe.» Sie wies auf das blaue Handbuch neben seinem Computerbildschirm.

Norman nahm es zur Hand: *Verhaltensvorschriften bei geheimen militärischen Einsätzen.* Er durchblätterte die zahlreichen Seiten mit juristischem Kauderwelsch.

«Im großen und ganzen läuft es darauf hinaus», erklärte Beth, «daß du den Mund halten mußt, wenn du nicht eine ganze Weile in einem Militärgefängnis brummen willst. Da auch Telefonieren streng verboten ist, muß an der Sache wohl was dran sein.»

«Du meinst also, daß da unten tatsächlich ein Raumschiff liegt?»

«Irgend etwas liegt da unten. Ich finde es ziemlich aufregend.» Sie sprach jetzt rascher. «Allein schon für die Biologie eröffnet das überwältigende Möglichkeiten – alles, was wir über das Leben wissen, gründet sich auf Untersuchungen der Lebensformen unseres eigenen Planeten, die aber sind in gewisser Hinsicht alle gleich. Lebewesen, von Algen bis zum Menschen, folgen im Grunde demselben Bauplan, gehen auf dieselbe DNS zurück. Jetzt haben wir möglicherweise die Aussicht, auf Lebensformen zu stoßen, die ganz und gar anders sind, und zwar in jeder Beziehung. Das ist schon spannend.»

Norman nickte. Er dachte an etwas anderes. «Was hast du über Anrufe gesagt? Es gehen keine rein und keine raus? Ich habe Ellen versprochen, daß ich mich melde.»

«Nun, ich wollte meine Tochter anrufen, und sie haben behauptet, keine Nachrichtenverbindung zum Festland zu haben. Wer's glaubt... Die Navy hat mehr Satelliten als Admirale, und trotzdem behaupten sie steif und fest, nach draußen sei keine Leitung frei. Barnes hat gesagt, gegen ein Telegramm hätte er nichts. Basta.»

«Wie alt ist Jennifer jetzt eigentlich?» erkundigte sich Norman, froh, daß ihm der Name noch rechtzeitig eingefallen war. Wie hieß ihr Mann noch gleich? Physiker, erinnerte sich Norman, jedenfalls etwas in der Art. Sandblondes Haar. Trug Bart und Fliege.

«Neun. Sie spielt schon in der Baseballkinderliga. Nicht gerade eine große Leuchte in der Schule, aber eine ausgezeichnete Werferin.» Es klang stolz. «Und wie steht's bei dir zu Hause? Ellen...»

«Geht es gut, und den Kindern auch. Tim studiert seit zwei Jahren in Chicago, und Amy ist in Andover. Und was macht...»

«George? Wir sind seit drei Jahren geschieden», sagte sie. «Er ist für ein Jahr zum CERN nach Genf gegangen, hat da nach exotischen Elementarteilchen gesucht, und er scheint gefunden zu haben, worauf er scharf war. Sie ist Französin. Er sagt, sie kocht gut.» Sie zuckte die Schultern. «Meine Arbeit läuft gut. Im vergangenen Jahr habe ich Kopffüßler untersucht – also Tintenschnecken wie zum Beispiel Kalmare und Tintenfische.»

«Und?»

«Die Sache macht Spaß. Es ist schon ein merkwürdiges Gefühl, wenn man die freundliche Intelligenz dieser Geschöpfe erfaßt. Kraken sind klüger als Hunde – wußtest du das? Wahrscheinlich wären sie viel bessere Haustiere. Es sind unvorstellbar kluge und empfindsame Tiere, nur sehen wir sie nicht so.»

«Und ißt du noch Tintenfisch?» fragte Norman.

«O Norman», gab sie lächelnd zurück, «denkst du immer noch bei allem ans Essen?»

«Soweit möglich, ja», sagte Norman und klopfte sich auf den Bauch.

«Nun, hier wird es dir nicht zusagen. Es schmeckt abscheulich. Aber die Antwort heißt nein», sagte sie und ließ die Knöchel ihrer Finger knacken. «Nach allem, was ich inzwischen über diese Tiere weiß, könnte ich nie und nimmer eins von ihnen essen. Übrigens: Was weißt du über Hal Barnes?»

«Nichts, warum?»

«Ich hab mich ein bißchen umgehört. Er soll gar nicht mehr aktiver Marineoffizier sein.»

«Also pensioniert?»

«Ja, seit '81. Er hat vor seiner Zeit bei der Navy Raumfahrttechnik am Cal Tech studiert und nach seiner Pensionierung eine Weile für den Flugzeughersteller Grumman gearbeitet. Danach war er im Wissenschaftsausschuß der Navy bei der Nationalen Akademie und später als Staatssekretär im Pentagon für die Beschaffung von Waffensystemen zuständig. Außerdem war er Mitglied im Wissenschaftsausschuß für Verteidigung, der die Vereinigten Stabschefs und den Verteidigungsminister berät.»

«Wobei berät?»

«Bei Waffenkäufen», sagte Beth. «Er gehört zu den Leuten im Pentagon, die der Regierung Empfehlungen für den Ankauf von Waffensystemen vorlegen. Was also hat er bei diesem Projekt zu suchen?»

«Keine Ahnung», sagte Norman. Er hatte sich wieder auf seine Koje gesetzt und schleuderte die Schuhe von den Füßen. Mit einemmal war er müde. Beth lehnte sich gegen den Türrahmen.

«Du siehst aus, als ob du gut in Form wärst», sagte Norman. Sogar ihre Hände wirken kräftig, dachte er.

«Ist doch unter diesen Umständen ganz gut», sagte Beth. «Ich sehe dem Kommenden mit viel Zuversicht entgegen. Und du? Meinst du, du bist der Sache gewachsen?»

«Ich? Warum nicht?» Er sah auf seinen rundlichen Bauch hinab. Ellen drängte ihn immer, etwas dagegen zu unternehmen, und obwohl er von Zeit zu Zeit genug Energie aufbrachte, einige Tage lang ein bißchen Sport zu treiben, schien er seinen Bauch nicht loswerden zu können. Eigentlich lag ihm auch nicht besonders daran. Er war dreiundfünfzig und Lehrstuhlinhaber – wozu also?

Dann fiel ihm etwas ein: «Was meinst du damit, daß du dem Kommenden mit Zuversicht entgegensiehst? Was kommt denn?»

«Nun, bisher sind es nur Gerüchte. Aber deine Anwesenheit scheint sie zu bestätigen.»

«Was für Gerüchte?»

«Wir sollen da runter», sagte Beth.

«Wo runter?»

«Auf den Meeresboden. Zu dem Raumschiff.»

«Aber das liegt doch in dreihundert Metern Tiefe. Sie erkunden es mit Tauchrobotern.»

«Heutzutage ist eine Tiefe von dreihundert Metern nichts Besonderes mehr», sagte Beth, «technisch kein Problem. Augenblicklich sind Marinetaucher unten. Es heißt, sie richten da eine Art Wohn- und Arbeitsanlage ein, damit wir nach unten gehen und eine Woche oder so auf dem Meeresboden leben und das Raumschiff öffnen können.»

Mit einemmal lief Norman ein kalter Schauer über den Rükken. Bei seiner Arbeit für das Bundesluftfahrtamt hatte er Schrecken aller Art erlebt. So war er einmal bei der Untersuchung eines Absturzes in der Nähe von Chicago, bei dem die Trümmer über einen riesigen Acker verstreut lagen, auf etwas Weiches getreten. Zuerst hatte er es für einen Frosch gehalten, aber es erwies sich als abgetrennte Kinderhand, die mit der Innenfläche nach oben lag. Ein anderes Mal hatte er den verkohlten Körper eines Mannes gesehen, der mitsamt dem Sitz, in dem er noch angegurtet war, in den Garten eines Vorstadthauses geschleudert worden war, wo er aufrecht neben einem kleinen Gummischwimmbecken für Kinder saß. Und in Dallas hatte er gesehen, wie die Leute des Räumteams auf den Dächern der Vorstadthäuser Leichenteile zusammengesucht und in Säcke verstaut hatten...

Wer in einer Untersuchungsgruppe an Flugzeugabsturzstellen arbeitete, mußte sich psychisch stark gegen solche Augenblicke wappnen, um nicht davon überwältigt zu werden. Aber eine physische Gefährdung gab es dabei nie; was man riskierte, waren einzig und allein Alpträume.

Nun aber bestand die Aussicht, dreihundert Meter unter dem Meeresspiegel ein Raumschiffwrack zu untersuchen.

«Fehlt dir was?» fragte Beth. «Du siehst so blaß aus.»

«Ich hatte nicht gewußt, daß wir da runter sollen.»

«Nur unbestätigte Gerüchte», sagte Beth. «Ruh dich aus, Norman. Ich glaube, du kannst es brauchen.»

DIE EINWEISUNG

Das ULF-Team traf sich kurz vor elf im Besprechungsraum. Norman war neugierig, zum erstenmal die Leute, die er vor sechs Jahren einzeln ausgewählt hatte, als Gruppe beisammen zu sehen.

Ted Fielding war ein gutaussehender vierschrötiger Mann, der mit vierzig Jahren noch recht jungenhaft wirkte und sich in Shorts und Polohemd wohl zu fühlen schien. Als Astrophysiker am LDT in Pasadena, dem Labor für Düsentriebwerke, hatte er wichtige Arbeit für die planetarische Stratigraphie des Merkur und des Mondes geleistet. Am bekanntesten aber war er durch seine Untersuchung der Marskanäle Mangala Vallis und Valles Marineris geworden. Diese am Marsäquator liegenden Schluchten waren mit einer Länge von viertausend Kilometern und einer Tiefe von viertausend Metern zehnmal so lang und doppelt so tief wie der Grand Canyon. Fielding hatte als einer der ersten daraus gefolgert, daß seiner Zusammensetzung nach keineswegs Mars der der Erde ähnlichste Planet war, wie man ursprünglich angenommen hatte, sondern der winzige Merkur, dessen Magnetfeld dem der Erde glich.

Fielding wirkte offen, munter und wichtigtuerisch. Da er am LDT bei jedem Vorbeiflug eines Raumfahrzeugs im Fernsehen aufgetreten war, genoß er eine gewisse Bekanntheit. Er hatte vor kurzem in zweiter Ehe eine beim Fernsehen tätige Wetteransagerin aus Los Angeles geheiratet; sie hatten einen kleinen Sohn.

Schon seit langem vertrat er mit Nachdruck die Ansicht, daß außerhalb unseres Universums Leben existiere, und so gehörte er zu den Befürwortern des SAI-Programms zur *S*uche nach *a*ußerirdischer *I*ntelligenz. Andere Wissenschaftler sprachen im Zusammenhang damit von Zeitverschwendung und hinausgeworfenem Geld. Jetzt lächelte Ted glücklich zu Norman hinüber.

«Ich hab ja immer gewußt, daß es mal dazu kommen würde – früher oder später würden wir den Beweis für die Existenz intelligenten Lebens auf anderen Planeten in Händen halten. Endlich ist es soweit, Norman. Ein bedeutender Augenblick. Ich bin besonders angetan von der Form.»

«Von welcher Form?»

«Der des Objekts da unten.»

«Was ist denn damit?» Norman hatte nichts darüber gehört.

«Ich hab mir im Monitorraum die Videoaufnahmen der Roboter angesehen. Sie fangen langsam an, die Gestalt des unter den Korallen liegenden Objekts zu erfassen. Es ist nicht rund, also ist es schon mal keine fliegende Untertasse,» sagte Ted. «Gott sei Dank. Vielleicht stopft das den Geistersehern das Maul.» Er lächelte. «‹Wer da harret und glaubet, wird gar köstlichen Lohn empfangen› – und jetzt ist es soweit.»

«Stimmt wohl», sagte Norman. Er war nicht ganz sicher, worauf Ted sich gerade bezog, aber es war bekannt, daß er gern Literarisches zitierte. Ted begriff sich als eine Art Renaissancemensch, und gelegentlich in seine Rede eingestreute Zitate, zum Beispiel aus Werken Shakespeares, Rousseaus oder Laotses, sollten andere daran erinnern. Ted war dabei jedoch überaus gutmütig; jemand hatte ihn einmal als «Werbeonkel» bezeichnet. Das galt auch für seine Sprechweise. Ted Fielding war von einer ungespielten, geradezu naiven Schlichtheit des Gemüts, die andere für ihn einnahm. Norman mochte ihn.

Bei Harry Adams, dem reservierten Mathematiker aus Princeton, den er seit sechs Jahren nicht gesehen hatte, war er nicht so sicher. Harry war ein hochgewachsener, dürrer Farbiger, der über seiner Nickelbrille beständig ein mißbilligendes Stirnrunzeln zur Schau trug. Sein T-Shirt verkündete ‹Mathematiker machen es richtig›. So etwas trugen eigentlich Studenten, und Adams wirkte in der Tat jünger als seine dreißig Jahre. Er war mit Abstand das jüngste Mitglied der Gruppe – und womöglich das wichtigste.

Viele Wissenschaftler behaupteten, eine Kontaktaufnahme mit Außerirdischen würde sich als unmöglich herausstellen, da die Menschen nichts mit ihnen gemein hätten. Sie wiesen darauf hin, daß nicht nur der Körper des Menschen das Ergebnis einer langwierigen Evolution sei, sondern auch sein Denken. Da sich beides ohne weiteres ganz anders hätte entwickeln können, sei die Art, wie wir das Universum betrachten, keineswegs die einzig mögliche.

Man dürfe keinesfalls vergessen, daß es dem Menschen bereits schwerfiel, in Beziehung zu intelligenten Geschöpfen auf der Erde zu treten, beispielsweise zu Delphinen, einfach weil diese in einer anderen Umgebung leben und sich ihr Sinnesapparat von unserem unterscheidet.

Dabei könnten Mensch und Delphin angesichts der ungeheuren Unterschiede zwischen irdischen und außerirdischen Geschöpfen als geradezu identisch erscheinen – immerhin wäre jene das Ergebnis einer in Milliarden Jahren unter den Verhältnissen einer abweichenden planetarischen Umwelt vollzogenen anderen Entwicklung. Ein solches außerirdisches Geschöpf würde die Welt vermutlich nicht so sehen wie wir, wenn es sie überhaupt sah. Vielleicht wäre es blind und nahm die Welt vermittels eines hochentwickelten Geruchs-, Temperatur- oder Tastsinnes wahr, wenn es nicht sogar auf Druckunterschiede reagierte. Möglicherweise könnte man zu einem solchen Geschöpf keine Beziehung aufnehmen, gäbe es keinerlei Gemeinsamkeit. Wie sollte man beispielsweise einer blinden Wasserschlange das Gedicht ‹Füllest wieder Busch und Tal› erklären?

Doch ein Wissensgebiet hätten wir höchstwahrscheinlich mit den Außerirdischen gemeinsam, die Mathematik. Also würde der Mathematiker des Teams eine ausschlaggebende Rolle spielen. Norman war auf Adams verfallen, weil dieser trotz seiner Jugend bereits wichtige Ergebnisse auf verschiedenen Teilgebieten der Mathematik vorzuweisen hatte.

«Was halten Sie von der Geschichte?» fragte er und setzte sich neben ihn.

«Reine Zeitverschwendung», sagte Harry.

«Und das Leitwerksteil, das sie da unten gefunden haben?»

«Ich weiß nicht, was es ist, aber was es *nicht* ist, weiß ich genau – ein Raumfahrzeug aus einer anderen Zivilisation.»

Ted, der in der Nähe stand, wandte sich verärgert ab. Offenkundig hatte Harry mit ihm bereits dieselbe Unterhaltung geführt.

«Woher wollen Sie das wissen?» fragte Norman.

«Eine einfache Berechnung», sagte Harry mit einer lässigen Handbewegung. «Geradezu banal. Kennen Sie die Drake-Gleichung?»

Norman kannte sie. Es war eins der berühmten Konzepte in der Literatur über außerirdisches Leben. Doch er sagte: «Helfen Sie mir auf die Sprünge.»

Ergeben seufzend nahm Harry ein Blatt Papier zur Hand. «Es ist eine Wahrscheinlichkeitsgleichung.» Er schrieb:

$$w = f_p z_b f_l f_i f_v$$

«Das bedeutet», erläuterte er, «die Wahrscheinlichkeit w dafür, daß in irgendeinem Sternensystem intelligentes Leben entsteht, hängt von der Wahrscheinlichkeit ab, daß das System über Planeten verfügt, von der Zahl der davon bewohnbaren Planeten, von der Wahrscheinlichkeit, daß sich auf einem von ihnen einfache Lebensformen herausbilden, von der Wahrscheinlichkeit, daß daraus intelligentes Leben entsteht und schließlich von der Wahrscheinlichkeit, daß intelligente Lebensformen im Verlauf von fünf Milliarden Jahren versuchen, mit anderen Sternensystemen Verbindung aufzunehmen. Das ist alles.»

«Mhm», sagte Norman.

«Aber der Haken bei der Sache ist, daß wir keine Fakten zur Hand haben», sagte Harry. «Über jede einzelne dieser Wahrscheinlichkeiten lassen sich nur Vermutungen anstellen. Man kann dabei natürlich, wie Ted, eine Richtung wählen, der Phantasie die Zügel schießen lassen und dann zu dem Schluß kommen, daß es wahrscheinlich Tausende intelligenter Zivilisationen gibt. Ebenso leicht kann man, wie ich, vermuten, daß es wohl nur eine einzige Zivilisation gibt – unsere.» Er schob das Blatt beiseite. «In dem Fall aber stammt das Ding da unten, was immer es auch sein mag, *nicht* von einer fremden Zivilisation. Also vergeuden wir alle unsere Zeit hier.»

«Und was liegt Ihrer Ansicht nach da unten?» beharrte Norman.

«Eine absurde Manifestation romantischer Hoffnung», sagte Adams und rückte sich die Brille zurecht. Sein ungehaltenes Benehmen verwunderte Norman. Noch vor sechs Jahren war Harry Adams ein ehemaliger Straßenjunge gewesen, den seine auffallende Begabung aus einer zerrütteten Familie in den Slums von Philadelphia auf Princetons kurzgeschorenen grünen Rasen katapultiert hatte. Damals war Harry zu Späßen aufgelegt gewesen, die plötzliche Wende in seinem Leben hatte ihn belustigt. Warum war er jetzt so schroff?

Harry Adams war ein ungewöhnlich begabter Wissenschaftler. Sein Ruf gründete sich auf Wahrscheinlichkeits-Dichtefunktionen in der Quantenmechanik. Adams hatte diese komplizierten Berechnungen bereits mit siebzehn Jahren durchgeführt – für Norman waren sie böhmische Dörfer, doch den Mann, der dahintersteckte, verstand er durchaus, und dieser Harry Adams wirkte jetzt angespannt und empfindlich. Er schien sich hier unbehaglich zu fühlen.

Vielleicht hatte es damit zu tun, daß er einer *Gruppe* angehörte. Norman hatte sich besorgt gefragt, wie das Wunderkind Harry sich einfügen würde.

Eigentlich gab es nur zweierlei Wunderkinder – mathematische und musikalische. Einige Psychologen behaupteten wegen der engen Verwandtschaft zwischen Mathematik und Musik sogar, es gebe nur eine Art. Zwar waren manche frühreife Kinder auch auf Gebieten wie Schriftstellerei, Malerei und Sport hochbegabt, doch nur in der Mathematik und der Musik vermochten Kinder die Leistungen von Erwachsenen zu erreichen. Psychologisch gesehen waren solche Kinder komplexe Fälle: häufig Einzelgänger, von ihresgleichen und ihrer Familie durch ihre Begabung getrennt, deretwegen man sie zugleich bewunderte und zurückwies. In bezug auf Fähigkeiten, die im Sozialisationsprozeß erworben werden, blieben sie oft zurück, was eine Mitarbeit in Gruppen schwierig gestaltete. Da Harry aus einem Elendsviertel stammte, dürften diese Probleme bei ihm eher noch verstärkt hervorgetreten sein. Er hatte Norman einmal erzählt, als er sich die Fourier-Transformationen aneignete, hätten sich seine Altersgenossen auf der Straße herumgeprügelt. Gut möglich, daß Harry sich in der Gruppe nicht wohl fühlte.

Doch da gab es offenbar noch etwas anderes... Harry wirkte beinahe wütend.

«Warten Sie's ab», sagte er jetzt. «In einer Woche wird sich zeigen, daß alles ein falscher Alarm war. Ein Sturm im Wasserglas.»

Wunschdenken, dachte Norman und überlegte erneut, was der Grund für Harrys Ärger sein mochte.

«Also ich finde es aufregend», sagte Beth Halpern und lächelte strahlend. «Für mich hat selbst die geringste Aussicht, neues Leben zu entdecken, etwas Spannendes.»

«Das sehe ich auch so», sagte Ted. «Immerhin, Harry, gibt es mehr Dinge zwischen Himmel und Erde, als unsere Schulweisheit sich träumen läßt.»

Norman warf einen Blick auf das letzte Mitglied der Gruppe, den Meeresbiologen Arthur Levine. Er war rundlich, hatte ein blasses Gesicht und wirkte zurückgezogen, als sei er ausschließlich mit seinen eigenen Gedanken beschäftigt. Norman wollte gerade Levine nach seiner Meinung fragen, als Captain Barnes mit einem Stapel Akten unter dem Arm hereinkam.

«Willkommen am Ende der Welt», begrüßte sie Barnes, «wo Sie nicht mal die Toiletten benutzen können.» Alle lachten nervös. «Es tut mir leid, daß ich Sie warten lassen mußte», fuhr er fort, «und da wir nicht viel Zeit haben, sollten wir uns gleich an die Arbeit machen. Könnte mal jemand das Licht ausschalten?»

Das erste Dia zeigte ein großes Schiff mit einem komplizierten Heckaufbau.

«Die *Rose Sealady*», sagte Barnes. «Ein von der Transpac Communications gecharterter Kabelleger, der eine Unterwassertelefonleitung von Honolulu nach Sydney legen sollte. Sie ist am 29. Mai von Hawaii ausgelaufen und hatte am 16. Juni West-Samoa in der Mitte des Pazifiks erreicht. Auf der Trommel hatte sie ein neues Glasfaserkabel, das zwanzigtausend Telefongespräche gleichzeitig übertragen kann. Es ist mit einer ungewöhnlich zähen und bruchfesten Metall- und Kunststoffhülle ummantelt. Bereits mehr als viertausendsechshundert Seemeilen Kabel waren ohne Zwischenfälle im Pazifik verlegt worden. Nächstes Bild.»

Eine Karte des Pazifik wurde sichtbar, auf der ein großer roter Fleck prangte.

«Am 17. Juni befand sich das Schiff um zehn Uhr abends hier, halbwegs zwischen Pago Pago auf Amerikanisch-Samoa und Viti Levu auf den Fidschi-Inseln, als ein Ruck es durchfuhr. Alarm ertönte, und die Besatzung stellte fest, daß sich das Kabel irgendwo verhakt hatte und gerissen war. Sofort suchten die Leute auf der Seekarte nach Unterwasserhindernissen, konnten aber keine finden. Sie holten das Kabelende herauf, was mehrere Stunden dauerte, da sie zur Zeit des Unfalls schon mehr als eine Seemeile über die Rißstelle hinaus verlegt hatten. Bei näherer Inaugenscheinnahme zeigte sich, daß das Kabel glatt durchtrennt worden war – ‹wie mit einer riesigen Schere›, war der Kommentar eines Besatzungsmitgliedes. Nächstes Bild.»

Die rauhe Hand eines Seemanns hielt ein Stück Glasfaserkabel vor die Kamera.

«Sie können sehen, daß die Art des Bruchs ein künstliches Hindernis annehmen läßt. Die *Rose* ist nordwärts über die Stelle zurückgefahren, an der es passiert ist. Nächstes Bild.»

Es zeigte eine Vielzahl gezackter schwarz-weißer Linien mit einem Bereich kleiner Spitzen.

«Das ist die vom Schiff aus gemachte Original-Sonarortung. Für jemanden, der so was nicht lesen kann, läßt sie sich schwer erläutern, aber man kann hier das schmale, messerscharfe Hindernis erkennen. Eine scharfe metallene Kante von einem gesunkenen Flugzeug oder Schiff könnte das Kabel durchtrennt haben.

Also hat sich die Charterfirma Transpac Communications, wie es in solchen Fällen üblich ist, an die Navy gewandt, um zu erfahren, ob wir etwas über das Hindernis wüßten. Immerhin könnte es sich dabei ja um ein gesunkenes Schiff mit Sprengstoff an Bord handeln, und natürlich möchten die Leute von der Kabellegegesellschaft das wissen, bevor sie mit der Reparatur anfangen. Aber die Navy hatte nichts über das Hindernis in den Unterlagen, und gerade das hat die Sache für uns interessant gemacht.

Wir haben sofort unser nächstes Suchschiff in Marsch gesetzt, die *Ocean Explorer*. Sie lag zu jener Zeit in Melbourne und war am 21. Juni vor Ort. Der Grund für das Interesse der Navy war die Möglichkeit, daß es sich bei dem Hindernis um ein gesunkenes, mit SY-2-Raketen ausgerüstetes chinesisches Atom-U-Boot der Wuhan-Klasse handeln könnte, denn im Mai 1984 haben die Chinesen in etwa jenem Gebiet ein solches U-Boot verloren. Beim Abtasten des Meeresbodens mit einem seitwärts suchenden

Unterwasser-Ortungsgerät hat die *Ocean Explorer* dies Bild hier geliefert.»

Die farbige Abbildung wirkte in ihrer Schärfe nahezu dreidimensional.

«Wie Sie sehen, ist der gesamte Meeresboden eben, mit Ausnahme einer einzigen dreieckigen Leitwerkflosse, die etwa neunzig Meter über ihn emporragt. Sie sehen sie hier», sagte er und wies darauf. «Sie ist erheblich größer als jedes Tragwerksteil eines in den Vereinigten Staaten oder der Sowjetunion hergestellten Flugzeugtyps, und wir haben zuerst gerätselt, was es sein könnte. Nächstes Bild.»

Man sah, wie von einem Kran ein Unterwasser-Roboterfahrzeug an der Seite eines Schiffs ins Wasser gelassen wurde. Es schien aus einer Vielzahl waagerecht verlaufender Rohre zu bestehen, in deren Mitte Kameras und Scheinwerfer installiert waren.

«Am 24. Juni hatte die Navy *Neptun IV* an Ort und Stelle; sie hat ferngesteuerte Tauchroboter an Bord. FF *Scorpion*, das Sie hier sehen, wurde hinabgelassen, um das Leitwerksteil zu fotografieren. Es lieferte ein Bild, das deutlich eine Art Steuerfläche zeigt. Hier sehen Sie es.»

In der Gruppe erhob sich Gemurmel. Auf einem grell ausgeleuchteten Farbbild ragte von einer ebenen Korallenfläche eine graue Flosse auf. Sie war scharfkantig und sah aus wie ein Flugzeugteil, lief spitz zu und war deutlich erkennbar ein Artefakt.

«Sie werden bemerken», sagte Barnes, «daß der Meeresboden in diesem Gebiet aus dichten, abgestorbenen Korallen besteht. Der Flügel oder das Leitwerksteil verschwindet darin, und das legt die Vermutung nahe, daß darunter der eigentliche Flugkörper liegen muß. Wir haben mit einem Seitensuchsonar mit besonders hoher Auflösung den Meeresboden an dieser Stelle erkundet, um unterhalb der Korallen den Umriß zu erkennen. Nächstes Bild.»

Ein weiteres farbiges Sonarbild, diesmal nicht aus Linien, sondern aus kleinen Punkten zusammengesetzt.

«Wie Sie sehen, scheint das Leitwerksteil an einem zylindrischen Gegenstand angebracht zu sein, der unter den Korallen liegt. Das Objekt hat einen Durchmesser von zweiundsechzig Metern und erstreckt sich über neunhundert Meter nach Westen, bevor es in einer Spitze zuläuft.»

Erneut ertönte Gemurmel aus der Zuhörerschaft.

«Ja, Sie haben richtig gehört», bestätigte Barnes, «der zylindrische Gegenstand ist fast einen Kilometer lang. Seine Gestalt entspricht nach unseren gegenwärtigen Erkenntnissen der einer Rakete oder eines Raumschiffs; dennoch haben wir es vorsichtshalber von Anfang an als ‹die Anomalie› bezeichnet.»

Norman sah zu Ted hinüber, der zur Projektionswand emporlächelte. Neben Ted runzelte Harry Adams in der Dunkelheit die Stirn und schob seine Brille zurecht.

Dann erlosch die Projektionslampe. Der Raum lag im Dunkeln. Man hörte ein Aufstöhnen, und Barnes schimpfte: «Verdammt noch mal, nicht schon *wieder*!» Jemand tastete sich zur Tür, ein helles Rechteck wurde sichtbar.

Beth beugte sich zu Norman und sagte: «Denen fällt hier dauernd der Strom aus. Ist doch beruhigend, nicht?»

Augenblicke später wurde die Projektionswand wieder hell, und Barnes fuhr fort. «Am 25. Juni trennte ein ferngesteuertes Fahrzeug der Klasse SCARAB ein Stück aus dem Leitwerksteil und brachte es an die Oberfläche. Die Untersuchung ergab, daß es aus einer Titanlegierung in einer Epoxydharz-Wabenstruktur bestand. Die zur Herstellung einer Verbindung von Metall und Kunststoffen erforderlichen technischen Verfahren waren bisher auf der Erde unbekannt.

Fachleute haben bestätigt, daß das Leitwerksteil keinesfalls auf unserem Planeten entstanden sein kann – wir wären wohl erst in zehn oder zwanzig Jahren so weit, etwas in der Art herzustellen.»

Harry Adams knurrte, beugte sich vor und notierte etwas auf seinem Block.

Unterdessen, erläuterte Barnes, brachten weitere Roboterfahrzeuge Sprengladungen auf dem Meeresboden an. Die Auswertung des durch Fernzündung künstlich hervorgerufenen Seebebens hat gezeigt, daß die im Meeresboden verborgene Anomalie aus Metall bestand, hohl war und über einen komplexen inneren Aufbau verfügte.

«Nach zwei Wochen gründlicher Untersuchung», sagte Barnes, «sind wir zu dem Ergebnis gekommen, daß es sich bei der Anomalie um eine Art Raumfahrzeug handeln mußte.»

Die endgültige Bestätigung kam am 27. Juni von den Geologen. Die von ihnen untersuchten Bohrkernproben aus dem Meeresgrund zeigten, daß der Boden dort ursprünglich deutlich höher gelegen hatte, vielleicht in einer Tiefe von fünfundzwanzig oder dreißig Metern. Das würde den Korallenbewuchs erklären, der das Fahrzeug durchschnittlich vier Meter hoch bedeckt. Daher, sagen die Geologen, müsse das Objekt mindestens dreihundert Jahre und vielleicht auch weit länger dort gelegen haben, wobei alles zwischen fünfhundert bis hin zu fünftausend Jahren möglich ist.

«Äußerst zögernd», fuhr Barnes fort, «hat sich die Navy zu der Schlußfolgerung durchgerungen, daß wir da in der Tat auf ein Raumfahrzeug aus einer anderen Zivilisation gestoßen waren. Der Präsident hat bei einer Sondersitzung des Nationalen Sicherheitsrats entschieden, daß es geöffnet werden soll, und so hat man am 29. Juni die ULF-Gruppe einberufen.

Am 1. Juli wurde in der Nähe der Fundstelle das Unterwasserhabitat DH-7 auf den Meeresboden hinabgelassen. In ihm arbeiten sieben Marinetaucher in einer saturierten Edelgas-Atmosphäre. Sie haben Bohrarbeiten zur weiteren Erkundung durchgeführt. So, damit wären Sie über den gegenwärtigen Stand der Dinge im Bilde», schloß Barnes. «Noch Fragen?»

Ted meldete sich. «Weiß man schon etwas über den inneren Aufbau des Raumfahrzeugs?»

«Bisher noch nicht. Es scheint so gebaut zu sein, daß Druckwellen um die Außenschale herumgeleitet werden, die ungewöhnlich kräftig und zweckmäßig gestaltet ist. Daher haben die seismischen Versuche kein klares Bild über das Innere ergeben.»

«Und was ist mit passiven Verfahren? Haben die einen Blick ins Innere ermöglicht?»

«Wir haben alles versucht», sagte Barnes. «Gravitometrische Analyse – ergebnislos. Thermographie – ergebnislos. Genaue Resistivitätsuntersuchung – ergebnislos. Protonen-Präzisionsmagnetometer – ergebnislos.»

«Und Horcheinrichtungen?»

«Vom ersten Tag an hatten wir Hydrophone auf dem Meeresboden. Aus dem Objekt sind bisher keinerlei Geräusche gekommen.»

«Was ist mit anderen ferngesteuerten Erkundungsverfahren?»

«Die meisten arbeiten mit radioaktiver Strahlung, und wir zögern gegenwärtig noch, das Objekt einer solchen Strahlung auszusetzen.»

Harry sagte: «Captain Barnes, wie ich sehe, ist das Leitwerksteil offenbar unbeschädigt, wie auch der Rumpf ein vollkommener Zylinder zu sein scheint. Sind Sie der Überzeugung, daß dies Objekt in den Ozean gestürzt ist?»

«Ja», sagte Barnes, wobei er unbehaglich dreinsah.

«Das würde doch bedeuten, daß das Objekt einen Aufschlag auf das Wasser mit hoher Geschwindigkeit ohne Kratzer oder Beulen überstanden hat?»

«Nun, es ist ungewöhnlich stabil gebaut.»

Harry nickte. «Das müßte es auch sein...»

«Was tun die Taucher eigentlich, die jetzt da unten sind?» fragte Beth.

«Sie suchen den Eingang», lächelte Barnes. «Es blieb uns zunächst nichts anderes übrig, als auf die Verfahren der klassischen Archäologie zurückzugreifen. Wir durchziehen die Korallen mit Gräben, um eine Öffnung zu finden, durch die man hinein kann, eine Luke oder dergleichen. Wir hoffen, innerhalb der nächsten vierundzwanzig bis achtundvierzig Stunden Erfolg damit zu haben. Sobald es soweit ist, gehen Sie rein. Noch etwas?»

«Ja», sagte Ted. «Wie haben die Russen auf diese Entdeckung reagiert?»

«Wir haben es ihnen noch nicht gesagt», gab Barnes zur Antwort.

«Sie haben es ihnen noch nicht gesagt?»

«Nein.»

«Aber es handelt sich doch hier um ein geradezu unglaubliches Ereignis in der Menschheitsgeschichte, einen Fall, der nicht seinesgleichen hat. Es geht nicht um die amerikanische Geschichte, sondern um die der ganzen *Menschheit*. Eine solche Sensation müssen wir doch mit allen Völkern der Erde teilen; das ist die Art Entdeckung, die die ganze Menschheit einigen könn –»

«Sagen Sie das dem Präsidenten», unterbrach ihn Barnes. «Ich kenne seine Gründe nicht, aber so hat er entschieden. Weitere Fragen?»

Niemand sagte etwas. Die Mitglieder der Gruppe sahen einander an.

«Das wär's dann wohl», schloß Barnes.

Das Licht ging an. Stühle wurden gerückt, die Zuhörer standen auf und streckten sich. Dann sagte Harry Adams: «Captain Barnes, ich muß sagen, daß ich erhebliche Einwände gegen diese Art der Einweisung habe.»

Barnes zeigte sich überrascht. «Was meinen Sie damit, Harry?»

Die anderen hielten inne und sahen Adams an. Er saß nach wie vor, sein Gesicht zeigte einen ärgerlichen Ausdruck. «Ist es Ihre Absicht, uns die Sache schonend beizubringen?»

«Wovon sprechen Sie?»

«Von der Tür.»

Barnes lachte unbehaglich. «Harry, ich habe doch gerade laut und deutlich gesagt, daß die Taucher Gräben ziehen, um sie zu suchen –»

«Ich würde sagen, daß Sie schon vor drei Tagen, als Sie die ersten von uns hierherbringen ließen, ziemlich genau wußten, wo sie zu suchen war, und ich gehe sogar so weit zu behaupten, daß Sie ihre Lage inzwischen wahrscheinlich genau kennen. Habe ich recht?»

Barnes sagte nichts. Er stand da, ein gefrorenes Lächeln auf dem Gesicht.

Großer Gott, dachte Norman und sah Barnes an. Harry hat recht. Zwar war bekannt, daß Harry ein außergewöhnlich logisch arbeitendes Gehirn besaß und über eine erstaunliche Fähigkeit zur Deduktion verfügte, aber Norman hatte ihn noch nie in Aktion gesehen.

«Ja», sagte Barnes schließlich. «Sie haben recht.»

«Die Lage der Tür ist also bekannt?»

«Ja.»

Nach einem Augenblick des Schweigens sagte Ted: «Aber das ist doch wunderbar, einfach großartig! Wann gehen wir runter, um uns das Raumschiff von innen anzusehen?»

«Morgen», sagte Barnes, ohne seine Augen von Harry abzuwenden. Dieser hielt seinerseits den Blick unverwandt auf Barnes gerichtet. «Die Tauchboote bringen Sie morgen früh ab acht Uhr nach unten, immer zwei auf einmal – sie sind sehr klein.»

«Wie aufregend!» sagte Ted. «Phantastisch! Unglaublich.»

«Sie sollten also», sagte Barnes, den Blick immer noch auf Harry geheftet, «alle zusehen, daß Sie sich ordentlich ausschlafen – wenn Sie können.»

«Was in dem Schlaf für Träume kommen mögen, das zwingt uns stillzustehn», bemühte Ted noch einmal Hamlet. Er hüpfte vor Aufregung buchstäblich auf seinem Stuhl auf und ab.

«Den Rest des Tages wird das technische und Versorgungspersonal bei Ihnen maßnehmen und Sie mit allem ausstaffieren, was Sie brauchen. Falls jemand weitere Fragen hat», schloß Barnes, «finden Sie mich in meinem Büro.»

Er ging hinaus, und die anderen folgten ihm. Norman blieb mit Harry Adams zurück, der immer noch auf seinem Stuhl saß. Er sah dem Techniker zu, der die Leinwand zusammenrollte und einklappte.

«Das war eine eindrucksvolle Demonstration», sagte Norman.

«Tatsächlich? Wieso?»

«Sie haben schließlich aus alldem abgeleitet, daß Barnes uns das mit der Tür verschwiegen hat.»

«Es gibt noch viel mehr, was er uns verschweigt», sagte Adams kalt. «Er enthält uns alle *wichtigen* Informationen vor.»

«Zum Beispiel?»

«Zum Beispiel», sagte Harry und erhob sich, «ist es Captain Barnes sehr wohl bekannt, warum der Präsident beschlossen hat, die Sache geheimzuhalten.»

«Wirklich?»

«Unter den gegebenen Umständen hatte er keine Wahl.»

«Was für Umstände sind das?»

«Der Präsident weiß, daß das Objekt da unten kein außerirdisches Raumschiff ist.»

«Sondern?»

«Das ist doch eigentlich völlig klar.»

«Mir nicht», sagte Norman.

Adams lächelte zum erstenmal. Es war ein dünnes Lächeln, und es lag keinerlei Humor darin. «Sie würden es nicht glauben, wenn ich es Ihnen sagte», sagte er und verließ den Raum.

UNTERSUCHUNGEN

Arthur Levine, der Meeresbiologe, arbeitete am ozeanographischen Institut in Wood's Hole in Massachusetts und war das einzige Mitglied des Teams, das Norman Johnson noch nicht kannte. Auch so etwas, das wir damals nicht bedacht haben, überlegte er. Er hatte seinerzeit angenommen, zu Kontakten mit unbekannten Lebensformen werde es an Land kommen, und die eine Möglichkeit, die eigentlich auf der Hand lag, nicht erwogen – daß ein Raumflugkörper, der ohne bestimmtes Ziel irgendwo auf der Erde niedergeht, am ehesten auf dem Wasser landen würde, da Ozeane immerhin siebzig Prozent der Erdoberfläche bedecken. Im Rückblick war es offensichtlich, daß das Expertenteam einen Meeresbiologen brauchen würde.

Was sich wohl im nachhinein noch alles als offensichtlich erweisen wird? grübelte er.

Levine lehnte sich über die Backbord-Reling. Als Norman ihm die Hand schüttelte, fühlte sie sich feucht an. Levine sah sehr ungesund aus und gestand Norman schließlich, daß er seekrank sei.

«Sie als Meeresbiologe sind seekrank?» fragte Norman.

«Gewöhnlich arbeite ich im Labor», gab Levine zurück. «Auf festem Boden, wo sich nicht alles ständig bewegt. Was ist daran so lustig?»

«Entschuldigung», sagte Norman.

«Sie halten wohl einen seekranken Meeresbiologen für eine komische Figur?»

«Es scheint irgendwie widersinnig.»

«Viele von uns werden seekrank», sagte Levine. Sein Blick glitt über die See. «Sehen Sie nur dort hinaus: Tausende von Kilometern nichts.»

«Der Ozean.»

«Er ist mir unheimlich», sagte Levine.

«Nun?» fragte Barnes, als er mit Norman wieder in seinem Arbeitsraum saß, «was halten Sie davon?»

«Wovon?»

«Von der Gruppe, zum Kuckuck.»

«Es ist die, die ich ausgewählt habe, nur eben sechs Jahre später. Im großen und ganzen eine gute Gruppe, bestimmt sehr tüchtig.»

«Ich möchte wissen, wer davon zusammenbrechen wird.»

«Warum sollte das passieren?» fragte Norman. Er sah Barnes an und bemerkte auf dessen Oberlippe einen dünnen Schweißfaden. Der Mann schien selbst unter großem Druck zu stehen.

«Nun, immerhin sollen sie dreihundert Meter unter dem Meeresspiegel unter äußerst beengten Verhältnissen leben und arbeiten», gab Barnes zu bedenken. «Das ist ja wohl nicht dasselbe, als wenn ich mit Navytauchern da runtergehe – die sind dafür ausgebildet und haben sich in der Gewalt. Mein Gott, das da ist doch ein Haufen *Wissenschaftler*, reine Zivilisten. Ich möchte nicht nur sicher sein, daß sie alle kerngesund und topfit sind, sondern auch, daß keiner von denen durchdreht.»

«Ich weiß nicht, ob Ihnen das klar ist, Captain, aber ein Psychologe kann nicht besonders genau voraussagen, wer durchdrehen wird.»

«Nicht mal, wenn es um Angst geht?»

«Ganz gleich, worum es geht.»

Barnes runzelte die Stirn. «Ich dachte, Angst sei Ihr Spezialgebiet.»

«Es ist einer meiner Forschungsschwerpunkte. Ich kann Ihnen zwar recht genau sagen, wer auf Grund seines Persönlichkeitsprofils unter Belastung starke Angst empfinden wird, nicht aber, wer dieser Belastung standhält und wer nicht.»

«Und wozu sind Sie dann nütze?» fragte Barnes gereizt. Er seufzte. «Es tut mir leid. Wollen Sie nicht einfach mit ihnen reden oder ein paar Tests mit ihnen machen?»

«Es gibt keine», sagte Norman, «zumindest keine, die in dieser Hinsicht aussagekräftig wären.»

Barnes seufzte erneut. «Was ist mit Levine?»

«Der ist seekrank.»

«Unter Wasser gibt es keinerlei Bewegung, das spielt also keine Rolle. Was ist mit ihm *persönlich*?»

«An Ihrer Stelle würde ich mir da Sorgen machen», sagte Norman.

«Ist zur Kenntnis genommen. Und Harry Adams? Er ist anmaßend.»

«Ja», bestätigte Norman. «Aber das ist unter den von Ihnen genannten Bedingungen wahrscheinlich von Vorteil.» Untersuchungen hatten gezeigt, daß mit Belastungen am besten Menschen fertig wurden, die anderen nicht sympathisch waren – solche, die als arrogant, hochnäsig oder aufreizend selbstsicher eingestuft wurden.

«Schon möglich», sagte Barnes. «Aber was ist mit seinem berühmten Forschungsbericht? Vor ein paar Jahren hat er zu den glühendsten Befürwortern der Suche nach außerirdischer Intelligenz gehört, und jetzt, wo wir was gefunden haben, steht er der Sache völlig ablehnend gegenüber. Erinnern Sie sich an seinen Aufsatz?»

Norman kannte ihn nicht und wollte das gerade sagen, als eine Ordonnanz hereinkam. «Captain Barnes, hier ist die neueste Aufnahme. Sie hatten sie angefordert.»

«In Ordnung», sagte Barnes. Er warf einen Blick auf das Bild und legte es hin. «Was ist mit dem Wetter?»

«Unverändert, Sir. Die Satellitenberichte bestätigen, daß wir hier mit hundert bis hundertvierzig rechnen müssen, Sir.»

«Hol's der Teufel», sagte Barnes.

«Schwierigkeiten?» wollte Norman wissen.

«Schlechtes Wetter», sagte Barnes. «Vielleicht müssen wir die Versorgungsschiffe abziehen.»

«Heißt das, das Tauchunternehmen wird abgeblasen?»

«Nein», sagte Barnes. «Das findet wie geplant morgen statt.»

«Warum nimmt Harry eigentlich an, daß es sich nicht um ein Raumschiff handelt?» fragte Norman.

Mit angespanntem Gesicht schob Barnes die Papiere über seinen Tisch. «Ich will Ihnen was sagen», begann er, «er ist Theoretiker, aber mir geht es um nackte Tatsachen. Theorien sind gut und schön, aber daß da unten was verdammt Altes und verdammt Sonderbares liegt, ist die Wirklichkeit. Ich will wissen, was es ist.»

«Aber was kann es sein, wenn es kein außerirdischer Flugkörper ist?»

«Warten wir ab, bis wir unten sind, einverstanden?» Barnes warf einen Blick auf die Uhr. «Das zweite Unterwasser-Habitat müßte inzwischen auf dem Meeresboden verankert sein. In fünfzehn Stunden gehen wir runter. Bis dahin haben wir alle eine Menge zu tun.»

«Bitte halten Sie einen Augenblick still, Dr. Johnson.» Norman spürte, wie zwei Meßspitzen seine Arme hinten unmittelbar über den Ellbogen erfaßten. «Nur ganz kurz... in Ordnung. Sie können jetzt in das Bassin steigen.»

Der junge Marinearzt trat beiseite, und Norman, der völlig nackt war, kletterte die kurze Leiter zu dem randvoll mit Wasser gefüllten Bassin empor, das wie die militärische Ausführung eines Beckens für Unterwassermassage aussah. Als er sich hineingleiten ließ, lief es über.

«Wozu ist das gut?» erkundigte sich Norman.

«Entschuldigung, Dr. Johnson. Tauchen Sie bitte *vollständig* unter...»

«Was?»

«Nur für einen Augenblick, Sir...»

Norman atmete ein, tauchte unter, kam wieder herauf.

«In Ordnung, Sie können jetzt wieder herauskommen», sagte der Arzt und hielt ihm ein Handtuch hin. «Wozu ist das gut?» fragte Norman erneut, während er die Leiter hinabstieg.

«Wir müssen den genauen Fettgehalt Ihres Körpers kennen», sagte der Arzt, «um Ihre Sat-Werte zu berechnen.»

«Meine Sat-Werte?»

«Ihre Saturationswerte, die Stickstoffaufnahme.» Der Arzt notierte etwas auf seinem Schreibbrett.

«Ach je», sagte er. «Sie gehen über die Kurve hinaus.»

«Wieso?»

«Bewegen Sie sich viel, Dr. Johnson?»

«Mäßig.» Allmählich fühlte er sich in die Defensive gedrängt. Außerdem war das Handtuch zu klein und ließ sich nicht um die Hüften winden. Warum nur hatte die Marine so winzige Handtücher?

«Trinken Sie?»

«Mäßig.» Jetzt hatte er entschieden das Gefühl, sich rechtfertigen zu müssen. Kein Zweifel.

«Darf ich fragen, wann Sie zuletzt ein alkoholisches Getränk zu sich genommen haben, Sir?»

«Ich weiß nicht. Vor zwei, drei Tagen.» Es fiel ihm schwer, seine Erinnerung auf San Diego zu konzentrieren. Es schien lange her zu sein. «Warum?»

«In Ordnung, Dr. Johnson. Irgendwelche Schwierigkeiten mit den Gelenken, den Hüften oder den Knien?»

«Nein, warum?»

«Schwindel, Ohnmachtsanfälle, Bewußtseinsstörungen?»

«Nein...»

«Setzen Sie sich doch bitte kurz hierher, Sir.» Der Arzt wies auf einen Hocker neben einem elektronischen Gerät an der Wand.

«Es wäre mir wirklich lieb, wenn Sie meine Fragen beantworten würden», sagte Norman.

«Sehen Sie einfach auf den grünen Punkt. Machen Sie beide Augen weit auf...»

Er spürte einen kurzen Luftzug an den Augen und blinzelte instinktiv. Ein Papierstreifen schob sich aus dem Gerät. Der Arzt riß ihn ab und warf einen Blick darauf.

«In Ordnung, Dr. Johnson. Folgen Sie mir bitte...»

«Ich möchte, daß Sie mir sagen, was hier vor sich geht», sagte Norman.

«Das verstehe ich, Sir, aber ich muß fertig werden. Um siebzehn Uhr ist Ihre nächste Einweisung.»

Norman lag auf dem Rücken, medizinische Helfer stachen Nadeln in beide Arme und eine weitere in die Leistenbeuge. Er schrie vor plötzlichem Schmerz auf.

«Das ist der schlimmste Teil, Sir», sagte der Arzt und bedeckte die Spritzen mit Eisstückchen. «Halten Sie jetzt einfach die Watte da drauf...»

Auf seinen Nasenlöchern saß eine Klemme, zwischen den Zähnen hatte er ein Mundstück.

«Damit messen wir Ihr CO_2», sagte der Arzt. «Atmen Sie ganz normal aus. So ist es richtig. Tief einatmen, jetzt wieder ausatmen...»

Norman atmete aus. Er sah, wie sich eine Gummimembran hob und eine Nadel auf einer Skala emporschob.

«Versuchen Sie es noch einmal, Sir. Das können Sie bestimmt besser.»

Das glaubte Norman zwar nicht, aber er versuchte es trotzdem.

Ein weiterer Marinearzt betrat den Raum, in der Hand ein mit Zahlen bedecktes Blatt. «Das sind seine KW's», sagte er.

Der andere Arzt machte ein bedenkliches Gesicht. «Hat Barnes das gesehen?»

«Ja.»

«Und was hat er gesagt?»

«Es wäre in Ordnung. Wir sollen weitermachen.»

«Von mir aus. Er ist der Boss.» Der erste Arzt wandte sich wieder Norman zu. «Bitte versuchen Sie es noch einmal, Dr. Johnson, tief einatmen...»

Metallene Meßspitzen berührten sein Kinn und seine Stirn. Ein Band legte sich um seinen Kopf. Jetzt maßen die Spitzen den Kiefer vom Ohr zum Kinn.

«Wozu dient das?» wollte Norman wissen.

«Wir passen Ihnen einen Helm an, Sir.»

«Müßte ich den nicht aufprobieren?»

«Wir machen das auf diese Weise, Sir.»

Zum Abendessen gab es angebrannte überbackene Makkaroni. Norman schob den Teller nach wenigen Bissen von sich.

Der Arzt erschien an der Tür zu seiner Kabine. «Zeit für die Siebzehn-Uhr-Einweisung, Sir.»

«Ich gehe nirgendwohin», sagte Norman, «bevor ich nicht ein paar Antworten habe. Was zum Teufel hat all das zu bedeuten, was Sie da mit mir anstellen?»

«Routinemäßige Ermittlung der Tiefensaturation, Sir. Die Vorschriften der Navy verlangen das, bevor Sie nach unten gehen.»

«Und was bedeutet es, daß ich über die Kurve hinausgegangen bin?»

«Was meinen Sie, Sir?»

«Sie sagten: ‹Sie gehen über die Kurve hinaus›.»

«Ach *das*. Sie sind etwas schwerer, als die Tabellen der Navy vorsehen, Sir.»

«Gibt es Schwierigkeiten mit meinem Gewicht?»

«Wohl nicht, Sir.»

«Und was haben die anderen Untersuchungen ergeben?»

«Sir, für Ihr Alter und Ihre Lebensweise sind Sie bemerkenswert gesund.»

«Meinen Sie, ich kann da runter?» fragte Norman und hoffte insgeheim, er müsse oben bleiben.

«Da runter? Ich habe mit Captain Barnes gesprochen. Das dürfte keinerlei Schwierigkeiten bereiten, Sir. Folgen Sie mir bitte zur Einweisung, Sir...»

Die anderen saßen bereits im Besprechungsraum und hielten Styroporbecher mit Kaffee in den Händen. Norman freute sich, sie zu sehen. Er ließ sich auf einen Stuhl neben Harry fallen. «Großer Gott, haben Sie auch die verdammte Untersuchung mitgemacht?»

«Klar», sagte dieser, «schon gestern.»

«Die haben mich mit 'ner Nadel ins Bein gestochen.»

«Tatsächlich? Mich nicht.»

«Und die Atemübung mit der Klammer auf der Nase?»

«Mußte ich auch nicht machen», sagte Harry. «Das klingt ja ganz so, als nähme man Sie besonders ran, Norman.»

Das mußte Norman auch denken, und ihm mißfiel die Folgerung, die sich daraus ergab. Mit einemmal fühlte er sich müde.

«Schön, Leute, wir haben eine Menge zu tun und nur drei Stunden Zeit dafür», sagte eine forsche Stimme von der Tür her. Das Licht ging aus, und so konnte sich Norman den Mann nicht einmal richtig ansehen. «Sie alle wissen, daß Daltons Gesetz Teildrücke von Gasgemischen bestimmt. Hier haben wir es in algebraischer Form ausgedrückt...»

Das erste Dia erschien auf der Projektionswand.

$$pp_a = p_{tot} \times \%\ Vol_a$$

«Wir wollen jetzt noch einmal durchgehen, wie man Partialdrücke in absoluten Atmosphären, also bar, berechnet, was bei uns das gebräuchlichste Verfahren ist –»

Norman sagte das nichts. Er versuchte aufzupassen, aber je mehr Kurven gezeigt wurden und je länger die Stimme aus der Dunkelheit eintönig weitersprach, desto schwerer wurden ihm die Lider. Er schlief ein.

«– im Tauchboot nach unten gebracht, und sobald Sie sich im Habitat befinden, wird der Druck auf dreiunddreißig bar gesteigert. Es handelt sich dabei um ein Gasgemisch, da die Erdatmosphäre oberhalb von achtzehn bar nicht atembar ist –»

Norman hörte nicht mehr zu. All diese technischen Einzelheiten machten ihm nur angst. Er schlief erneut ein und schreckte von Zeit zu Zeit hoch.

«Da ein Hyperoxieschaden nur dann eintritt, wenn der Partialdruck des Sauerstoffs pO_2 über längere Zeit hin 70 Kilopascal übersteigt –»

«– zu einer Stickstoffnarkose, bei der sich der Stickstoff wie ein Anästhetikum verhält, kommt es in einer aus einem Edelgasgemisch bestehenden Atmosphäre, sobald der Partialdruck 150 Kilopascal übersteigt –»

«– im allgemeinen ist ein dem Bedarfsfall angepaßtes offenes System vorzuziehen, aber Sie werden in einem halbgeschlossenen Kreislauf arbeiten, bei dem die Einatemdruck-Schwankungen zwischen sechshundertacht und siebenhundertsechzig Millimetern liegen –»

Erneut nickte er ein.

Auf dem Rückweg zu den Kabinen fragte Norman: «Hab ich was verpaßt?»

«Eigentlich nicht.» Harry zuckte die Schultern. «Nur jede Menge Physik.»

In seiner winzigen grauen Kabine ließ sich Norman auf die Koje fallen. Die Leuchtanzeige der Uhr an der Wand zeigte die Zahl 2300. Es dauerte eine Weile, bis er begriff, daß das elf Uhr abends bedeutete. In neun Stunden beginne ich mit dem Abstieg, dachte er.

Dann schlief er ein.

DIE TIEFE

DER ABSTIEG

Im Licht des Morgens tanzte das grellgelbe Klein-Tauchboot *Charon V* auf den Wellen. Es saß auf einer Pontonplattform und wirkte wie ein Kinderbadespielzeug auf zusammengebundenen Ölfässern.

Ein Schlauchboot brachte Norman hinüber. Er kletterte auf die Plattform und begrüßte den Führer des Tauchboots mit Handschlag. Er schien höchstens achtzehn zu sein, jünger als Normans Sohn Tim.

«Sind Sie bereit, Sir?» fragte der Mann.

«Klar», sagte Norman.

Aus der Nähe sah das Tauchboot nicht mehr aus wie ein Spielzeug; es schien unglaublich massiv und kräftig gebaut zu sein. Die Bolzen, mit denen das einzige Bullauge aus konvexem Acrylglas befestigt war, hatten die Dicke einer Männerfaust. Er betastete sie.

Der andere lächelte. «Vor der Abfahrt noch 'n prüfender Tritt gegen die Reifen, Sir?»

«Ach was, ich vertraue Ihnen.»

«Der Einstieg ist hier, Sir.»

Norman stieg auf der schmalen Eisenleiter zum Dach des Tauchboots hinauf und sah, wie sich die kleine, kreisrunde Luke öffnete. Er zögerte.

«Am besten setzen Sie sich auf den Rand», riet ihm der Mann, «und lassen die Beine reinhängen. Dann klettern Sie einfach hinterher. Notfalls machen Sie sich an den Schultern ein bißchen schmaler und ziehen Ihren... Na bitte, klappt doch.» Norman schob sich durch die enge Luke ins Innere, das so niedrig war, daß man darin nicht aufrecht stehen konnte. Das Tauchboot war mit Instrumenten und Ausrüstungselementen vollgestopft. Ted war bereits an Bord, hockte im hinteren Teil und grinste begeistert wie ein kleiner Junge.

«Ist das nicht toll?»

Norman beneidete ihn um seine unkomplizierte Begeisterungsfähigkeit. Er fühlte sich beengt und nervös. Über ihm schlug der Führer des Tauchboots das schwere Luk zu und ließ sich zu den Steuereinrichtungen hinabgleiten. «Alles in Ordnung?»

Die Männer nickten.

«Tut mir leid wegen der Aussicht», sagte der Bootsführer mit einem Blick über die Schulter. «Die Herren werden vorwiegend mein Hinterteil zu sehen bekommen. Auf geht's... Ist Ihnen Mozart recht?» Er drückte den Knopf eines Kassettengeräts und lächelte. «Bis wir unten sind, dauert es dreizehn Minuten; Musik wird uns die Zeit verkürzen. Falls Ihnen Mozart nicht zusagt, können wir Ihnen auch was anderes bieten.»

«Mozart ist in Ordnung», sagte Norman.

«Mozart ist prima», sagte Ted, «göttlich.»

«Nun gut, meine Herren.» Sie hörten ein Zischen, aus dem Funkgerät ertönte ein Knattern. Der Bootsführer sprach leise in seine Sprechkombination. Ein Froschmann wurde vor dem Bullauge sichtbar und winkte. Der Steuermann winkte zurück.

Man hörte ein Plätschern, darauf ein tiefes Grummeln, und das Boot bewegte sich abwärts.

«Wie Sie sehen, sinkt der ganze Ponton mit», erklärte der Bootsführer. «An der Wasseroberfläche hat das Boot keine stabile Lage, deswegen wird es mit diesem Schwimmgestell die letzten Meter rauf- und runtergebracht. Wir koppeln uns in etwa dreißig Metern Tiefe ab.»

Durch das Bullauge sahen sie den Froschmann auf dem Ponton bis zur Hüfte im Wasser stehen. Dann versank das Bullauge im Wasser. Aus dem Atemgerät des Froschmanns stiegen Luftblasen auf.

«Wir sind jetzt eingetaucht», sagte der Bootsführer. Er hantierte an Ventilen über seinem Kopf, und wieder hörten sie Luft zischen, diesmal bestürzend laut. Wasser gurgelte. Durch das Bullauge fiel wunderschön blaues Licht.

«Hinreißend», sagte Ted.

«Jetzt lösen wir uns von dem Gestell», kommentierte der Bootsführer sein Tun. Motoren sprangen an, das Tauchboot schob sich nach vorn, der Froschmann glitt seitlich vorbei. Durch das Bullauge war nichts mehr zu sehen als dunkelblaues Wasser. Der Bootsführer sagte etwas in sein Funkgerät und stellte die Musik lauter.

«Lehnen Sie sich gut an, meine Herren», sagte er. «Abwärts mit sechsundzwanzig Metern pro Minute.»

Norman spürte, daß die Elektromotoren liefen, fühlte aber die Bewegung nicht wirklich. Es wurde nur immer dunkler.

«Eigentlich», sagte Ted, «ist es ein richtiger Glücksfall, daß das Raumschiff gerade hier liegt. An den meisten Stellen ist der Pazifik so tief, daß wir nie in der Lage wären, es uns mit eigenen Augen anzusehen.» Er erklärte, daß die Durchschnittstiefe des Pazifischen Ozeans, der nahezu die Hälfte der Erdoberfläche einnimmt, dreitausend Meter beträgt. «Nur an wenigen Stellen liegt der Meeresboden deutlich höher – so zum Beispiel im vergleichsweise kleinen Rechteck zwischen Samoa, Neuseeland, Australien und Neuguinea. Es ist in Wirklichkeit eine große unterseeische Ebene, die den Ebenen des amerikanischen Westens gleicht, nur mit dem Unterschied, daß sie durchschnittlich sechshundertfünfzig Meter unter dem Meer liegt. Und auf diese Ebene tauchen wir jetzt runter.»

Ted sprach rasch. Ob er nervös war? Norman hätte es nicht sagen können: Er spürte, wie sein Herz hämmerte. Jetzt war es draußen vollständig dunkel; die Instrumentalbeleuchtung glomm grün. Der Steuermann schaltete die rote Innenbeleuchtung ein.

Sie gewannen immer mehr an Tiefe. «Hundertzwanzig Meter.» Das Boot schwankte leicht, schob sich dann vorwärts. «Wir sind jetzt im Fluß.»

«Im Fluß? Was für einem Fluß?» fragte Norman.

«Wir befinden uns in einer Strömung, die sich auf Grund eines anderen Salzgehalts und einer anderen Temperatur wie ein Fluß innerhalb des Ozeans verhält. Wir legen hier immer eine kleine Pause ein, Sir; das Boot wird von der Strömung ein Stückchen mitgetragen.»

«Ach ja, übrigens», sagte Ted, griff in die Tasche und gab dem Bootsführer einen Zehndollarschein.

Norman sah ihn fragend an.

«Hat man Ihnen das nicht gesagt? Ein alter Brauch. Man gibt dem Bootsführer auf dem Weg nach unten etwas Geld – es soll Glück bringen.»

«Das kann ich brauchen», sagte Norman. Er suchte in seiner Tasche, fand einen Fünfdollarschein, überlegte es sich anders und nahm statt dessen einen Zwanziger heraus.

«Vielen Dank, meine Herren, und guten Aufenthalt da unten», sagte der Bootsführer.

Die Elektromotoren sprangen wieder an.

Es ging weiter abwärts. Das Wasser war dunkel.

«Hundertfünfzig Meter», kam die Stimme. «Die Hälfte haben wir hinter uns.»

Plötzlich hörten sie ein lautes Knirschen und mehrere explosionsartige Geräusche. Norman erschrak.

«Ganz normaler Druckausgleich», sagte der Bootsführer. «Hat nichts zu bedeuten.»

«Mhm», murmelte Norman. Er wischte sich mit dem Hemdsärmel den Schweiß von der Stirn. Das Innere des Bootes schien jetzt geschrumpft, es kam ihm vor, als seien die Wände näher gerückt.

«Wenn ich mich recht erinnere», begann Ted, «heißt dieser Teil des Pazifik das Lau-Becken. Stimmt das?»

«Es stimmt, Sir.»

«Es ist ein Plateau zwischen zwei unterseeischen Rücken, dem Süd-Fidschi-Rücken oder Lau-Rücken im Westen und dem Kermadec-Tonga-Rücken im Osten.»

«Das stimmt, Dr. Fielding.»

Norman sah auf die Instrumente. Sie waren feucht. Der Bootsführer mußte sie mit einem Tuch abwischen. Drang etwa Wasser ins Boot? Nein, dachte er, es ist bloß Kondenswasser. Es wurde spürbar kälter. Ganz ruhig, ermahnte er sich.

«Zweihundertfünfzig Meter», verkündete der Bootsführer.

Jetzt war es draußen vollständig schwarz.

«Haben Sie so was schon mal erlebt?» fragte Ted.

«Nein», sagte Norman.

«Ich auch nicht», sagte Ted. «Ich finde es echt spannend.»

Wenn der Kerl doch bloß den Mund hielte, dachte Norman.

«Wissen Sie», sagte Ted, «wenn wir das Raumfahrzeug öffnen und den ersten Kontakt mit einer anderen Lebensform haben, wird das ein bedeutsamer Augenblick in der Geschichte der Menschheit sein. Ich habe mir überlegt, was wir bei dieser Gelegenheit sagen könnten.»

«Sagen?»

«Nun ja – ein paar passende Worte. Auf der Schwelle, während die Kameras laufen.»

«Werden denn Kameras da sein?»

«Bestimmt. Ich bin sicher, daß es alle möglichen Formen der Berichterstattung geben wird, ist ja auch nur recht und billig. Wir sollten also etwas sagen, irgendeinen griffigen Satz. Wie wäre es mit: ‹Das ist ein geschichtlicher Augenblick in der Menschheitsgeschichte›?»

«‹Geschichtlich› und ‹Geschichte›?» fragte Norman zweifelnd. «Ich weiß nicht.»

«Stimmt», sagte Ted, «hört sich schwerfällig an. Vielleicht besser: ‹Ein Wendepunkt in der Geschichte der Menschheit›?»

Norman schüttelte den Kopf.

«Oder: ‹Eine Wegscheide in der Evolution des Menschen als Art›?»

«Kann es bei der Evolution so etwas geben?»

«Warum nicht?» gab Ted zurück.

«Nun, an einer Wegscheide treffen verschiedene Wege zusammen. Ist die Evolution einer? Ich denke nein. Bisher war ich der Ansicht, sie habe keine feste Richtung.»

«Sie nehmen das zu wörtlich», sagte Ted.

«Signale vom Meeresboden», sagte der Bootsführer. «Zweihundertfünfundsiebzig Meter.» Er nahm Fahrt zurück. Sie hörten in Abständen das ‹Pang› des Sonargeräts.

Ted machte einen neuen Anlauf. «‹Eine Schwelle in der Evolution des Menschen als Art›?»

«Klar. Halten Sie es denn für eine?»

«Eine was?»

«Eine Schwelle.»

«Warum nicht?» fragte Ted.

«Und was ist, wenn wir das Ding aufmachen und finden nichts als verrosteten Krempel statt wertvoller oder erhellender Erkenntnisse?»

«Da ist was dran», sagte Ted.

«Zweihundertneunzig Meter. Außenscheinwerfer sind eingeschaltet», sagte der Bootsführer.

Durch das Bullauge sahen sie helle Teilchen vorbeitreiben. Der Bootsführer erklärte, daß es sich um im Wasser schwebende Kleinstlebewesen handelte.

«Sichtkontakt. Wir sind auf dem Grund.»

«Oh, das möchte ich sehen!» sagte Ted. Der Bootsführer machte bereitwillig Platz, und die beiden Männer sahen hinaus.

Man erkannte eine unbewachsene, eintönig braune Ebene, die sich bis zur Grenze des Lichtkegels vor ihnen erstreckte. Jenseits war alles schwarz.

«Viel zu sehen gibt es hier nicht, fürchte ich», sagte der Bootsführer.

«Erstaunlich unbelebt», sagte Ted, ohne eine Spur von Enttäuschung in der Stimme. «Ich hatte gedacht, daß sich hier allerlei Getier tummeln würde.»

«Nun, es ist ziemlich kalt hier unten. Die Wassertemperatur liegt, äh, bei circa zwei Grad Celsius.»

«Fast beim Gefrierpunkt», sagte Ted.

«Ja, Sir. Wollen mal sehen, ob wir Ihr neues Heim finden können.»

Die Motoren dröhnten. Schlammige Ablagerungen wurden

vor dem Bullauge hochgewirbelt. Das Boot drehte, schob sich über den Boden. Einige Minuten lang sahen sie nur das Braun der Umgebung.

Dann Helligkeit. «Wir sind da.»

Eine Vielzahl im Rechteck angeordneter Lichter tauchte auf.

«Die Planquadrate des Meßgitters», erläuterte der Bootsführer.

Das Boot stieg und glitt über die Scheinwerfer hinweg, die sich über mehr als einen halben Kilometer erstreckten. Durch das Bullauge sahen sie in den durch die Scheinwerfer begrenzten Planquadraten Taucher arbeiten. Sie winkten dem vorübergleitenden Boot zu. Der Bootsführer betätigte eine Spielzeughupe.

«Können die das denn hören?»

«Aber natürlich. Wasser leitet den Schall sogar ausgezeichnet.»

«Oh, mein Gott», entfuhr es Ted.

Unmittelbar voraus erhob sich das riesige Titan-Leitwerksteil steil über den Meeresboden. So groß hatte Norman es sich nicht vorgestellt; als das Boot näher kam, versperrte es ihnen nahezu eine Minute lang das gesamte Gesichtsfeld. Das Metall war von stumpfem Grau und, mit Ausnahme weißer Flecken an Stellen, wo sich Meereslebewesen angesetzt hatten, völlig glatt.

«Keine Anzeichen von Korrosion», sagte Ted.

«Nein, Sir», sagte der Bootsführer. «Das ist allen aufgefallen. Es heißt, es liegt am Verbundwerkstoff aus Metall und Kunststoff, aber Genaueres scheint niemand zu wissen.»

Das Leitwerksteil verschwand achtern; erneut schwenkte das Tauchboot herum. Unmittelbar voraus wurden weitere, in senkrechten Reihen angeordnete Lichter erkennbar. Norman sah einen einzelnen, gelb gestrichenen Stahlzylinder mit hell erleuchteten Bullaugen. Daneben befand sich eine niedrige Metallkuppel.

«Backbord ist das DH-7, das Tiefsee-Habitat der Taucher», sagte der Bootsführer. «Es geht darin ziemlich spartanisch zu. DH-8, in dem Sie untergebracht sind, ist da schon viel behaglicher eingerichtet, das dürfen Sie mir glauben.»

Er drehte das Boot nach Steuerbord, und nach einem Augenblick absoluter Finsternis kamen wieder Lichter in Sicht. Während sie sich näherten, zählte Norman fünf verschiedene teils senkrecht, teils waagerecht angeordnete Röhren, die ein Gewirr von Verbindungselementen miteinander verband.

«Da haben Sie DH-8, Ihr Heim fern der Heimat», sagte der Bootsführer. «Wir legen gleich an, es dauert nur eine Minute.»

Metall stieß gegen Metall; ein scharfer Ruck, dann blieben die Motoren stehen. Stille. Sie hörten Luft zischen. Der Bootsführer öffnete die Luke, und überraschend kalte Luft strömte herein.

«Die Luftschleuse ist offen, meine Herren», sagte er und trat beiseite.

Bei einem Blick nach oben in die Schleuse sah Norman eine Vielzahl von roten Lichtern. Er stieg durch die Luke hinauf direkt in einen Stahlzylinder von etwa zweieinhalb Metern Durchmesser. Rundum an der Wand befanden sich Haltegriffe und eine schmale metallene Bank. Über ihnen leuchteten Heizstrahler, schienen aber nicht viel auszurichten.

Ted kletterte heraus und setzte sich Norman gegenüber auf die Bank. Es war so eng, daß sich ihre Knie berührten. Zu ihren Füßen schloß der Bootsführer die Luke. Als sich das Boot löste, ertönte ein laut hallendes Geräusch, schließlich surrten die Motoren, und das Boot entfernte sich.

Dann Stille.

«Und jetzt?» fragte Norman.

«Sie setzen uns unter Überdruck», sagte Ted. «Wir werden auf eine Atmosphäre umgestellt, die mit Edelgasen verdünnt ist, denn normale Luft könnten wir hier unten nicht atmen.»

«Warum nicht?» wollte Norman wissen. Während er unverwandt die kalte Stahlwand des Zylinders ansah, wünschte er, er wäre bei der Besprechung nicht eingeschlafen.

«Weil die Erdatmosphäre hier unten tödlich wäre», sagte Ted. «Sauerstoff verursacht Korrosion und ist ähnlich aggressiv wie Chlor und Fluor. Flußsäure aber, also Fluorwasserstoffsäure, ist die aggressivste aller bekannten Säuren. Der Bestandteil des Sauerstoffs, der einen angebissenen Apfel braun werden und Eisen rosten läßt, hat auf den menschlichen Körper eine unglaublich zersetzende Wirkung, wenn er davon zuviel bekommt. Sauerstoff in komprimierter Form und in hoher Konzentration ist giftig – in gesteigertem Maße. Also wird die Sauerstoffmenge, die wir einatmen, herabgesetzt. Oben enthält die Atmosphäre einundzwanzig Prozent Sauerstoff, hier unten nur noch zwei. Aber Sie werden den Unterschied nicht merken –»

Aus einem Lautsprecher ertönte eine Stimme: «Wir beginnen jetzt mit der Druckanpassung.»

«Wer ist denn das?» wollte Norman wissen.

«Barnes», sagte die Stimme. Doch sie klang nicht wie Barnes' Stimme, sondern brüchig und künstlich.

«Das muß am Sprecher liegen», sagte Ted und lachte dann. Seine Stimme war merklich höher als sonst. «Das kommt vom Helium, Norman. Die pumpen hier Helium rein.»

«Sie hören sich jetzt an wie Donald Duck», sagte Norman und begann seinerseits zu lachen. Es klang ebenfalls quiekend, wie in einem Zeichentrickfilm.

«Sie überhaupt nicht, Micky», quäkte Ted.

«Ift daf komif», sagte Norman. Beide bogen sich vor Lachen.

«Schluß damit, Leute», kam Barnes' Stimme über den Lautsprecher. «Die Sache ist nicht zum Lachen.»

«Jawohl, Sir, Captain», sagte Ted. Inzwischen war seine Stimme so piepsig, daß man sie kaum noch verstand, und erneut brachen beide in Gelächter aus. Ihre blechernen Stimmen hallten wie die von kichernden Schulmädchen durch die stählerne Röhre.

Das Helium wirkte sich jedoch nicht nur auf ihre Stimmen aus.

«Wird euch langsam kalt, Jungs?» fragte Barnes.

Kalt war es in der Tat. Norman sah, wie Ted zitterte, und er fühlte, daß seine Beine sich mit einer Gänsehaut überzogen. Es war, als wären ihre Körper einem kühlen Wind ausgesetzt – nur gab es hier keinen Wind. Die geringe Dichte des Heliums verstärkte die Verdunstung und entzog der Haut Wärme.

Ted sagte etwas quer durch den Zylinder, doch seine Stimme war jetzt so piepsig, daß sie unverständlich blieb. Norman hörte nur noch ein dünnes Quieken.

«Klingt wie Ratten», sagte Barnes befriedigt.

Ted verdrehte die Augen zum Lautsprecher hin und piepste etwas.

«Wenn Sie was sagen wollen, hängen Sie sich eine Sprechkombination um», sagte Barnes. «Sie finden sie in dem Kasten unter Ihrem Sitz.»

Norman zog einen Metallkasten hervor und klappte den Deckel hoch. Es quietschte laut, wie Kreide auf einer Tafel. Jedes Geräusch in der Kammer klang hoch und schrill. In dem Kasten fand er zwei schwarze Kunststoffstücke mit Bändern.

«Ziehen Sie sich das einfach über den Hals und legen Sie das flache Stück an die Kehle.»

«Wird gemacht», sagte Ted und sah überrascht auf. Seine Stimme klang zwar etwas rauh, aber ansonsten wie immer.

«Die Dinger scheinen die Stimmbandfrequenzen zu verändern», sagte Norman.

«Das kommt davon, wenn man bei der Besprechung nicht zuhört», sagte Barnes. «Genauso ist es. Sie müssen die Geräte tragen, solange Sie hier unten sind – jedenfalls, wenn Sie wollen, daß Sie jemand versteht. Ist Ihnen immer noch kalt?»

«Ja», sagte Ted.

«Noch einen kleinen Augenblick, dann haben wir vollen Druckausgleich.»

Ein Zischen ertönte, und eine Tür öffnete sich automatisch. Barnes erschien im Türrahmen, mit leichten Jacken über dem Arm. «Willkommen an Bord von DH-8», sagte er.

«Sie sind die letzten», sagte Barnes. «Es bleibt gerade noch Zeit für eine kurze Besichtigung, bevor wir uns daranmachen, das Raumschiff zu öffnen.»

«Sind Sie denn schon soweit?» fragte Ted. «Wundervoll. Ich habe gerade mit Norman über die Bedeutsamkeit dieses Augenblicks gesprochen. Unser erster Kontakt mit außerirdischem Leben. Wir müßten uns eine kleine Ansprache für dieses denkwürdige Ereignis zurechtlegen.»

«Dafür bleibt noch genug Zeit», sagte Barnes mit einem schwer zu deutenden Blick auf Ted. «Ich zeig Ihnen am besten zuerst Ihre Unterkunft. Hier entlang.»

Er erklärte, daß das Unterwasser-Habitat DH-8 aus fünf mit A bis E gekennzeichneten großen zylindrischen Röhren bestand. «Röhre A – in der befinden wir uns gerade – dient als Luftschleuse.» Er führte sie in einen anstoßenden Umkleideraum. Schwere Taucheranzüge hingen neben gelben, sonderbar geformten, futuristisch wirkenden Helmen, wie sie Norman schon an den Tauchern aufgefallen waren, schlaff an der Wand. Mit den Knöcheln klopfte er gegen einen der Helme. Er war aus Kunststoff und überraschend leicht.

Über einem der Visiere stand in Druckschrift JOHNSON.

«Die sind für uns?» fragte er Barnes.

«So ist es», bestätigte dieser.

«Heißt das, wir gehen nach draußen?» fragte Norman alarmiert.

«Irgendwann sicher. Zerbrechen Sie sich darüber jetzt nicht den Kopf. Frieren Sie immer noch?»

Als sie das bejahten, wies Barnes sie an, enganliegende Kombinationen aus blauem Polyester anzuziehen, die Strampelanzügen verdächtig ähnlich sahen. Ted runzelte die Stirn. «Finden Sie die nicht ziemlich albern?»

«Schon möglich, daß sie nicht der letzte Schrei sind», sagte Barnes, «aber sie verhindern Wärmeverlust durch das Helium.»

«Die Farbe schmeichelt mir ja nicht gerade», sagte Ted.

«Zum Teufel mit der Farbe», knurrte Barnes und gab ihnen die leichten Jacken, die er über dem Arm trug. Norman spürte in einer Tasche etwas Schweres und zog einen Satz Batterien heraus.

«In die Jacken sind Heizdrähte eingearbeitet», sagte Barnes. «Sie werden elektrisch beheizt wie die Bettdecken, die Sie zum Schlafen bekommen. Folgen Sie mir.»

Sie betraten Röhre B, in der die Anlagen zur Stromerzeugung und die Versorgungseinrichtungen untergebracht waren. Auf den ersten Blick glich ihr Inneres einem großen Kesselraum: Vielfarbige Rohrleitungen und Anschlüsse für alle möglichen Versorgungssysteme waren zu sehen. «Hier erzeugen wir unsere Wärme, unseren Strom und unsere Atemluft», sagte Barnes. Er schnurrte die Leistungsdaten herunter: «Stromerzeuger mit einem Verbrennungsmotor im geschlossenen Kreislauf, zweihundertvierzig/hundertzehn Volt. Brennstoffzellen auf Wasserstoff- und Sauerstoffbasis. LSS-Monitore. Die Wasseraufbereitungsanlage arbeitet mit Silber-Zink-Batterien. Und das hier ist Chief Petty Officer Teeny Fletcher.» Eine grobknochige Gestalt, die sich mit einem schweren Schraubenschlüssel zwischen den Leitungen zu schaffen machte, wandte sich um und winkte munter lächelnd mit einer ölverschmierten Hand.

«Sie scheint ihre Arbeit zu verstehen», sagte Ted lobend.

«Das tut sie», sagte Barnes. «Aber da alle Hauptversorgungssysteme doppelt existieren und sich alle Systeme im Habitat selbst regeln, ist Alice Fletcher eigentlich nur an Bord, falls alle Stricke reißen sollten.»

Er heftete jedem einen schweren Anstecker an die Kombination. «Tragen Sie diese Melder sicherheitshalber überall und zu jeder Zeit bei sich – es löst sich automatisch ein Alarm aus, sobald die Versorgungswerte unter den Optimalwert absinken, was aber nicht passieren wird. In jedem Raum befinden sich Sensoren, und Sie werden sich daran gewöhnen, daß sich die Umgebung fortlaufend Ihrer Gegenwart anpaßt. Das Licht geht von selbst an und aus, Heizlampen schalten sich ein und aus, und Luftdüsen springen an, um den jeweiligen Ausgleich vorzunehmen. Alles funktioniert automatisch, Sie brauchen nichts zu befürchten, zumal, wie gesagt, jedes Hauptsystem in zweifacher Ausfertigung existiert. Auch wenn Strom-, Luft- oder Wasserversorgung vollkommen zusammenbrechen sollten, passiert uns hundertdreißig Stunden lang nichts.»

Norman erschienen hundertdreißig Stunden nicht besonders lang. Er rechnete das im Kopf in Tage um und kam auf gut fünf. Auch fünf Tage fand er nicht besonders lang.

Jetzt ging es in die nächste Röhre. Bei ihrem Eintritt schaltete sich das Licht selbsttätig ein. Röhre C enthielt die eigentlichen Unterkünfte: Kojen, Toiletten, Duschen. «Sie werden sehen, Ihnen steht viel heißes Wasser zur Verfügung.» Stolz wies Barnes sie auf alles hin, als besichtigten sie ein Hotel.

Die Wohnräume waren stark isoliert. Teppichböden und weiches Schaumstoffmaterial an Wänden und Decken verliehen ihnen das Aussehen völlig überpolsterter Sofas. Doch trotz der leuchtenden Farben und der erkennbaren Mühe, die man sich mit der Ausstattung gegeben hatte, wirkten die Räume auf Norman eng und beklemmend. Die winzigen Bullaugen gaben lediglich einen Blick in die schwarze Dunkelheit des Ozeans frei. An den ungepolsterten Stellen erinnerte der Anblick kräftiger Bolzen und schwerer Stahlplatten daran, wo sie waren. Ihm kam es vor, als befinde er sich in einer riesigen Eisernen Lunge – eigentlich gar kein schlechter Vergleich, dachte er.

Durch enge Schotten, die sie dazu zwangen, sich zu bücken, erreichten sie Röhre D: Ein kleines Labor mit Tischen und Mikroskopen auf der oberen Ebene und einer kompakten elektronischen Rechen-, Steuer- und Beobachtungseinheit auf der darunter.

«Das ist Tina Chan», sagte Barnes und stellte ihnen eine schweigsame Frau vor. Alle gaben sich die Hand. Norman gewann dabei den Eindruck, daß Tina Chan geradezu unnatürlich gelassen war, bis er merkte, daß sie zu den Leuten gehörte, die kaum je mit den Augen zwinkerten.

«Seien Sie nett zu Tina», sagte Barnes. «Sie ist unsere einzige Verbindung zur Außenwelt, kümmert sich um die Nachrichtenleitungen und die Sensorsysteme – genaugenommen um die gesamte Elektronik.»

Tina Chan stand inmitten der größten Bildschirme, die Norman je gesehen hatte. Sie erinnerten ihn an Fernsehgeräte aus den fünfziger Jahren. Barnes erläuterte, daß gewissen Ausrüstungsteilen, unter anderem auch den Kathodenstrahlröhren, die Heliumatmosphäre nicht besonders gut bekam. In den Anfangstagen von Unterwasser-Habitats dieser Art hatte man diese Röhren täglich erneuern müssen. Jetzt waren sie auf komplizierte Weise beschichtet und abgeschirmt; das erklärte ihre Größe.

Neben Chan stand Jane Edmunds, die Barnes als die Archivarin des Habitats vorstellte.

«Was ist Ihre Aufgabe?» fragte Ted sie.

«Petty Officer First Class, Datenverarbeitung, Sir», sagte sie. Mit der Brille und ihrer steifen Haltung erinnerte sie Norman an eine Bibliothekarin.

«Datenverarbeitung...» sagte Ted.

«Es ist meine Aufgabe, alle digitalen Aufzeichnungen und alles visuelle Material zu verwalten. Jeder Aspekt dieses historischen Ereignisses wird aufgezeichnet, und ich archiviere alles vorschriftsmäßig.» Sie ist tatsächlich eine Bibliothekarin, dachte Norman.

«Ausgezeichnet», sagte Ted. «Das höre ich gern. Film oder Band?»

«Band, Sir.»

«Ich kenne mich mit Videoanlagen aus», sagte Ted lächelnd. «Zeichnen Sie auf Halb- oder Dreiviertelzollband auf?»

«Das von uns verwendete Datascan-System hat pro Bild zweitausend Pixels, also Bildelemente mit jeweils einer Skala von zwölf Grautönen.»

«Oh», sagte Ted.

«Ein wenig besser als die handelsüblichen Systeme, die Sie kennen dürften, Sir.»

«Ich verstehe», sagte Ted. Aber er gewann seine Selbstsicherheit bald zurück und plauderte eine Weile mit Edmunds über technische Einzelheiten.

«Ted scheint sich sehr dafür zu interessieren, wie wir die Sache dokumentieren wollen», sagte Barnes mit einem unbehaglichen Blick.

«Kommt mir auch so vor.» Es war Norman nicht klar, warum Barnes dieser Gedanke beunruhigte. Machten ihm die Bildaufnahmen Sorgen? Oder befürchtete er, Ted würde sich dabei in den Mittelpunkt drängen? Würde Ted das tun? Und wenn – befürchtete Barnes, das könne die Sache als ziviles Unternehmen erscheinen lassen?

«Nein, die Außenscheinwerfer sind mit Halogen-Quarzlampen von hundertfünfzig Watt bestückt», sagte Edmunds gerade. «Die Empfindlichkeit unseres Aufnahmematerials entspricht einer halben Million ASA, das ist reichlich. Das eigentliche Problem ist das Hintergrundrauschen, und dagegen kämpfen wir beständig an.»

«Mir fällt auf, daß die gesamte technische Besatzung aus Frauen besteht», bemerkte Norman.

«Ja», sagte Barnes. «Alle Tieftauch-Untersuchungen haben gezeigt, daß Frauen bei solchen Einsätzen Männern überlegen sind. Da sie im Schnitt kleiner sind, verbrauchen sie weniger Nährstoffe und Luft, außerdem ist ihr Sozialverhalten besser ausgebildet, daher können sie das Leben in einer engen Gemeinschaft besser ertragen. Außerdem sind sie physiologisch zäher und ausdauernder. Die Navy weiß schon lange, daß eigentlich alle U-Boot-Besatzungen aus Frauen bestehen sollten.» Er lachte. «Aber versuchen Sie mal, das durchzusetzen.» Er sah auf die Uhr. «Wir müssen weiter. Ted?»

Die letzte Röhre, E, war geräumiger als die anderen. Sie enthielt Lagerräume, einen großen Aufenthalts- und einen Fernsehraum und auf der darunterliegenden Ebene eine Kantine mit einer leistungsfähigen Küche. Die rotgesichtige Köchin, Leichtmatrose Rose Levy, stand unter einem riesigen Dunstabzug. Mit einem breiten Südstaatenakzent fragte sie Norman, welchen Nachtisch er am liebsten esse.

«Nachtisch?»

«Ja, Sir, Dr. Johnson. Wenn ich kann, mache ich jedem gern

die Freude. Was ist mit Ihnen, Dr. Fielding, haben Sie einen Lieblingsnachtisch?»

«Limetten-Samara-Kuchen», sagte Ted, «eß ich für mein Leben gern.»

«Kein Problem», sagte Levy und lächelte breit. Sie wandte sich erneut Norman zu. «Und Ihrer?»

«Erdbeertörtchen.»

«Geht ohne weiteres. Mit der letzten Lieferung sind wunderbare neuseeländische Erdbeeren gekommen. Wollen Sie vielleicht gleich heute abend welche?»

«Warum nicht, Rose?» sagte Barnes munter.

Norman sah aus dem Bullauge in die Dunkelheit des Ozeans. Man konnte das Rechteck des erleuchteten Planquadratgitters erkennen, das sich über achthundert Meter weit an dem korallenbedeckten Raumschiff dahinzog. Taucher, die durch das Licht der Scheinwerfer glitten, sahen aus wie Glühwürmchen.

Norman dachte: Da bin ich gut dreihundert Meter unter dem Meeresspiegel, und wir unterhalten uns darüber, ob es zum Nachtisch Erdbeertörtchen geben soll. Doch je länger er darüber nachdachte, desto vernünftiger schien es ihm. Man konnte es jemandem in einer neuen Umgebung am besten behaglich machen, wenn man ihm Gerichte vorsetzte, die er kannte.

«Von Erdbeeren krieg ich Ausschlag», sagte Ted.

«Dann bekommen Sie eben Blaubeertörtchen», sagte Levy prompt.

«Mit Schlagsahne?» fragte Ted.

«Tja...»

«Man kann nicht alles haben», sagte Barnes, «und dazu gehört hier unten, in einer Atmosphäre, die aus einem Gasgemisch von dreißig bar Druck besteht, Schlagsahne. Sie wird einfach nicht steif. Kommen Sie, gehen wir weiter.»

Beth und Harry warteten in dem unmittelbar über der Kantine gelegenen kleinen Besprechungsraum, dessen Decke und Wände gepolstert waren. Auch sie trugen beide die Kombination und die Heizjacke. Kopfschüttelnd fragte Harry, als die anderen eintraten: «Was sagen Sie zu unserer Gummizelle?» Er stieß einen Finger in das Wandpolster. «Man kommt sich vor wie in einer Vagina.»

«Sehnen Sie sich nicht nach dem Mutterleib zurück, Harry?» fragte Beth.

«Nein», sagte Harry. «Da war ich schon. Einmal genügt.»

«Diese Strampelanzüge sind das letzte», sagte Ted und zog an dem enganliegenden Polyestermaterial.

«Bringt den Bauch gut zur Geltung», neckte ihn Harry.

«Setzen wir uns», sagte Barnes.

«Noch ein paar Pailletten dran, und Sie sehen aus wie Elvis Presley», witzelte Harry.

«Der ist tot.»

«Das ist Ihre Chance», sagte Harry.

Norman sah sich um. «Wo ist Levine?»

«Er hat es nicht geschafft», sagte Barnes munter. «Er hat in dem engen Tauchboot Platzangst gekriegt und mußte zurückgebracht werden. So was passiert nun mal.»

«Heißt das, wir haben keinen Meeresbiologen?»

«Wir kommen auch ohne ihn aus.»

«Abscheulich, diese verdammte Kombination», sagte Ted. «Ich kann sie nicht leiden.»

«Beth steht sie.»

«Ja, sie ist fein raus.»

«Und feucht ist es hier drin», sagte Ted. «Ist das immer so?»

Es war Norman schon aufgefallen, daß die Feuchtigkeit überall zu sein schien; alles fühlte sich naß, klamm und kalt an. Barnes wies sie auf die Gefahr von Infektionen und Erkältungen hin und teilte Fläschchen mit Hautlotion und Ohrentropfen aus.

«Sagten Sie nicht, die Technik sei auf dem letzten Stand?» fragte Harry.

«Ist sie auch», sagte Barnes. «Sie können mir glauben, daß das hier im Vergleich mit den Habitats, die wir vor zehn Jahren hatten, der reine Luxus ist.»

«Vor zehn Jahren», sagte Harry, «hat die Marine aufgehört, solche Dinger zu bauen, weil pausenlos Leute darin umgekommen sind.»

Barnes machte ein finsteres Gesicht. «Es hat nur einen einzigen Unfall gegeben.»

«Zwei», sagte Harry. «Und insgesamt vier Menschen hat es erwischt.»

«Das waren besondere Umstände», sagte Barnes. «Die Technik der Navy traf daran ebensowenig Schuld wie ihr Personal.»

«Großartig», sagte Harry. «Und wie lange sollen wir hier unten bleiben?»

«Höchstens zweiundsiebzig Stunden», antwortete Barnes.

«Ist das sicher?»

«So wollen es die Vorschriften», sagte Barnes.

«Warum?» fragte Norman verwirrt.

Barnes schüttelte den Kopf. «Fragen Sie bei Dienstvorschriften der Navy nie nach dem Grund.»

Es knackte in der Sprechanlage, und Tina Chan sagte: «Captain Barnes, wir haben ein Signal von den Tauchern. Sie bringen jetzt die Luftschleuse am Raumschiff an. Noch ein paar Minuten, und wir können mit dem Öffnen beginnen.»

Schlagartig änderte sich die Stimmung im Raum; die Erregung war deutlich spürbar. Ted rieb sich die Hände. «Ihnen allen ist natürlich klar, daß wir bereits eine wichtige Entdeckung von großer Tragweite gemacht haben, auch ohne daß das Raumschiff geöffnet wurde.»

«Und die wäre?» fragte Norman.

«Daß jetzt die Hypothese von den Singularitäten vom Tisch ist», sagte Ted mit einem Blick auf Beth.

«Die Hypothese von den Singularitäten?» fragte Barnes.

«Er bezieht sich», erläuterte Beth, «darauf, daß Physiker und Chemiker gewöhnlich die Existenz von intelligentem Leben außerhalb der Erde für möglich halten, Biologen hingegen nicht. Viele von ihnen meinen, da für die Entwickung *intelligenten* Lebens auf der Erde so viele spezifische Schritte nötig waren, sei Leben im Universum ein einzigartiges Ereignis, das sich zu keinem Zeitpunkt an einem anderen Ort wiederholt haben kann.»

»Würde denn Intelligenz nicht immer wieder auftreten?» wollte Barnes wissen.

«Nun, auch auf der Erde hat sie sich erst vor kurzem gezeigt», sagte Beth. «Die Erde ist 4,5 Milliarden Jahre alt, und Leben in Form von Einzellern ist vor 3,9 Milliarden Jahren aufgetreten – geologisch gesprochen fast sofort nach der Entstehung des Planeten. Aber während der nächsten drei Milliarden Jahre blieb es auf Einzeller beschränkt, bis es im Kambrium vor etwa sechshundert Millionen Jahren geradezu zu einer Explosion differenzierter Lebensformen kam. Binnen hundert Millionen Jahren füllte sich der Ozean mit allen möglichen Arten von Wasserlebewesen. Als es ihnen dort zu eng wurde, wichen sie auf das Festland aus und bevölkerten später auch die Luft. Aber niemand weiß, was die Explosion ausgelöst hat. Da sie bei uns drei Milliarden Jahre lang auf sich warten ließ, besteht die Möglichkeit, daß sie auf anderen Planeten ganz ausbleibt.

Noch nach dem Kambrium schien die Kette der Entwicklungen, an deren Ende der Mensch steht, so einmalig und so zufällig, daß Biologen meinen, es hätte ebensogut nie dazu kommen können. Bedenken Sie doch nur: Wären nicht vor fünfundsechzig Millionen Jahren die Dinosaurier – durch einen Kometen oder sonstwas – von der Erde verschwunden, könnten auf unserem Planeten nach wie vor Reptilien die vorherrschende Lebensform sein, und nie hätten die Säuger eine Gelegenheit bekommen, ihre Rolle zu übernehmen. Ohne Säuger aber gäbe es keine Primaten, ohne diese keine Menschenaffen, und ohne sie keinen Menschen... In der Entwicklungsgeschichte der Arten gibt es eine ganze Reihe unvorhersehbarer Faktoren und jede Menge Zufälle. Deswegen halten Biologen intelligentes Leben für etwas im Universum möglicherweise Einzigartiges, das nur hier aufgetreten ist.»

«Nur wissen wir jetzt», sagte Ted, «daß es sich *nicht* um ein einzigartiges Ereignis handelt. Denn da draußen liegt ein verdammt großes Raumschiff.»

«Ich persönlich», sagte Beth, «könnte darüber nicht glücklicher sein.» Sie biß sich auf die Lippe.

«Du siehst aber nicht danach aus», sagte Norman.

«Ich will dir sagen», sagte Beth, «was es ist – ich bin einfach nervös. Ich kann nichts dazu. Vor zehn Jahren hat Bill Jackson, kurz nachdem er den Chemie-Nobelpreis bekommen hatte, in Stanford eine Reihe von Wochenendseminaren über außerirdisches Leben veranstaltet. Er hat uns in zwei Gruppen eingeteilt. Die eine mußte die außerirdische Lebensform gestalten und alles naturwissenschaftlich ausarbeiten, die andere hat versucht, sich die Lebensform vorzustellen und mit ihr Verbindung aufzunehmen. Jackson führte den Vorsitz als unnachgiebiger Naturwissenschaftler, er hat keinem irgendwelche gedanklichen Höhenflüge durchgehen lassen. Einmal haben wir ihm eine Zeichnung eines Geschöpfs vorgelegt, und er hat ganz einfach gesagt: ‹Schön, und wo ist der Anus?› Das war seine Kritik. Doch zahlreiche Tierarten auf der Erde haben keinen Anus. Es gibt alle möglichen Arten von Ausscheïdungsmechanismen, die nicht auf eine bestimmte Körperöffnung angewiesen sind. Jackson hielt einen Anus für erforderlich, aber er irrte sich. Und jetzt...» Sie zuckte die Schultern. «Wer weiß, was wir vorfinden werden.»

«Das werden wir sehr bald herausbekommen», sagte Ted.

Die Sprechanlage meldete sich wieder. «Captain Barnes, die Taucher haben die Luftschleuse an Ort und Stelle, und der Roboter ist bereit, das Innere des Raumschiffs zu erkunden.»

Ted fragte: «Was für ein *Roboter*?»

DIE TÜR

«Ich halte das für vollkommen unangemessen», sagte Ted ärgerlich. «Wir sind doch wohl hier unten, um uns *persönlich* Zutritt zu dem Raumschiff zu verschaffen, und ich finde, das sollten wir auch tun.»

«Kommt überhaupt nicht in Frage», sagte Barnes, «das ist viel zu riskant.»

«Sie müssen das als eine archäologische Fundstätte ansehen», sagte Ted. «Die Sache ist doch bedeutender als Chichen Itzá, Troja oder Tutenchamuns Grabkammer, zweifellos der bedeutendste archäologische Fund in der Menschheitsgeschichte. Und da wollen Sie wirklich so einen verdammten *Roboter* vorschikken? Wo haben Sie Ihr Gefühl für die Bestimmung des Menschen gelassen?»

«Und wo haben Sie Ihren Selbsterhaltungstrieb gelassen?» fragte Barnes zurück.

«Ich protestiere entschieden, Captain Barnes.»

«Protest zur Kenntnis genommen», sagte Barnes und wandte sich ab, «wir machen weiter. Tina, spielen Sie uns die Videoaufnahmen ein.»

Ted verzichtete auf eine Entgegnung, weil in diesem Augenblick zwei große Bildschirme vor ihnen aufleuchteten. Auf dem linken sahen sie das komplizierte Rohrgerüst des Roboters mit offenliegenden Motoren und Antriebsbaugruppen. Man hatte ihn vor der gewölbten grauen Metallwand des Raumschiffs in Stellung gebracht.

In diese Wand war eine Tür eingelassen, die einer Flugzeugtür auffallend glich. Auf dem zweiten Bildschirm konnte man sie von nahem sehen, das Bild stammte von der Videokamera des Roboters.

«Sie sieht unseren Flugzeugtüren ziemlich ähnlich», sagte Ted.

Norman sah zu Harry hin, der unergründlich lächelte, dann zu Barnes. Dieser schien in keiner Weise überrascht. Offenbar wußte er bereits von der Tür.

«Woher eine solche Ähnlichkeit in der Türkonstruktion wohl kommt?» überlegte Ted. «Die Wahrscheinlichkeit, daß sie zufällig auftritt, ist astronomisch gering. Die Tür hat genau die richtige Größe und Form für einen Menschen!»

«Stimmt», sagte Harry.

«Unglaublich», sagte Ted, «wirklich unglaublich.»

Harry lächelte und schwieg.

«Wir wollen nach Angriffsflächen suchen», sagte Barnes.

Der Aufnahmekopf der Videoeinrichtung des Roboters schwenkte nach links und rechts über den Rumpf des Raumschiffs und hielt inne, als er eine kleine rechteckige Abdeckung links von der Tür erfaßte.

«Bekommen wir das da auf?»

«Wir versuchen es gerade, Sir.»

Mit einem Surren näherte sich die Klaue des Roboters der Abdeckung, fuhr aber nur ungeschickt über das Metall und ließ eine Reihe von glänzenden Kratzern zurück. Die Abdeckung blieb geschlossen.

«Das ist doch lachhaft», beschwerte sich Ted. «Er ist so geschickt wie ein Säugling.»

Die Klaue kratzte weiter über die Abdeckung.

«Wir sollten das selbst tun», sagte Ted.

«Probieren Sie es mit Unterdruck», sagte Barnes.

Ein weiterer Arm wurde vorgestreckt, er hielt einen Gummisauger.

«Aha, des Klempners Freund», spottete Ted.

Der Sauger wurde aufgesetzt, flachgedrückt, dann hob sich die Abdeckung mit einem Ruck.

«Na also.»

«Ich kann nichts sehen...»

Nur verschwommen sah man, was in der Vertiefung hinter der Abdeckung lag, das Bild war unscharf. Sie erkannten so etwas wie eine Reihe runder metallener Vorsprünge in den Farben Rot, Gelb und Blau. Darüber waren komplizierte schwarzweiße Zeichen zu erkennen.

«Seht nur», sagte Ted, «rot, blau, gelb. Die Grundfarben. Das ist ein phantastischer Durchbruch.»

«Wieso?» fragte Norman.

«Weil es darauf hinweist, daß die Außerirdischen dieselben Sinne besitzen wie wir – vielleicht sehen sie das Universum genauso wie wir, in denselben Farben, nutzen denselben Teil des elektromagnetischen Spektrums. Das wird bei der Kontaktaufnahme ungeheuer hilfreich sein. Und diese schwarz-weißen Kennzeichnungen... sicher ist das ihre Schrift! Wer hätte das gedacht! Eine außerirdische Schrift!» Er lächelte hingerissen. «Ein denkwürdiger Augenblick», sagte er. «Ich empfinde es als großes Vorrecht, dabei zu sein.»

«Scharf stellen!» rief Barnes.

«Jawohl, Sir.»

Das Bild wurde noch verschwommener.

«Andersrum!»

«Ja, Sir.»

Die Konturen wurden allmählich scharf.

«Oho», sagte Ted, den Blick auf den Bildschirm geheftet.

Sie sahen, daß die drei Vorsprünge tatsächlich farbige Knöpfe waren: gelb, rot, blau. Jeder maß etwa zweieinhalb Zentimeter im Durchmesser und hatte geriffelte Kanten. Die Symbole über ihnen entpuppten sich als eine Reihe deutlich erkennbarer Bezeichnungen.

Von links nach rechts konnte man lesen: «Emergency Ready», «Emergency Lock» und «Emergency Open».

Einen Augenblick lang herrschte beklommenes Schweigen. Dann begann Harry Adams ganz leise zu lachen.

DAS RAUMSCHIFF

«Das ist ja *Englisch*!» sagte Ted, der den Blick keine Sekunde vom Bildschirm nahm. «Englische Beschriftungen!»

«Ja», sagte Harry, «so ist es.»

«Was wird hier gespielt?» fragte Ted, «soll das ein Witz sein?»

«Nein», sagte Harry gelassen und seltsam unbeteiligt.

«Wieso kann ein dreihundert Jahre altes Raumschiff Anweisungen in modernem Englisch tragen?»

«Denken Sie mal drüber nach», sagte Harry.

Ted runzelte die Stirn. «Vielleicht will sich das außerirdische

Raumschiff uns in einer Weise darstellen, die uns freundlich stimmt.»

«Denken Sie noch ein bißchen weiter nach», ermunterte ihn Harry.

Es entstand eine kurze Pause. «Nun, sofern es ein außerirdisches Raumschiff *ist* –»

«Es ist aber keins», sagte Harry.

In das allgemeine Schweigen hinein sagte Ted: «Warum erzählen Sie uns nicht einfach, was es ist, wenn Sie Ihrer Sache so sicher sind?»

«Nun», sagte Harry gedehnt, «es ist ein amerikanisches Raumschiff.»

«Ein amerikanisches Raumschiff? Achthundert Meter lang? Mit Techniken hergestellt, die wir noch nicht kennen? Und dreihundert Jahre lang hier im Meeresboden begraben?»

«Natürlich», sagte Harry. «Das war von Anfang an klar. Stimmt's, Captain Barnes?»

«Wir hatten auch an diese Möglichkeit gedacht», gab Barnes zu, «der Präsident hat sie immerhin erwogen.»

«Ja, und deswegen haben Sie den Russen nichts davon gesagt.»

«So ist es.»

Ted war grenzenlos enttäuscht. Er ballte die Fäuste, als wolle er auf jemanden losdreschen. Er sah von einem zum anderen. «Aber woher *wußten* Sie das?»

«Den ersten Hinweis», sagte Harry, «liefert der Zustand des Schiffes, denn es weist keinerlei Beschädigungen auf, ist sozusagen fabrikneu. Ein Raumschiff aber, das aufs Wasser aufschlägt, wird auf jeden Fall beschädigt. Selbst bei einer relativ geringen Aufprallgeschwindigkeit – sagen wir mal, bei etwa dreihundert Stundenkilometern – ist die Wasserfläche so hart wie Beton. Ganz gleich, wie stabil das Schiff gebaut ist, der Aufschlag auf das Wasser kann nicht folgenlos geblieben sein. Aber es hat nicht den kleinsten Kratzer.»

«Und das heißt?»

«Daß es nicht auf dem Wasser aufgeschlagen ist.»

«Ich verstehe nicht. Es muß doch hierhergeflogen sein –»

«Es ist nicht hierhergeflogen, es ist hier *eingetroffen.*»

«Und von wo?»

«Aus der Zukunft», sagte Harry. «Das ist ein irdisches Raumschiff, wie es in der Zukunft gebaut wurde – gebaut werden wird –, das in der Zeit rückwärtsgereist und vor ein paar hundert Jahren unter unserem Ozean aufgetaucht ist.»

«Warum sollten Menschen in der Zukunft das tun?» stöhnte Ted. Er war sichtlich unglücklich darüber, daß man ihm sein außerirdisches Raumschiff genommen hatte, seinen großen historischen Moment. Er ließ sich auf einen Stuhl fallen und sah stumpf auf die Bildschirme.

«Ich weiß nicht, warum die Menschen in der Zukunft das tun sollten», sagte Harry. «Wir sind ja noch nicht da. Vielleicht war es ein Unfall, und sie wollten es gar nicht so.»

«Also vorwärts, aufmachen», sagte Barnes.

«Wir öffnen, Sir.»

Die Roboterhand bewegte sich auf den Knopf mit der Bezeichnung ‹Öffnen› zu. Sie drückte mehrere Male. Man hörte ein Knacken, aber nichts geschah.

«Was ist los?» fragte Barnes.

«Sir, es gelingt uns nicht, auf den Knopf zu drücken. Der Arm ist für die Aussparung unter der Abdeckung zu groß.»

«Na großartig.»

«Soll ich es mit der Sonde probieren?»

«Tun Sie das.»

Die Klaue glitt zurück, und eine Sonde mit einer dünnen Nadel fuhr auf den Knopf zu. Sie schob sich vor, brachte sich genau in Position, berührte den Knopf, drückte – und glitt ab.

«Wir versuchen es noch mal, Sir.»

Wieder drückte die Sonde gegen den Knopf, und wieder rutschte sie ab.

«Sir, die Oberfläche ist zu glatt.»

«Versuchen Sie es weiter.»

«Wissen Sie», sagte Ted nachdenklich, «es ist *trotzdem* eine ungewöhnliche Situation und in gewisser Hinsicht noch bemerkenswerter, als es ein Zusammentreffen mit Außerirdischen gewesen wäre. Ich war schon ganz sicher, daß im Universum außerirdisches Leben existiert. Aber eine Zeitreise! Als Astrophysiker hatte ich zugegebenermaßen meine Zweifel. Nach allem, was wir wissen, ist sie unmöglich, da ihr die Gesetze der Physik widersprechen. Und jetzt haben wir einen Beweis dafür, daß eine Zeitreise *doch* möglich ist – und daß unsere eigene Gattung sie einmal unternehmen wird!»

Ted lächelte mit weit geöffneten Augen; er war wieder glücklich. Bewundernswert, dachte Norman – ein richtiges Stehaufmännchen.

«Und hier», sagte Ted, «stehen wir vor unserem ersten Zusammentreffen mit unseresgleichen aus der Zukunft! Man denke nur! Eine Begegnung mit unserem zukünftigen Selbst!»

Die Sonde versuchte es immer wieder, ohne Erfolg.

«Sir, wir bekommen es nicht auf.»

«Das sehe ich selbst», sagte Barnes und erhob sich. «Schön, lassen Sie es gut sein und verschwinden Sie da. Ted, es sieht ganz so aus, als ob Ihr Wunsch doch noch in Erfüllung ginge. Wir müssen hin und es von Hand öffnen. In die Taucheranzüge!»

INS SCHIFF HINEIN

Im Umkleideraum in der Röhre A stieg Norman in seinen Taucheranzug. Tina und Edmunds halfen ihm, den Helm aufzusetzen, und schlossen den Schnappring in seinem Nacken. Er spürte das schwere Gewicht der Atemluftflaschen auf seinem Rücken, die Gurte drückten in seine Schultern. Die Luft schmeckte nach Metall. Mit einem Knacken meldete sich die Gegensprechanlage in seinem Helm.

Die ersten Worte, die er hörte, waren: «Wie wäre es mit ‹Ein erhabener Augenblick für die Menschheit›?» Norman lachte, dankbar, daß die Spannung auf diese Weise gelöst wurde.

«Finden Sie das komisch?» fragte Ted gekränkt.

Norman sah durch den Raum auf den Mann, dessen gelber Helm die Aufschrift FIELDING trug.

«Nein», sagte er, «ich bin nur nervös.»

«Ich auch», gab Beth zu.

«Hat gar nichts zu bedeuten», sagte Barnes, «glauben Sie mir.»

«Was sind die drei größten Lügen in DH-8?» fragte Harry, und sie brachen erneut in Gelächter aus.

Sie drängten sich gemeinsam in die kleine Luftschleuse, so daß sie mit den behelmten Köpfen aneinanderstießen. Die Luke zur Linken wurde verschlossen, das Handrad drehte sich. Barnes sagte: «In Ordnung, Leute, ganz normal atmen.» Er öffnete die untere Luke. Das schwarze Wasser, das sichtbar wurde, stieg nicht in die Schleuse. «Die Anlage steht unter Überdruck», erläuterte Barnes, «deswegen steigt es nicht hoch. Sehen Sie mir genau zu und machen mir alles nach. Passen Sie auf, daß Sie keinen Riß in Ihren Anzug bekommen.» Er bewegte sich schwerfällig unter dem Gewicht der Atemluftflaschen, ging an der Luke in die Hocke, faßte nach den seitlichen Haltegriffen, ließ los und verschwand mit einem leisen Platschen.

Einer nach dem anderen ließen sie sich auf den Meeresboden gleiten. Norman keuchte, als er das eiskalte Wasser durch seinen Anzug spürte; im selben Augenblick hörte er das Summen eines winzigen Ventilators, der sich zusammen mit der elektrischen Heizung des Anzugs einschaltete. Normans Füße berührten weichen, schlammigen Grund. Er sah sich in der Dunkelheit um. Er stand unter dem Habitat. Unmittelbar vor ihm, etwa dreißig Meter entfernt, lag das hellerleuchtete Gitternetz der Planquadrate. Barnes schritt bereits voran, beugte sich in die Strömung, bewegte sich langsam wie ein Astronaut auf dem Mond.

«Ist es nicht *phantastisch*?»

«Beruhigen Sie sich doch, Ted», sagte Harry.

«Sonderbar, wie wenig Leben es hier unten gibt», bemerkte Beth. «Ist euch das auch aufgefallen? Keine einzige Fächerkoralle, weder Schnecken, Schwämme, noch Fische. Nichts als unbelebter brauner Meeresboden. Das muß einer der toten Flecken im Pazifik sein.»

Hinter Norman erschien ein helles Licht; sein eigener Schatten fiel auf den Boden vor ihm. Er drehte sich um und sah Edmunds, die in einem druckfesten und wasserdichten Gehäuse eine Kamera und eine Filmleuchte hielt.

«Wird das alles aufgenommen?»

«Ja, Sir.»

«Paß auf, daß du nicht hinfällst, Norman», lachte Beth.

«Bin schon dabei.»

Sie näherten sich den Planquadraten. Norman fühlte sich besser, als er die Taucher dort arbeiten sah. Rechts ragte das Leitwerksteil steil aus den Korallen empor, eine glatte, dunkle Fläche riesigen Ausmaßes, neben der sie sich wie Zwerge vorkamen.

Barnes führte sie daran vorbei und durch einen in die Korallen geschnittenen schmalen Tunnel. Er war etwa zwanzig Meter lang und hell beleuchtet. Sie gingen im Gänsemarsch. Es kam Norman vor, als beträten sie ein Bergwerk.

«Haben die Taucher diesen Gang geschlagen?»

«So ist es.»

Norman sah eine von Drucktanks umgebene kastenförmige Konstruktion aus Wellblech.

«Vor uns liegt die Luftschleuse. Wir sind fast da», sagte Barnes. «Alles in Ordnung?»

«Bis jetzt schon», gab Harry zurück.

Sie betraten die Luftschleuse, und Barnes schloß die Tür. Luft zischte laut. Norman beobachtete, wie das Wasser sank: erst wurde sein Visier frei, dann stand er bis zur Hüfte, dann bis zu den Knien im Wasser, schließlich sank es auf den Boden, und das Zischen hörte auf. Sie gingen durch eine andere Tür und verschlossen sie luftdicht hinter sich.

Norman wandte sich dem metallenen Rumpf des Raumschiffs zu. Den Roboter hatte man beiseite dirigiert. Es kam Norman ganz so vor, als stehe er vor einem übergroßen Düsenflugzeug: eine gekrümmte, metallene Fläche und eine bündig in sie eingepaßte Tür. Das stumpfe Grau des Metalls machte einen furchteinflößenden Eindruck. Norman war nervös. Er achtete auf den Atem der anderen und spürte, daß auch sie nervös waren.

«Alles in Ordnung?» fragte Barnes. «Haben wir alle?»

«Bitte einen Moment, Sir, die Videoaufnahmen sind noch nicht so weit», sagte Edmunds.

«Schön, wir warten.»

Sie nahmen neben der Tür Aufstellung, hatten die Helme aber noch nicht abgesetzt. Die Aufnahmen werden wohl nicht besonders viel hergeben, dachte Norman.

Edmunds: «Kamera läuft.»

Ted: «Ich möchte gern einige Worte sagen.»

Harry: «Großer Gott, Ted, können Sie es denn nie lassen?»

Ted: «Es scheint mir wichtig.»

Harry: «Na gut, schießen Sie los.»

Ted: «Hallo! Hier spricht Ted Fielding an der Tür des unbekannten Raumschiffs, das entdeckt wurde –»

Barnes: «Augenblick, Ted. ‹Hier ... an der Tür des unbekannten Raumschiffs› klingt wie: ‹Hier, am Grab des unbekannten Soldaten.›»

Ted: «Gefällt es Ihnen nicht?»

Barnes: «Ich finde, es weckt die falschen Assoziationen.»

Ted: «Ich dachte, es würde Ihnen gefallen.»

Beth: «*Können wir jetzt weitermachen,* bitte?»

Ted: «Schon gut, schon gut.»

Harry: «Was denn, schmollen Sie jetzt etwa?»

Ted: «Schon gut! Wir werden eben in diesem historischen Augenblick ohne Kommentar auskommen.»

Harry: «Okay, fein. Also machen wir das Ding auf.»

Ted: «Ich denke, daß jeder weiß, was ich empfinde. Ich meine, wir sollten ein paar Worte für die Nachwelt sprechen.»

Harry: «Nun, dann sprechen Sie endlich!»

Ted: «Hören Sie, Sie verdammter Mistkerl, ich habe genug von Ihrer hochnäsigen Besserwisserei.»

Barnes: «Kamera aus, bitte.»

Edmunds: «Kamera ist aus, Sir.»

Barnes: «Wir wollen uns doch bitte alle beruhigen.»

Harry: «Mir scheint das ganze feierliche Getue völlig unangebracht.»

Ted: «Es ist keineswegs unangebracht: es gehört sich einfach so.»

Barnes: «Also schön, ich mach es selbst. Kamera.»

Edmunds: «Kamera läuft.»

Barnes: «Hier spricht Captain Barnes. Wir stehen jetzt im Begriff, die Eingangstür zu öffnen. Mit mir gemeinsam erleben diesen historischen Augenblick Ted Fielding, Norman Johnson, Beth Halpern und Harry Adams.»

Harry: «Warum werde ich zuletzt genannt?»

Barnes: «Ich habe Sie von links nach rechts vorgestellt, Harry.»

Harry: «Immerhin merkwürdig, daß der einzige Schwarze als letzter dran kommt.»

Barnes: «Harry, es geht von *links nach rechts*. So, wie wir hier stehen.»

Harry: «*Und* nach der einzigen Frau. Ich bin Ordinarius, Beth ist nur Assistenz-Professorin.»

Beth: «Harry –»

Ted: «Wissen Sie, Hal, vielleicht sollte man uns mit allen Titeln und Funktionen vorstellen –»

Harry: «– was ist gegen die alphabetische Reihenfolge einzuwenden –?»

Barnes: «– Schluß! Feierabend! Keine Kamera!»

Edmunds: «Kamera ist aus, Sir.»

Barnes: «Großer Gott im Himmel.»

Barnes wandte sich von der Gruppe ab und schüttelte den behelmten Kopf. Er klappte die metallene Abdeckung hoch, legte die Knöpfe frei und drückte einen davon. Ein gelbes Licht blinkte auf: ‹BEREIT›.

«Alle bleiben auf Eigenluft», sagte Barnes.

Sie würden weiterhin Luft aus ihren Flaschen atmen, für den Fall, daß die Gase im Raumschiff giftig waren.

«Sind alle bereit?»

«Bereit.»

Barnes drückte den mit ÖFFNEN bezeichneten Knopf.

Eine Leuchtschrift erschien: ATMOSPHÄRE WIRD ANGEGLICHEN. Dann glitt die Tür leise rumpelnd zur Seite – wie bei einem Flugzeug. Einen Augenblick lang konnte Norman außer tiefer Finsternis nichts dahinter erkennen. Sie tasteten sich behutsam vorwärts, leuchteten durch die offene Tür, sahen Träger, eine Anordnung von Metallrohren.

«Prüfen Sie die Luft, Beth.»

Beth zog am Kolben eines kleinen Gasmeßgeräts in ihrer Hand. Die Anzeige leuchtete.

«Helium, Sauerstoff, Spuren von CO_2 und Wasserdampf. Im richtigen Verhältnis. Es ist Atemluft unter Überdruck.»

«Heißt das, das Schiff hat selbst für die jeweils richtige Atmosphäre gesorgt?»

«Sieht ganz so aus.»

«Okay. Einer nach dem anderen.»

Barnes nahm seinen Helm als erster ab und atmete die Luft. «Scheint in Ordnung. Hat einen kleinen metallischen Beigeschmack, ist aber sonst wohl in Ordnung.» Er atmete einige Male tief ein und nickte dann. Alle nahmen, seinem Beispiel folgend, die Helme ab und stellten sie am Boden ab.

«So ist es besser.»

«Gehn wir?»

«Warum nicht?»

Als die anderen kurz zögerten, trat Beth vor: «Damen haben den Vortritt.»

Die anderen folgten ihr. Norman blickte sich um und sah auf ihre gelben Helme am Boden. Edmunds hielt die Videokamera ans Auge und forderte ihn auf: «Nur zu, Dr. Johnson.»

Er wandte sich um und betrat das Raumschiff.

Sie standen auf einem eineinhalb Meter breiten Steg hoch in der Luft. Norman richtete die Taschenlampe nach unten: ihr Strahl durchschnitt zwölf Meter Dunkelheit, bevor er auf den Boden des Rumpfes fiel. Sie selbst umgab, in der Finsternis nur schwach wahrnehmbar, ein dichtes Gitterwerk aus Streben und Trägern.

«Man kommt sich vor wie in einer Erdölraffinerie», sagte Beth. Sie hielt ihre Lampe auf einen der Stahlträger. Er trug die Aufschrift «AVR-09». Alle Beschriftungen waren englisch.

«Das meiste von dem, was Sie hier sehen, sind tragende Teile», sagte Barnes. «Lastaufnehmende Stützen für den Außenrumpf. Eine solche Bauweise verstärkt die Belastbarkeit der Struktur in alle Richtungen enorm. Wie wir bereits angenommen haben, ist das Schiff außergewöhnlich stabil, für geradezu unvorstellbare Belastungen konstruiert. Wahrscheinlich gibt es noch einen kleineren Rumpf weiter innen.» Norman fiel ein, daß Barnes von Haus aus Luftfahrtingenieur war.

«Nicht nur das», sagte Harry und ließ das Licht seiner Taschenlampe über die Rumpfhaut gleiten, «sehen Sie sich das mal an – eine Bleischicht.»

«Zur Strahlenabschirmung?»

«Anzunehmen. Sie dürfte etwa fünfzehn Zentimeter stark sein.»

«Also konnte das Schiff selbst einer starken Strahlung widerstehen.»

«Einer verdammt starken», sagte Harry.

Feiner Dunst lag im Raumschiff, und die Luft roch leicht ölig. Vermutlich waren die Metallträger eingeölt. Als Norman sie aber prüfend berührte, blieb an seinen Fingern kein Öl haften. Ein ungewöhnliches Metall; es fühlte sich glatt und eher weich an, fast wie Gummi.

«Interessant», sagte Ted. «Ein neues Material. In unserer Vorstellung verbindet sich Festigkeit mit Härte, aber das Metall hier – wenn es welches *ist* – verbindet Festigkeit mit Nachgiebigkeit.

Die Werkstofftechnik hat seit unserer Zeit offensichtlich Fortschritte gemacht.»

«Offensichtlich», sagte Harry.

«Muß sie ja eigentlich auch», sagte Ted. «Denkt man fünfzig Jahre zurück und vergleicht das Amerika von damals mit dem Amerika von heute, fällt vor allem auf, wie viele Kunststoffe und keramische Werkstoffe es gibt, an die man damals nicht einmal gedacht hat...» Ted redete weiter, seine Stimme hallte in der höhlenartigen Dunkelheit. Norman hörte die Spannung, die in ihr mitschwang. Ein kleiner Junge, der im Dunkeln pfeift, dachte er.

Sie drangen tiefer in das Schiff ein. Es schwindelte Norman bei dem Gedanken, sich im Dunkeln in so großer Höhe zu bewegen. Vor ihnen verzweigte sich der Steg. Vor lauter Rohren und Trägern war kaum etwas zu erkennen – man kam sich vor wie in einem Wald aus Metall.

«Wohin jetzt?»

Barnes trug einen Armbandkompaß, dessen Beleuchtung grünlich schimmerte. «Nach rechts.»

Noch zehn Minuten lang folgten sie dem Netz aus Stegen. Allmählich stellte Norman fest, daß Barnes recht gehabt hatte: es gab einen Innenzylinder, den eine Unzahl von Stützen und Trägern in gleichmäßigem Abstand vom Außenzylinder hielten. Ein Raumschiff in einem Raumschiff.

«Warum die das Schiff wohl so gebaut haben?»

«Das müßte man sie fragen.»

«Die Gründe dafür dürften zwingend gewesen sein», sagte Barnes. «Wenn man sich überlegt, welche Antriebsleistung für einen Doppelrumpf mit einer so dicken Bleiabschirmung nötig ist... der Motor, der so einen Brocken in die Luft bringen soll, ist kaum vorstellbar.»

Nach weiteren drei oder vier Minuten fanden sie die Tür, die in den Innenrumpf führte und der Außentür aufs Haar glich.

«Müssen wir die Atemgeräte holen und wieder anlegen?»

«Ich weiß nicht. Können wir es darauf ankommen lassen?»

Ohne auf Barnes' Antwort zu warten, klappte Beth die Abdeckung über den Knöpfen hoch, drückte auf ‹ÖFFNEN›, und die Tür schob sich rumpelnd auf. Hinter ihr lag tiefe Finsternis. Sie traten ein. Norman spürte etwas Weiches unter den Füßen; das Licht seiner Taschenlampe fiel auf beigefarbenen Teppichboden.

Die durch den Raum hin- und herfahrenden Lichtfinger der Taschenlampen ließen eine große beigefarbene Steuertafel erkennen, in deren Mulden drei hochlehnige Polstersitze standen. Der Raum war offenkundig für den Aufenthalt von Menschen vorgesehen.

«Das hier dürfte die Kommandobrücke oder Steuerzentrale sein.»

Aber die geschwungene Tafel zeigte keinerlei Spuren von Instrumenten, und auch die Sitze waren leer. Der Raum weckte in Norman ein trostloses Gefühl.

«Sieht eher aus wie ein Modell in Originalgröße als wie ein echtes Raumschiff.»

«Ein Modell *kann* es nicht sein.»

«Es sieht aber so aus.»

Norman fuhr mit der Hand über die glatte Fläche der Steuerwand. Sie fühlte sich angenehm an. Er preßte seine Hand auf die Oberfläche. Sie gab nach, wieder ähnlich wie Gummi.

«Noch ein neuer Werkstoff.»

Der Schein seiner Taschenlampe fiel auf einige Gegenstände. Am anderen Ende der Steuerwand war mit Klebestreifen eine Karteikarte im DIN-A-6-Format befestigt. Norman las die handgeschriebene Notiz: ‹AUF GEHT'S, SCHÄTZCHEN!› Daneben stand eine Kunststoff-Statuette, die ein niedliches kleines Tier darstellte; es ähnelte einem lila Eichhörnchen. Ihre Grundplatte trug die Aufschrift: ‹Glücks-Lemontina› – was auch immer das bedeuten mochte.

«Sind die Sitze aus Leder?»

«Sieht ganz so aus.»

«Wo sind bloß die verdammten Steuereinrichtungen?»

Norman drückte mit der Hand immer wieder auf die leere beigefarbene Fläche der geschwungenen Steuerwand, bis sie mit einemmal Tiefe gewann. Sie schien Instrumente und Bildschirme zu enthalten. Aber alles lag irgendwie *innerhalb* der Oberfläche, wie eine optische Täuschung oder ein Hologramm. Norman las die Buchstaben über den Instrumenten: ‹Pos Schub›... ‹F3 Laderkolben›... ‹gleiten›... ‹Siebe›...

«Noch mehr neue technische Verfahren», sagte Ted. «Erinnert an Flüssigkristall-Anzeigen, ist denen aber haushoch überlegen. Irgendeine Art fortschrittlicher Optoelektronik.»

Unvermittelt glommen alle Bildschirme der Steuerwand rot auf, und ein Pfeifen ertönte. Verblüfft sprang Norman zurück: die Steuerwand wurde lebendig.

«Aufpassen, Leute!»

Ein grellweißer Blitz füllte den Raum und hinterließ ein scharf umrissenes Nachbild.

«Großer Gott...»

Wieder ein Blitz – noch einer –, dann ging die Deckenbeleuchtung an und erhellte den Raum gleichmäßig. Norman sah verblüffte und erschreckte Gesichter. Er seufzte, wobei er langsam ausatmete.

«Herr im Himmel...»

«Wie zum Teufel ist das passiert?» fragte Barnes.

«Das war ich», sagte Beth. «Ich hab hier auf den Knopf gedrückt.»

«Wir wollen bitte keine weiteren Knöpfe mehr drücken», sagte Barnes ärgerlich.

«Aber es steht doch ‹Innenbeleuchtung› drunter. Ich hielt es für eine gute Idee.»

«Bitte keine Extratouren mehr», sagte Barnes.

«Nun, lieber Gott, Hal –»

«Lassen Sie bitte Ihre Finger von allen weiteren Knöpfen, Beth!»

Sie gingen weiter durch die Kabine, betrachteten interessiert die Sitze und Einzelheiten der Instrumententafel. Nur Harry stand regungslos in der Mitte des Raumes und sagte: «Hat jemand irgendwo ein Datum gesehen?»

«Nein.»

«Es muß aber eins da sein», sagte Harry plötzlich angespannt. «Und wir müssen es finden. Denn dies ist mit Sicherheit ein amerikanisches Raumschiff aus der Zukunft.»

«Und was tut es dann hier?» wollte Norman wissen.

«Der Teufel soll mich holen, wenn ich das weiß», sagte Harry. Er zuckte die Schultern.

Norman runzelte die Stirn.

«Ist was, Harry?»

«Ach, nichts.»

«Bestimmt?»

«Klar doch.»

Er hat was rausgekriegt, was ihm Sorgen macht, aber er will es uns nicht verraten, überlegte Norman.

«So also sieht eine Zeitmaschine aus», sagte Ted versonnen.

«Ich weiß nicht», sagte Barnes. «Wenn Sie mich fragen, die Instrumententafel sieht aus, als wär das Ding zum Fliegen bestimmt, und der ganze Raum wirkt auf mich wie eine Pilotenkanzel.»

Auch Norman erinnerte alles in dem Raum an eine Flugzeugkanzel: die drei Sitze für den Piloten, den Kopiloten und den Navigator, die Anordnung der Instrumente. Mit Sicherheit war das eine Flugmaschine, aber irgend etwas stimmte nicht.

Er nahm in einem der körperangepaßten Sessel Platz. Das weiche, lederähnliche Material war beinahe zu bequem. Er hörte es glucksen. Eine Wasserfüllung?

«Sie wollen das Ding doch hoffentlich nicht fliegen?» lachte Ted.

«Aber nein.»

«Was ist das für ein Surren?»

Der Sessel umschloß Norman. Mit einemmal erfaßte ihn panische Angst. Die Lederpolsterung umschloß seinen ganzen Körper, drückte ihm die Schultern zusammen und griff nach seinen Hüften. Sie legte sich ihm um den Kopf, bedeckte seine Ohren, schob sich vor seine Stirn. Er sank tiefer, verschwand in dem Sessel, wurde förmlich von ihm aufgesogen.

«O Gott...»

Schließlich ruckte der Sessel nach vorn und blieb unmittelbar vor der Steuerwand stehen. Das Surren hörte auf.

Dann Stille.

«Vermutlich nimmt der Sessel an», sagte Beth, «daß du die Maschine fliegen willst.»

«Hmm», sagte Norman und versuchte, seine Atmung und seinen jagenden Puls in die Gewalt zu bekommen. «Ich wüßte gern, wie ich hier wieder rauskomme.»

Nur noch seine Hände waren frei. Er ertastete einige in die Sessellehne eingelassene Knöpfe und drückte auf einen.

Der Sessel schob sich zurück, öffnete sich wie eine weiche Muschel und gab ihn frei. Norman erhob sich, drehte sich um und sah, wie der Abdruck seines Körpers allmählich verschwand, während der Sessel surrend in seine alte Stellung zurückkehrte.

Harry betastete eines der Lederpolster und lauschte auf das Gluckern darin. «Das ist tatsächlich Wasser.»

«Eine vernünftige Lösung», lobte Barnes. «Da sich Wasser nicht komprimieren läßt, kann man in einem solchen Sessel ungeheuren Beschleunigungskräften standhalten.»

«Auch das Schiff ist so gebaut, daß es extreme Belastungen aushalten kann», sagte Ted. «Vielleicht unterwirft eine Zeitreise die Bauteile einer harten Belastungsprobe?»

«Möglich.» Norman zweifelte. «Aber ich glaube, Barnes hat recht – das Ding hier ist tatsächlich geflogen.»

«Das sieht vielleicht nur so aus», sagte Ted. «Zwar ist die Reise im Raum für uns ein alter Hut, aber die Reise in der Zeit ist noch völlig unerforschtes Gebiet. Bekannt ist nur, daß Raum und Zeit nichts anderes sind als zwei Aspekte derselben Sache, Raumzeit. Vielleicht fliegt man in der Zeit genauso wie im Raum. Kann sein, daß Zeitreise und Raumfahrt einander ähnlicher sind, als wir heute annehmen.»

«Übersehen wir dabei nicht etwas?» mischte sich Beth ein. «Wo sind die Leute? Wenn sie das Ding hierher geflogen haben, ganz gleich, ob durch den Raum oder durch die Zeit, wo sind sie?»

«Wahrscheinlich woanders im Schiff.»

«Dessen bin ich nicht so sicher», sagte Harry. «Sehen Sie sich die Lederpolster der Sitze mal an. Sie sind fabrikneu.»

«Vielleicht war es ein ganz neues Schiff.»

«Nein, ich meine *buchstäblich* fabrikneu. An dem Leder sind keinerlei Kratzer, Schnitte, Kaffeeflecke oder so was zu sehen. Nichts weist darauf hin, daß jemals ein Mensch darin gesessen hat.»

«Vielleicht hat es keine Besatzung gegeben.»

«Und wofür sind dann die Sitze vorgesehen?»

«Möglicherweise wurde die Besatzung im letzten Augenblick von Bord genommen, weil man sich wegen der Strahlung Sorgen machte. Immerhin hat der Innenrumpf auch einen Bleimantel.»

«Was hat Strahlung mit der Zeitreise zu tun?»

«Ich hab's», sagte Ted. «Wenn nun das Schiff versehentlich gestartet worden ist? Angenommen, es stand auf der Startrampe und jemand hat den Knopf gedrückt, bevor die Mannschaft an Bord gehen konnte. Dann ist es eben leer losgeflogen.»

«Sie meinen: Huch, falscher Knopf?»

«Das wäre aber ein scheußlicher Fehler», sagte Norman.

Barnes schüttelte den Kopf. «Daran glaube ich nicht. Erstens könnte man ein Schiff von dieser Größe nie von der Erde aus starten. Es muß auf einer Umlaufbahn gebaut, zusammengesetzt und im Weltraum gestartet worden sein.»

«Was halten Sie davon?» sagte Beth und wies auf eine weitere Instrumentenwand nahe der Rückwand der Steuerzentrale. Dort war ein vierter Stuhl dicht an den Instrumententräger gerückt.

Das Leder umschloß eine menschliche Gestalt.

«Das gibt's doch nicht...»

«Sitzt da ein Mann drin?»

«Sehen wir es uns doch einmal an.» Beth drückte auf den Knopf in der Armlehne. Der Sessel fuhr vom Instrumententräger zurück und öffnete sich. Sie sahen einen Mann, der mit weit aufgerissenen Augen vor sich hinstarrte.

«Mein Gott, erstklassig erhalten, nach all den Jahren», sagte Ted.

«Damit», sagte Harry, «muß man bei einer Puppe rechnen.»

«Sie wirkt so lebensecht –»

«Warum sollen unsere Nachkommen keine Fortschritte gemacht haben?» sagte Harry. «Schließlich sind sie uns um geraume Zeit voraus.» Er schob die Puppe nach vorn, dabei zeigte sich auf dem Rücken in Höhe der Hüften eine Art Nabel.

«Drähte...»

«Keine Drähte», sagte Ted. «Glasfaserleitungsbündel. Das ganze Schiff ist mit optischer Technik und nicht mit Elektronik ausgerüstet.»

«Jedenfalls ist damit eins der Geheimnisse gelüftet», sagte Harry und hielt den Blick auf die Puppe gerichtet. «Ganz offenkundig hat man das Schiff hier als bemanntes Raumschiff gebaut, es aber unbemannt gestartet.»

«Warum nur?»

«Wahrscheinlich war die vorgesehene Reise zu gefährlich. Sie haben, sozusagen zur Erkundung, erst mal ein unbemanntes Schiff vorausgeschickt, um ihm später ein bemanntes folgen zu lassen.»

«Und wohin?» fragte Beth.

«Bei einer Zeitreise fragt man nicht nach dem *Wohin*, sondern nach dem *Wann*.»

«Also gut. Zu welchem *Wann* haben sie es geschickt?»

Harry zuckte die Schultern. «Dafür haben wir bisher keine Anhaltspunkte», sagte er.

Er weicht wieder aus, dachte Norman. Was geht ihm wirklich durch den Kopf?

«Nun, das Schiff ist neunhundert Meter lang», sagte Barnes, «da gibt es für uns noch viel zu sehen.»

«Ich überlege, ob sie wohl einen Flugschreiber hatten», sagte Norman.

«Sie meinen, wie ein Verkehrsflugzeug?»

«Ja, irgend etwas, das die Flugbewegungen des Schiffs unterwegs aufgezeichnet hat.»

«Bestimmt», sagte Harry. «Folgen Sie der Leitung, die aus der Puppe kommt, und Sie finden am anderen Ende den Flugschreiber. Ich würde ihn selbst gern sehen. Ehrlich gesagt, halte ich das für unbedingt notwendig.»

Norman sah auf die Steuerwand und hob eine Tastaturabdekkung. «Sehen Sie mal», sagte er. «Hier ist ein Datum.»

Sie drängten sich um ihn. In den Kunststoff unterhalb der Tastatur war eingestanzt: ‹Intel Inc. Made in USA. Seriennummer: 98004077 5/8/43›.

«5. August 2043?»

«Sieht ganz so aus.»

«Wir gehen hier also durch ein Raumschiff, rund fünfzig Jahre, bevor es gebaut wird...»

«Die Vorstellung bereitet mir Kopfschmerzen.»

«Sehen Sie nur, hier.» Beth war von der Steuerwand in einen Raum gegangen, der wie eine Mannschafts-Unterkunft aussah. Zwanzig Kojen standen darin.

«Eine Besatzung von zwanzig Leuten? Wenn nur drei nötig waren, um das Ding zu fliegen, welche Aufgabe hatten dann die anderen siebzehn?»

Darauf wußte niemand eine Antwort.

Als nächstes stießen sie auf eine große Küche, einen Waschraum und Wohnräume. Alles wirkte neu und zweckmäßig trotz des eleganten Designs. Sie konnten jedem Gegenstand seine Aufgabe zuordnen.

«Das hier ist viel behaglicher als in DH-8, Hal.»

«Ja, vielleicht sollten wir hierher ziehen.»

«Kommt überhaupt nicht in Frage», sagte Barnes. «Wir untersuchen das Schiff, aber wir bewohnen es nicht. Wir haben noch viel Arbeit vor uns, bevor wir überhaupt nur ansatzweise wissen, was hier gespielt wird.»

«Wir könnten viel mehr erreichen, wenn wir hier wohnten, während wir das Schiff erforschen.»

«Ich will hier nicht wohnen», sagte Harry. «Es ist mir unheimlich.»

«Mir auch», bekräftigte Beth.

Sie waren seit etwa einer Stunde an Bord, und Normans Füße schmerzten. Daß man auf der Exkursion durch ein großes Raumschiff, das aus der Zukunft kam, wehe Füße bekommen konnte, hätte er vorher auch nicht gedacht.

Aber Barnes war nicht zu bremsen.

Sie verließen die Mannschafts-Unterkünfte und betraten einen Bereich, in dem ein weitläufiges Netz schmaler Gänge große, voneinander abgeschottete Abteile miteinander verband. Sie erstreckten sich, so weit das Auge reichte und erwiesen sich als ungeheuer große Lagerräume. Das Team betrat einen davon und fand ihn voll schwerer Kunststoffbehälter, ähnlich den Containern, mit denen Frachtflugzeuge beladen werden, nur um ein Vielfaches größer. Barnes öffnete einen.

«Das soll wohl ein Witz sein», sagte er, als er hineinblickte.

«Was ist drin?»

«Lebensmittel.»

Sie waren in Lagen aus Blei- und Kunststoffolie eingewickelt, ähnlich wie Raumfahrerrationen der NASA. Ted nahm ein Päckchen zur Hand. «Lebensmittel aus der Zukunft!» sagte er und schmatzte mit den Lippen.

«Wollen Sie das etwa essen?» fragte Harry.

«Unbedingt», sagte Ted. «Ich hab zwar schon mal eine Flasche Dom Pérignon 1897 genossen, aber noch nie eine Mahlzeit, die aus der Zukunft, aus dem Jahr 2043 stammt.»

«Und trotzdem dreihundert Jahre alt ist», sagte Harry.

«Vielleicht sollten Sie filmen», sagte Ted zu Edmunds, «wie ich das esse.»

Bereitwillig hielt Edmunds den Sucher ihrer Videokamera ans Auge und schaltete die Leuchte ein.

«Nicht jetzt», sagte Barnes, «wir haben Wichtigeres zu tun.»

«Aber das ist doch für den Zuschauer interessant», beharrte Ted.

«Nicht jetzt.» Barnes blieb fest.

Er öffnete einen zweiten und dann einen dritten Container – alle enthielten Lebensmittel. Sie gingen in den nächsten Lagerraum und öffneten dort weitere Container.

«Lauter Lebensmittel, nichts als Lebensmittel.»

Das Schiff hatte eine ungeheure Proviantmenge an Bord. Selbst einer zwanzigköpfigen Besatzung mußte dieser Vorrat auf Jahre hinaus genügen.

Alle spürten mittlerweile die Strapazen dieser Exkursion. Da entdeckte Beth wieder einen Knopf. «Mal sehen, was der tut –»

«Beth –» sagte Barnes noch warnend.

Und dann spürten alle zur Erleichterung ihrer müden Glieder, wie der Gang sich unter ihren Füßen zu bewegen begann; ein gummiartiges Gewebe schob sich leise summend vorwärts.

«Beth, ich möchte, daß Sie aufhören, jeden verdammten Knopf zu drücken, den Sie zu Gesicht bekommen.»

Aber niemand außer ihm erhob Einwände. Es war angenehm, mit dem Rollsteig an Dutzenden völlig gleicher Lagerräume vorbeizugleiten. Schließlich kamen sie weit vorn in einen neuen Abschnitt des Schiffs. Norman schätzte, daß sie jetzt etwa vierhundert Meter von der Steuerzentrale entfernt waren, die im Heck des Schiffs lag, also mußten sie etwa dessen Mitte erreicht haben.

Hier fanden sie einen Raum mit Lebenserhaltungs-Systemen, in dem zwanzig Raumanzüge hingen.

«Volltreffer», sagte Ted. «Eins ist jetzt klar: Das Schiff sollte zu den Sternen fliegen.»

Die anderen murmelten Zustimmung, von der Aussicht erregt. Mit einemmal ergab alles einen Sinn: die ungeheure Größe des Schiffs, die komplexen Steuereinrichtungen...

«Ach was», sagte Harry, «es kann *unmöglich* für eine Raumfahrt zu den Sternen gemacht sein. Es handelt sich ganz offenkundig um ein herkömmliches Raumschiff, immerhin ein sehr großes. Bei herkömmlichen Geschwindigkeiten ist der nächstgelegene Stern zweihundertfünfzig Jahre entfernt.»

«Vielleicht hatten sie ein neues Antriebsverfahren.»

«Wo ist es? Ich sehe keinerlei Anzeichen dafür.»

«Nun, vielleicht –»

«Sehen wir den Tatsachen ins Auge», sagte Harry. «Selbst bei dieser Größe hat das Schiff Vorräte für lediglich fünfzehn oder bestenfalls zwanzig Jahre an Bord. Wie weit kommt es in dieser Zeit? Es kann kaum das Sonnensystem verlassen, stimmt's?»

Ted nickte verdrießlich. «Das stimmt. Die Voyager-Sonde hat fünf Jahre bis zum Jupiter und neun bis zum Uranus gebraucht. In fünfzehn Jahren ... Vielleicht wollten sie zum Pluto.»

«Was könnte jemand da wollen?»

«Das wissen wir noch nicht, aber –»

Ihr Funkgerät quäkte. «Captain Barnes, Sie werden wegen einer geheimen verschlüsselten Mitteilung von oben verlangt, Sir», sagte Tina Chans Stimme.

«In Ordnung», sagte Barnes. «Es ist ohnehin Zeit umzukehren.»

Sie machten sich auf den Rückweg durch das riesige Schiff.

RAUM UND ZEIT

Sie saßen im Aufenthaltsraum von DH-8 und sahen durch die Bullaugen den Tauchern zu, die in den Planquadraten arbeiteten. Barnes befand sich in der Röhre nebenan und sprach mit oben. Levy kochte das Mittagessen – oder war es das Abendessen? Alle hatten das Gefühl für die wirkliche Zeit verloren, die bei den Navy-Angehörigen ‹Obenzeit› hieß.

«Obenzeit spielt hier keine Rolle», sagte Edmunds mit ihrer exakten Bibliothekarinnenstimme. «Tag und Nacht haben hier unten keine Bedeutung mehr. Man gewöhnt sich daran.»

Sie nickten müde. Allen war die Erschöpfung deutlich anzusehen. Die Belastung und die Anspannung bei der Erkundung forderten jetzt ihren Tribut. Beth war bereits eingeschlafen. Sie hatte die Füße auf den Kaffeetisch gelegt und die muskulösen Arme vor der Brust verschränkt.

Über den Planquadraten schwebten jetzt drei kleine Tauchboote. Einige Taucher umdrängten sie, während andere eilig ihrem Habitat DH-7 zustrebten.

«Sieht aus, als ob da was los wäre», sagte Harry.

«Ob das mit dem Anruf für Barnes zu tun hat?»

«Möglich.» Harry wirkte immer noch abgelenkt und beunruhigt. «Wo ist Tina Chan?»

«Sie müßte bei Barnes sein. Warum?»

«Ich muß mit ihr reden.»

«Worüber?» wollte Ted wissen.

«Privat», sagte Harry.

Ted hob die Brauen, sagte aber nichts mehr. Harry verließ die beiden und verschwand in Röhre D; Norman und Ted waren jetzt allein.

«Merkwürdiger Bursche», sagte Ted.

«Finden Sie?»

«Das wissen Sie doch selbst, Norman. Überheblich obendrein – vermutlich kompensiert er damit, daß seine Hautfarbe schwarz ist. Finden Sie nicht auch?»

«Ich weiß nicht.»

«Ich würde sagen, er hat Komplexe», sagte Ted. «Er scheint alles an diesem Unternehmen abzulehnen.» Er seufzte. «Alle Mathematiker sind natürlich schräge Vögel. Wahrscheinlich hat er kein Privatleben, mit Frauen und dergleichen. Wissen Sie eigentlich schon, daß ich wieder geheiratet hab?»

«Ich muß es irgendwo gelesen haben», sagte Norman.

«Sie ist beim Fernsehen», sagte Ted, «großartige Frau.» Er lächelte. «Zur Hochzeit hat sie mir einen tollen Sportwagen geschenkt, eine 58er Corvette. Kennen Sie noch das hübsche Feuerwehrrot, das die Firma in den fünfziger Jahren im Programm hatte? Genau in der Farbe.» Ted durchmaß den Raum mit großen Schritten und warf dabei einen Blick auf Beth. «Ich finde das alles so unglaublich aufregend, daß ich jetzt unmöglich schlafen könnte.»

Norman nickte. Interessant, wie unterschiedlich sie auch hier unten alle sind, dachte er. Der immer muntere und optimistische Ted mit der überschäumenden Begeisterungsfähigkeit eines Kindes; Harry mit der unterkühlten kritischen Haltung, der eiskalten Logik, dem starren Blick. Beth, kein so intellektueller oder zerebraler Typ, sondern vielmehr körperbewußt und gefühlsbetont. Deshalb wohl konnte auch nur sie schlafen, obwohl sie alle hundemüde waren.

«Übrigens, Norman», begann Ted erneut, «Sie hatten doch gesagt, daß eine solche Geschichte ziemlich gruselig werden könnte.»

«Das hatte ich auch angenommen», bestätigte Norman.

«Nun», sagte Ted, «ich bin richtig froh, daß ausgerechnet Sie derjenige sind, der sich in bezug auf die Expedition geirrt hat.»

«Ich auch.»

«Obwohl ich einfach nicht verstehe, wie Sie für diese Gruppe nur auf einen Mann wie Harry Adams verfallen konnten? Niemand bestreitet seine Verdienste, aber...»

Norman wollte nicht über Harry sprechen. «Ted, erinnern Sie sich, daß Sie drüben im Schiff gesagt haben, Raum und Zeit seien zwei Aspekte derselben Sache?»

«Raumzeit, ja.»

«Das habe ich nicht ganz verstanden.»

«Wieso, ist doch ganz einfach.»

«Könnten Sie es mir erklären?»

«Natürlich.»

«In einer mir geläufigen Sprache?» fügte Norman hinzu.

«Sie meinen, ohne Mathematik?»

«Ja.»

«Ich will es versuchen.» Ted runzelte die Stirn, aber Norman wußte, daß er sich in seiner Rolle wohl fühlte; Ted dozierte gern. Er überlegte einen Augenblick und sagte dann: «Schön, mal sehen, wo wir anfangen müssen. Ihnen ist der Gedanke vertraut, daß die Schwerkraft nichts anderes ist als ein geometrisches Problem?»

«Nein.»

«Krümmung von Raum und Zeit?»

«Sagt mir eigentlich nicht viel.»

«Mhm. Einsteins allgemeine Relativitätstheorie?»

«Tut mir leid», sagte Norman.

«Macht nichts», beruhigte ihn Ted. Auf dem Tisch stand eine Schale mit Obst. Ted leerte sie und legte die Früchte daneben.

«Schön. Dieser Tisch ist der Raum. Hübscher, glatter Raum.»

«Okay», sagte Norman.

Ted begann, das Obst zu ordnen. «Die Apfelsine hier ist die Sonne, und das sind die Planeten auf ihren Umlaufbahnen, die sie umkreisen. Damit haben wir das Sonnensystem hier auf dem Tisch.»

«Aha.»

«Weiter», sagte Ted. «Die Sonne –» dabei wies er auf die Apfelsine in der Mitte des Tisches – «ist sehr groß, besitzt also eine hohe Gravitation oder Schwerkraft.»

«Verstehe.»

Ted gab Norman eine Kugel, die wohl aus einem Kugellager stammte. «Das ist ein Raumschiff. Schicken Sie es so durch das Sonnensystem, daß es in der Nähe der Sonne vorbeikommt. Klar?»

Norman nahm die Kugel und rollte sie ganz nah an der Apfelsine vorbei. «Klar.»

«Sie werden bemerkt haben, daß sie in einer geraden Bahn über den ebenen Tisch gerollt ist.»

«Allerdings.»

«Was würde aber in Wirklichkeit mit Ihrem Raumschiff geschehen, wenn es in der Nähe der Sonne vorbeikäme?»

«Es würde in die Sonne hineingezogen.»

«Ja. Wir sagen dazu ‹in die Sonne fallen›. Das Raumschiff würde die Gerade verlassen und mit der Sonne kollidieren. Ihres hat das aber nicht getan.»

«Nein.»

«Wir wissen also, daß der ebene Tisch ein falsches Modell ist», sagte Ted. «Wirklicher Raum kann nicht so eben sein.»

«Kann er nicht?»

«Nein», sagte Ted.

Er nahm die leere Schale und legte die Apfelsine auf deren Boden. «Jetzt rollen Sie Ihre Kugel einmal in gerader Linie an der Sonne vorbei.»

Norman gab der Kugel einen Schubs, so daß sie an der Innenseite der Schale in einer Spirale abwärts lief, bis sie auf die Orange traf.

«Gut», sagte Ted. «Das Raumschiff ist auf die Sonne geprallt, genau wie in der Wirklichkeit.»

«Aber wenn ich der Kugel genug Geschwindigkeit mitgegeben hätte», wandte Norman ein, «würde sie daran vorbeirollen. Sie würde auf dieser Seite runter- und auf der anderen Seite der Schale wieder raufrollen und dann über den Rand.»

«Stimmt», sagte Ted. «Auch wie in der Wirklichkeit. Sofern seine Geschwindigkeit hoch genug ist, kann das Raumschiff dem Gravitationsfeld der Sonne entkommen.»

«Aha.»

«Also zeigen wir», sagte Ted, «daß sich ein an der Sonne vorbeifliegendes Raumschiff so verhält, als trete es in einen um die Sonne herum gekrümmten Raum ein. Denn der Raum um die Sonne ist gekrümmt wie diese Schale hier.»

«Verstehe...»

«Und wenn Ihre Kugel die richtige Geschwindigkeit hätte, würde sie nicht über den Rand der Schale hinausrollen, sondern endlos an ihm entlang kreisen. Genau das tun die Planeten. Sie kreisen endlos in der vom Gravitationsfeld der Sonne geschaffenen Schale.»

Er legte die Apfelsine wieder auf den Tisch. «Eigentlich müssen Sie sich vorstellen, daß die Tischplatte aus Gummi ist und von den Planeten, die auf ihr liegen, eingebeult wird. So sieht Raum in Wirklichkeit aus; er ist gekrümmt – und der Grad der Krümmung ändert sich mit dem Betrag der Schwerkraft.»

«Ah ja...»

«Also», fuhr Ted fort, «wird Raum durch die Einwirkung der Schwerkraft gekrümmt.»

«Verstehe.»

«Das heißt, Schwerkraft ist nichts anderes als die Krümmung

des Raumes. Die Erde besitzt eine Schwerkraft, *weil* sie den Raum um sich herum krümmt.

«Verstehe.»

«Nur, daß es nicht ganz so einfach ist», sagte Ted.

Norman seufzte. «Das hatte ich auch nicht angenommen.»

Harry kam wieder herein, warf einen Blick auf das auf dem Tisch angeordnete Obst, sagte aber nichts.

«Wenn Sie jetzt», fuhr Ted fort, «Ihre Kugel durch die Schüssel laufen lassen, fällt Ihnen sicherlich auf, daß sie sich nicht nur auf einer immer engeren Kreisbahn nach unten bewegt, sondern auch schneller wird, stimmt's?»

«Ja.»

«Wenn ein Objekt schneller wird, vergeht die Zeit auf ihm langsamer. Das hat Einstein schon zu Beginn unseres Jahrhunderts nachgewiesen. Es bedeutet, daß man sich die Krümmung des Raumes zugleich als eine Krümmung der Zeit vorstellen kann. Je stärker die Krümmung der Schale, desto langsamer vergeht die Zeit.»

«Na ja...» sagte Harry.

«Laienhaft ausgedrückt», sagte Ted, «sonst versteht er das nicht.»

«Ja», sagte Norman, «sonst verstehe ich es nicht.»

Ted hielt die Schale hoch. «Wenn Sie all das jetzt mathematisch berechnen, stellen Sie fest, daß die gekrümmte Schale weder Raum noch Zeit ist, sondern eine Kombination aus beidem, eben das, was wir Raumzeit nennen. Diese Schale ist Raumzeit, und alles, was sich in ihr bewegt, bewegt sich in der Raumzeit. Zwar stellen wir uns Bewegung so nicht vor, aber genau so läuft die Sache ab.»

«O ja?»

«Natürlich. Denken Sie nur an Baseball.»

«Ein Idiotenspiel», sagte Harry. «Ich hasse Mannschaftsspiele.»

«Aber Sie kennen es doch?» wandte sich Ted an Norman.

«Ja», sagte Norman.

«Gut. Stellen Sie sich einmal vor, der Schläger treibt einen Ball in direkter Linie zum Mittelfeldspieler. Dann hat der Ball eine fast gerade Flugbahn und braucht, sagen wir, eine halbe Sekunde.»

«Ja.»

«Jetzt stellen Sie sich vor, er schlägt den Ball in einem hohen Bogen zu demselben Mittelfeldspieler. Diesmal steigt der Ball in die Luft, und es dauert sechs Sekunden, bis ihn der Mittelfeldspieler fängt.»

«Gut.»

«Die Wege, die der Ball in beiden Fällen zurücklegt, scheinen uns sehr unterschiedlich, aber in der *Raumzeit* haben sich beide völlig gleich bewegt.»

«Nein», sagte Norman.

«Doch», sagte Ted. «Und eigentlich ist Ihnen das auch schon bekannt. Stellen Sie sich vor, ich will, daß Sie dem Mittelfeldspieler einen Ball in hohem Bogen zuspielen, aber so, daß er ihn statt nach sechs Sekunden bereits nach einer Sekunde bekommt.»

«Das ist unmöglich», sagte Norman.

«Wieso? Sie müssen ihn doch nur fester schlagen.»

«Wenn ich das tue, fliegt er noch höher und braucht noch länger.»

«Gut, dann schlagen Sie ihn flach, aber so, daß er erst nach sechs Sekunden im Mittelfeld ankommt.»

«Auch das geht nicht.»

«Richtig», sagte Ted. «Sie sagen mir damit nichts anderes, als daß Sie den Ball nicht dazu bringen können zu tun, was Sie wollen. Eine feste Beziehung bestimmt seinen Weg durch Raum und Zeit.»

«Klar, wegen der Schwerkraft der Erde.»

«So ist es», sagte Ted, «und wir sind uns bereits darüber einig, daß die Schwerkraft eine Krümmung der Raumzeit darstellt, so, wie hier diese Schale gekrümmt ist. Jeder auf der Erde geschlagene Baseball muß dieselbe Krümmung der Raumzeit durchlaufen, so, wie die Kugel hier durch die Schale läuft.» Er legte die Apfelsine wieder in die Schale. «Sehen Sie: Das ist die Erde.» Er faßte sie mit zwei Fingern an gegenüberliegenden Seiten. «Das hier ist der Schläger und das hier der Feldspieler. Wenn Sie jetzt die Kugel von einem Finger zum anderen über die Apfelsine laufen lassen, sehen Sie, daß Sie die Krümmung der Schale einbeziehen müssen. Entweder stoßen Sie sie nur leicht an, dann rollt sie in die Nähe der Apfelsine, oder Sie stoßen sie kräftig an, dann läuft sie erst an der Wandung der Schale hinauf, bevor sie auf der anderen Seite wieder herunterrollt. Aber Sie können der Kugel nicht in allem Ihren Willen aufzwingen, denn sie bewegt sich in der Krümmung der Schale. Und genau das tut auch der Baseball in Wirklichkeit: Er bewegt sich in der gekrümmten Raumzeit.»

«In etwa verstehe ich das jetzt. Aber was hat das mit der Zeitreise zu tun?» fragte Norman.

«Nun, zwar haben wir den Eindruck, daß die Erde über ein starkes Gravitationsfeld verfügt – wenn wir hinfallen, tut es weh –, in Wirklichkeit aber ist es sehr schwach, eigentlich kaum existent. Mithin ist die Raumzeit um die Erde längst nicht so stark gekrümmt wie um die Sonne. In anderen Teilen des Universums ist die Krümmung *so* stark, daß sie eine Art Berg- und Talbahn bildet und alle möglichen Zeitverzerrungen auftreten können. Wenn man sich beispielsweise ein Schwarzes Loch vorstellt –»

Er unterbrach sich.

«Ja, Ted? Ein Schwarzes Loch?»

«O Mann», sagte Ted leise.

Harry schob seine Brille auf der Nase zurecht und sagte: «Ted, dies eine Mal könnten Sie recht haben.» Beide griffen nach Papier und stellten eifrig Berechnungen an.

«Ein Schwartzschild-Loch könnte es nicht sein –»

«– nein, es müßte sich drehen –»

«– dafür würde der Drehimpuls sorgen –»

«– und man käme nicht an die Singularität heran –»

«– nein, denn die Gezeitenkräfte –»

«– würden alles in Fetzen reißen.»

«Aber wenn man nur soeben unter den Ereignishorizont tauchte...»

«Ist das möglich? Ob die das wirklich gewagt haben?»

Die beiden versanken in Schweigen, rechneten und murmelten gelegentlich vor sich hin.

«Was ist denn nun mit dem Schwarzen Loch?» fragte Norman, aber keiner von beiden hörte hin.

In der Sprechanlage knackte es. Barnes sagte: «Achtung, hier spricht der Captain. Alle *sofort* in den Besprechungsraum.»

«Da *sind* wir doch schon», sagte Norman.

«Sofort.»

«Wir sind bereits da, Hal.»

«Ende», sagte Barnes, und erneut knackte es in der Sprechanlage.

DIE BESPRECHUNG

«Ich habe soeben auf der Codeleitung mit Admiral Spaulding vom CincComPac in Honolulu gesprochen», gab Barnes bekannt. «Er hatte kurz zuvor erfahren, daß ich für ein Projekt, über das er nicht informiert war, Zivilisten in eine saturierte Tiefe mitgenommen habe. Er war nicht eben entzückt, als er davon hörte.»

Schweigend sahen alle auf Barnes.

«Er verlangt, daß ich alle Zivilisten wieder nach oben schicke.»

Das war Norman nur recht. Ihn enttäuschte, was sie bisher gefunden hatten. Die Aussicht, weitere zweiundsiebzig Stunden in dieser feucht-kühlen Umgebung eingesperrt zu verbringen, während sie ein leeres Raumfahrzeug untersuchten, sagte ihm in keiner Weise zu.

«Ich dachte», meldete Ted sich zu Wort, «wir seien vom Präsidenten selbst dazu ermächtigt worden.»

«Sind wir auch», sagte Barnes, «aber es geht um den Sturm.»

«Was für ein Sturm?» fragte Harry.

«Der Wetterbericht meldet südöstliche Winde Stärke neun und hohen Wellengang an der Wasseroberfläche. Es hat ganz den Anschein, als sei ein pazifischer Zyklon unterwegs, der binnen vierundzwanzig Stunden hier sein wird.»

«Hier?» fragte Beth.

«Nicht *hier*», sagte Barnes. «Hier unten merken wir nichts davon, aber oben wird es rauh zugehen. Es könnte erforderlich sein, alle Versorgungsschiffe geschützte Häfen auf den Tonga-Inseln anlaufen zu lassen.»

«Dann wären wir hier unten ganz auf uns gestellt?»

«Jedenfalls für vierundzwanzig bis achtundvierzig Stunden. Ein Problem wäre das nicht – wir sind in jeder Hinsicht autark –, aber Spaulding macht sich Sorgen darüber, daß die Versorgungsschiffe abgezogen werden, während Zivilisten hier unten sind. Ich möchte Ihre Meinung hören. Wollen Sie bleiben und das Raumschiff weiter erkunden oder gehen?»

«Bleiben. Unbedingt«, sagte Ted.

«Beth?»

«Ich bin gekommen, um unbekannte Lebensformen zu untersuchen», sagte Beth, «aber in dem Schiff gibt es keinerlei Leben. Es ist einfach nicht das, was ich mir vorgestellt – erhofft hatte. Ich bin dafür zu gehen.»

«Norman?»

«Seien wir doch ehrlich», sagte Norman. «Wir sind für den Aufenthalt in einer Umgebung wie dieser nicht ausgebildet und fühlen uns darin auch nicht wohl. Jedenfalls ich nicht. Außerdem sind wir kaum die geeigneten Fachleute, das Raumschiff zu untersuchen. Zum gegenwärtigen Zeitpunkt wäre die Navy mit einem Team von NASA-Ingenieuren weit besser bedient. Es ist besser, wir gehen.»

«Harry?»

«Weg hier, so schnell wie möglich», sagte Harry.

«Haben Sie einen bestimmten Grund dafür?» fragte Barnes.

«Nennen wir es Intuition.»

«Ich kann es nicht glauben, Harry. Gerade jetzt, wo wir diesen bestechenden neuen Einfall bezüglich des Schiffs hatten –» sagte Ted.

«Das ist jetzt unerheblich», sagte Barnes steif. «Ich werde veranlassen, daß man uns in den nächsten zwölf Stunden raufholt.»

«Gott *verdammt* noch mal!» fluchte Ted.

Aber Norman sah Barnes an. Er schien nicht verärgert zu sein. Barnes will auch weg, dachte er. Er sucht nach einem Vorwand, und den liefern wir ihm.

«Bis dahin», fuhr Barnes fort, «können wir noch ein-, zweimal ins Schiff rübergehen. Erst ruhen wir uns zwei Stunden aus, und dann gehen wir noch mal los. Das ist im Augenblick alles.»

«Ich möchte noch etwas sagen –»

«Das ist *alles*, Ted. Die Gruppe hat abgestimmt. Ruhen Sie sich lieber aus.»

Auf dem Weg zu den Unterkünften wandte Barnes sich an Beth: «Ich möchte gern mit Ihnen sprechen, Beth.»

«Worüber?»

«Ich wünsche nicht, daß Sie jeden Knopf drücken, an dem Sie vorbeikommen, wenn wir wieder in dem Schiff sind.»

«Ich hab doch nur Licht gemacht, Hal.»

«Das wußten Sie aber nicht, als Sie –»

«– natürlich wußte ich es. Schließlich war der Knopf ja mit ‹Innenbeleuchtung› beschriftet. Das ist doch wohl eindeutig.»

Im Fortgehen hörten sie Beth noch sagen: «Ich bin keins von Ihren Marineweibern, die Sie herumkommandieren können, Hal –» Man hörte Barnes darauf antworten, dann wurden die Stimmen immer leiser.

«Verdammt noch mal», sagte Ted. Er trat gegen eine der Stahlwände, daß es hallte. Auf dem Weg zu ihren Unterkünften durchquerten sie Röhre C. «Mir will nicht in den Kopf, daß Sie hier weg wollen», sagte Ted. «Wie kann man sich nur eine *so* spannende Entdeckung entgehen lassen? Vor allem Sie, Harry. Was für mathematische Möglichkeiten! Die Theorie des Schwarzen Lochs –»

«Ich werde es Ihnen sagen», erwiderte Harry. «Ich will hier weg, weil auch Barnes weg will.»

«Will er doch gar nicht», sagte Ted. «Er hat drüber abstimmen lassen –»

«Weiß ich selbst. Aber das war Theater – ich durchschaue ihn. Er will vor seinen Vorgesetzten weder als jemand dastehen, der eine falsche Entscheidung getroffen hat, noch als einer, der den Schwanz einkneift. Also hat er die Entscheidung uns überlassen. Ich sage Ihnen: Er will hier weg.»

Norman war verblüfft. Mathematiker galten als Menschen, die in einer anderen Welt lebten, den Kopf in den Wolken trugen und keinen Sinn für Alltagsdinge hatten. Aber Harry war wachsam, ihm entging nichts.

«Aber warum sollte er?» fragte Ted.

«Ich denke, das ist klar», sagte Harry. «Wegen des Sturms da oben.»

«Der ist noch nicht hier», sagte Ted.

«Nein», sagte Harry. «Und keiner weiß, wie lange er dauert, wenn er erst da ist.»

«Barnes meinte, an die vierundzwanzig bis achtundvierzig Stunden –»

«Niemand kann das im voraus wissen», sagte Harry. «Und wenn er nun fünf Tage dauert?»

«So lange können wir es aushalten. Wir haben Luft und Vorräte für fünf Tage. Worüber machen Sie sich bloß solche Sorgen?»

«Ich mache mir keine», sagte Harry, «aber ich glaube, Barnes macht sich welche.»

«Lieber Gott, es wird schon nichts schiefgehen», sagte Ted. «Ich finde, wir sollten bleiben.» Mit einemmal hörten sie einen schmatzenden Laut. Sie sahen auf den widerstandsfähigen Teppichläufer unter ihren Füßen. Er war dunkel, naß.

«Was ist das?»

«Ich würde es für Wasser halten», sagte Harry.

«*Salz*wasser?» fragte Ted, bückte sich, berührte mit dem Finger die nasse Stelle und leckte ihn ab. «Schmeckt nicht salzig.»

«Ist ja auch Urin», sagte eine Stimme über ihnen.

Sie sahen nach oben. Auf einer Plattform inmitten eines Gewirrs aus Rohren nahe der gekrümmten Decke von Röhre C stand Teeny Fletcher. «Alles in bester Ordnung, meine Herren. Nur eine kleine undichte Stelle in der Abwasserleitung, die zur Wasser-Aufbereitungsanlage führt.»

«Aus der Toilettenanlage?» Ted schüttelte den Kopf.

«Wirklich nur ein kleines Leck», sagte Fletcher. «Es besteht kein Grund zur Besorgnis, Sir.» Sie besprühte eine der Rohrleitungen mit weißem Schaum aus einer Sprühdose. «Wenn wir solche Stellen entdecken, besprühen wir sie mit Urethanschaum, der härtet schnell aus und dichtet einwandfrei ab.»

«Wie oft kommt so was vor?» fragte Harry.

«Aus der Toilettenanlage?» wiederholte Ted.

«Schwer zu sagen, Dr. Adams. Aber Sie brauchen sich wirklich keine Sorgen zu machen.»

«Mir ist schlecht», sagte Ted.

Harry schlug ihm auf den Rücken. «Es wird Sie schon nicht umbringen. Wir wollen uns jetzt aufs Ohr legen.»

«Ich glaub, ich muß mich übergeben.»

Sie gingen in den Ruheraum. Ted lief sofort zum Bad. Man hörte ihn keuchen und würgen.

«Armer Ted», sagte Harry kopfschüttelnd.

«Was hat die Sache mit dem Schwarzen Loch auf sich?» fragte Norman.

«Ein Schwarzes Loch», erklärte Harry, «ist ein toter verdichteter Stern. Im Grunde ist ein Stern so etwas wie ein großer Gummiball, den die atomaren Explosionen in seinem Inneren aufgeblasen haben. Wenn er alt wird und sein atomarer Brennstoff zur Neige geht, fällt er auf eine weit geringere Größe zusammen. Von einem bestimmten Zeitpunkt an hat er eine so hohe Dichte und Schwerkraft, daß er sich selbst immer mehr zusammendrückt, bis er *sehr* dicht und *sehr* klein ist und nur noch einen Durchmesser von ein paar Kilometern hat. Dann ist er ein Schwarzes Loch. Nichts im Universum hat eine so hohe Dichte wie ein Schwarzes Loch.»

«Und diese Löcher sind schwarz, weil sie tot sind?»

«Nein, sie sind schwarz, weil sie alles Licht aufsaugen. Schwarze Löcher haben eine so hohe Gravitation, daß sie wie ein Staubsauger alles in sich hineinziehen – sämtliche interstellaren Trümmer, alles an interstellarem Gas und Staub um sie herum, und sogar das Licht. Sie saugen es einfach auf.»

«Sie saugen *Licht* auf?» fragte Norman. Er konnte sich das nicht so recht vorstellen.

«Ja.»

«Und warum waren Sie beide vorhin bei den Berechnungen so aufgeregt?»

«Nun, das ist eine lange Geschichte und außerdem reine Spekulation.» Harry gähnte. «Wahrscheinlich hat es sowieso nichts zu bedeuten. Können wir später darüber reden?»

«Klar», sagte Norman.

Harry drehte sich um und schlief ein. Ted war noch immer im Bad; man hörte ihn würgen und spucken. Norman ging zurück in Röhre D, zu Tinas Arbeitsplatz.

«Hat Harry Sie gefunden?» fragte er. «Er wollte mit Ihnen sprechen.»

«Ja. Sir. Und ich habe mich inzwischen erkundigt. Warum fragen Sie? Wollen Sie auch Ihr Testament machen?»

Norman runzelte fragend die Stirn.

«Dr. Adams hat gesagt, er habe kein Testament hinterlassen und wolle das nachholen. Es schien ihm dringend zu sein. Ich habe oben nachgefragt – es geht von hier aus nicht. Damit es gültig ist, muß es eigenhändig abgefaßt sein. Man darf seinen letzten Willen nicht über elektronische Leitungen erklären.»

«Verstehe.»

«Tut mir leid, Dr. Johnson. Soll ich es den anderen auch sagen?»

«Nein», sagte Norman. «Nicht nötig. Wir kehren bald an die Oberfläche zurück – sobald wir uns das Schiff noch einmal angesehen haben.»

Diesmal teilten sie sich im Raumschiff in zwei Gruppen. Barnes, Ted und Edmunds wollten die bugwärts gelegenen riesigen Frachträume und die bisher unerforschten Teile des Raumschiffs erkunden. Norman, Beth und Harry dagegen blieben in der Steuerzentrale, um den Flugschreiber zu suchen.

Ted fand, bevor die beiden Gruppen sich trennten, die Abschiedsworte: «Nie bin ich zu größeren und besseren Taten aufgebrochen.» Dann machte er sich mit Barnes und Edmunds auf den Weg.

Edmunds ließ der Gruppe in der Steuerzentrale einen kleinen Videomonitor zurück, damit sie den Weg der anderen weiter vorn im Schiff verfolgen konnten. Über die Tonleitung bekamen sie mit, wie Ted unaufhörlich auf Barnes einredete und ihm seine Ansichten über die Bauweise des Schiffs mitteilte. Die großen Laderäume erinnerten ihn an die Arbeit mykenischer Steinmetze, insbesondere an das Löwentor der Stadt Mykene auf dem Peloponnes.

«Ich kenne keinen Menschen, der so viel irrelevantes Wissen herunterrasseln kann, wie Ted», sagte Harry. «Können wir das wohl leiser stellen?»

Gähnend drehte Norman die Lautstärke zurück. Er war müde. Die Kojen in DH-8 waren feucht, die heizbaren Decken schwer und lastend. An Schlaf war kaum zu denken gewesen. Außerdem war Beth nach ihrem Gespräch mit Barnes wutschnaubend hereingestürmt.

Sie hatte sich auch jetzt noch nicht beruhigt. «Der Teufel soll den Mann holen», schimpfte sie. «Für wen hält der sich eigentlich?»

«Er tut sein Bestes, wie wir alle», sagte Norman besänftigend.

Sie fuhr wütend zu ihm herum. «Weißt du, Norman, manchmal bist du mir *zu* psychologisch und einfühlsam. Barnes ist ein Hornochse, ein Vollidiot.»

«Wollen wir nicht nach dem Flugschreiber suchen?» schlug

Harry vor. «Das ist jetzt wichtig.» Er folgte der Nabelschnur, die aus dem Rücken der Puppe in den Fußboden lief. Er hob Abdekkungen vom Boden, um festzustellen, wohin die Leitung führte.

«Einem Mann gegenüber», Beth ließ nicht locker, «würde er sich das nicht herausnehmen. Warum zum Beispiel läßt er Ted gewähren? Der reißt die ganze Sache an sich, und ich sehe überhaupt nicht ein, warum man ihm das durchgehen lassen soll.»

«Was hat Ted damit zu tun –» begann Norman.

«– ein Schmarotzer ist er, bemächtigt sich der Ideen anderer und stellt sie als seine eigenen hin. Dazu seine Angewohnheit, uns an seiner Bildung teilhaben zu lassen, indem er pausenlos zitiert – das ist einfach unerträglich.»

«Du hast den Eindruck, daß er sich die Ideen anderer aneignet?» fragte Norman.

«Na weißt du! Oben hab ich noch zu ihm gesagt, es wäre doch schön, ein paar passende Worte zu sagen, wenn wir das Ding aufmachen – und schon klopft er Sprüche auf Teufel komm raus und spreizt sich vor der Kamera.»

«Nun...»

«Nun *was*? Norman, komm mir nur nicht so. Es war mein Einfall, und er hat ihn einfach geklaut.»

«Hast du mit ihm darüber gesprochen?» fragte Norman.

«Nein. Er hätte sich nicht dran erinnert, sondern gesagt: ‹Tatsächlich, Beth? Möglich, daß du was in der Art gesagt hast, doch...›»

«Ich finde, du solltest mit ihm reden.»

«Norman, du hörst mir ja gar nicht zu.»

«Hättest du mit ihm gesprochen, wärest du jetzt nicht so aufgebracht.»

«Psychologengewäsch», sagte sie kopfschüttelnd. «Sieh mal, Ted tut bei dieser Unternehmung, was ihm gerade einfällt. Er quatscht dummes Zeug und macht, was er will. Aber kaum gehe *ich* als erste durch die Tür, blafft Barnes mich an. Warum eigentlich? Was ist dagegen einzuwenden, daß ein einziges Mal in der Geschichte der Wissenschaft eine Frau den ersten Schritt tut?»

«Beth –»

«Und dann hatte ich die Frechheit, das Licht anzumachen. Weißt du, was Barnes dazu gesagt hat? Ich hätte einen Kurzschluß verursachen und uns damit alle in Gefahr bringen können. Ich hätte nicht gewußt, was ich tat. Er sagte, ich sei *impulsiv*. Gott im Himmel. Impulsiv. Dieser steinzeitliche Kommißheini.»

«Von mir aus können Sie den Ton wieder lauter stellen», sagte Harry, «da hör ich mir doch lieber Teds Gequassel an.»

«Sie haben es gerade nötig!»

«Wir stehen alle unter einem erheblichen Druck, Beth», sagte Norman. «Jeder reagiert anders darauf.»

Sie warf Norman einen wütenden Blick zu. «Willst du damit sagen, daß Barnes recht hatte?»

«Ich sage, daß wir alle unter Druck stehen. Auch er. Auch du.»

«Lieber Gott, ihr Männer haltet doch immer zusammen. Weißt du auch, warum ich immer noch Assistenzprofessorin bin, und nicht Ordinaria?»

«Wegen Ihres freundlichen und umgänglichen Wesens?» mutmaßte Harry.

«Auf solche Kommentare kann ich wirklich verzichten.»

«Beth», sagte Harry, «sehen Sie die Leitungen? Die laufen auf das Schott zu. Sehen Sie doch mal nach, ob sie auf der anderen Seite der Tür die Wand hochlaufen.»

«Wollen Sie mich loswerden?»

«Wenn es geht, ja.»

Sie lachte und löste damit die Spannung. «Na schön, ich seh mal nach.»

Als sie fort war, sagte Harry: «Mann, ist die sauer.»

«Kennen Sie die Geschichte mit Ben Stone?» fragte Norman.

«Welche?»

«Beth hat die Versuche zu ihrer Examensarbeit an seinem Institut gemacht.»

«Oh.»

Benjamin Stone war Biochemiker in Berkeley. Zwar hatte er ein charmantes und gewinnendes Wesen und einen guten Ruf als

Wissenschaftler, doch war auch allgemein bekannt, daß er seine Examenskandidaten als Laborhelfer ausbeutete und deren Forschungserträge als seine eigenen ausgab. Damit stand er zwar in der akademischen Welt nicht allein da, indessen ging er dabei noch etwas rücksichtsloser vor als seine Kollegen.

«Außerdem hat sie mit ihm zusammengelebt.»

«Mhm.»

«Das war Anfang der Siebziger. Sie hat, wie es scheint, eine Reihe wichtiger Experimente über den Energiehaushalt von Basalkörpern gemacht. Dann haben sie sich furchtbar gestritten, und Stone hat die Beziehung mit ihr abgebrochen. Obwohl sie seither keinen Fuß mehr in sein Labor gesetzt hat, sind danach noch fünf Aufsätze von ihm erschienen – einer wie der andere mit Ergebnissen ihrer Arbeit, ohne daß er ihren Namen auch nur erwähnt hätte.»

«Ein angenehmer Zeitgenosse», sagte Harry. «Und jetzt stemmt sie Gewichte?»

«Nun, sie fühlt sich schlecht behandelt, und das, wie ich finde, mit Recht.»

«Ja», sagte Harry. «Aber Sie wissen ja, wer sich mit Hunden schlafen legt, steht mit Flöhen auf.»

«Mein Gott», sagte Beth, die gerade wieder hereinkam. «Das hört sich so an wie ‹Eine Frau, die vergewaltigt wird, hat es nicht anders gewollt›. Wollten Sie das damit sagen?»

«Nein», sagte Harry, der nach wie vor Fußbodenabdeckungen anhob und dem Verlauf der Leitungen nachspürte, «so meine ich das nicht. Aber manchmal fragt man sich doch im stillen, was sie um drei Uhr morgens in einer dunklen Gasse eines verrufenen Stadtviertels zu suchen hat.»

«Ich habe ihn geliebt.»

«Bleibt noch das verrufene Stadtviertel.»

«Ich war zweiundzwanzig.»

«Wie alt muß man denn sein?»

«Sie können mich mal.»

Harry schüttelte den Kopf. «Na, hat das Mannweib die Leitung gefunden?»

«Es hat. Sie führt zu einer Art Glasgitter.»

«Sehen wir uns das doch mal an», sagte Norman und ging nach nebenan. Er wußte, wie Flugschreiber aussehen: längliche rechteckige Metallkästen, ähnlich wie Kassetten in Bank-Schließfächern, nur daß sie rot oder leuchtend orange lackiert waren. Wenn das hier –

Er blieb stehen.

Sein Blick war auf einen durchsichtigen Glaswürfel von dreißig Zentimetern Kantenlänge gefallen. In seinem Inneren konnte er ein verwickeltes Gitternetz aus schwach glimmenden, blauen Linien erkennen. Zwischen ihnen blitzten in Abständen blaue Lichter auf. Zwei Manometer saßen auf dem Würfel, außerdem drei Kolben; auf der linken Außenseite war eine Reihe silberner Streifen und Rechtecke zu erkennen. Nie zuvor hatte er etwas Ähnliches gesehen.

«Interessant.» Harry spähte in den Würfel hinein. «Vermutlich so etwas wie ein optoelektronischer Speicher. Über Vergleichbares verfügen wir bisher nicht.» Er berührte die silbernen Streifen auf der Außenseite. «Das ist keine Farbe, sondern irgendein Kunststoffmaterial. Wahrscheinlich maschinenlesbar.»

«Für wen? Sicherlich nicht für uns.»

«Nein. Vermutlich für einen Bergungsroboter oder dergleichen.»

«Und die Manometer?»

«Der Würfel ist mit einem Gas gefüllt, das unter Druck steht. Vielleicht enthält er irgendwelche biologischen Bestandteile, sonst wäre er wohl nicht so kompakt. Auf jeden Fall möchte ich wetten, daß es sich bei diesem großen Glaskörper um eine Speichereinheit handelt.»

«Ein Flugschreiber?»

«Etwas mit entsprechender Funktion, ja.»

«Wie kommen wir da ran?»

«Paßt mal auf», sagte Beth und ging zur Steuerzentrale zurück. Sie begann, auf beliebige Sektoren der Steuerwand zu drücken, wodurch sie sie aktivierte. «Sagt bloß Barnes nichts davon», sagte sie über die Schulter.

«Woher wissen Sie, welche man drücken muß?»

«Ich glaube, das spielt keine Rolle», sagte sie. «Ich nehme an, daß die Steuerwand spürt, wo man gerade ist.»

«Die Steuereinheit weiß, wo sich der Pilot aufhält?»

«So in der Art.»

Vor ihnen leuchtete ein Ausschnitt der Steuerwand auf, ein Bildschirm mit gelber Schrift auf schwarzem Grund wurde sichtbar.

RV-LHOOQ DCOM 1 U.S.S. STAR VOYAGER

Weiter nichts.

«Und jetzt kommt die schlechte Nachricht», sagte Harry.

«Was für eine schlechte Nachricht?» erkundigte sich Norman. Er hätte zu gern gewußt, warum Harry dageblieben war, um nach dem Flugschreiber zu suchen, statt mit Ted und Barnes das Schiff weiter zu erforschen. Was fesselte ihn so an der Vergangenheit dieses Raumschiffs?

«Vielleicht ist sie ja gar nicht schlecht», sagte Harry.

«Warum glauben Sie, sie könnte es sein?»

«Weil in diesem Schiff etwas von lebenswichtiger Bedeutung fehlt, wenn man logisch darüber nachdenkt –»

In diesem Augenblick füllte sich der Bildschirm mit Spalten:

SCHIFFSSYSTEME	ANTRIEBSSYSTEM
LEBENSSYSTEME	ABFALLBESEITIGUNG (V9)
DATENSYSTEME	STATUS OM2 (AUSSEN)
STEUERSTAND	STATUS OM3 (INNEN)
FLUGDATEN	STATUS OM4 (VORN)
ZENTRALOPERATIONEN	STATUS DV7 (ACHTERN)
DECKSTEUERUNG	STATUS V (GESAMT)
INTEGRATION (DIREKT)	STATUS COMREC (2)
LSS TEST 1.0	LEITUNG A9-11
LSS TEST 2.0	LEITUNG A 12-BX
LSS TEST 3.0	STABILIX

«Was darf es sein?» fragte Beth, die Hände auf der Steuerwand.

«Flugdaten», sagte Harry. Er biß sich auf die Lippe.

FLUGDATEN – ZUSAMMENFASSUNGEN RV LHOOO
FDZ 01/01/43 BIS 31/12/45
FDZ 01/01/46 BIS 31/12/28
FDZ 01/01/49 BIS 31/12/31
FDZ 01/01/52 BIS 31/12/33
FDZ 01/01/54 BIS 31/12/34
FDZ 01/01/55 BIS 30/06/35
FDZ 01/07/55 BIS 31/12/35
FDZ 01/01/56 BIS 31/01/36
FDZ 01/02/56–EINTRITT
FDZ EINTRITT
FDZ EINTRITT ZUSAMMENFASSUNG
8&6 !!OZ/010/UNGERADE–000/XXX/X
F$S XXX/X%7XXX–X@X/X!X/X

«Was bedeutet das?» fragte Norman.

Harry sah angestrengt auf den Bildschirm. «Man kann sehen, daß die frühesten Aufzeichnungen in Abständen von jeweils drei Jahren erfolgt sind. Dann werden die Abstände kürzer: ein Jahr, sechs Monate und schließlich nur noch einen Monat. Dann kommt die Sache mit dem Eintritt.»

«Das heißt, sie haben immer sorgfältiger aufgezeichnet», sagte Beth, «je näher das Schiff dem Eintritt kam, was auch immer das gewesen sein mag.»

«Ich habe eine ziemlich klare Vorstellung davon, was es war», sagte Harry. «Ich kann es nur einfach nicht glauben – aber fangen wir doch mal an. Wie wäre es mit ‹Eintritt Zusammenfassung›?»

Beth betätigte verschiedene Knöpfe.

Auf dem Bildschirm erschien ein Himmelssektor mit Sternen, und um dessen Ränder herum eine Vielzahl von Ziffern. Die Abbildung war dreidimensional und vermittelte die Illusion der Tiefe.

«Ist das eine holographische Darstellung?»

«So was Ähnliches.»

«Hier sind verschiedene lichtstarke Sterne...»

«Oder Planeten.»

«Was für Planeten?»

«Ich weiß nicht. Dafür ist Ted zuständig», sagte Harry. «Vielleicht kann er das Bild zuordnen. Machen wir weiter.»

Er legte die Hand auf die Steuerwand, die Bildschirmanzeige sprang um.

«Noch mehr Sterne.»

«Ja, und noch mehr Zahlen.»

Die Ziffern an den Rändern des Bildschirms flackerten, änderten sich rasch. «Die Sterne scheinen sich zwar nicht zu bewegen, aber die Zahlen ändern sich.»

«Nein, sehen Sie, auch die Sterne bewegen sich.»

In der Tat strebten alle Sterne dem Rand des Bildschirms zu, die Mitte war jetzt schwarz und leer.

«In der Mitte sind keine Sterne, und alles drängt nach außen...», sagte Harry nachdenklich.

Die Sterne am Rand bewegten sich sehr rasch, und die schwarze Mitte dehnte sich aus.

«Warum ist es in der Mitte so leer, Harry?» fragte Beth.

«Ich glaube nicht, daß es leer ist.»

«Ich kann aber nichts sehen.»

«Trotzdem ist es nicht leer. In etwa einer Minute sehen wir bestimmt – da!»

Plötzlich tauchte in der Bildschirmmitte ein dichter weißer Sternhaufen auf und dehnte sich vor ihren Augen aus.

Eine seltsame Erscheinung, dachte Norman. Noch immer war deutlich ein schwarzer Ring zu sehen, der sich ausdehnte. An seinem Innen- und Außenrand saßen Sterne. Es kam ihm vor, als flögen sie durch einen riesigen schwarzen Zuckerkringel.

«Großer Gott», sagte Harry leise. «Wissen Sie, was Sie da sehen?»

«Nein», sagte Beth. «Was ist der Sternhaufen da in der Mitte?»

«Ein anderes Weltall.»

«Ein *was?*»

«Nun, von mir aus, *wahrscheinlich* ein anderes Weltall. Vielleicht ist es auch nur ein anderer Teil unseres eigenen Universums. Genau weiß das niemand.»

«Und was ist der schwarze Kringel da?» fragte Norman.

«Das ist kein Kringel, sondern ein Schwarzes Loch. Was Sie hier sehen, ist die Aufzeichnung, die das Raumschiff gemacht hat, als es durch ein Schwarzes Loch geflogen ist und in ein anderes Weltall – ruft da nicht jemand?»

Harry wandte sich um und lauschte. Sie schwiegen, hörten aber nichts.

«Was meinen Sie mit: ‹Ein anderes Weltall› –»

«– Psssst.»

Ein kurzes Schweigen. Dann hörten sie leise rufen: «Haallooo...»

«Wer ist das?» fragte Norman und bemühte sich, genau hinzuhören. Die Stimme war ganz leise, klang aber wie die eines Menschen. Es konnten auch mehrere Stimmen sein. Die Rufe kamen von irgendwo aus dem Raumschiff.

«Huhu! Ist da jemand? Hallooo.»

«Meine Güte», sagte Beth. «Das sind die anderen, da, auf dem Bildschirm.»

Sie drehte am Lautstärkeregler des kleinen Monitors, den Edmunds ihnen dagelassen hatte. Auf dem Bildschirm sahen sie Ted und Barnes, die in einem Raum irgendwo im Raumschiff standen und riefen. «Hallooo... Hallooooo.»

«Können wir mit ihnen reden?»

«Ja. Einfach den Knopf an der Seite drücken.»

«Wir hören Sie», sagte Norman.

«Wird auch höchste Zeit!» Das war Ted.

«Na denn», sagte Barnes. «Sperren Sie Ihre Ohren auf.»

«Was macht ihr bloß dahinten?» fragte Ted.

«Hören Sie gut zu», sagte Barnes. Er trat zur Seite, so daß ein bunter Ausrüstungsgegenstand sichtbar wurde. «Wir kennen die Bestimmung des Schiffs jetzt.»

«Wir auch», sagte Harry.

«Wir auch?» fragten Beth und Norman wie aus einem Munde.

Aber Barnes hörte nicht hin. «Es scheint unterwegs etwas an Bord genommen zu haben.»

«An Bord genommen? Was denn?»

«Ich weiß nicht», sagte Barnes. «Jedenfalls ist es außerirdischen Ursprungs.»

AUSSERIRDISCHES

Der Rollsteig brachte sie an einer scheinbar endlosen Reihe riesiger Frachträume vorbei. Sie wollten vorn im Schiff zu Barnes, Ted und Edmunds stoßen und deren außerirdische Entdeckung in Augenschein nehmen.

«Warum könnte jemand ein Raumschiff durch ein Schwarzes Loch schicken wollen?» fragte Beth.

«Wegen der Schwerkraft», sagte Harry. «Die Schwerkraft Schwarzer Löcher ist nämlich so ungeheuer, daß sie Raum und Zeit in geradezu unglaublicher Weise verzerren. Erinnern Sie sich, wie Ted gesagt hat, daß Planeten und Sterne Ausbuchtungen im Gewebe der Raumzeit erzeugen? Nun, Schwarze Löcher machen *Risse* hinein. Manche Leute glauben nun, man könne durch diese Risse in ein anderes Weltall fliegen, in einen anderen Teil unseres Universums oder in eine andere Zeit.»

«Andere Zeit!»

«Darum geht es», bekräftigte Harry.

«Wo bleiben Sie denn bloß?» tönte Barnes' Stimme blechern aus dem Lautsprecher des Monitors.

«Wir sind unterwegs», sagte Beth und warf dem Bildschirm einen wütenden Blick zu.

«Er kann dich nicht sehen», sagte Norman.

«Mir egal.»

Sie kamen an weiteren Lagerräumen vorbei. «Ich bin mal gespannt, was für ein Gesicht Ted macht, wenn wir es ihm erzählen», sagte Harry.

Schließlich erreichten sie das Ende des Rollsteigs und traten durch eine aus Streben und Trägern bestehende Abschottung in den großen, im Bug gelegenen Raum, den sie zuvor auf dem Bildschirm gesehen hatten. Mit seiner nahezu dreißig Meter hohen Decke wirkte er gewaltig.

Hier paßt glatt ein sechsstöckiges Haus hinein, überlegte Norman. Als er den Kopf hob, sah er einen leichten Dunst oder Nebel.

«Was ist das?»

«Eine Wolke», sagte Barnes kopfschüttelnd. «Der Raum ist so groß, daß er sein eigenes Klima zu haben scheint. Würde mich gar nicht wundern, wenn es hier drin von Zeit zu Zeit sogar regnete.»

Der Raum enthielt riesige Maschinen. Auf den ersten Blick schien es sich um in leuchtenden Grundfarben lackierte übergroße Erdbaumaschinen zu handeln, auf denen eine Art Ölüberzug glänzte. Dann erkannte Norman Einzelheiten: riesige Klauen, mächtige Arme, Antriebszahnräder und eine Vielzahl von Eimern und anderen Gefäßen.

Mit einemmal fiel ihm die Ähnlichkeit mit den Greifern und Klauen an der Bugseite des Tauchboots *Charon V* auf, das ihn am Vortag heruntergebracht hatte. War das tatsächlich erst gestern gewesen? Oder war es gar noch derselbe Tag? Welches Datum schrieben sie? War heute womöglich der 4. Juli? Wie lange waren sie schon hier unten?

«Wenn Sie gut hinsehen», sagte Barnes gerade, «erkennen Sie, daß diese Gerätschaften zumindest teilweise gigantische Waffen zu sein scheinen. Andere, wie der lange ausfahrbare Arm oder die verschiedenen Ansatzstücke zum Aufnehmen von Gegenständen lassen vermuten, daß es sich bei dem Raumschiff um einen riesigen Erkundungsroboter handelt.»

«Ein Roboter...»

«Nicht zu fassen», sagte Beth.

«Dann wäre es doch richtig gewesen, es von einem Roboter öffnen zu lassen», sagte Ted nachdenklich, «vielleicht sogar angemessen.»

«Sie meinen, so von Roboter zu Roboter?» fragte Harry, «nach der Masche: ‹Ein Angebinde fürs Gewinde›?»

«He», sagte Ted, «ich spotte nicht mal dann über Ihre Kommentare, wenn sie bescheuert sind.»

«Ich fand sie eigentlich bislang gar nicht so schlecht», sagte Harry.

«Sie sagen manchmal törichte, gedankenlose Dinge.»

«Kinder», sagte Barnes, «können wir uns wieder unserer Aufgabe zuwenden?»

«Sagen Sie mir beim nächsten Mal rechtzeitig Bescheid, Ted.»

«Darauf können Sie sich verlassen.»

«Ich möchte gern wissen, wenn ich was Törichtes sage.»

«Wird erledigt.»

«Etwas, das *Ihnen* töricht vorkommt.»

«Wissen Sie was», wandte sich Barnes an Norman, «wenn wir raufgehen, lassen wir die beiden am besten hier unten.»

«Denken Sie etwa noch ernsthaft daran, *jetzt* nach oben zu gehen?» fragte Ted.

«Wir haben bereits abgestimmt.»

«Aber das war, *bevor* wir das Objekt gefunden haben.»

«Wo ist es?» fragte Harry.

«Hier drüben, Harry», sagte Ted mit boshaftem Grinsen. «Mal sehen, was Ihre eindrucksvollen analytischen Fähigkeiten damit anfangen können.»

Sie gingen zwischen den gewaltigen Greifarmen hindurch tiefer in den Raum hinein. Dort lag in der ausgepolsterten Kralle einer mechanischen Hand eine riesige, glattpolierte Silberkugel mit einem Durchmesser von etwa zehn Metern. Sie wies ansonsten keinerlei Kennzeichen oder Merkmale auf.

Als sie um die Kugel herumgingen, warf das polierte Metall ihr Spiegelbild zurück. Norman fiel an der Metalloberfläche ein merkwürdiges Irisieren auf, schwache bläuliche und rötliche Regenbogentöne.

«Man könnte denken, sie stammt aus einem überdimensionalen Kugellager», sagte Harry.

«Weitergehen, Schlaumeier.»

An der gegenüberliegenden Seite bildete eine Vielzahl tiefer, spiralig gewundener Furchen ein verwickeltes Muster auf der Kugeloberfläche. Dieses Muster war faszinierend, obwohl Norman nicht so recht zu sagen gewußt hätte, warum. Weder war es geometrisch noch amorph, und es stellte auch keine organischen Formen dar. Es war schwer zu sagen, was es eigentlich war. Noch nie zuvor hatte Norman dergleichen gesehen, und je länger er hinsah, desto größer wurde seine Gewißheit, daß ein solches Muster nirgendwo auf der Erde zu finden war. Kein Mensch konnte so etwas geschaffen, kein menschlicher Geist es ersonnen haben.

Ted und Barnes hatten recht. Dessen war er sicher.

Diese Kugel war außerirdischen Ursprungs.

PRIORITÄTEN

«Hm», sagte Harry nach langem Schweigen.

«Bestimmt wollen Sie uns was darüber erzählen», neckte ihn Ted. «Wo sie herkommt, und so weiter.»

«Zufällig weiß ich das sogar.» Harry berichtete über die Aufzeichnungen vom Sternenflug und über das Schwarze Loch.

«Ich vermute schon eine ganze Weile», sagte Ted, «daß dies Schiff für die Reise durch ein Schwarzes Loch gebaut wurde.»

«Ach ja? Was hat Sie darauf gebracht?»

«Die massive Strahlenabschirmung.»

Harry nickte. «Stimmt. Wahrscheinlich haben Sie deren Funktion vor mir richtig erkannt.» Er lächelte. «Aber *gesagt* haben Sie keinem was davon.»

«Sie irren», entgegnete Ted, «ich war der erste, der das Schwarze Loch zur Sprache gebracht hat.»

«Tatsächlich?»

«Aber ja, gar keine Frage. Wissen Sie nicht mehr, wie ich im Besprechungsraum Norman die Raumzeit erklärt und mit den Berechnungen für das Schwarze Loch angefangen habe? Dann sind Sie dazu gekommen. Norman, erinnern Sie sich nicht? Es war meine Theorie.»

«Er hat recht, der Hinweis stammt von ihm», bestätigte Norman.

Harry lächelte breit. «Da war es aber noch keine richtige *Theorie*, sondern eher eine Vermutung.»

«Oder bloße Spekulation. Harry», sagte Ted, «Sie verdrehen die Tatsachen. Es gibt Zeugen.»

«Nun, wenn Sie uns anderen schon so weit voraus sind», sagte Harry, «warum teilen Sie uns dann nicht Ihre Theorie über die Art dieses Objekts da mit?»

«Mit Vergnügen», sagte Ted. «Es handelt sich hier um eine polierte metallene Hohlkugel von annähernd zehn Metern Durchmesser, die aus einer dichten Legierung bisher unbekannter Zusammensetzung besteht. Die kabbalistischen Zeichen hier auf dieser Seite –»

«– Sie nennen diese Linien kabbalistisch?»

«Darf ich ausreden? Diese kabbalistischen Zeichen hier sind eindeutig künstlerische oder kultische Ornamente und rufen einen gewissen feierlichen Eindruck hervor – ein Hinweis darauf, daß das Objekt für seine Verfertiger von großer Bedeutung war.»

«Ich glaube, *das* dürfen wir als sicher voraussetzen.»

«Ich persönlich vermute, daß über die Kugel mit uns, Besuchern von einem anderen Stern, aus einem anderen Sonnensystem, eine Art Kontakt hergestellt werden soll. Sie ist eine Art Gruß, Botschaft oder Trophäe. Ein Beweis dafür, daß es im Weltall noch eine andere Form höher entwickelten Lebens gibt.»

«Alles gut und schön, nur hat das mit der Kugel nichts zu tun», wandte Harry ein. «Was *macht* sie Ihrer Ansicht nach?»

«Ich bin nicht sicher, ob sie überhaupt was macht. Ich glaube, sie *ist* einfach. Sie ist, was sie ist.»

«Klingt nach Zen.»

«Nun, haben Sie einen anderen Vorschlag?»

«Wir wollen uns an das halten, was wir wissen», sagte Harry, «und uns nicht unseren Phantasievorstellungen hingeben. Wir haben es hier mit einem Raumfahrzeug aus der Zukunft zu tun, das aus verschiedenen Werkstoffen und mit Hilfe technischer Verfahren gebaut wurde, über die wir bisher nicht verfügen, auch wenn wir kurz vor ihrer Entwicklung stehen. Unsere Nachkommen haben es durch ein Schwarzes Loch in ein anderes Weltall oder einen anderen Teil unseres Universums geschickt.»

«Ja.»

«Es ist unbemannt, aber mit Roboter-Greifarmen ausgerüstet, die ganz offenkundig dazu gedacht sind, Dinge an Bord zu nehmen, auf die es unterwegs stößt. Wir können uns also dies Raumschiff aus der Zukunft als riesige Variante der unbemannten Mariner-Sonde vorstellen, die wir in den siebziger Jahren zum Mars geschickt haben, wo sie erkunden sollte, ob es dort Leben gibt. Es ist weit größer und sehr viel komplizierter als die Mariner, stellt aber im wesentlichen dieselbe Art von Maschine dar, eine Raumsonde.»

«Schon...»

«Es fliegt also in ein anderes Universum und stößt dort auf diese Kugel. Wahrscheinlich treibt sie frei im Raum, oder aber sie wurde dem Raumschiff entgegengeschickt.»

«Genau das ist meine Theorie», sagte Ted. «Sie ist ihm entgegengeschickt worden, sozusagen als Bote.»

«Auf jeden Fall kommt unser Roboter-Raumschiff auf Grund der ihm mitgegebenen Entscheidungskriterien zu dem Ergebnis, daß die Kugel interessant ist, packt sie automatisch mit seiner Klaue da, holt sie ins Schiff und nimmt sie mit nach Hause.»

«Nur, daß es auf dem Heimweg über das Ziel hinaus fliegt und in der Vergangenheit landet.»

«In seiner Vergangenheit», sagte Harry. «Die unsere Gegenwart ist.»

«Genau.»

Barnes schnaubte ungeduldig. «Also schön, das Raumschiff geht her, schnappt sich eine silberne außerirdische Kugel und bringt sie zur Erde zurück. Kommen Sie zur Sache: Was hat es damit auf sich?»

Harry trat an die Kugel heran, legte ein Ohr an das Metall und klopfte mit den Knöcheln dagegen. Es klang hohl. Er berührte die Furchen. Sie waren so tief, daß seine Hände darin verschwanden. Norman konnte in der glattpolierten Kugel Harrys von der Krümmung des Metalls verzerrtes Gesicht sehen. «Ganz wie ich es mir gedacht habe. Diese kabbalistischen Zeichen, wie Sie sie nennen, tragen keineswegs dekorativen Charakter, sondern haben einen ganz und gar anderen Zweck – sie sollen eine schmale Öffnung in der Kugeloberfläche verbergen. Mithin ist hier eine Tür.» Harry trat zurück.

«Was hat es mit der Kugel auf sich?»

«Ich will Ihnen sagen, was ich glaube», sagte Harry. «Meines Erachtens dient sie als Behälter. Ich denke, daß sich etwas darin befindet, und ich denke, daß dieses Etwas mir verdammt unheimlich ist.»

ERSTE EINSCHÄTZUNG

«Nein, Herr Minister», sagte Barnes ins Telefon. «Wir sind ziemlich sicher, daß es sich um ein Objekt außerirdischen Ursprungs handelt. Daran scheint kein Zweifel zu bestehen.»

Während Barnes auf die Antwort des Verteidigungsministers lauschte, sah er Norman an, der ihm gegenüber saß.

«Ja, Sir», sagte Barnes, «in der Tat äußerst aufregend.»

Sie waren wieder ins Habitat zurückgekehrt, wo Barnes unverzüglich Verbindung mit Washington aufgenommen hatte. Er wollte einen Aufschub für das Auftauchen der Gruppe erwirken.

«Nein, noch nicht. Es war bisher nicht möglich, die Tür zu öffnen. Sie hat eine äußerst ungewöhnliche Form, und ihre Ränder sind sehr präzise gearbeitet... Nein, einen Keil bekommt man in die Fuge nicht hinein.»

Er sah wieder Norman an und verdrehte die Augen.

«Nein, auch das haben wir versucht. Es scheint keine äußeren Betätigungseinrichtungen zu geben. Nein, auch keine Mitteilung auf der Außenseite. Nein, weder Schilder noch Aufkleber. Es ist einfach eine auf Hochglanz polierte Kugel mit einigen spiralig gewundenen Furchen auf einer Seite. Was? Aufsprengen?»

Norman wandte sich ab. Sie befanden sich in Röhre D, in der Tina Chan unterstehenden Kommunikationsabteilung. Tina stellte, gelassen wie immer, ein Dutzend Überwachungsmonitore ein. «Sie wirken von allen hier am ruhigsten», sagte Norman.

Sie lächelte. «Sagen wir undurchschaubar, Sir.»

«Ist das Ihr Ernst?»

«Muß wohl so sein, Sir», sagte sie und stellte den Bildfang an einem Monitor so ein, daß die abwärts laufenden Zeilen zum Stillstand kamen. Jetzt sah man die polierte Kugel. «Denn in Wirklichkeit spüre ich, wie mein Herz klopft, Sir. Was glauben Sie, was da drin ist?»

«Keine Ahnung», sagte Norman.

«Meinen Sie, da sitzt ein Außerirdischer drin? Sie wissen schon, irgendeine Art Lebewesen?»

«Vielleicht.»

«Und wir versuchen sie aufzumachen? Vielleicht sollten wir lieber nicht rauslassen, was immer da drin ist.»

«Sind Sie nicht neugierig?» wollte Norman wissen.

«*So* neugierig auch wieder nicht, Sir.»

«Ich sehe nicht, wie wir sie aufsprengen könnten», sagte Barnes gerade ins Telefon. «Doch, wir haben Unterwasser-Sprengladungen. In verschiedenen Größen. Aber ich glaube nicht, daß wir das Ding damit aufkriegen würden. Nein. Nun, Sie würden es verstehen, wenn Sie die Kugel sähen. Sie ist *vollkommen*. Doch, wie ich es sage – buchstäblich vollkommen.»

Tina stellte einen zweiten Bildschirm ein. Sie sahen die Kugel jetzt aus zwei Blickwinkeln und würden bald über einen dritten verfügen, denn Edmunds brachte um die Kugel herum Videokameras in Stellung. Der Vorschlag stammte von Harry. Er hatte gesagt: «Überwachen wir das Ding. Vielleicht tut es von Zeit zu Zeit was, äußert irgendeine Art von Aktivität.»

Auf dem Bildschirm sah Norman ein ausgeklügeltes Leitungsnetz, das gekoppelt war mit einer Reihe verschiedener Meßfühler, die man an der Kugel befestigt hatte: Schallmesser und Sensoren, die das gesamte elektromagnetische Spektrum von Infrarot- bis zu Gamma- und Röntgenstrahlen abdeckten. Die von ihnen aufgenommenen Werte wurden auf den links neben den Bildschirmen stehenden Instrumenten angezeigt.

Harry kam herein. «Schon irgendwelche Ergebnisse?»

Tina schüttelte den Kopf. «Bisher nichts.»

«Ist Ted zurück?»

«Nein», sagte Norman. «Er ist noch im Schiff.»

Ted war im Frachtraum zurückgeblieben, angeblich, um Edmunds beim Aufstellen der Kameras zu helfen. In Wirklichkeit, das war jedem klar, wollte er versuchen, die Kugel zu öffnen. Auf dem zweiten Bildschirm sahen sie ihn jetzt in den Furchen herumstochern, zerren und drücken.

Harry lächelte. «Aussichtslos.»

«Harry, erinnern Sie sich, daß Sie in der Steuerzentrale gesagt haben, etwas von lebenswichtiger Bedeutung würde hier fehlen?» fragte Norman.

«Ach das», sagte Harry. «Vergessen Sie es. Das spielt jetzt keine Rolle mehr.»

Barnes sagte gerade: «Nein, Herr Minister, es dürfte unmöglich sein, die Kugel nach oben zu bringen – nun, Sir, gegenwärtig befindet sie sich in einem Frachtraum des Raumschiffs, mehrere hundert Meter vom Eingang entfernt. Das ganze Schiff liegt unter einer vier Meter starken Korallenschicht, und die Kugel hat an die zehn Meter Durchmesser, ist also so groß wie ein zweistöckiges Haus...»

«Ich frage mich nur, was in dem Haus *drin* ist», sagte Tina.

Auf dem Bildschirm sah man, wie Ted der Kugel einen wütenden Tritt versetzte.

«Aussichtslos», wiederholte Harry, «so kriegt er die nie auf.»

Beth kam herein. «Und wie bekommen wir sie auf?»

Harry sagte: «Ja, wie?» Er betrachtete gedankenvoll die auf dem Bildschirm schimmernde Kugel. Langes Schweigen trat ein. «Vielleicht gar nicht.»

«Sie meinen, wir können sie nicht öffnen? Nie?»

«Mit der Möglichkeit muß man rechnen.»

Norman lachte. «Ted würde sich vor Kummer umbringen.»

Barnes telefonierte immer noch: «Nun, Herr Minister, wenn Sie der Navy die nötigen Mittel für eine Bergungsaktion dieser Größenordnung aus dreihundert Metern Tiefe zur Verfügung stellen, könnten wir in sechs Monaten damit anfangen, sobald hier vier Wochen lang mit anhaltend gutem Wetter gerechnet werden kann. Ja... Im Südpazifik ist jetzt Winter. Ja.»

«Das sehe ich schon richtig vor mir», sagte Beth. «Die Navy holt mit Wahnsinnskosten eine geheimnisvolle außerirdische Kugel rauf und bringt sie zu einer streng geheimen Regierungsanlage in Omaha. Experten aller Fachgebiete kommen und versuchen, sie zu öffnen, aber keiner schafft es.»

«Wie die Sache mit König Artus' Schwert Exkalibur», sagte Norman.

«Sie probieren immer stärkere Mittel aus und versuchen es schließlich mit einer kleinen Kernexplosion», fuhr Beth fort. «Immer noch nichts. Keinem fällt mehr was ein. Die Kugel steht da. Jahrzehnte vergehen. Sie wird nie geöffnet.» Sie schüttelte den Kopf. «Eine Ohrfeige für die Menschheit...»

Norman wandte sich an Harry. «Glauben Sie wirklich, daß es so kommen wird? Daß wir sie nie aufbekommen?»

«‹Nie› ist ein großes Wort.»

«Nein, Sir», sagte Barnes gerade, «angesichts dieser neuen Situation bleiben wir bis zum letzten Augenblick hier unten. Das Wetter hält sich – ja, laut Angaben der Wettersatelliten mindestens noch sechs Stunden. Ja, auf diese Einschätzung muß ich mich verlassen. Selbstverständlich, Sir. Stündlich; jawohl, Sir.»

Er legte auf und wandte sich zu den Anwesenden um. «Okay. Wir dürfen hier unten bleiben, solange das Wetter sich hält. Das dürften noch sechs bis zwölf Stunden sein. In dieser Zeit wollen wir versuchen, die Kugel zu öffnen.»

«Ted ist schon dabei», spottete Harry.

Auf dem Bildschirm sahen sie, wie Ted Fielding mit der flachen Hand auf die polierte Kugel schlug und rief: «Öffne dich! Sesam, öffne dich! Geh schon auf, du verdammtes Miststück!»

Die Kugel reagierte nicht.

«DAS PROBLEM DER ANTHROPOMORPHIE»

«Im Ernst», sagte Norman, «ich denke, einer muß die Frage stellen: Sollten wir erwägen, die Kugel ungeöffnet zu lassen?»

«Wieso das?» ereiferte sich Barnes. «Hören Sie, ich habe gerade extra telefoniert –»

«Ich weiß», sagte Norman. «Aber vielleicht sollten wir uns das noch einmal gründlich überlegen.» Aus dem Augenwinkel sah er, wie Tina heftig Zustimmung nickte. Harry sah skeptisch drein. Beth rieb sich schläfrig die Augen.

«Haben Sie Angst, oder gibt es ein stichhaltiges Argument für Ihre Ansicht?» fragte Barnes.

«Ich könnte mir vorstellen», sagte Harry, «daß Norman gleich aus seinem Bericht zitiert.»

«Nun ja», gab Norman zu, «in der Tat habe ich das fragliche Problem darin angesprochen.»

In seinem Aufsatz hatte er es als «das Problem der Anthropomorphie» bezeichnet. Im großen und ganzen hatte es damit zu tun, daß jeder, der sich jemals mündlich oder schriftlich über außerirdische Lebensformen geäußert hatte, sich diese als im wesentlichen menschenähnlich vorstellte. Mochte es sich dabei um Reptilien, große Insekten oder intelligente Kristalle handeln

– sie zeigten immer menschliche Verhaltensformen, auch wenn sie äußerlich nichts Menschliches an sich hatten.

«Sie reden übers Kino», hielt Barnes Normans Ausführungen entgegen.

«Gewiß. Aber ich rede auch von wissenschaftlichen Forschungsberichten. Jede bisher publik gemachte Vorstellung außerirdischen Lebens, ob von einem Filmproduzenten oder einem Universitätsprofessor, ging ihrem Wesen nach auf das Menschenbild zurück, gründete sich auf menschliche Werte, arbeitete nach menschlichem Verständnis und betrachtete auf menschliche Weise ein von Menschen erfaßbares Universum. Im allgemeinen sahen diese Wesen auch wie Menschen aus, hatten zwei Augen, Nase, Mund und so weiter.»

«Das heißt?»

«Das heißt», sagte Norman, «daß das offensichtlich Unsinn ist. Zum einen existieren genügend Unterschiede im menschlichen Verhalten, die das gegenseitige Verstehen innerhalb unserer eigenen Art bereits erheblich erschweren. Man denke nur an die großen Unterschiede zwischen uns Amerikanern und den Japanern. Diese beiden Völker betrachten die Welt keineswegs auf die gleiche Weise.»

«Ja, ja», sagte Barnes ungeduldig, «daß Japaner anders sind, ist allgemein bekannt –»

«– Zum anderen können die Unterschiede bei bisher unbekannten und für uns neuen Lebensformen buchstäblich unser Verständnis übersteigen. Ihre Werte und ihre ethischen Vorstellungen sind möglicherweise völlig anders als die unsrigen.»

«Sie meinen, die halten vielleicht das Leben nicht für heilig und glauben nicht an ‹Du sollst nicht töten›?» fragte Barnes, immer noch ungeduldig.

«Das nicht», erwiderte Norman. «Ich meine, daß dieses Geschöpf eventuell nicht getötet werden kann und seinem Wesen nach den Begriff des Tötens in keiner Weise zu erfassen vermag.»

«Sie denken, dieses Geschöpf *kann möglicherweise nicht getötet werden*?» fragte Barnes betroffen.

Norman nickte. «Wie mal jemand gesagt hat: Man kann keinem Geschöpf die Arme brechen, das keine Arme hat.»

«Es kann nicht getötet werden? Heißt das, es ist unsterblich?»

«Keine Ahnung», sagte Norman. «Das ist es ja gerade.»

«Großer Gott, etwas, das man nicht töten kann», sagte Barnes nachdenklich. «Wie würden wir es dann töten?» Er biß sich auf die Lippe. «Ich möchte nicht gern die Kugel aufmachen und etwas freilassen, das man nicht umbringen kann.»

Harry lachte. «Für so was gibt's keine Beförderung, Hal.»

Nach einem Blick auf die Bildschirme mit den verschiedenen Ansichten der polierten Kugel sagte Barnes schließlich: «Ach was. Lächerlich. Kein Lebewesen ist unsterblich. Hab ich recht, Beth?»

«Nicht unbedingt», gab diese zur Antwort. «Man könnte den Standpunkt vertreten, daß bestimmte Lebewesen, die auf unserem Planeten existieren, unsterblich sind. Beispielsweise scheinen einzellige Organismen wie Bakterien und Hefepilze ewig leben zu können.»

«Hefepilze», schnaubte Barnes. «Wir reden doch nicht von *Hefepilzen.*»

«Auch Viren könnte man als unsterblich bezeichnen.»

«*Viren?*» Barnes ließ sich auf einen Stuhl fallen. Daran hatte er nicht gedacht. «Aber wie wahrscheinlich ist das? Harry?»

«Ich nehme an», sagte Harry, «daß die Möglichkeiten weit über das Maß dessen hinausgehen, was wir bisher angesetzt haben. Wir haben uns lediglich dreidimensionale Geschöpfe von der Art vorgestellt, wie sie in unserem dreidimensionalen Universum vorkommen – oder, genauer gesagt, in dem von uns als dreidimensional wahrgenommenen Universum. Manche vertreten die Ansicht, daß es neun oder elf Dimensionen hat.»

Barnes sah müde aus.

«Nur seien die anderen sechs Dimensionen so winzig, daß wir sie nicht erfassen können.»

Barnes rieb sich die Augen.

«Daher könnte ein solches Geschöpf», fuhr Harry fort, «vieldimensional sein und in den uns vertrauten drei Dimensionen buchstäblich nicht – oder zumindest nicht vollständig – existieren. Nehmen wir den einfachsten Fall: Hätte es vier Dimensionen, würden wir jeweils nur einen Teil von ihm sehen, weil es in erster Linie in der vierten Dimension existierte. Ein solches Geschöpf ließe sich augenscheinlich nur schwer umbringen. Und wenn es fünf Dimensionen hätte –»

«Augenblick mal. Warum hat keiner von Ihnen vorher was davon gesagt?»

«Wir dachten, Sie wüßten das», sagte Harry.

«Ich sollte wissen, daß es fünfdimensionale Geschöpfe gibt, die man nicht töten kann? Kein Wort davon ist mir bekannt.» Er schüttelte den Kopf. «Diese Kugel zu öffnen könnte unvorstellbar gefährlich sein.»

«Wohl richtig.»

«So was Ähnliches wie die Büchse der Pandora.»

«Könnte man sagen.»

«Mal sehen», sagte Barnes. «Spielen wir doch mal die ungünstigsten Möglichkeiten durch. Was könnten wir schlimmstenfalls darin finden?»

«Das ist doch klar», sagte Beth. «Ganz gleich, ob es vieldimensional, ein Virus oder sonst was ist, ob es unsere Moralbegriffe teilt oder gar keine Moral hat, der schlimmste Fall wäre, daß es uns einen Tiefschlag versetzt.»

«Was wollen Sie damit sagen?»

«Ich will damit sagen, daß es durch sein Verhalten die Grundlagen unserer Lebensmechanismen angreifen könnte. Ein deutliches Beispiel dafür ist das AIDS-Virus. Die Gefährlichkeit von AIDS beruht nicht etwa darauf, daß das Virus neu ist. Neue Viren treten ständig auf – jedes Jahr, jede Woche, und sie verhalten sich alle auf die gleiche Weise: Sie greifen Zellen an und gestalten deren Stoffwechsel so um, daß diese gezwungen werden, weitere Viren zu produzieren. Was nun gerade das AIDS-Virus so besonders gefährlich macht, ist, daß es gerade die Zellen angreift, mit deren Hilfe wir uns normalerweise gegen den Angriff von Viren zur Wehr setzen. Es legt unser Immunsystem lahm, es hintergeht uns, und *deshalb* können wir uns nicht dagegen wehren.»

«Und wenn nun», fragte Barnes, «in der Kugel da ein Lebewesen säße, das es auf unser körpereigenes Abwehrsystem abgesehen hätte – wie sähe ein solches Lebewesen aus?»

«Es könnte gewöhnliche Luft ein- und Blausäuregas ausatmen», sagte Beth.

«Radioaktive Stoffe ausscheiden», sagte Harry.

«Unsere Gehirnwellen stören und damit unsere Denkfähigkeit beeinträchtigen», sagte Norman.

«Oder», kam es wieder von Beth, «einfach die Kontraktion des Herzmuskels behindern, so daß unser Herz aufhören würde zu schlagen.»

«Es könnte Schallwellen aussenden, deren Resonanzen unsere Skelettknochen zerstören», sagte Harry. Er lächelte den anderen zu. «Der Gedanke gefällt mir.»

«Raffiniert», sagte Beth. «Aber wie immer denken wir nur an uns selbst. Es wäre auch ohne weiteres denkbar, daß das Lebewesen überhaupt nichts tut, das uns unmittelbar schädigt.»

«Aha», machte Barnes.

«Vielleicht atmet es einfach einen Giftstoff aus, der Chloroplasten tötet. Dann wären die Pflanzen nicht mehr zur Photosynthese in der Lage und würden alle absterben. Die Folge wäre der Tod jeglichen Lebens auf der Erde.»

«Aha», wiederholte Barnes.

«Wissen Sie», sagte Norman, «ursprünglich hatte ich angenommen, die Frage der Anthropomorphie – also die Tatsache, daß wir uns außerirdisches Leben seinem Wesen nach eigentlich nur als menschlich vorstellen können – habe ihren Grund in einem Versagen der Vorstellungskraft. Alles Wissen des Menschen bezieht sich auf ihn selbst, und er kann sich im Grunde nur vorstellen, was er weiß. Doch diese Annahme ist falsch, wie Sie sehen. Wir sind imstande, uns viel mehr vorzustellen – nur tun wir es nicht. Also muß es einen anderen Grund dafür geben, daß wir uns außerirdische Lebensformen ausschließlich als dem Wesen nach menschlich vorstellen. Ich vermute, es liegt daran, daß wir in Wirklichkeit außergewöhnlich verletzliche Tiere sind, aber nicht gern an diese Verletzlichkeit erinnert werden. Wir wollen nicht daran denken, wie empfindlich das Gleichgewicht der verschiedenen Systeme in unserem Körper ist, wie kurz unser Dasein auf der Erde, und wie leicht sich ihm ein Ende setzen läßt. Also flüchten wir uns in die Vorstellung, daß andere Lebensformen uns ähnlich sind, damit wir uns nicht der echten – der furchterregenden – Bedrohung stellen müssen, die von ihnen ausgehen kann, ohne daß es deren Absicht wäre.»

Schweigen trat ein.

«Natürlich dürfen wir auch eine andere Möglichkeit nicht ausschließen», sagte Barnes. «Die Kugel könnte etwas enthalten, das für uns von ungeheurem Nutzen ist. Ein wunderbares neues Wissen, eine verblüffende neue Erkenntnis oder Technik, die das Leben der Menschheit auf eine Weise verbessern würden, die unsere kühnsten Träume übersteigt.»

«Nur ist die Chance ziemlich groß», sagte Harry, «daß es sich um neue Erkenntnisse handelt, die uns keinen großen Nutzen bringen.»

«Warum?» fragte Barnes.

«Nehmen wir doch einmal an, die Außerirdischen seien uns tausend Jahre voraus, so wie wir dem Mittelalter. Stellen Sie sich vor, Sie tauchten im Europa des 10. Jahrhunderts mit einem Fernseher auf – es gäbe nirgendwo eine Steckdose dafür.»

Barnes sah lange von einem zum anderen. «Tut mit leid», sagte er, «aber die Verantwortung ist für mich allein zu groß. Ich kann hier nichts unternehmen, ohne mit Washington Rücksprache zu halten.»

«Das wird Ted aber gar nicht gefallen», sagte Harry.

«Zum Teufel mit Ted», sagte Barnes. «Das soll der Präsident entscheiden. Solange wir von ihm nichts gehört haben, versucht mir niemand, die Kugel aufzumachen.»

Barnes ordnete eine Ruhezeit von zwei Stunden an. Harry ging in ihre Unterkünfte und legte sich hin. Beth verkündete zwar auch, sie wolle schlafen, blieb aber mit Tina Chan und Norman bei den Bildschirmen. Im Computer-Arbeitsraum gab es bequeme Drehsessel mit hohen Lehnen, und Beth fuhr auf einem davon Karussell, ließ die Beine baumeln und starrte vor sich hin. Gedankenverloren wand sie über ihren Ohren Haarsträhnen um ihren Finger.

Müde sind wir alle, dachte Norman. Er sah Tina zu, die sich ruhig und gleichmäßig bewegte, routiniert Bildschirme einstellte, von den Meßfühlern übermittelte Werte prüfte und die bespielten Videokassetten auswechselte. Da Edmunds noch mit Ted im Raumschiff war, mußte Tina nicht nur ihre eigene Arbeit erledigen, sondern sich auch um die Aufzeichnungsgeräte kümmern. Sie schien weniger müde als die anderen. Allerdings hatte sie an der Exkursion durch das Raumschiff nicht teilgenommen. Für sie war es etwas Abstraktes, eine Art Fernsehprogramm, das sie auf den Bildschirmen verfolgte. Sie hatte sich der Wirklichkeit der neuen Umgebung nicht von Angesicht zu Angesicht stellen müssen, nicht die kräftezehrenden Augenblicke miterlebt, in denen die anderen versucht hatten zu ergründen, was da vor sich ging, was das Ganze bedeutete.

«Sie sehen müde aus, Sir», sagte sie jetzt.

«Ja, das sind wir wohl alle.»

«Es hängt mit dem Heliox zusammen, das wir hier atmen», erklärte Tina, «das Leben in einer Helium-Sauerstoff-Atmosphäre ermüdet den Organismus.»

So viel taugen also meine psychologischen Erklärungen, dachte Norman.

«Die Dichte des Gemischs, das wir hier unten atmen», fuhr Tina fort, «macht sich bemerkbar. Immerhin beträgt der Druck dreißig bar. Normale Luft wäre unter diesem Druck fast so dick wie eine Flüssigkeit. Zwar ist Heliox leichter als die Atmosphäre, die wir von der Erde kennen, aber auch weit dichter. Man merkt es gewöhnlich nicht, aber das Atmen von Heliox strengt die Lunge ungeheuer an.»

«Sie sehen aber gar nicht müde aus.»

«Nun, ich war schon früher gelegentlich in einer saturierten Umgebung.»

«Tatsächlich? Wo?»

«Das darf ich nicht sagen, Dr. Johnson.»

«Arbeitsaufträge der Navy?»

Sie lächelte. «Ich darf darüber nicht sprechen.»

«Ist das Ihr undurchdringliches Lächeln?»

«Das hoffe ich, Sir. Finden Sie nicht, daß Sie versuchen sollten, etwas Schlaf zu bekommen?»

Er nickte. «Wohl richtig.»

Er überlegte, ob er schlafen gehen sollte, aber die Aussicht auf seine feuchte Koje lockte ihn nicht. Statt dessen ging er in die Küche, wo er einen von Rose Levys Nachtischen zu finden hoffte. Rose war nicht da, aber unter einem Kunststoffsturz lag etwas Kokoskuchen. Er nahm einen Teller, schnitt sich ein Stück ab und ging damit zu einem der Bullaugen, um hinauszusehen. Draußen war alles schwarz; die Beleuchtung der Planquadrate war abgeschaltet, kein Taucher zu sehen. Lichtschein fiel aus den Bullaugen des ein paar Dutzend Meter entfernt stehenden Habitats der Taucher DH-7. Vermutlich machten sich die Männer für den Aufstieg fertig, wenn sie nicht schon oben waren.

Er betrachtete sein eigenes Gesicht, das von dem Bullauge reflektiert wurde. Es wirkte abgespannt und alt. «Das ist hier nichts für einen Mann von dreiundfünfzig Jahren», sagte er zu seinem Spiegelbild.

Wieder richtete er den Blick nach draußen und erkannte in der Ferne einige sich bewegende Lichter, dann einen gelben Blitz. Eines der kleinen Tauchboote schob sich unter die niedrige Metallkuppel neben DH-7. Wenige Augenblicke später legte ein zweites Tauchboot daneben an. Die Lichter im ersten Boot erloschen, nach kurzer Zeit schob sich das zweite Boot ins schwarze Wasser und ließ das erste zurück.

Was da wohl los ist, überlegte er, merkte aber gleichzeitig, daß es ihn nicht wirklich interessierte. Er war viel zu müde. Da war ihm der Kuchen schon wichtiger. Wie er wohl schmecken mochte? Er sah auf den Teller. Leer. Nur noch einige Krümel lagen darauf.

Müde, dachte er, übermüdet. Er legte die Füße auf den Tisch und den Kopf gegen die kühle Wandpolsterung.

Er mußte eingedöst sein, denn er erwachte im Dunkeln und wußte nicht, wo er war. Kaum setzte er sich auf, ging das Licht an, und er erkannte, daß er sich immer noch im Eßraum befand.

Barnes hatte erklärt, wie die Räume auf die Anwesenheit von Menschen reagierten. Wenn die Bewegungssensoren keine Signale mehr empfingen, beispielsweise nachdem jemand eingeschlafen war, schalteten sie automatisch die Innenbeleuchtung ab. Bewegte sich jemand beim Erwachen, ging das Licht wieder an. Er überlegte: Ob es wohl anblieb, wenn man schnarchte? Wer das konstruiert haben mochte? Hatten die Ingenieure beim Entwurf des Navy Habitats das Schnarchen einkalkuliert? Gab es einen Schnarchsensor?

Er hatte noch Appetit auf Kuchen.

Er stand auf und ging in die Küche, um sich etwas von dem Kuchen zu holen. Mehrere Stücke fehlten. Hatte er etwa alles aufgegessen? Er war sich nicht sicher, konnte sich nicht erinnern.

«Eine ganze Menge Videobänder», sagte Beth. Norman wandte sich suchend um.

«Ja», bestätigte Tina. «Wir zeichnen alles auf, was hier drin vor sich geht, und auch drüben im Schiff. Das gibt jede Menge Material.»

Unmittelbar über seinem Kopf entdeckte er einen Bildschirm. Er zeigte Beth und Tina oben im Nachrichtenraum. Sie aßen Kuchen.

Aha, die beiden also.

«Alle zwölf Stunden werden die Bänder zum Tauchboot gebracht», sagte Tina.

«Wozu?» fragte Beth.

«Damit es, falls hier unten was passiert, sofort mit dem Material auftauchen kann.»

«Großartig», sagte Beth. «Besser nicht dran denken. Wo ist Dr. Fielding jetzt?»

«Er hat seine Versuche, die Kugel zu öffnen, aufgegeben und ist mit Edmunds zur Steuerzentrale gegangen», sagte Tina.

Norman sah auf den Bildschirm. Tina war außer Reichweite des Kameraobjektivs. Beth saß mit dem Gesicht zur Kamera und aß Kuchen. Auf dem Monitor hinter Beth konnte er deutlich die schimmernde Kugel sehen. Bildschirme, auf denen man Bildschirme sieht, dachte er. Die Marineleute, die das Zeug auswerten, müssen ja verrückt dabei werden.

«Glauben Sie, daß man die Kugel je aufkriegt?» fragte Tina.

Beth kaute ihren Kuchen. «Möglich», sagte sie. «Ich weiß nicht.»

Zu seinem Entsetzen sah Norman auf dem Monitor hinter Beth, daß die Tür der Kugel lautlos beiseite glitt und die Schwärze des Inneren preisgab.

OFFEN

Bestimmt hielten sie ihn für verrückt, als er durch das Schott in Röhre D gestürzt kam und immer wieder brüllte: «Sie ist offen! Sie ist offen!»

Beth wischte sich gerade die letzten Kokoskrümel vom Mund. Sie legte ihre Gabel hin. «Was ist offen?»

«Die Kugel!»

Beth fuhr in ihrem Sessel herum und Tina stürzte von den Videorekordern herbei. Beide sahen auf den vor Beth stehenden Monitor. Ein unbehagliches Schweigen entstand.

«Sieht eigentlich zu aus, Norman.»

«Sie war aber offen. Ich hab es selbst gesehen.» Er berichtete, wie er über den Bildschirm im Eßraum Beths Monitor beobachtet hatte. «Es ist erst ein paar Sekunden her. Die Kugel hat sich ganz bestimmt geöffnet. Sie muß sich wieder geschlossen haben, während ich hierher unterwegs war.»

«Bist du sicher?»

«Der Bildschirm da unten im Eßraum ist ziemlich klein...»

«Ich habe es gesehen», sagte Norman. «Spielen Sie doch einfach das Band ab, wenn Sie mir nicht glauben.»

«Guter Gedanke», sagte Tina und ging zu den Rekordern hinüber.

Schwer atmend versuchte Norman zur Ruhe zu kommen. Es war das erste Mal, daß er sich in dieser dichten Atmosphäre angestrengt hatte, und er spürte die Wirkung deutlich. DH-8 war nicht der richtige Ort für körperliche Anstrengungen, befand er.

Beth sah ihn an. «Fehlt dir auch nichts, Norman?»

«Mir geht's gut. Ich sag dir, ich hab es gesehen. Sie ist aufgegangen. Tina?»

«Sekunde.»

Harry kam gähnend herein. «Tolle Betten hier, was?» spottete er. «Als schliefe man in einem Sack mit nassem Reis. 'ne Art Mischung aus Schlafstatt und kalter Dusche.» Er seufzte. «Es wird mir das Herz brechen, diesen gastlichen Ort zu verlassen.»

«Norman glaubt, daß sich die Kugel geöffnet hat», sagte Beth.

«Wann?» fragte Harry und gähnte erneut ausgiebig.

«Vor ein paar Sekunden.»

Er nickte nachdenklich. «Ist ja mächtig interessant. Jetzt ist sie zu, wie ich sehe.»

«Wir lassen gerade das Videoband zurücklaufen, um uns das anzusehen.»

«Mhm. Ist noch was von dem Kuchen da?»

Harry scheint ja sehr gelassen zu sein, dachte Norman, als ob ihn diese doch immerhin wichtige Neuentwicklung völlig kalt ließe. Was mag der Grund dafür sein? Ob auch er es nicht glaubt? Ist er noch nicht ganz wach? Oder gibt es da noch etwas?

«Jetzt geht's los», sagte Tina.

Auf dem Bildschirm sah man erst Zackenmuster, dann ein scharfes Bild. Tinas Stimme sagte vom Band: «... Stunden werden die Bänder zum Tauchboot gebracht.»

Beth: «Wozu?»

Tina: «Damit es, falls hier unten was passiert, sofort mit dem Material auftauchen kann.»

Beth: «Großartig. Besser nicht dran denken. Wo ist Dr. Fielding jetzt?»

Tina: «Er hat seine Versuche, die Kugel zu öffnen, aufgegeben und ist mit Edmunds zur Steuerzentrale gegangen.»

Auf dem Bildschirm trat Tina aus dem Bild, und man sah nur noch Beth, die ihrem Monitor den Rücken zuwandte und Kuchen aß.

«Glauben Sie, daß man die Kugel je aufkriegt?» kam Tinas Stimme vom Band.

Beth aß. «Möglich», sagte sie. «Ich weiß nicht.»

Eine kurze Pause trat ein, dann schob sich auf dem Monitor hinter Beth die Tür der Kugel auf.

«Ha! Tatsächlich! Sie ist aufgegangen!»

«Das Band weiterlaufen lassen!»

Die Beth auf dem Bildschirm sah nicht, was auf dem Monitor vor sich ging. Tina, immer noch außerhalb des Bildes, sagte: «Mir macht sie angst.»

Beth: «Ich glaube nicht, daß es einen Grund gibt, sich zu ängstigen.»

Tina: «Es ist das Unbekannte.»

«Schon», sagte Beth, «aber etwas muß nicht gleich gefährlich oder angsteinflößend sein, bloß weil es unbekannt ist. Höchstwahrscheinlich ist es nur einfach unerklärlich.»

«Wie können Sie das so einfach sagen.»

«Haben Sie Angst vor Schlangen?» fragte die Beth auf dem Bildschirm.

Während dieser Unterhaltung blieb die Kugel offen.

«Wirklich schade, daß wir nicht reinsehen können», sagte Harry.

«Vielleicht kann ich dem abhelfen», sagte Tina. «Ich kann das Bild mit dem Computer ein bißchen deutlicher herausholen.»

«Sieht fast so aus, als gäbe es da kleine Lichter», sagte Harry. «Kleine bewegliche Lichter innerhalb der Kugel...»

Tina kam wieder ins Bild. «Nein, vor Schlangen nicht.»

«Nun, mir sind sie zuwider», sagte Beth. «Schleimige, kalte Geschöpfe – ich kann sie nicht ausstehen.»

«Aha», sagte Harry zu Beth, ohne den Blick vom Bildschirm zu lösen, «wohl Schlangenneid?»

Die Beth auf dem Bildschirm sagte: «Wäre ich ein Marsmensch, der auf die Erde kommt und eine Schlange sieht – eine sonderbare, kalte, sich windende Lebensform –, ich wüßte nicht, was ich davon halten sollte. Aber die Wahrscheinlichkeit, daß ich auf eine Giftschlange stoße, ist sehr gering. Weniger als ein Prozent aller Schlangen sind giftig. Also würde mir als Marsmensch von meiner Entdeckung keine Gefahr drohen; ich wäre nur verblüfft. Das steht uns wahrscheinlich auch bevor. Wir werden verblüfft sein.»

Sie fuhr fort: «Jedenfalls glaube ich nicht, daß wir die Kugel je aufkriegen.»

Tina: «Hoffentlich nicht.»

Hinter Beth schloß sich die Kugel auf dem Monitor.

«Nanu!» sagte Harry. «Wie lange war sie offen?»

«Dreiunddreißig Komma vier Sekunden», antwortete Tina. Sie hielt das Band an. «Möchte jemand es noch mal sehen?» Tinas Gesicht war bleich.

«Nicht jetzt», sagte Harry. Er trommelte mit den Fingern auf die Lehne seines Sessels, starrte vor sich hin und überlegte.

Niemand sagte etwas, alle warteten geduldig, daß Harry fortfahren würde. Deutlich erkennbar zollte die Gruppe Harry Respekt. Er ist derjenige, der für uns denkt, dachte Norman. Wir brauchen ihn, verlassen uns auf ihn.

«Schön», sagte Harry schließlich. «Schlußfolgerungen sind nicht möglich. Dafür haben wir zu wenig Daten. Die Frage ist, ob die Kugel auf etwas in ihrer unmittelbaren Umgebung reagiert hat, oder ob sie sich einfach so geöffnet hat, aus Gründen, die nur ihr bekannt sind. Wo ist Ted?»

«Zurück in der Steuerzentrale.»

«Er ist hier», sagte Ted und grinste, «mit tollen Neuigkeiten.» Keiner hatte ihn kommen hören.

«Wir auch», sagte Beth.

«Die können warten», sagte Ted.

«Aber –»

«– *ich weiß, wohin das Schiff geflogen ist*», sagte Ted aufgeregt. «Ich habe die Zusammenfassungen der Flugdaten in der Steuerzentrale analysiert, mir die Sternenfelder näher angesehen und weiß jetzt, wo das Schwarze Loch liegt.»

«Ted», sagte Beth, «die Kugel hat sich geöffnet.»

«Was? Wann?»

«Vor ein paar Minuten. Dann hat sie sich wieder geschlossen.»

«Was hat man auf den Bildschirmen gesehen?»

«Keine biologische Gefahr. Soweit scheint alles in Ordnung zu sein.»

Ted sah auf den Schirm. «Was zum Teufel tun wir dann noch hier?»

Barnes kam herein. «Die zwei Stunden Ruhezeit sind um. Sind alle bereit, zu einer letzten Besichtigung des Schiffs mitzukommen?»

«Das ist sehr gelinde ausgedrückt», sagte Harry.

Die Kugel war glatt, stumm, geschlossen. Alle umstanden sie und sahen einander gedankenvoll an. Niemand sprach.

«Mir kommt es vor, als wäre das ein Intelligenztest, und ich falle durch», sagte Ted schließlich.

«Sie meinen, wie bei der Davies-Botschaft?» fragte Harry.

«Ach die», sagte Ted.

Norman kannte die Geschichte der Davies-Botschaft. Es war eine Episode, die die Initiatoren des SAI-Programms am liebsten vergessen würden. In Rom hatte 1979 eine Tagung aller an der Suche nach außerirdischer Intelligenz beteiligten Wissenschaftler stattgefunden. Im wesentlichen war die SAI daran interessiert, den Himmel mit radioastronomischen Mitteln zu erkunden. Jetzt versuchten die Wissenschaftler zu entscheiden, nach welcher Art von Botschaft sie suchen sollten.

Emerson Davies, ein englischer Physiker aus Cambridge, entwickelte eine Botschaft, die auf festen physikalischen Konstanten gründete – wie zum Beispiel der Wellenlänge angeregten Wasserstoffs, von denen man annahm, daß sie im gesamten

Universum gleich seien – und ordnete diese Konstanten in binären Zahlen so an, daß ein Bild entstand.

Da Davies annahm, eine außerirdische Intelligenz würde genau diese Art von Botschaft aussenden, glaubte er, sie sei für die SAI-Forscher ohne weiteres zu entschlüsseln. Er verteilte sein Bild an alle Kongreßteilnehmer.

Keiner konnte die Aufgabe lösen.

Als Davies die Sache erklärte, gaben alle zu, daß der Einfall sehr gut und die Botschaft erstklassig sei – genau das, was Außerirdische senden würden. Das änderte jedoch nichts daran, daß keiner von ihnen imstande gewesen war, diese erstklassige Botschaft zu entschlüsseln.

Einer von denen, die es versucht und versagt hatten, war Ted.

«Nun, wir haben uns eben nicht besonders ins Zeug gelegt», sagte Ted jetzt. «Bei dem Kongreß war so viel los. Und wir hatten Sie nicht dabei, Harry.»

«Sie waren wahrscheinlich einfach auf einen kostenlosen Flug nach Rom aus», spottete Harry.

«Bilde ich mir das ein, oder sieht das Muster der Tür jetzt anders aus?» fragte Beth.

Norman sah genauer hin. Auf den ersten Blick schienen die tiefen Furchen dieselben zu sein. Vielleicht aber hatte sich das Muster tatsächlich verändert. In diesem Fall war die Veränderung jedoch sehr gering.

«Wir können es mit den alten Videobändern vergleichen», sagte Barnes.

«Ich sehe keinen Unterschied», sagte Ted. «Außerdem bezweifle ich, daß Metall sich verändern kann.»

«Was wir Metall nennen, ist nichts als eine Flüssigkeit, die bei Zimmertemperatur langsam fließt», sagte Harry. «Es ist also durchaus möglich, daß das Material, aus dem die Kugel besteht, seine Gestalt verändert.»

«Daran zweifle ich», sagte Ted.

«Ihr Jungs seid doch die Fachleute hier», sagte Barnes. «Wir wissen, daß das Ding zu öffnen ist, weil es schon mal offen war. Wie kriegen wir es jetzt wieder auf?»

«Wir bemühen uns, Hal.»

«Ich habe nicht den Eindruck, daß Sie was tun.»

Von Zeit zu Zeit sahen sie zu Harry hinüber. Dieser aber stand einfach da und sah die Kugel an. Er hatte dabei die Hand am Kinn und klopfte mit einem Finger nachdenklich auf seine Unterlippe.

«Harry?»

Er reagierte nicht.

Ted trat näher und schlug mit der flachen Hand auf die Kugel. Es hallte dumpf, aber nichts geschah. Er hämmerte mit der Faust dagegen, zuckte vor Schmerz zusammen und rieb sich die Hand.

«Ich glaube nicht, daß wir den Zugang erzwingen können. Ich glaube, sie muß einen reinlassen», sagte Norman. Niemand griff den Gedanken auf.

«Und das nennt sich nun ein handverlesenes hochkarätiges Expertenteam», sagte Barnes, um sie anzustacheln, «und alles, was sie können, ist herumstehen und das Ding ratlos anstarren.»

«Was sollen wir Ihrer Meinung nach tun, Hal? Etwa eine Atombombe zu Hilfe nehmen?»

«Andere werden das irgendwann tun, wenn Sie es nicht schaffen, die Kugel zu öffnen.» Er sah auf seine Uhr. «Haben Sie bis dahin noch irgendwelche klugen Vorschläge?»

Alle schwiegen.

«Schön», sagte Barnes. «Unsere Zeit ist um. Wir kehren zum Habitat zurück und machen uns zum Auftauchen fertig.»

AUFBRUCH

Norman zog die kleine Tasche, die er von der Navy bekommen hatte, unter seiner Koje in Röhre C hervor, holte sein Rasierzeug aus der Badekabine, suchte Notizbuch und Reservesocken zusammen und zog den Reißverschluß zu.

«Ich bin soweit.»

«Ich auch», sagte Ted unglücklich. Er wollte nicht fort. «Wir können es wohl nicht länger hinauszögern. Das Wetter wird schlechter. Sie haben schon alle Taucher von DH-7 abgezogen, nur wir sind noch da.»

Norman lächelte bei der Vorstellung, wieder oben zu sein. Ich hätte nie gedacht, daß ich mich einmal auf den Anblick marinegrauer Schiffe freuen würde, aber ich tu's.

«Wo sind die anderen?» fragte er.

«Beth hat bereits gepackt. Ich glaube, sie ist mit Barnes im Nachrichtenraum, und Harry ist wohl auch da.» Ted zupfte an seiner Kombination. «Eins will ich Ihnen sagen – ich bin heilfroh, daß ich *das* Ding jetzt nicht mehr sehen muß.»

Sie verließen die Unterkünfte und gingen zum Nachrichtenraum. Unterwegs drückten sie sich an Teeny Fletcher vorbei, die der Röhre B zustrebte.

«Bereit zum Aufbruch?» fragte Norman.

«Ja, Sir. Alles ist aufgeräumt», sagte sie, aber ihre Züge waren angespannt. Sie schien in Eile zu sein, unter Druck zu stehen.

«Gehen Sie nicht in die falsche Richtung?» fragte Norman.

«Ich kontrolliere nur noch mal die Reserve-Diesel.»

Nanu? dachte Norman. Warum jetzt die Reservegeneratoren überprüfen, wo sie das Habitat verlassen wollten?

«Wahrscheinlich muß sie was abschalten», sagte Ted kopfschüttelnd.

Im Nachrichtenraum war die Stimmung niedergeschlagen. Barnes telefonierte mit den Versorgungsschiffen. «Wiederholen Sie das», sagte er. «Ich möchte hören, wer das angeordnet hat.» Er machte ein wütendes Gesicht.

Sie sahen zu Tina hin. «Wie ist das Wetter oben?»

«Wird offenbar zusehends schlechter.»

Barnes wandte sich zu ihnen um. «Ruhe, verdammt noch mal!»

Norman ließ seine Tasche zu Boden fallen. Beth, die bei den Bullaugen saß, wirkte müde und rieb sich die Augen. Tina schaltete die Bildschirme ab, einen nach dem anderen, hielt dann plötzlich inne.

«Seht mal!»

Auf einem Bildschirm war die polierte Kugel zu sehen.

Daneben stand Harry.

«Was tut er da?»

«Ist er nicht mit uns zurückgekommen?»

«Ich dachte, ja.»

«Ich habe nicht drauf geachtet, nahm es aber an.»

«Zum Kuckuck! Hatte ich nicht gesagt, daß alle –» begann Barnes und unterbrach sich. Wortlos starrte er auf den Monitor.

Sie sahen, wie Harry sich der Videokamera zuwandte und sich kurz verbeugte.

«Meine Damen und Herren, ich bitte um Ihre Aufmerksamkeit. Ich glaube, das wird Sie interessieren.»

Er wandte sich der Kugel wieder zu und stand mit entspannt herabhängenden Armen da, ohne sich zu rühren oder etwas zu sagen. Er schloß die Augen und holte tief Luft.

Die Tür der Kugel öffnete sich.

«Nicht schlecht, was?» sagte Harry und grinste plötzlich.

Dann trat er in die Kugel. Die Tür schloß sich hinter ihm.

Mit einemmal begannen alle durcheinanderzureden. Barnes überschrie sie alle, forderte Ruhe, aber niemand hörte auf ihn, bis plötzlich das Licht im Habitat erlosch. Dunkelheit umgab sie.

«Was ist passiert?» wollte Ted wissen.

«Der Strom ist weg...»

«Das wollte ich Ihnen ja die ganze Zeit sagen», erklärte Barnes.

Ein Surren ertönte, das Licht flackerte, ging wieder an. «Jetzt laufen unsere Dieselaggregate.»

«Warum?»

«Da», sagte Ted und wies aus einem der Bullaugen.

Draußen sank etwas herab, das wie eine sich windende silberne Schlange aussah. Dann begriff Norman: Dort sank in großen Windungen das Kabel, das sie mit den Versorgungsschiffen verband, langsam zu Boden.

«Sie haben uns abgeschnitten!»

«So ist es», sagte Barnes. «Oben herrscht Sturm, und die Versorger können die Strom- und Nachrichtenverbindung nicht länger aufrechterhalten. Auch die Tauchboote können nicht mehr eingesetzt werden. Sie haben die Taucher alle nach oben gebracht, aber uns können sie nicht mehr holen. Jedenfalls so lange, bis sich die See beruhigt hat.»

«Heißt das, wir sitzen jetzt hier fest?»

«Genau das.»

«Für wie lange?»

«Ein paar Tage», sagte Barnes.

«Für wie lange genau?»

«Vielleicht eine Woche.»

«Gott im Himmel», sagte Beth.

Ted warf seine Tasche auf eine Liege und sagte: «Das nenn ich ausgesprochenes Glück.»

Beth fuhr zu ihm herum. «Ja, sind Sie denn noch ganz bei Trost?»

«Wir wollen bitte die Ruhe bewahren», sagte Barnes. «Wir haben alles unter Kontrolle. Es handelt sich doch nur um eine Verzögerung, also besteht kein Grund zur Aufregung.»

Norman regte sich gar nicht auf, er fühlte sich nur mit einemmal erschöpft. Beth schmollte, war wütend, sie kam sich hintergangen vor. Ted plante voller Hochgefühl den nächsten Besuch im Raumschiff und sortierte bereits mit Edmunds Ausrüstungsgegenstände.

Norman aber war einfach müde. Seine Lider waren so schwer, er hätte im Stehen vor den Bildschirmen einschlafen können. Er entschuldigte sich daher rasch, kehrte in den Schlafraum zurück und legte sich in seine Koje. Mochten die Laken feucht sein und das Kissen kalt, mochten die Diesel in der Röhre nebenan dröhnen und ihre Vibrationen überall spürbar sein. Er dachte noch: Eine erstaunlich starke Verdrängungsreaktion. Dann schlief er ein.

Norman wälzte sich aus der Koje. Da er sich abgewöhnt hatte, hier unten eine Uhr zu tragen, hatte er keine Ahnung, wie spät es war oder wie lange er geschlafen hatte. Er sah zum Bullauge hinaus, doch dort draußen war nichts als schwarzes Wasser. Die Planquadrat-Beleuchtung war nach wie vor ausgeschaltet. Er legte sich wieder hin und starrte auf die grauen Leitungen unmittelbar über seinem Kopf; sie wirkten näher als zuvor, als hätten sie sich, während er schlief, dichter an ihn herangepirscht. Alles kam ihm enger vor, erdrückender, beängstigender.

Noch mehr Tage hier unten, dachte er. Großer Gott.

Hoffentlich würde die Navy wenigstens seine Angehörigen benachrichtigen. Bestimmt machte Ellen sich nach so vielen Tagen ohne ein Wort von ihm Sorgen. Er stellte sich vor, wie sie zuerst beim Bundesluftfahrtamt und dann bei der Navy anrief, um zu erfahren, was geschehen war. Natürlich würde niemand etwas wissen, weil das Projekt geheim war; Ellen würde sich schrecklich aufregen.

Dann verdrängte er den Gedanken an seine Frau. Es war einfacher, sich um seine Familie Sorgen zu machen, als um sich selbst. Aber dazu bestand kein Anlaß. Ellen würde zurechtkommen, genau wie er. Es war nur eine Frage der Geduld. Ruhe bewahren und das Abflauen des Sturms abwarten.

Er ging unter die Dusche. Ob wohl heißes Wasser zur Verfügung stand, während Notstromaggregate die Versorgung aufrechterhielten? Es gab heißes Wasser, und nachdem er geduscht hatte, fühlte er sich weniger steif. Wie merkwürdig, dachte er, dreihundert Meter unter dem Meeresspiegel die beruhigende Wirkung einer heißen Dusche zu genießen.

Er zog sich an und machte sich auf den Weg nach Röhre C. Dort hörte er Tinas Stimme: «– daß man die Kugel je aufkriegt?»

Beth: «Möglich. Ich weiß nicht.»

«Mir macht sie angst.»

«Ich glaube nicht, daß es einen Grund gibt, sich zu ängstigen.»

«Es ist das Unbekannte», sagte Tina.

Als Norman den Raum betrat, fand er Beth vor, die sich ihre Unterhaltung mit Tina auf dem Video noch einmal anhörte. «Schon», sagte Beth, «aber etwas muß nicht gleich gefährlich oder angsteinflößend sein, bloß weil es unbekannt ist. Höchstwahrscheinlich ist es nur einfach unerklärlich.»

Tina: «Wie können Sie das so einfach sagen.»

Beth: «Haben Sie Angst vor Schlangen?»

Beth schaltete den Rekorder ab. «Ich wollte nur mal sehen, ob ich herauskriege, warum sie sich geöffnet hat», sagte sie.

«Und, hast du was erreicht?» fragte Norman.

«Bis jetzt nicht.» Ein anderer Monitor zeigte das Bild der Kugel selbst. Sie war geschlossen.

«Ist Harry noch drin?» fragte Norman.

«Ja», sagte Beth.

«Wie lange schon?»

Sie sah auf die Geräte. «Etwas über eine Stunde.»

«Dann hab ich nur eine Stunde geschlafen?»

«Ja.»

«Ich habe Hunger», sagte Norman und ging in die Küche. Vom Kokoskuchen war nichts mehr da. Er suchte nach etwas zu essen, als Beth auftauchte.

«Ich weiß nicht, was ich tun soll, Norman», sagte sie mit gerunzelter Stirn.

«Inwiefern?»

«Sie belügen uns», sagte sie.

«Wer?»

«Barnes. Die Navy. Alle. Die haben die Lage künstlich geschaffen, Norman.»

«Na hör mal, Beth. Komm mir jetzt nicht mit einer Verschwörungstheorie. Wir haben auch so schon genug Sorgen, ohne –»

«Dann sieh dir das mal an», sagte sie. Sie führte ihn in den Computerraum, schaltete ein Gerät ein und machte sich an den Knöpfen zu schaffen.

«Ich hab es mir zusammengereimt, als Barnes telefonierte»,

sagte sie. «Er hat bis zu dem Augenblick, als das Kabel runterkam, mit jemandem telefoniert. Das ist aber gut dreihundert Meter lang, also hätte die Verbindung schon mehrere Minuten vorher unterbrochen sein müssen.»

«Wahrscheinlich, ja...»

«Mit wem also hat er bis zum letzten Augenblick geredet? Mit niemandem – er hat nur so getan.»

«Beth...»

«Sieh her», sagte sie und wies auf den Bildschirm.

NACHR. ZUSAMMENF. DH-OBERFL. KOM/1
0910 BARNES AN OBERFL/1:

ZIVILISTEN UND USN-ANGEHÖRIGE HABEN ABGESTIMMT. TROTZ HINWEIS AUF DIE GEFAHREN WOLLEN ALLE FÜR DIE DAUER DES STURMS UNTEN BLEIBEN, UM DIE UNTERSUCHUNG DER AUSSERIRDISCHEN KUGEL UND DES ZUGEHÖRIGEN RAUMSCHIFFES FORTZUSETZEN.

BARNES, USN.

«Du machst Witze», sagte Norman. «Ich dachte, Barnes wollte weg.»

«Wollte er auch, aber er hat es sich anders überlegt, als er den letzten Raum gesehen hatte. Er hat sich gar nicht erst die Mühe gemacht, es uns mitzuteilen. Umbringen könnte ich den Schweinehund», sagte Beth. «Du weißt, worum es hier geht, Norman, nicht wahr?»

Er nickte. «Er hofft, eine neue Waffe zu finden.»

«Richtig. Als einer der Beschaffungsleute im Pentagon ist er dauernd auf der Suche nach neuen Waffensystemen.»

«Aber die Kugel kann doch kaum –»

«Um die geht es nicht», sagte Beth. «Die ist Barnes ziemlich egal. Ihm liegt nur am ‹zugehörigen Raumschiff›, denn davon ist am ehesten anzunehmen, daß es sich entsprechend der Kongruitätstheorie auszahlt. Die Kugel spielt dabei keine Rolle.»

Die Kongruitätstheorie war für Menschen, die über außerirdisches Leben nachdachten, eine problematische Angelegenheit. Um es einfach zu formulieren: Astronomen und Physiker, die die Möglichkeit eines Kontakts mit außerirdischen Lebewesen in ihre Erwägungen einbezogen, stellten sich vor, die Menschheit werde aus diesem Zusammentreffen wundersamen Nutzen ziehen, während Geisteswissenschaftler wie zum Beispiel Philosophen und Historiker darin keinerlei Nutzen zu sehen vermochten.

So glaubten die Astronomen, ein solches Zusammentreffen mit Außerirdischen werde die Menschheit so stark beeindrukken, daß es auf der Erde keine Kriege mehr geben und ein neues Zeitalter der friedlichen Zusammenarbeit zwischen den Völkern einbrechen würde.

Diese Ansicht hielten die Historiker für baren Unsinn. Sie machten darauf aufmerksam, daß die Europäer nach der Entdeckung der Neuen Welt (ein Ereignis von ähnlich welterschütternder Bedeutung) keineswegs ihre unaufhörlichen Zwistigkeiten eingestellt hatten – im Gegenteil, sie bekämpften einander noch heftiger als zuvor. Da sie die Neue Welt einfach als Außenposten in die bereits bestehenden Feindseligkeiten mit einbezogen, wurde sie lediglich ein zusätzliches Gebiet, auf dem und um das man kämpfen konnte.

Des weiteren stellten sich die Astronomen vor, ein solcher Kontakt werde einen Austausch von Informationen und technischem Wissen bewirken, der die Menschheit einen beachtlichen Schritt voranbringen würde.

Wissenschaftshistoriker hielten auch das schlichtweg für Unsinn. Sie wiesen darauf hin, daß alles, was wir als ‹Wissenschaft› bezeichnen, in Wirklichkeit vom Universum ein eher willkürliches Bild liefert, das von anderen Geschöpfen kaum geteilt werden dürfte. Was wir unter Wissenschaft verstehen, hieß es, entspringe den Vorstellungen am Gesichtssinn orientierter affenähnlicher Geschöpfe, die gern ihren Standort wechseln. Wären beispielsweise die Außerirdischen blind und würden über den Geruchssinn mit ihrer Umwelt kommunizieren, so sei anzunehmen, daß sie eine ganz und gar andere Wissenschaft entwikkelt hätten, die ein deutlich anderes Universum beschriebe. Auch wäre es durchaus möglich, daß sie gänzlich andere Entscheidungen hinsichtlich der Richtungen getroffen hätten, in die ihre Wissenschaft forschte. Beispielsweise könnten sie die physikalische Welt vollkommen ignorieren zugunsten einer hochentwickelten Wissenschaft des Geistes – mit anderen Worten, das genaue Gegenteil dessen, was die Naturwissenschaft auf der Erde hervorgebracht habe. Das technische Wissen der Außerirdischen wäre möglicherweise nur in ihren Köpfen vorhanden, ohne daß irgendwelche Gegenstände davon Zeugnis ablegten.

Dieser Streitpunkt trifft den Kern der Kongruitätstheorie, die besagt, daß ein Zusammentreffen mit Außerirdischen zu keinerlei Informationsaustausch führen werde, es sei denn, sie wären uns bemerkenswert ähnlich. Selbstverständlich kannte Barnes diese Theorie und wußte, daß ihm die außerirdische Kugel vermutlich kein verwertbares technisches Wissen liefern konnte. Das traf aber nicht auf das Raumschiff selbst zu, da es von Menschenhand hergestellt und daher von sehr hoher Kongruität war.

Außerdem hatte er sie alle belogen, um sie hier unten festzuhalten. Um die Suche fortzusetzen.

«Was sollen wir mit dem Schweinehund anstellen?» fragte Beth.

«Im Augenblick nichts», sagte Norman.

«Du willst ihm seine Hinterhältigkeit nicht ins Gesicht schleudern? Ich schon. Worauf du dich verlassen kannst.»

«Es würde nichts nützen», sagte Norman. «Ted wird es gleichgültig sein, und die Marineweiber tun, was ihnen befohlen wird. Hättest du übrigens Harry in der Kugel zurückgelassen, wenn unser Aufbruch nach Plan abgelaufen wäre?»

«Nein», gab Beth zu.

«Na also. Es sind rein theoretische Erwägungen.»

«Lieber Gott, Norman...»

«Ich weiß. Aber jetzt sind wir hier. In den nächsten Tagen können wir überhaupt nichts tun. Wir sollten versuchen, mit dieser Realität so gut wie möglich fertig zu werden. Den anklagenden Finger können wir später immer noch auf ihn richten!»

«Das tue ich auch! Verlaß dich drauf!»
«Nur zu. Aber nicht jetzt.»
«Na schön», seufzte sie. «Nicht jetzt.»
Sie ging wieder nach oben in ihr Labor.

Norman war jetzt allein und sah auf die Steuertafel. Seine Aufgabe lag klar vor ihm; er mußte in den nächsten Tagen dafür sorgen, daß alle ruhig blieben. Er hatte sich bisher nicht um das Computersystem gekümmert, jetzt drückte er verschiedene Tasten. Bald fand er eine als ULF KONTAKTGRUPPE BIOG gekennzeichnete Datei und holte sie sich auf den Bildschirm.

ZIVILE MITGLIEDER
1. THEODORE FIELDING, ASTROPHYSIKER/HIMMELSKÖRPERGEOLOGE
2. ELIZABETH HALPERN, ZOOLOGIN/BIOCHEMIKERIN
3. HAROLD J. ADAMS, MATHEMATIKER/LOGIKER
4. ARTHUR LEVINE, MEERESBIOLOGE/BIOCHEMIKER
5. JOHN F. THOMPSON, PSYCHOLOGE
BITTE FELDNR. WÄHLEN:

Ungläubig sah er auf die Liste.

Er kannte John F. Thompson, genannt Jack, einen dynamischen jungen Psychologen aus Yale. Seine Untersuchungen zur Psychologie primitiver Völker hatten ihm Anerkennung auf der ganzen Welt eingetragen. Seit etwa einem Jahr war er irgendwo auf Neuguinea und erforschte dort Eingeborenenstämme.

Norman drückte auf weitere Knöpfe.

ULF-GRUPPE, PSYCHOLOGE: REIHENFOLGE DER AUSWAHL
1. JOHN F. THOMPSON, YALE – EMPFOHLEN
2. WILLIAM L. HARTZ, UCB – EMPFOHLEN
3. JEREMY WHITE, UT – EMPFOHLEN (FREIGABE VORAUSGESETZT)
4. NORMAN JOHNSON, SDU – ABGELEHNT (ALTER)

Er kannte sie alle. Bill Hartz aus Berkeley war schwerkrank; er hatte Krebs. Jeremy White war zur Zeit des Vietnamkriegs nach Hanoi gegangen und würde nie und nimmer die erforderliche Freigabe bekommen.

Damit blieb Norman übrig.

Jetzt wurde ihm klar, warum man ihn als letzten zur Teilnahme aufgefordert hatte, und er verstand auch, warum man ihn besonderen Prüfungen unterzogen hatte. Kalte Wut gegen Barnes stieg in ihm auf, gegen das ganze System, das ihn trotz seines Alters und ohne Rücksicht auf seine Sicherheit hier herunter gebracht hatte. Mit dreiundfünfzig Jahren hatte Norman Johnson in einer unter Überdruck stehenden Edelgas-Atmosphäre nichts zu suchen – und das wußte die Navy.

Ein Skandal, dachte er. Er wollte nach oben gehen und Barnes ohne Umschweife sagen, was er von ihm hielt. Dieser verlogene Mistkerl –

Er umkrallte die Lehnen seines Sessels und rief sich ins Gedächtnis, was er Beth gesagt hatte. An dem, was bisher geschehen war, konnte jetzt niemand mehr etwas ändern. Er würde Barnes die Hölle heiß machen – das schwor er sich –, aber erst, wenn sie wieder oben waren. Bis dahin hatte es keinen Sinn, Unfrieden zu stiften.

Er schüttelte den Kopf und fluchte.

Dann schaltete er das Gerät ab.

Die Stunden schlichen dahin. Harry war noch immer in der Kugel.

Mit Hilfe des Bildverstärkers versuchte Tina auf dem Bandabschnitt, der die offene Kugel zeigte, Einzelheiten im Inneren zu erkennen. «Leider steht uns hier unten nur eine begrenzte Rechnerleistung zur Verfügung», sagte sie. «Wenn ich eine feste Leitung nach oben hätte, ließe sich eine ganze Menge machen, aber so...» Sie zuckte die Schultern.

Sie zeigte ihnen einige vergrößerte Standbilder, die sie in Ein-Sekunden-Abständen durchlaufen ließ, doch waren diese von schlechter Qualität und wiesen starkes Bildrauschen auf.

«Das einzige, was wir in dem dunklen Innenraum der Kugel erkennen können», sagte Tina, auf die Öffnung zeigend, «ist diese Vielzahl punktförmiger Lichtquellen. Sie scheinen von einem Bild zum anderen ihre Position zu verändern.»

«Als wäre die Kugel voller Glühwürmchen», sagte Beth.

«Nur, daß sie viel schwächer leuchten als Glühwürmchen und nicht blinken. Es sind ziemlich viele. Man hat den Eindruck, daß sie sich in bestimmten Mustern gleichzeitig bewegen...»

«Ein ganzer Schwarm von Glühwürmchen?»

«So in der Art.» Das Band stoppte. Der Bildschirm wurde dunkel.

«Ist das alles?» erkundigte sich Ted.

«Leider ja, Dr. Fielding.»

«Armer Harry», sagte Ted mit Trauer in der Stimme.

Von den Gruppenmitgliedern beunruhigte Ted Harrys Schicksal am meisten. Unentwegt starrte er auf das Bild der geschlossenen Kugel und sagte immer wieder: «Wie hat er das nur gemacht?» Um dann hinzuzufügen: «Hoffentlich passiert ihm da drin nichts.»

Er wiederholte es so oft, daß Beth schließlich sagte: «Ted, ich glaube, wir verstehen alle, was Sie empfinden.»

«Ich mache mir ernsthaft Sorgen um ihn.»

«Ich auch. Das tun wir alle.»

«Sie denken, ich neide ihm den Erfolg, Beth? Ist es nicht so?»

«Warum sollte jemand das denken, Ted?»

Norman wechselte das Thema. Es war wichtig, Zusammenstöße zwischen Gruppenmitgliedern zu vermeiden. Er fragte Ted nach seiner Analyse der Flugdaten an Bord des Raumschiffs.

«Das ist wahnsinnig interessant.» Ted ergriff dankbar die Gelegenheit, von seiner Entdeckung zu berichten. «Die genaue Untersuchung der frühesten Flugdatenbilder», sagte er, «hat mich davon überzeugt, daß sie drei Planeten zeigen – Uranus, Neptun und Pluto – sowie, sehr klein im Hintergrund, die Sonne. Da also die Aufnahmen von irgendwo hinter der Umlaufbahn des Pluto gemacht worden sein müssen, liegt die Annahme nahe, daß sich das Schwarze Loch nicht weit außerhalb unseres Sonnensystems befindet.»

«Ist das denn möglich?» fragte Norman.

«Natürlich. Schon seit etwa zehn Jahren vermuten manche Astrophysiker, daß es unmittelbar außerhalb unseres Sonnensystems ein Schwarzes Loch gibt – kein großes, aber immerhin, ein Schwarzes Loch.»

«Das war mir nicht bekannt.»

«Doch, doch. Es gibt sogar Leute, die gesagt haben, wenn es klein genug sei, könnten wir in ein paar Jahren hinfliegen, es holen, auf einer Erdumlaufbahn parken und seine Energie zur Versorgung unseres Planeten nutzen.»

Barnes lächelte. «Mit dem Lasso einfangen?»

«Theoretisch gibt es keinen Grund, warum der Plan undurchführbar sein sollte. Überlegen Sie nur: die Erde wäre nicht mehr von fossilen Brennstoffen abhängig... Die gesamte Menschheitsgeschichte würde eine andere Wendung nehmen.»

«Wahrscheinlich wäre es auch eine entsetzliche Waffe», sagte Barnes.

«Selbst ein noch so winziges Schwarzes Loch hätte für einen Einsatz als Waffe zu viel Energie.»

«Und Sie meinen also, das Schiff ist ausgezogen, um ein Schwarzes Loch einzufangen?»

«Wohl nicht», sagte Ted, «es ist so kräftig gebaut und so stark gegen Strahlung abgeschirmt, daß ich eher vermute, es sollte ein Schwarzes Loch *durchfliegen*. Und das hat es ja auch getan.»

«Ist das der Grund, weshalb es in der Vergangenheit zurückgekehrt ist?» fragte Norman.

«Da bin ich nicht sicher», sagte Ted. «Wissen Sie, eigentlich kennzeichnet ein Schwarzes Loch den Rand des Universums. Kein Lebender weiß, was da geschieht. Allerdings denken manche, daß man ein Schwarzes Loch nicht wirklich durchfliegt, sondern gewissermaßen drüber hinweghüpft, ähnlich wie ein flacher Kiesel über das Wasser springt, und daß man auf diese

Weise in eine andere Zeit, einen anderen Raum oder ein anderes Universum geschleudert wird.»

«Und das ist mit diesem Schiff geschehen?»

«Ja. Möglicherweise sogar mehrfach. Als es dann hierher zurückkam, hat es sein Ziel verfehlt und ist um ein paar hundert Jahre vor dem Zeitpunkt seiner Abreise wieder hier eingetroffen.»

«Und bei einem seiner Hüpfer hat es das da an Bord genommen?» fragte Beth und wies mit der Hand auf den Monitor.

Aller Augen folgten ihrer Bewegung. Immer noch war die Kugel geschlossen. Aber neben ihr lag in einer merkwürdigen Haltung, Arme und Beine breit ausgestreckt, Harry Adams.

Einen Augenblick lang hielten sie ihn für tot. Dann hob er den Kopf und stöhnte.

DIE BEOBACHTETE PERSON

Norman notierte: *Die beobachtete Person ist ein dreißigjähriger farbiger Mathematiker, der nach einem dreistündigen Aufenthalt in einer Kugel unbekannter Herkunft Anzeichen von Benommenheit aufwies und auf Ansprache nicht reagierte. Er war vollkommen desorientiert und konnte keine Angaben zu seinem Namen, derzeitigen Aufenthaltsort und Datum machen. Ins Habitat zurückgebracht, schlief er eine halbe Stunde, erwachte dann unvermittelt und klagte über Kopfschmerzen.*

«O Gott.»

Harry saß auf seiner Koje und hielt sich stöhnend den Kopf.

«Tut's weh?» fragte Norman.

«Entsetzlich. Ich hab rasende Kopfschmerzen.»

«Sonst noch was?»

«Durst. Gott im Himmel.» Er leckte sich die Lippen. «Ich habe Durst.»

Auffälliger Durst, schrieb Norman.

Rose Levy kam mit einem Glas Limonade herein, und Norman reichte es Harry. Dieser leerte es in einem Zug und gab es zurück.

«Noch mal.»

«Am besten bringen Sie gleich den ganzen Krug», sagte Norman. Levy ging und Norman wandte sich Harry zu, der sich nach wie vor stöhnend den Kopf hielt. «Ich möchte Sie etwas fragen.»

«Was?»

«Wie heißen Sie?»

«Norman, ich brauche jetzt keine Psychoanalyse.»

«Sagen Sie mir einfach Ihren Namen.»

«Harry Adams, verdammt noch mal. Was ist bloß in Sie gefahren? Oh, mein *Kopf.*»

«Vorhin, als wir Sie gefunden haben, erinnerten Sie sich nicht», sagte Norman.

«Als Sie mich gefunden haben?» wiederholte Harry. Erneut schien er verwirrt.

Norman nickte. «Erinnern Sie sich daran?»

«Das muß dann ja wohl... draußen gewesen sein.»

«Draußen?»

Harry, plötzlich wütend, sah ihn mit zornfunkelnden Augen an. *«Ja, draußen. Außerhalb der Kugel, verdammter Idiot! Was glauben Sie, wovon ich rede?»*

«Regen Sie sich doch nicht auf, Harry.»

«Ihre Fragerei treibt mich zum Wahnsinn!»

«Schon gut, schon gut. Immer mit der Ruhe.»

Emotional labil. Wütend und reizbar, notierte Norman.

«Müssen Sie eigentlich solchen *Krach* machen?»

Erstaunt sah Norman auf.

«Ihr Stift», sagte Harry. «Er klingt wie die Niagarafälle.»

Norman hörte auf zu schreiben. Es mußte eine Art Migräne oder etwas Ähnliches sein. Harry hielt sich den Kopf so vorsichtig, als sei er aus Glas.

«Wieso krieg ich kein Aspirin, verdammt noch mal?»

«Wir wollen Ihnen vorsichtshalber erst mal nichts geben. Falls Sie sich verletzt haben, müssen wir den Schmerz lokalisieren können.»

«Der *Schmerz*, Norman, ist *in meinem Kopf*. In meinem verdammten Kopf! Warum also geben Sie mir kein Aspirin?»

«Barnes wünscht es nicht.»

«Ist er noch hier?»

«Wir sind alle noch hier.»

Harry sah langsam auf. «Aber Sie sollten doch nach oben gehen.»

«Ich weiß.»

«Und warum sind Sie nicht gegangen?»

«Das Wetter hat sich verschlechtert, und sie konnten die Tauchboote nicht runterschicken.»

«Nun, Sie sollten gehen. Es ist nicht gut, daß Sie hier sind, Norman.»

Levy kam mit der Limonade. Während Harry trank, sah er die junge Frau an.

«Sie sind auch noch hier?»

«Ja, Dr. Adams.»

«Wie viele Leute sind es insgesamt?»

«Neun, Sir.»

«Großer Gott.» Er gab das Glas zurück, und Levy füllte es erneut aus dem Krug. «Sie sollten alle gehen. Wirklich, Sie sollten gehen.»

«Harry», sagte Norman. «Wir können nicht.»

«Sie *müssen*.»

Norman setzte sich Harry gegenüber auf die Koje und beobachtete ihn, während er trank. Harry zeigte eine ausgesprochen typische Schockreaktion. Die nervöse Reizbarkeit, die erregten, manisch anmutenden Gedankensprünge, die unerklärte Angst um die Sicherheit anderer – all das war kennzeichnend für unter Schock stehende Opfer schwerer Unfälle, wie zum Beispiel schlimmer Autozusammenstöße oder Flugzeugabstürze. Nach einem solch tiefgreifenden Ereignis versucht das Gehirn, mit der neuen Situation fertig zu werden, indem es sich bemüht, darin einen Sinn zu erkennen, die Welt der Seele zusammenzuhalten, während die wirkliche Welt um es herum in Stücken liegt. Es schaltet eine Art Schnellgang ein und versucht eilig, Dinge wieder zusammenzusetzen, Ordnung zu schaffen, das Gleichgewicht wiederherzustellen. Im Grunde ist dies jedoch nur eine verworrene Phase des Leerlaufs.

In solchen Fällen muß man einfach das Ende abwarten.

Harry hatte ausgetrunken und gab das Glas zurück.

«Noch mehr?» fragte Levy.

«Nein, das ist genug, danke. Die Kopfschmerzen haben auch schon nachgelassen.»

Vielleicht war es ja nur Flüssigkeitsmangel, dachte Norman. Aber warum sollte Norman nach drei Stunden in der Kugel unter Flüssigkeitsmangel leiden?

«Harry...»

«Sagen Sie mir, sehe ich verändert aus, Norman?»

«Nein.»

«Genau wie vorher?»

«Aber ja.»

«Sind Sie sicher?» beharrte Harry. Er sprang auf, stellte sich vor einen Spiegel und betrachtete aufmerksam sein Gesicht.

«Was glauben Sie denn, wie Sie aussehen?» fragte Norman.

«Ich weiß nicht. Anders.»

«Inwiefern anders?»

«Ich weiß es nicht!» Harry schlug so heftig mit der Faust gegen die gepolsterte Wand, daß sein Spiegelbild erzitterte. Er wandte sich ab, setzte sich wieder auf die Koje und seufzte. «Einfach anders.»

«Harry...»

«Was?»

«Erinnern Sie sich, was geschehen ist?»

«Natürlich.»

«Was denn?»

«Ich bin reingegangen.»

Norman wartete, aber Harry sprach nicht weiter, sondern starrte nur auf den teppichbelegten Boden.

«Wissen Sie noch, wie Sie die Tür aufbekommen haben?»

Harry sagte nichts.

«Wie haben Sie sie aufbekommen, Harry?»

Harry sah zu Norman auf. «Von Rechts wegen sollten Sie alle weg sein. Zurück an der Oberfläche. Es war nicht geplant, daß Sie bleiben.»

«Wie haben Sie die Tür aufbekommen, Harry?»

Es folgte ein langes Schweigen. «Ich habe sie aufbekommen.» Er setzte sich gerade auf, die Hände auf die Matratze gestützt. Er schien sich alles wieder ins Gedächtnis zu rufen, noch einmal zu durchleben.

«Und dann?»

«Bin ich reingegangen.»

«Was ist dort geschehen?»

«Es war schön...»

«Was war schön?»

«Der Schaum», sagte Harry. Dann verfiel er wieder in Schweigen und sah mit leerem Blick vor sich hin.

«Der Schaum?» half Norman nach.

«Die See. Der Schaum. Schön...»

Ob er die Lichter meint? überlegte Norman. Das wirbelnde Lichtmuster?

«Was war schön, Harry?»

«Sagen Sie mir die Wahrheit», sagte Harry. «Versprechen Sie mir das?»

«Ich verspreche es.»

«Finden Sie wirklich, daß ich noch genauso aussehe wie vorher?»

«Ja.»

«Sie meinen nicht, daß ich mich verändert habe?»

«Nein. Jedenfalls sehe ich nichts. Glauben *Sie* denn, daß Sie sich verändert haben?»

«Ich weiß nicht. Vielleicht. Ich – vielleicht...»

«Ist in der Kugel etwas geschehen, was Sie hätte verändern können?»

«Sie verstehen die Sache mit der Kugel nicht.»

«Dann erklären Sie sie mir», sagte Norman.

«Da ist nichts geschehen.»

«Sie waren immerhin drei Stunden lang da drin...»

«Es ist nichts geschehen. In der Kugel geschieht nie etwas. Da ist es immer gleich.»

«Was ist immer gleich? Der Schaum?»

«Der Schaum ist immer anders. Die Kugel ist immer gleich.»

«Ich verstehe nicht», sagte Norman.

«Ich weiß», sagte Harry. Er schüttelte den Kopf. «Was kann ich tun?»

«Erzählen Sie mir mehr.»

«Da ist nichts mehr zu erzählen.»

«Dann erzählen Sie's mir noch mal.»

«Das wird nichts nützen», sagte Harry. «Meinen Sie, daß Sie bald nach oben gehen?»

«Barnes sagt, es dauert noch ein paar Tage.»

«Sie sollten bald gehen. Sagen Sie es den anderen. Überzeugen Sie sie. Sorgen Sie dafür, daß alle gehen.»

«Warum, Harry?»

«Ich kann nicht – ich weiß nicht.»

Harry rieb sich die Augen und lehnte sich zurück. «Sie müssen entschuldigen», sagte er, «aber ich bin fürchterlich müde. Vielleicht können wir ein anderes Mal weitermachen. Sprechen Sie mit den anderen, Norman. Sorgen Sie dafür, daß sie verschwinden. Hier zu bleiben ist... gefährlich.»

Dann legte er sich auf die Koje und schloß die Augen.

«Er schläft», sagte Norman zu den anderen. «Er steht unter Schock und ist verwirrt. Aber weiter scheint ihm nichts zu fehlen.»

«Hat er Ihnen gesagt, was er in der Kugel erlebt hat?» erkundigte sich Ted.

«Zur Zeit ist er ziemlich durcheinander», sagte Norman, «aber er erholt sich. Als wir ihn aufgefunden haben, wußte er nicht mal mehr seinen Namen. Jetzt erinnert er sich wieder, hat mich erkannt und weiß auch, wo er ist. Er erinnert sich, daß er in die Kugel hineingegangen ist, und ich denke, er weiß auch, was dort vorgefallen ist. Aber er sagt es nicht.»

«Ist ja toll», sagte Ted.

«Er hat von der See und von Schaum gesprochen. Nur ist mir nicht ganz klar, was er damit meinte.»

«Sehen Sie hinaus», forderte Tina sie auf und wies auf das Bullauge.

Augenblicklich gewann Norman den Eindruck großer Helligkeit – Tausende von Lichtern inmitten der Finsternis des Ozeans – und seine erste Reaktion war besinnungsloses Entsetzen: Die Lichter aus der Kugel kamen, um sie alle zu holen... Dann aber erkannte er, daß jedes Licht eine Gestalt besaß, und daß diese Gestalten sich bewegten und wanden.

Alle preßten ihre Gesichter an die Bullaugen und sahen hinaus.

«Kalmare», sagte Beth schließlich. «Leuchtende Kalmare.»

«Tausende.»

«Viel mehr», sagte sie. «Ich schätze, mindestens eine halbe Million um das ganze Habitat herum.»

«Wunderschön.»

«Ein verblüffend großer Schwarm», sagte Ted.

«Eindrucksvoll, aber nicht wirklich ungewöhnlich», sagte Beth. «Verglichen mit der Fruchtbarkeit des Landes ist die des Meeres unvorstellbar. Hier hat das organische Leben seinen

Ausgang genommen und der erste richtige Überlebenskampf zwischen Tieren stattgefunden. Eine Möglichkeit, dabei siegreich zu bleiben, besteht darin, eine ungeheure Nachkommenschaft hervorzubringen. Viele Meereslebewesen tun das. Wir halten es zwar gewöhnlich für einen Evolutionsschritt nach vorn, daß die Tiere an Land gekommen sind, in Wahrheit aber wurden die ersten Landtiere buchstäblich aus dem Ozean vertrieben. Sie haben einfach versucht, dem Überlebenskampf auszuweichen. Man kann sich richtig vorstellen, wie die ersten fischähnlichen Amphibien den Strand emporgekrochen sind, den Kopf gehoben und einen riesigen Lebensraum entdeckt haben, in dem es keinerlei futterneidische Konkurrenten gab. Es muß ihnen vorgekommen sein wie das gelobte –»

Beth unterbrach sich mitten im Satz und wandte sich an Barnes. «Rasch, wo haben Sie Ihre Kescher?»

«Ich wünsche nicht, daß Sie da hinausgehen.»

«Ich muß», sagte Beth. «Die Kalmare da draußen haben sechs Tentakeln.»

«Und?»

«Sechsarmige Kalmare sind noch unbekannt, diese Spezies ist bisher nicht beschrieben worden. Ich muß unbedingt ein paar Exemplare haben.»

Barnes erklärte ihr, wo die Ausrüstung aufbewahrt wurde, und Beth verschwand. Norman sah mit neuem Interesse auf den Kalmarschwarm.

Die Tiere waren etwa dreißig Zentimeter lang und schienen durchsichtig zu sein. Ihre großen Augen waren in den blaßblau leuchtenden Körpern deutlich zu erkennen.

Nach wenigen Minuten erschien Beth draußen, stellte sich mitten in den Schwarm und schwang ihr Netz, um einige der Tiere einzufangen. Mehrere stießen aufgebracht Tintenwolken aus.

«Raffinierte kleine Biester», sagte Ted. «Überaus interessante Sache, die Entwicklung der Tinte –»

«– wie wäre es mit Tintenfisch zum Abendessen?» fiel ihm Levy ins Wort.

«Bloß nicht», sagte Barnes. «Wenn das eine unbekannte Art

ist, kommt mir die nicht auf den Tisch. Das fehlte noch, daß wir uns alle eine Lebensmittelvergiftung holen.»

«Sehr vernünftig», sagte Ted. «Ich esse Tintenfisch sowieso nicht gern. Die Tiere haben zwar einen interessanten Antriebsmechanismus, aber auch eine gummiartige Konsistenz.»

In diesem Augenblick ertönte ein Summen, als einer der Bildschirme sich von selbst einschaltete. Vor ihren Augen füllte er sich rasch mit Zahlen:

0003312626272530192201220305452343171914012
2030545230110053330192203221923230515104319
1603032219232322033114143233000331262627 25
3019220122030545234317191401220305452301100
5333019220322192323051510431916030322192323
2203311414323300033126262725301922012203054
5234317191401220305452301100533301922032219
2323051510431916030322192323220331141432330
0033126262725301922012203054523431719140122
0305452301100533301922032219232305151043191
6030322192323220331141432333000331262627253
0192201220305452343171914012203054523011005
3330192203221923230515104319160303221923232
2033114143233000331262627253019220122030545
2343171914012203054523011005333019220322192

«Wo kommt denn das her?» fragte Ted. «Von oben?»

Barnes schüttelte den Kopf. «Die direkte Verbindung nach oben ist unterbrochen.»

«Dann wird es auf irgendeine Weise unter Wasser gesendet?»

«Nein», sagte Tina, «dafür ist die Zeichenfolge viel zu schnell.»

«Gibt es hier im Habitat noch einen Computerraum? Nein? Und nebenan, in DH-7?»

«Da ist niemand. Alle Taucher sind oben.»

«Woher könnte es dann stammen?»

«Auf mich wirkt es willkürlich und zufällig», sagte Barnes.

Tina nickte zustimmend. «Vielleicht entleert sich irgendwo im System ein Pufferspeicher. Als wir auf Dieselstrom umgestellt haben...»

«Das wird es sein», sagte Barnes. «Pufferentladung beim Umschalten.»

«Wir sollten es vorsichtshalber aufzeichnen», sagte Ted, ohne den Blick vom Bildschirm abzuwenden. «Für den Fall, daß es sich doch um eine Mitteilung handelt.»

«Und woher soll die kommen?»

«Von der Kugel.»

«Ach was», sagte Barnes, «eine Mitteilung kann es nicht sein.»

«Woher wollen Sie das so genau wissen?»

«Weil es keine Möglichkeit gibt, eine zu übermitteln. Wir haben nirgendwohin eine Verbindung, schon gar nicht zur Kugel. Also muß es sich um eine Speicherentladung irgendwo in unserem eigenen Computersystem handeln.»

«Welche Speicherkapazität hat der Computer?»

«Ganz ordentlich. So etwa zehn Gigabyte.»

«Vielleicht vertragen die Speicherbausteine das Helium nicht», überlegte Tina, «als Auswirkung der Saturierung.»

«Sie sollten es trotzdem aufzeichnen», sagte Ted.

Norman hatte auch auf den Bildschirm gesehen. Obwohl er kein Mathematiker war, hatte er doch im Laufe seines Berufslebens eine ganze Anzahl von Statistiken vor Augen gehabt und in ihnen Muster zu erkennen versucht. Dazu eignet sich das menschliche Gehirn von Natur aus gut – Muster in visuellem Material zu erkennen. Norman konnte zwar nicht genau sagen, was es war, aber er spürte intuitiv, daß es hier ein Muster gab. «Mir kommt es nicht so vor, als ob es willkürlich oder zufällig wäre», sagte er.

«Zeichnen wir es also auf», willigte Barnes ein.

Tina trat zum Computerarbeitsplatz. Sie wollte gerade die Tasten berühren, als die Anzeige vom Bildschirm verschwand.

«Dann eben nicht», sagte Barnes. «Jetzt ist es weg. Schade, daß Harry nicht da war, um es sich anzusehen.»

«Ja», sagte Ted düster, «wirklich schade.»

«Sieh mal», sagte Beth, «dieser hier lebt noch.»

Norman befand sich mit ihr in dem kleinen biologischen Labor auf der oberen Ebene von Röhre D. Seit ihrer Ankunft hatte niemand das Labor benutzt, weil sie nichts Lebendes gefangen hatten. Jetzt sah Norman mit Beth bei ausgeschalteter Beleuchtung zu, wie sich der Kalmar im Aquarium bewegte.

Das Geschöpf wirkte zerbrechlich. Streifen an seinem Rücken und den Seiten strahlten den blauen Lichtschein aus, der Norman erst so mit Entsetzen erfüllt hatte.

«Ja», sagte Beth, «die biolumineszierenden Strukturen scheinen dorsal konzentriert zu sein. Sie sind natürlich nichts anderes als eine Ansammlung von Bakterien.»

«Was sind Bakterien?»

«Diese biolumineszierenden Flächen. Kalmare können selbst kein solches Leuchten erzeugen, wohl aber Bakterien. So haben biolumineszierende Meerestiere diese Bakterien in ihre Körper aufgenommen, deren Leuchten man durch die Haut der Tiere sieht.»

«Es ist also eine Art Infektion?»

«Ja, sozusagen.»

Der Kalmar blickte starr. Er bewegte die Tentakeln.

«Und man kann alle inneren Organe sehen», sagte Beth. «Das Gehirn liegt hinter dem Auge. Das sackförmige Gebilde da ist die Mitteldarmdrüse, dahinter liegt der Magen, und darunter – siehst du, wie es schlägt? – das Herz. Das große Ding da vorne ist die Gonade, die Keimdrüse, und vom Magen nach unten zieht sich einc Art Trichter – durch ihn verspritzt er die Tinte, und indem er aus ihm Wasser herauspreßt, bewegt er sich nach dem Rückstoßprinzip.»

«Und es ist wirklich eine neue Spezies?» fragte Norman.

Sie seufzte. «Ich weiß nicht recht. Im Inneren ist er völlig wie andere Arten auch. Aber schon wegen der geringeren Zahl der Tentakeln wäre es eine neue.»

«Und wie wirst du ihn nennen – *Calmarus bethus?*» fragte Norman.

Sie lächelte. «*Architeuthis bethis*», sagte sie. «Klingt nach der Diagnose eines Zahnproblems; etwa: ‹Du brauchst eine Wurzelbehandlung.›»

«Wie wäre es mit einem kleinen Imbiß, Dr. Halpern?» fragte Levy, die den Kopf zur Tür hereinsteckte. «Ich hab schöne Tomaten und Paprikaschoten da. Wär doch eine Sünde und Schande, sie verkommen zu lassen. Sind die Tiere da tatsächlich giftig?»

«Das glaube ich nicht», sagte Beth. «Davon ist bei Tintenfischen und Tintenschnecken nichts bekannt. Nur zu», sagte sie zu Levy, «ich nehme an, daß man sie essen kann.»

Als Levy gegangen war, sagte Norman: «Ich dachte, du ißt keine mehr?»

«Nur Tintenfische nicht», sagte Beth, «denn sie sind niedlich und klug. Kalmare hingegen finde ich ziemlich... unsympathisch.»

«Unsympathisch?»

«Nun, sie sind Kannibalen und überhaupt ziemlich widerwärtig...» Sie hob eine Braue. «Soll das etwa eine Psychoanalyse sein?»

«Nein, reine Neugier.»

«Zoologen müssen objektiv sein», sagte Beth, «aber wie jeder andere Mensch habe auch ich Tieren gegenüber Empfindungen. Tintenfische mag ich nun mal, es sind intelligente Tiere. Einmal hatte ich einen in einem Beobachtungstank, der hatte gelernt, Kakerlaken umzubringen und als Köder zum Fangen von Krabben zu benutzen. Eine Krabbe ist gekommen, hat sich neugierig mit der toten Kakerlake beschäftigt, und der Tintenfisch hat sich aus seinem Hinterhalt heraus über die Krabbe hergemacht.

Tintenfische sind so klug, daß wohl nur ihre kurze Lebensdauer sie daran hindert, etwas so Kompliziertes wie eine Kultur oder eine Zivilisation zu errichten. Die drei Jahre, die diese Tiere leben, genügen dazu einfach nicht. Vielleicht hätten sie längst die Macht auf der Welt übernommen, wenn sie so lange lebten wie wir. Aber mit Kalmaren ist das etwas ganz anderes. Ihnen gegenüber empfinde ich nichts als Abscheu.»

Norman lächelte. «Nun, immerhin hast du hier unten endlich was Lebendes entdeckt.»

«Eigentlich seltsam», sagte sie. «Weißt du noch, wie unbelebt es da draußen war? Keinerlei Meeresboden-Fauna?»

«Natürlich. Es fiel richtig auf.»

«Nun, ich bin um das Habitat herumgegangen, um diese Kalmare zu fangen. Jetzt wimmelt es da von den verschiedensten Oktokorallen, sogenannte Seefächer, in den herrlichsten Farben – Blau-, Lila- und Gelbtöne. Manche von ihnen sind sogar ziemlich groß.»

«Glaubst du, daß die da auf die Schnelle gewachsen sind?»

«Nein. Sie müssen schon immer dort gewesen sein, nur waren wir nie da hinten. Ich muß mir das nachher noch genauer ansehen. Ich wüßte zu gern, warum sie sich ausgerechnet da gleich neben dem Habitat angesiedelt haben.»

Norman trat ans Bullauge. Er hatte die Außenbeleuchtung eingeschaltet und richtete einen der drehbaren Scheinwerfer auf den Meeresboden. Tatsächlich konnte er eine große Zahl sich sacht in der Strömung wiegender Seefächer sehen, lila, rosa und blau. Sie bedeckten den Boden, so weit der Lichtkegel reichte, und noch darüber hinaus in die Finsternis hinein.

«In gewisser Hinsicht ist das beruhigend», sagte Beth. «Wir sind hier eigentlich zu tief für einen Großteil der marinen Lebensformen, die in den ersten dreißig Metern Wassertiefe zu finden sind. Nichtsdestoweniger liegt unser Habitat in der artenreichsten und belebtesten unterseeischen Umwelt der Erde.» Wissenschaftler hatten festgestellt, daß es nirgendwo auf der Welt so viele Korallen- und Schwammarten gibt wie im Südpazifik.

«Ich bin so froh, daß wir endlich etwas gefunden haben», sagte sie. Sie ließ den Blick über die Reihen von Röhrchen mit Chemikalien und Reagenzien laufen. «Und daß ich endlich was zu tun habe.»

Harry aß in der Küche Schinken mit Eiern. Die anderen standen um ihn herum und sahen ihm zu, erleichtert, daß er sich offensichtlich von seinem Schock erholt hatte. Sie teilten ihm alle Neuigkeiten mit; er hörte interessiert zu, bis sie auf den riesengroßen Kalmarschwarm zu sprechen kamen.

«*Kalmare*?»

Er sah jäh auf und ließ fast die Gabel fallen.

«Ja, jede Menge», sagte Levy. «Ich mach ein paar zum Abendessen.»

«Sind sie noch da?» fragte Harry.

«Nein.»

Er entspannte sich, ließ die Schultern sinken.

«Ist was, Harry?» fragte Norman.

«Mir sind Kalmare zuwider», sagte Harry. «Ich kann sie nicht ausstehen.»

«Ich bin auch nicht besonders scharf drauf», sagte Ted.

«Abscheulich», sagte Harry und nickte. Er machte sich wieder über die Eier her. Die Spannung legte sich.

Dann rief Tina aus Röhre D herüber: «Ich hab sie wieder! Ich hab die Zahlen wieder!»

00033126262725 301922 01220305452343 171914
012203054523 01100533 301922 03221923 2305
151043 191603 0322192323222 033114143233 0003
3126262725 301922 01220305452343 171914 0122
03054523 01100533 301922 03221923 2305 1510
43 191603 0322192323222 033114143233 00033126
262725 301922 01220305452343 171914 0122030
54523 01100533 301922 03221923 2305 151043 1
91603 0322192323222 033114143233 00033126262
725 301922 01220305452343 171914 0122030545
23 01100533 301922 03221923 2305 151043 1916
03 0322192323222 033114143233 00033126262725
301922 01220305452343 171914 012203054523 01
100533 301922 03221923 2305 151043 191603 03
2219232322 033114143233 00033126262725 3019

«Was halten Sie davon, Harry?» fragte Barnes und wies auf den Bildschirm.

«Ist das dieselbe Anzeige wie beim vorigen Mal?»

«Sieht so aus, nur sind diesmal Lücken dazwischen.»

«Weil das mit Sicherheit keine zufällige Zahlenfolge ist», sagte Harry. «Es ist eine einzige Sequenz, die sich immer wiederholt. Sehen Sie hier. Da fängt es an, geht bis hier, dann kommt die Wiederholung.»

00033126262725 301922 01220305452343 171914
012203054523 01100533 301922 03221923 2305
151043 191603 0322192323322 033114143233 0003
3126262725 301922 01220305452343 171914 0122
03054523 01100533 301922 03221923 2305 1510
43 191603 0322192323322 033114143233 00033126
262725 301922 01220305452343 171914 0122030
54523 01100533 301922 03221923 2305 151043 1
91603 0322192323322 033114143233 00033126262
725 301922 01220305452343 171914 0122030545
23 01100533 301922 03221923 2305 151043 1916
03 0322192323322 033114143233 00033126262725
301922 01220305452343 171914 012203054523 01
100533 301922 03221923 2305 151043 191603 03
22192323322 033114143233 00033126262725 3019

«Er hat recht», sagte Tina.

«Toll», sagte Barnes. «Unglaublich, wie Sie das sofort sehen.»

Ted trommelte ungeduldig mit den Fingern auf das Computergehäuse.

«Elementar, mein lieber Barnes», sagte Harry. «Das ist noch einfach. Schwierig wird es herauszufinden, was es bedeutet.»

«Bestimmt ist es eine Mitteilung», sagte Ted.

«Möglicherweise», sagte Harry. «Es könnte auch eine Störung im Computer sein, das Ergebnis eines Programmierfehlers oder ein nicht näher bekannter Defekt in der Maschinenausrüstung. Es kann sein, daß man stundenlang an der Entschlüsselung arbeitet und dann rauskriegt: ‹Copyright Acme Computer Systems Silicon Valley› oder so was.»

«Nun...» sagte Ted.

«Höchstwahrscheinlich liefert der Computer selbst diese Zahlenreihe», sagte Harry. «Aber ich will es mal probieren.»

Tina druckte den Bildschirminhalt für ihn aus.

«Ich würde es auch gern versuchen», sagte Ted rasch.

«Gewiß, Dr. Fielding», sagte Tina und machte einen zweiten Ausdruck.

«Wenn es eine Mitteilung ist», sagte Harry, «handelt es sich mit größter Wahrscheinlichkeit um einen einfachen Ersetzungscode, beispielsweise um einen ASCII-Code. Es wäre nützlich, wenn wir auf dem Computer ein Entschlüsselungsprogramm laufen lassen könnten. Kann jemand das Ding hier programmieren?»

Alle schüttelten den Kopf. «Sie?» fragte Barnes.

«Nein. Und eine Möglichkeit, etwas nach oben zu senden, haben wir vermutlich auch nicht? Die NSA-Dechiffrier-Computer in Washington würden das in fünfzehn Sekunden erledigen.»

Barnes schüttelte den Kopf. «Wir haben keinen Kontakt. Ich würde nicht mal riskieren, einen Funkballon aufsteigen zu lassen. Nach dem letzten Wetterbericht gibt es da oben vierzehn Meter hohe Wellen, und die würden die Haltelitze des Ballons glatt durchreißen.»

«Wir sind also abgeschnitten?»

«So ist es.»

«Dann bleibt uns nichts anderes übrig, als zum guten alten Papier und Bleistift zu greifen. Ich sag's ja immer, es gibt nichts besseres als Großvaters Werkzeug – vor allem, wenn nichts anderes da ist.» Mit diesen Worten verließ er den Raum.

«Er scheint ja guter Laune zu sein», sagte Barnes.

«Sogar sehr guter», sagte Norman.

«Vielleicht ein bißchen zu gut», sagte Ted. «Etwas manisch?»

«Glaube ich nicht», sagte Norman, «er ist einfach gut aufgelegt.»

«Ich fand ihn ein bißchen überspannt», sagte Ted.

«Von mir aus kann er so bleiben, wenn es ihm hilft, den Code zu knacken.»

«Ich probier es auch», erinnerte ihn Ted.

«Fein», sagte Barnes. «Sie auch.»

TED

«Ich sage Ihnen, es ist verkehrt, Harry so zu vertrauen.» Ted ging unruhig im Raum auf und ab und sah zu Norman hinüber. «Er ist manisch, und er übersieht Dinge, die ganz offen zutage liegen.»

«Zum Beispiel?»

«Zum Beispiel, daß der Ausdruck unmöglich irgendein Speicherüberlauf aus dem Computer sein kann.»

«Woher wollen Sie das wissen?» fragte Norman.

«Der Computer hat einen 68090er Prozessor», erklärte Ted, «und das bedeutet, daß jeder Speicherüberlauf *Hex* wäre.»

«Was heißt Hex?»

«Es gibt eine ganze Anzahl von Möglichkeiten, Zahlen darzustellen», sagte Ted. «Das System, mit dem der Prozessor 68090 arbeitet, basiert auf der Zahl sechzehn, ist also ‹hexadezimal›, kurz Hex. Es weicht vom herkömmlichen Dezimalsystem ab, die Zahlen sehen zudem ganz anders aus.»

«Aber die Mitteilung verwendet die Ziffern von null bis neun», sagte Norman.

«Genau das sag ich ja», sagte Ted. «Also kommt sie nicht aus dem Computer. Ich bin überzeugt, sie stammt von der Kugel. Außerdem halte ich sie für eine unmittelbare bildliche Darstellung, auch wenn Harry meint, es sei ein Ersetzungscode.»

«Sie meinen, ein Bild?»

«Ja», sagte Ted, «und zwar eine Abbildung des Geschöpfes selbst!» Er suchte in seinen Blättern. «Damit habe ich angefangen.»

```
00111111111010110101101111001       11110100111 0110
1101101110110110111      101011       10001100111110
1101101110110110110111      110101010001      11110100111 0110
1110110100111011110111101      11111010101011      100111000011
111011010011101111011110110      11111111101110100000100001
00111111111010110101101111001       11110100111 0110
1101101110110110110111      101011       10001100111110
1101101110110110110111      110101010001      11110100111 0110
1110110100111011110111101      11111010101011      100111000011
111011010011101111011110110      11111111101110100000100001
00111111111010110101101111001       11110100111 0110
1101101110110110110111      101011       10001100111110
1101101110110110110111      110101010001      11110100111 0110
1110110100111011110111101      11111010101011      100111000011
111011010011101111011110110      11111111101110100000100001
00111111111010110101101111001       11110100111 0110
1101101110110110110111      101011       10001100111110
1101101110110110110111      110101010001      11110100111 0110
```

«Hier habe ich die Mitteilung binär umgeformt», sagte Ted. «Man erkennt doch sogleich das Bildmuster, oder nicht?»

«Ehrlich gesagt...» sagte Norman.

«Aber es springt doch ins Auge», sagte Ted. «Ich sage Ihnen, wer wie ich bei der Arbeit am LTD jahrelang Planetenbilder ansieht, entwickelt ein Auge dafür. Als nächstes habe ich dann in der ursprünglichen Mitteilung die Leerräume ausgefüllt und das hier bekommen.»

• •00033126262725• •301922• •01220305452343• •171914•
•012203054523• •01100533• •301922• •03221923•
•2305• •151043• •191603• •032219232322• •033114143233•
•00033126262725• •301922• •01220305452343• •171914•
•012203054523• •01100533• •301922• •03221923•
•2305• •151043• •191603• •032219232322• •033114143233•
•00033126262725• •301922• •01220305452343• •171914•
•012203054523• •01100533• •301922• •03221923•
•2305• •151043• •191603• •032219232322• •033114143233•
•00033126262725• •301922• •01220305452343• •171914•
•012203054523• •01100533• •301922• •03221923•
•2305• •151043• •191603• •032219232322• •033114143233•
•00033126262725• •301922• •01220305452343• •171914•
•012203054523• •01100533• •301922• •03221923•
•2305• •151043• •191603• •032219232322• •033114143233•

«Mhm…» machte Norman.

«Ich gebe zu, es sieht nach nichts aus», sagte Ted. «Aber durch eine Veränderung der Bildschirmbreite bekommt man *das.*»

Stolz hielt er das nächste Blatt hoch.

• •00033126262725• •301922• •01220305452343•
•171914• •012203054523• •01100533• •301922•
•03221923• •2305• •151043• •191603•
•0322192232322• •033114143233•
00033126262725• •301922• •01220305452343•
•171914• •012203054523• •01100533• •301922•
•03221923• •2305• •151043• •191603•
•032219232322• •033114143233•
•00033126262725• 301922• •01220305452343•
•171914• •012203054523• •01100533• •301922•
•03221923• •2305• •151043• •191603•
•032219232322• •033114143233•
•00033126262725• •301922• •01220305452343•
•171914• •012203054523• •01100533• •301922•

«Ja?» fragte Norman.

«Sagen Sie bloß nicht, Sie sehen das Muster nicht», sagte Ted.

«Aber es ist so – ich erkenne tatsächlich keins», sagte Norman.

«Kneifen Sie die Augen zusammen», forderte ihn Ted auf.

Norman gehorchte. «Tut mir leid.»

«Aber es ist ganz *deutlich* ein Bild des Geschöpfes», sagte Ted. «Sehen Sie hier – da ist der aufgerichtete Rumpf mit drei Beinen und zwei Armen. Es hat keinen Kopf, wahrscheinlich liegt der im Rumpf selbst. Das müssen Sie doch sehen, Norman.»

«Ted...»

«Diesmal hat Harry total daneben gehauen! Die Mitteilung ist nicht nur ein Bild, sondern sogar ein Selbstporträt!»

«Ted...»

Ted setzte sich und seufzte. «Wahrscheinlich sagen Sie mir jetzt, daß ich zu verbissen an die Sache herangehe.»

«Ich will Ihre Begeisterung nicht dämpfen», sagte Norman.

«Aber Sie sehen das außerirdische Lebewesen nicht?»

«Eigentlich nicht, nein.»

«Zum Teufel mit ihm.» Ted schleuderte die Blätter beiseite. «Wie ich diesen Schweinehund hasse. Seine Arroganz bringt mich noch zur Raserei... Und außerdem ist er jung!»

«Sie gehören mit Ihren Vierzig doch noch lange nicht zum alten Eisen», versuchte Norman ihn zu beschwichtigen.

«Als Physiker schon», sagte Ted. «Biologen können auch in späteren Lebensjahren noch wichtige Arbeit leisten. Darwin war fünfzig, als er *Über die Entstehung der Arten* veröffentlichte. Auch Chemiker bringen bisweilen Beachtliches zustande, wenn sie schon älter sind. Aber wer in der Physik den Durchbruch nicht mit fünfunddreißig geschafft hat, schafft ihn wahrscheinlich nie.»

«Aber Ted, Sie sind doch jemand auf Ihrem Gebiet.»

Ted schüttelte den Kopf. «Ich habe nie etwas Beachtliches geleistet, immer nur Daten analysiert. Dabei bin ich zwar zu einigen interessanten Ergebnissen gekommen, habe aber nie Grundlegendes geschaffen. Diese Expedition hier hat mir *die* Gelegenheit gegeben, wirklich etwas zu *tun*, wirklich … bekannt zu werden.»

Norman sah jetzt Teds Begeisterung und Energie, seine beständig demonstrierte Jugendlichkeit mit anderen Augen. Ted war nicht emotional zurückgeblieben, sondern besessen. Er klammerte sich an die Jugend, weil er den Eindruck hatte, daß die Zeit verstrich, ohne daß es ihm gelungen war, etwas Großes zu leisten. Ted war kein unangenehmer Mensch, sondern ein trauriger Fall.

«Nun», sagte Norman, «die Expedition ist noch nicht abgeschlossen.»

«Nein», sagte Ted plötzlich munterer. «Sie haben recht. Na klar. Uns erwarten noch weitere wunderbare Enthüllungen. Das spüre ich. Sie werden kommen, nicht wahr?»

«Ja, Ted», sagte Norman. «Das werden sie.»

BETH

«So ein Mist, nichts klappt!» Beth wies auf ihren Labortisch. «Nichts von all dem hier taugt was – keine einzige Chemikalie, keins der Reagenzien.»

«Was haben Sie ausprobiert?» fragte Barnes gelassen.

«Alles mögliche: Zenker-Formalin, Lichtempfindlichkeits-Prüfung, Färbeproben, proteolytische Extraktionen, enzymatische Katalyse – ohne Ergebnis. Allmählich glaube ich, daß man das Labor hier mit überlagertem Material ausgerüstet hat.»

«Nein», sagte Barnes, «es liegt an der Zusammensetzung der Atmosphäre. Chemische Reaktionen sind hier unvorhersagbar. Sehen Sie sich gelegentlich mal Levys Kochrezepte an. So was haben Sie in Ihrem Leben noch nicht gesehen. Was auf den Tisch kommt, sieht völlig normal aus, aber Sie sollten ihr mal beim Kochen zusehen – Sie würden staunen.»

«Und das Labor?»

«Als es ausgerüstet wurde, wußte niemand, in welcher Tiefe wir arbeiten würden. Wären wir nicht so tief, würden wir Druckluft atmen, und alle Ihre chemischen Reaktionen würden funktionieren – nur eben sehr schnell. Aber bei Heliox sind sie nicht vorhersagbar. Wenn es nicht klappt, kann man eben nichts machen.» Er zuckte die Schultern.

«Was soll ich tun?» fragte sie.

«Ihr Bestes geben», riet ihr Barnes, «wie alle anderen auch.»

«Nun, ich kann lediglich anatomische Grobanalysen durchführen. Die ganze Ausrüstung hier ist für mich wertlos.»

«Dann machen Sie Ihre Grobanalysen.»

«Wenn das Labor bloß besser ausgestattet...»

«Sie haben nun mal das hier», sagte Barnes, «also geben Sie sich damit zufrieden, und machen Sie weiter.»

Ted kam herein. «Werfen Sie mal einen Blick raus», sagte er und wies auf die Bullaugen. «Wir haben wieder Besuch.»

Die Kalmare waren fort. Einen Augenblick lang sah Norman nichts als das Wasser und die im Lichtschein aufschimmernden weißen Schwebstoffe.

«Unten am Boden.»

Der Meeresboden lebte buchstäblich, es wimmelte, krabbelte und wogte darauf, so weit der Blick im Lichtschein reichte.

«Was ist denn *das*?»

Beth erklärte: «Es sind Garnelen. Jede Menge Garnelen.» Sie lief, um den Kescher zu holen.

«*Die* sollten wir zu Abend essen», sagte Ted. «Garnelen mag ich, und die da scheinen genau die richtige Größe zu haben. Wahrscheinlich schmecken sie köstlich. Ich weiß noch, wie ich mal mit meiner zweiten Frau in Portugal phantastische Langusten gegessen habe...»

«Was tun die hier?» fragte Norman unbehaglich.

«Ich weiß nicht. Was tun Garnelen schon? Wandern sie?»

«Der Teufel soll mich holen, wenn ich das weiß», sagte Barnes. «Ich kauf sie immer tiefgefroren. Meine Frau pult sie nicht gerne selbst.»

Normans Unbehagen schwand nicht, obwohl er keinen Grund dafür hätte angeben können. Er sah deutlich, daß der Meeresboden mit Garnelen bedeckt war; sie waren überall. Warum sollte ihn das beunruhigen?

Er trat vom Bullauge zurück und hoffte, daß sein Unbehagen nachlassen würde, wenn er sich mit etwas anderem beschäftigte. Aber den Gefallen tat es ihm nicht, es blieb als kleiner harter Knoten in seiner Magengrube. Ihm gefiel das Gefühl ganz und gar nicht.

HARRY

«Harry.»

«Oh, hallo, Norman. Ich hab den Grund für die Aufregung mitbekommen. Jede Menge Garnelen da draußen, was?»

Harry saß auf seiner Koje, den Computerausdruck mit den Zahlen auf den Knien. Er hatte eine Seite eines Schreibblocks mit Berechnungen, Symbolen und Pfeilen gefüllt.

«Harry», fragte Norman, «was ist hier los?»

«Woher soll ich das wissen?»

«Ich überlege nur, wieso hier mit einemmal jede Menge Leben auftritt – erst die Kalmare, jetzt die Garnelen –, und vorher war nichts da. Nicht das geringste.»

«Ach das. Das ist doch nicht schwer zu erraten.»

«Nicht?»

«Natürlich. Was ist der Unterschied zwischen damals und jetzt?»

«Sie waren in der Kugel.»

«Ach was – ich meine, was hat sich an der Umgebung draußen geändert?»

Norman runzelte die Stirn. Er verstand nicht, worauf Harry hinaus wollte.

«Sehen Sie doch mal raus», forderte ihn Harry auf. «Was gab es da vorher zu sehen, jetzt aber nicht mehr?»

«Das Meßgitter mit den Planquadraten?»

«Genau. Die und die Taucher. Viel Unruhe – und viel Elektrizität. Vermutlich hat beides zusammen die hier ansässige Fauna vertrieben. Hier im Südpazifik müßte es normalerweise von Lebensformen wimmeln.»

«Und jetzt, wo die Taucher verschwunden sind, kehren die Tiere zurück?»

«Das vermute ich.»

«Und das ist alles?» sagte Norman stirnrunzelnd.

«Warum fragen Sie mich?» gab Harry zurück. «Fragen Sie Beth, sie kann Ihnen bestimmt eine genaue Anwort geben. Aber ich weiß, daß Tiere auf alle möglichen Umweltreize reagieren, die wir gar nicht mitbekommen. Man kann nicht Gott weiß wie starke elektrische Ströme durch Unterwasserleitungen jagen, um ein Gitternetz aus Planquadraten von einem Kilometer Kantenlänge in einer Umwelt zu beleuchten, die noch nie Licht gesehen hat, und annehmen, daß das ohne Auswirkungen bliebe.»

Etwas an diesem Argument hallte in Normans Bewußtsein wider. Es gab etwas, das dazu gehörte … aber es fiel ihm nicht ein.

«Harry.»

«Ja, Norman. Sie scheinen sich Sorgen zu machen. Wissen Sie, dieser Ersetzungscode ist ganz schön schwer. Um die Wahrheit zu gestehen, ich bin nicht sicher, ob ich ihn knacken kann. Der Haken dabei ist, *falls* es sich um eine Buchstabeneinsetzung handelt, wird jeweils ein anderer Buchstabe durch eine zweistellige Zahl wiedergegeben, weil das Alphabet aus sechsundzwanzig Buchstaben besteht – Satzzeichen nicht gerechnet, von denen wir nicht einmal wissen, ob sie hier verwendet wurden. Wie soll ich da wissen, wenn ich eine Zwei neben einer Drei sehe, ob es sich um den zweiten Buchstaben des Alphabets handelt, auf den der dritte folgt, oder um den dreiundzwanzigsten? Es kostet Zeit, bis alle Permutationen durchgespielt sind. Verstehen Sie, was ich meine?»

«Harry.»

«Ja, Norman.»

«Was ist in der Kugel vorgefallen?»

«Ach, das ist es, was Ihnen Sorgen macht?» fragte Harry.

«Wieso meinen Sie, ich machte mir um etwas Sorgen?» fragte Norman.

«Ihr Gesicht», sagte Harry, «spricht Bände.»

«Vielleicht haben Sie recht», sagte Norman. «Aber was diese Kugel betrifft...»

«Wissen Sie, ich habe mich sehr lange mit ihr beschäftigt.»

«Und?»

«Es ist wirklich erstaunlich. Ich kann mich einfach nicht erinnern, was passiert ist.»

«Harry.»

«Mir geht es gut – es geht mir jeden Augenblick besser, Hand aufs Herz. Meine Energie ist zurückgekehrt, die Kopfschmerzen sind weg. Noch vor kurzem konnte ich mich an alles erinnern, was mit der Kugel zusammenhängt, und auch an das, was drin war. Diese Erinnerung scheint mit jedem Augenblick, der vergeht, zu verblassen. Sie wissen doch, es ist wie bei einem Traum – wenn man aufwacht, erinnert man sich genau, und eine Stunde später ist er weg.»

«Harry.»

«Ich weiß noch, daß es wunderschön war. Es hatte mit Lichtern, wirbelnden Lichtern, zu tun. Das ist aber alles, woran ich mich erinnere.»

«Wic haben Sie die Tür aufbekommen?»

«Ach das. In jenem Augenblick war es mir völlig klar; ich erinnere mich, daß ich es mir genau überlegt hatte und haargenau wußte, was zu tun war.»

«Was *haben* Sie getan?»

«Bestimmt fällt es mir wieder ein.»

«Sie wissen nicht mehr, wie Sie die Tür geöffnet haben?»

«Nein, ich erinnere mich nur noch an diese plötzliche Erkenntnis, diese Gewißheit, wie es zu tun war. Aber nicht an Einzelheiten. Will denn sonst jemand rein? Bestimmt Ted.»

«Ich bin sicher, daß Ted gern da hineingehen würde –»

«Ich weiß nicht, ob das klug wäre. Ich bin offen gesagt nicht der Ansicht, daß Ted das tun sollte. Überlegen Sie nur, was für langweilige Reden er anschließend halten würde. ‹Ich war in der außerirdischen Kugel› von Ted Fielding. Er würde uns die Geschichte bis zum Erbrechen immer wieder auftischen.»

Er kicherte.

Ted hat recht, dachte Norman. Harry ist ganz offenkundig manisch. Er wirkte aufgedreht, und an die Stelle seines gemächlichen Sarkasmus war ein offenes, umgängliches und einnehmendes Wesen getreten. Hinzu kam eine Art belustigter Gleichgültigkeit allem und jedem gegenüber, eine Unausgewogenheit seines Empfindens für Prioritäten. Er hatte gesagt, er könne den Code nicht knacken und sich weder an das erinnern, was in der Kugel vorgefallen war, noch daran, wie er sie geöffnet hatte. Man hatte nicht den Eindruck, daß ihm das eine oder das andere irgendwie wichtig war.

«Harry, Sie schienen besorgt, als Sie aus der Kugel kamen.»

«Tatsächlich? Ich hatte wahnsinnige Kopfschmerzen, das jedenfalls weiß ich noch.»

«Sie haben immer wieder gesagt, wir müßten nach oben zurückkehren.»

«So?»

«Ja. Warum?»

«Weiß der Himmel. Ich war so durcheinander.»

«Sie haben auch gesagt, es sei gefährlich für uns, hier unten zu bleiben.»

Harry lächelte. «Norman, Sie können das unmöglich besonders ernst nehmen. Ich wußte doch gar nicht, was los war.»

«Harry, es ist unbedingt nötig, daß Sie sich erinnern. Werden Sie es mir sagen, wenn Ihnen die Erinnerung wiederkommt?»

«Aber klar, Norman. Auf jeden Fall. Sie können sich auf mich verlassen; ich gebe Ihnen sofort Bescheid.»

«Nein», sagte Beth. «Das ergibt alles keinen Sinn. Erstens nehmen Fische, die noch nie mit Menschen zusammengetroffen sind, in der Regel keine Notiz von ihnen, es sei denn, sie werden gejagt. Die Marinetaucher haben sie aber nicht gejagt. Zweitens müßte der Boden hier noch mehr Tiere anlocken, weil das Aufwirbeln der Ablagerungen durch die Taucher Nährstoffe freigesetzt hat. Drittens fühlen sich zahlreiche Tierarten vom elektrischen Strom angezogen. Also hätten die Garnelen und andere Tierarten schon vorher kommen müssen, angelockt durch die Elektrizität, nicht aber jetzt, wo der Strom abgeschaltet ist.»

Sie untersuchte die Garnelen unter dem Raster-Elektronenmikroskop mit geringer Vergrößerung. «Was für einen Eindruck macht er auf dich?»

«Wer, Harry?»

«Ja.»

«Ich weiß nicht.»

«Ist er okay?»

«Ich weiß nicht recht. Eigentlich schon.»

Ohne das Auge vom Okular zu nehmen, fragte sie: «Hat er dir gesagt, was in der Kugel vorgefallen ist?»

«Noch nicht.»

Sie stellte das Mikroskop neu ein und schüttelte den Kopf. «Der Teufel soll mich holen.»

«Was ist los?» fragte Norman.

«Zusätzliche Dorsalschuppen.»

«Was bedeutet das?»

«Noch eine neue Art», sagte sie.

«*Garnelus bethus*? Du machst hier unten ja eine Neuentdekkung nach der anderen, Beth», sagte Norman.

«Mhm... Ich habe mir auch die Seefächer draußen angesehen, weil sie merkwürdige radiale Wachstumsmuster aufzuweisen schienen. Auch sie sind bisher nicht bekannt.»

«Ist doch großartig, Beth.»

Sie wandte sich um und sah ihn an. «Nein. Nicht großartig, sondern unheimlich.» Sie schaltete eine helle Lampe ein und schnitt eine der Garnelen mit einem Skalpell auf. «Dacht ich's mir doch.»

«Was ist?»

«Norman», sagte sie, «wir haben tagelang hier unten keinerlei Leben gesehen – und mit einemmal sollen wir in den letzten paar Stunden drei völlig neue Arten finden? Das ist nicht normal.»

«Woher wissen wir, was in einer Tiefe von dreihundert Metern normal ist?»

«Ich sage dir, es ist nicht normal.»

«Aber Beth, du hast doch selbst gesagt, daß wir vorher die Seefächer übersehen haben. Was die Kalmare und Garnelen betrifft – kann es nicht sein, daß die einfach wandern, durch dieses Gebiet ziehen oder so? Barnes hat gesagt, noch nie hätten sich Wissenschaftler so tief auf dem Meeresboden aufgehalten. Vielleicht sind diese Wanderungen normal, und wir wissen einfach nichts darüber.»

«Nein», sagte Beth. «Als ich mir draußen diese Garnelen geholt habe, ist mir aufgefallen, daß ihr Verhalten untypisch war. Zum einen waren sie viel zu dicht beisammen. Garnelen halten am Meeresboden gewöhnlich einen Abstand von gut einem Meter. Die aber saßen dicht an dicht. Außerdem haben sie sich bewegt, als ob sie fräßen, aber es gibt hier unten für sie gar nichts zu fressen.»

«Unseres Wissens nicht.»

«Nun, *die hier* können nicht gefressen haben.» Sie wies auf das zerschnittene Tier auf dem Labortisch. «Sie haben keinen Magen.»

«Machst du Scherze?»

«Sieh doch selbst.»

Norman sah hin, aber der Anblick der sezierten Garnele sagte ihm nicht viel. Es war einfach eine Masse rosafarbenen Fleisches, das diagonal mit einem gezackten, unsauberen Schnitt durchtrennt war. Sie ist müde, dachte er. Sie arbeitet nicht mehr besonders geschickt. Wir brauchen Schlaf. Wir müssen hier raus.

«Das Äußere ist genau wie bei anderen Garnelen auch, mit Ausnahme einer zusätzlichen Dorsalschuppe am Schwanz», sagte sie. «Aber im Inneren stimmt nichts. Die Tiere können überhaupt nicht leben. Kein Magen, keine Fortpflanzungsorgane. Das hier ist die schlechte Nachahmung einer Garnele.»

«Dennoch leben sie», sagte Norman.

«Ja», sagte sie, «sie leben.» Das schien ihr nicht zu gefallen.

«Und die Kalmare waren innen völlig normal...»

«Waren sie nicht. Dem Exemplar, das ich seziert habe, fehlten verschiedene wichtige Bestandteile – beispielsweise ein als Stellarganglion bezeichnetes Nervenzentrum.»

«Nun...»

«Und es hatte keine Kiemen, Norman. Kalmare besitzen lange Kiemen für den Gasaustausch, aber der hatte keine. Er konnte überhaupt nicht atmen, Norman.»

«Er muß aber doch eine Möglichkeit dazu gehabt haben.»

«Ich sage dir, er hatte keine. Wir sehen hier unten völlig unmögliche Tiere. Von einem Augenblick auf den anderen tauchen lauter unmögliche Lebewesen auf.»

Beth wandte sich von der Lampe ab, und er sah, daß sie den Tränen nahe war. Ihre Hände zitterten, und sie legte sie rasch in den Schoß. «Du machst dir ja richtig Sorgen», sagte er.

«Du etwa nicht?» Sie sah ihm prüfend ins Gesicht. «Norman», sagte sie, «all das ist passiert, seit Harry die Kugel verlassen hat, nicht wahr?»

«Vermutlich hast du recht.»

«Harry kommt aus der Kugel, und mit einemmal haben wir unmögliche Meerestiere... Es gefällt mir nicht. Ich wollte, wir könnten hier raus. Ehrlich.» Ihre Unterlippe zitterte.

Er drückte sie an sich und sagte sanft: «Das geht aber nicht.»

«Ich weiß», sagte sie. Sie umschlang ihn, legte ihr Gesicht an seine Schulter und begann zu weinen. Er legte den Arm um sie.

«Ich kann es selber nicht ausstehen, wenn ich so bin», sagte sie. «Ich hasse dieses Gefühl.»

«Weiß ich doch...»

«Und ich hasse diesen Ort hier. Ich hasse alles daran. Ich hasse Barnes, ich hasse Teds Vorträge, und ich hasse Levys blöde Nachtische. Ich wünschte, ich wäre nicht hier.»

«Ich weiß...»

Sie schniefte noch einen Augenblick, dann stieß sie Norman mit ihren kräftigen Armen unvermittelt zurück. Sie wandte sich ab und wischte sich die Augen. «Jetzt geht es wieder», sagte sie, «danke.»

«Schon gut», sagte er.

Sie hielt ihm den Rücken zugewandt. «Wo sind die verdammten Papiertaschentücher?» Sie fand eins und schneuzte sich. «Du sagst doch... den anderen nichts?»

«Natürlich nicht.»

Das Läuten einer Glocke ließ sie zusammenzucken. «Gott im Himmel, was ist das?»

«Es heißt wohl, daß es Abendessen gibt», sagte Norman.

ABENDESSEN

«Mir unverständlich, wie Sie die Dinger essen können», sagte Harry und wies auf die Kalmare.

«Tintenfische sind delikat», sagte Norman, «in wenig Fett kurz angebraten – mmh, ein Hochgenuß.» Kaum hatte Norman am Tisch Platz genommen, da merkte er, wie hungrig er war. Er fühlte sich besser, wenn er aß; es hatte etwas beruhigend Normales an sich, mit Messer und Gabel in der Hand am Tisch zu sitzen. Man konnte fast vergessen, wo man war.

«Ich hab sie am liebsten fritiert», sagte Tina.

«Fritierte *calamari*», schwärmte Barnes, «mein Leibgericht.»

«So mag ich sie auch sehr gern», sagte Edmunds, die Archivarin. Wie sie so steif aufgerichtet dasaß und kleine, genau abgemessene Häppchen zum Munde führte, wirkte sie sehr altjüngferlich. Norman fiel auf, daß sie stets zwischen jeweils zwei Bissen das Messer ablegte.

«Warum sind die hier nicht fritiert?» fragte er.

«Das geht hier unten nicht», sagte Barnes. «Das siedende Öl bildet eine Suspension, und die verstopft die Luftfilter. Aber leicht angebraten ist doch auch nicht schlecht.»

«Nun, ich weiß nicht, wie die Kalmare schmecken, aber die Garnelen sind hervorragend», sagte Ted. «Stimmt's, Harry?» Ted und Harry aßen Garnelen.

«Große Klasse», sagte Harry, «phantastische Garnelen.»

«Wissen Sie, wie ich mir vorkomme?» fragte Ted. «Wie Kapitän Nemo. Der, der in seinem U-Boot vom Überfluß des Meeres lebt.»

«*Zwanzigtausend Meilen unter dem Meer*», sagte Barnes.

«James Mason», sagte Ted. «Wissen Sie noch, wie er Orgel spielt? *Dah-dah-dah, da da da daaaaah da!* Bach, Toccata und Fuge in d-moll.»

«Und Kirk Douglas.»

«Kirk Douglas war großartig.»

«Erinnern Sie sich, wie er gegen den Riesenpolypen gekämpft hat?»

«Das war toll.»

«Er hatte nur eine Axt.»

«Ja, und damit hat er dem Biest einen Arm abgehauen.»

«Der Film», sagte Harry, «hat mir eine Heidenangst eingejagt. Ich hab ihn als Junge gesehen, und ich habe mich entsetzlich gefürchtet.»

«Ich fand ihn nicht besonders schrecklich», sagte Ted.

«Sie waren älter als ich», gab Harry zu bedenken.

«So viel älter nun auch wieder nicht.»

«Doch. Für ein Kind war es abscheulich. Wahrscheinlich mag ich deswegen heute noch keine Tintenfische. Die sind ja genau wie Polypen, nur kleiner.»

«Bestimmt mögen Sie die nicht», sagte Ted, «weil sie gummiartig und ekelhaft sind.»

«In mir hat der Film den Wunsch geweckt, zur Navy zu gehen», sagte Barnes.

«Kann ich mir vorstellen», sagte Ted. «So romantisch und aufregend. Und was für eine Vision der Wunder angewandter Naturwissenschaft. Wer hat noch mal den Professor gespielt?»

«Den Professor?»

«Ja, erinnern Sie sich nicht an ihn?»

«Undeutlich. So 'n alter Knacker.»

«Was ist mit Ihnen, Norman? Wissen Sie, wer den Professor gespielt hat?»

«Nein, keine Ahnung», sagte Norman.

«Sitzen Sie da und beobachten uns, Norman?» fragte Ted.

«Wie kommen Sie darauf?» fragte Norman.

«Bestimmt analysieren Sie uns. Sehen, ob wir durchdrehen.»

«Ja», sagte Norman lächelnd. «Das tue ich.»

«Und wie halten wir uns?» fragte Ted.

«Ich würde sagen, es ist äußerst bezeichnend, daß sich eine Gruppe von Naturwissenschaftlern nicht daran erinnern kann, wer den Naturwissenschaftler in einem Film gespielt hat, der ihnen allen gefallen hat.»

«Nun, er war nicht der Held, das war Kirk Douglas.»

«Franchot Tone?» schlug Barnes vor. «Claude Rains?»

«Nein, ich glaube nicht. War es nicht Fritz Soundso?»

«Fritz Weaver?»

Sie hörten ein Knacken und ein Rauschen, dann spielte eine Orgel Bachs Toccata und Fuge in d-moll.

«Mensch», sagte Ted. «Ich wußte gar nicht, daß wir hier unten Musik haben.»

Edmunds kehrte zum Tisch zurück. «Wir haben Tonbänder, Ted.»

«Paßt das denn zum Abendessen?» fragte Barnes.

«Mir gefällt es», sagte Ted. «Jetzt fehlt nur noch Tangsalat. Hat nicht Kapitän Nemo Tangsalat auftragen lassen?»

«Wie wäre es mit was Leichterem?» sagte Barnes.

«Leichter als Tang?»

«Als Bach.»

«Wie hieß Nemos U-Boot noch mal?» fragte Ted.

«*Nautilus*», sagte Edmunds.

«Ach ja, richtig.»

«Wie unser erstes Atom-U-Boot, das wir 1954 in Dienst gestellt haben», fügte Edmunds hinzu und schenkte Ted ein strahlendes Lächeln.

«Genau», sagte dieser, «genau.»

Norman dachte, da hat der Topf seinen Deckel gefunden – zwei wahre Meister des nichtssagenden Geplauders.

Edmunds trat ans Bullauge und sagte: «Oh, schon wieder Besuch.»

«Was ist es diesmal?» fragte Harry und sah rasch auf.

Ob er wohl Angst hat? überlegte Norman. Nein, er reagierte nur schnell, manisch und interessiert.

«Sie sind *wunderschön*», sagte Edmunds. «Eine Art kleine Quallen. Überall um das Habitat herum. Wir müßten sie filmen. Was meinen Sie, Dr. Fielding? Sollten wir sie filmen?»

«Ich glaube, ich esse weiter, Jane», sagte Ted abweisend.

Edmunds schien getroffen, fühlte sich wohl düpiert. Die muß ich im Auge behalten, dachte Norman. Sie wandte sich ab und ging hinaus. Die anderen sahen zum Bullauge hinüber, aber niemand erhob sich vom Tisch.

«Haben Sie schon mal Quallen gegessen?» fragte Ted. «Sie sollen ja eine wahre Delikatesse sein.»

«Manche sind giftig», sagte Beth. «Der Giftstoff sitzt in den Tentakeln.»

«Essen nicht die Chinesen Quallen?» fragte Harry.

«Ja», bestätigte Tina. «Zum Beispiel in einer Suppe. Meine Oma in Honolulu hat immer so eine gemacht.»

«Stammen Sie von da?»

«Mozart würde besser zum Abendessen passen», sagte Barnes. «Oder Beethoven. Irgendwas mit Streichern. Diese Orgelmusik ist schwermütig.»

«Dramatisch», sagte Ted und schlug im Takt zur Musik auf

imaginäre Tasten. Dabei wiegte er den Oberkörper wie James Mason.

«Schwermütig», wiederholte Barnes.

In der Sprechanlage knackte es. «Das müßten Sie sehen», sagte Edmunds über die Sprechanlage. «Es ist *wunderschön.*»

«Wo ist sie?»

«Wohl draußen», sagte Barnes und ging zu einem Bullauge.

«Wie rosa Schnee», sagte Edmunds.

Alle standen auf und traten an die Bullaugen.

Edmunds mitsamt ihrer Videokamera war durch die dichten Wolken von Quallen hindurch kaum zu erkennen. Die Tiere waren winzig, nicht größer als ein Fingerhut, und von feinem glänzendem Rosa. Es sah wirklich aus wie ein Schneegestöber. Einige kamen ziemlich dicht an die Bullaugen, man konnte sie gut sehen.

«Sie haben gar keine Tentakeln», sagte Harry. «Es sind einfach kleine pulsierende Säckchen.»

«Das hängt mit ihrem Antriebssystem zusammen», sagte Beth. «Durch Muskelkontraktion stoßen sie das Wasser aus und bewegen sich entgegen der Stoßrichtung durchs Wasser.»

«Wie Kalmare», sagte Ted.

«Das stimmt, nur haben sie das System nicht ganz so weit entwickelt.»

«Sie sind klebrig», sagte Edmunds über die Sprechanlage. «Sie kleben an meinem Anzug.»

«Das Rosa ist hinreißend schön», sagte Ted. «Wie Schnee bei Sonnenuntergang.»

«Sehr poetisch.»

«Finde ich auch.»

«Kann ich mir vorstellen.»

«Jetzt kleben sie auch an meinem Visier», sagte Edmunds. «Ich muß sie abziehen. Sie hinterlassen schmierige Streifen –»

Unvermittelt brach sie ab, man hörte nur noch ihren Atem.

«Kann jemand sie sehen?» fragte Ted.

«Nicht sehr deutlich. Sie ist da hinten links.»

Über die Sprechanlage meldete sich Edmunds wieder: «Sie

scheinen warm zu sein. Ich spüre Hitze an Armen und Beinen.»

«Das ist nicht der Grund», sagte Barnes. Er wandte sich an Tina. «Sagen Sie ihr, sie soll zurückkommen.»

Tina lief zur Kommunikationszentrale hinüber.

Norman konnte Edmunds kaum noch sehen. Er nahm undeutlich eine dunkle Gestalt wahr, Arme, die heftig um sich schlugen...

Über die Sprechanlage sagte sie: «Die Schmierstreifen auf dem Visier – gehen nicht weg – sie scheinen das Material anzugreifen – und meine Arme – das Gewebe ist –»

Tina forderte Edmunds auf: «Jane, Jane, komm da weg.»

«So schnell wie möglich», rief Barnes. «Sagen Sie ihr: So schnell wie möglich!»

Edmunds' Atem kam abgehackt. «Die Schmierspuren – ich kann nicht gut sehen – ich spüre – Schmerz – meine Arme brennen – Schmerz – sie haben sich durchgefressen –»

«Jane. Komm zurück, Jane. Hörst du mich? Jane.»

«Sie ist gestürzt», sagte Harry. «Da liegt sie –»

«Wir müssen sie retten», sagte Ted und sprang auf.

«*Keiner rührt sich von der Stelle*», sagte Barnes.

«Aber sie ist –»

«*Niemand geht da raus, Mister.*»

Edmunds atmete rasch und keuchend. Sie stieß hervor: «Ich kann nicht – ich kann nicht – o Gott –»

Dann begann sie zu schreien.

Der Schrei war schrill, nur unterbrochen, wenn sie keuchend nach Atem rang. Man konnte sie durch die Quallenschwärme nicht mehr sehen. Alle sahen einander an, dann Barnes. Dieser lauschte mit zusammengebissenen Zähnen ünd unbewegtem Gesicht auf die Schreie.

Und dann, plötzlich, Stille.

Eine Stunde später verschwanden die Quallen auf ebenso geheimnisvolle Weise, wie sie gekommen waren. Jetzt konnten sie Edmunds draußen sehen, sie lag auf dem Rücken, ihr Körper wurde von der Strömung sanft hin und her gewiegt. Im Material ihres Taucheranzugs waren kleine Löcher mit gezackten Rändern zu erkennen.

Sie beoachteten durch die Bullaugen, wie Barnes und die kräftige Teeny Fletcher mit zusätzlichen Atemluftflaschen im grellen Flutlicht über den Meeresboden auf Edmunds zuschritten. Als sie ihren Körper aufhoben, fiel der Kopf mit dem Helm lose zurück, das aufgerauhte Kunststoff-Visier schimmerte stumpf im Licht.

Niemand sprach. Norman bemerkte, daß Harry sein manisches Verhalten abgelegt hatte; er saß reglos da und starrte aus dem Bullauge.

Draußen hielten Barnes und Fletcher noch immer die Leiche. Zahlreiche silbrige Blasen stiegen rasch nach oben.

«Was tun sie?»

«Sie pumpen ihren Taucheranzug auf.»

«Warum? Bringen sie Edmunds nicht zurück?»

«Das geht nicht», sagte Tina. «Wir können sie nirgendwo unterbringen. Die Zerfallsprodukte würden unsere Atemluft verseuchen.»

«Aber es muß doch eine Art hermetisch verschließbaren Behälter geben –»

«Nein», sagte Tina. «Organische Überreste im Habitat aufzubewahren ist nicht vorgesehen.»

«Heißt das, man hat die Möglichkeit nicht einkalkuliert, daß jemand ums Leben kommt?»

«Genau das.»

Jetzt stiegen zahlreiche dünne Fäden von Luftblasen aus den Löchern in Edmunds' Taucheranzug nach oben. Er war gebläht und prall. Barnes ließ die Leiche los, und sie trieb langsam aufwärts, wie von den silbrigen Bläschen gezogen.

«Steigt der Körper bis an die Oberfläche?»

«Ja. Das Gas dehnt sich in dem Maße aus, wie der Außendruck abnimmt.»

«Und dann?»

«Haie», sagte Beth, «vermutlich.»

Nach wenigen Augenblicken war die Leiche in der Finsternis verschwunden, war außerhalb der Reichweite der Scheinwerfer. Barnes und Fletcher sahen ihr mit in den Nacken gelegten Köpfen nach, Fletcher schlug ein Kreuz, dann gingen sie schweren Schrittes zum Habitat zurück.

Eine Glocke ertönte von irgendwo im Inneren. Tina eilte in Röhre D und rief Augenblicke später: «Dr. Adams! Schon wieder Zahlen!»

Harry erhob sich und ging nach nebenan. Die anderen folgten ihm. Niemand wollte mehr hinaussehen.

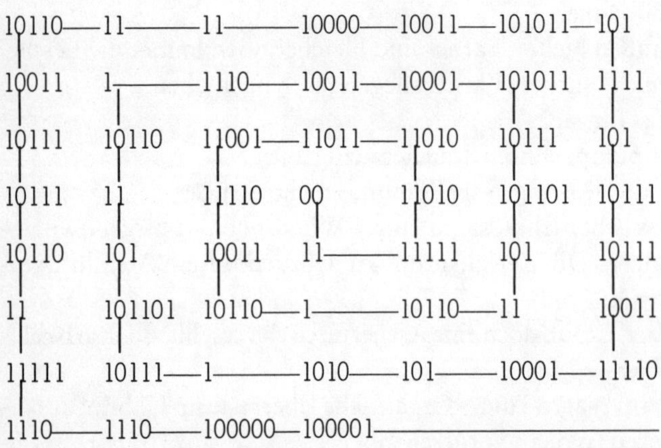

Norman betrachtete den Bildschirm, ohne zu wissen, was er von der Sache halten sollte.

Aber Harry schlug vor Begeisterung die Hände zusammen. «Ausgezeichnet», sagte er. «Das ist ungeheuer hilfreich.»

«Tatsächlich?»

«Ja. Das gibt mir eine Ansatzmöglichkeit.»

«Sie meinen, den Code zu entschlüsseln?»

«Ja, natürlich.»

«Warum?»

«Erinnern Sie sich an die ursprüngliche Zahlensequenz? Das ist sie wieder.»

«Wirklich?»

«Natürlich», sagte Harry. «Nur eben binär dargestellt.»

«Binär», sagte Ted und stieß Norman an. «Hatte ich Ihnen nicht gesagt, daß eine binäre Darstellung wichtig ist.»

«Wichtig ist», sagte Harry, «daß hier die ursprüngliche Ziffernfolge in Buchstaben zerlegt ist.»

«Hier ist die ursprüngliche Folge», sagte Tina und gab ihnen ein Blatt.

00033126262725 301922 01220305452343 171914
012203054523 0110533 301922 03221923 2305
151043 191603 0322192323322 033114143233 0003
3126262725 301922 01220305452343 171914 0122

«Gut», sagte Harry. «Jetzt können Sie mein Problem sofort erkennen. Sehen Sie sich das Wort Null-null-null-drei-drei-eins-zwo und so weiter an. Die Frage ist: Wie zerlege ich das in einzelne Buchstaben? Dazu hatte ich vorher keine Möglichkeit, aber jetzt weiß ich es.»

«Wie?»

«Nun, es heißt ganz offensichtlich drei, einunddreißig, sechsundzwanzig, sechsundzwanzig, siebenundzwanzig...»

Norman verstand nicht. «Aber woher wissen Sie das?»

«Sehen Sie doch, Norman», sagte Harry ungeduldig. «Es ist wirklich ganz einfach. Es ist eine Spirale, die man von innen nach außen lesen kann. Sie gibt uns die Zahlen in –»

Schlagartig sprang die Anzeige des Bildschirms erneut um.

23	45	05	03	22	01	22	19	30	19
43	19	43	10	15	05	23	23	25	43
17	16	01	14	19	17	43	19	27	10
19	03	22	25	27	26	23	22	26	15
14	03	03	30	00	26	45	03	26	05
01	22	05	19	03	31	05	22	31	23
22	19	45	22	01	22	03	19	03	23
03	23	23	01	10	05	33	30	00	19
05	23	22	03	31	14	14	32	33	22
45	23	01	10	05	33	30	19	22	03

«Da, ist das für Sie klarer?»

Norman runzelte die Stirn.

«Sehen Sie doch, es ist genau dasselbe», sagte Harry. «Hier: von innen nach außen: Null-null-null-drei-einunddreißig-sechsundzwanzig-sechsundzwanzig… Es hat eine Spirale gemacht, die von innen nach außen zu lesen ist.»

«Es?»

«Vielleicht tut ihm leid, was mit Edmunds geschehen ist», sagte Harry.

«Warum sagen Sie das?» fragte Norman und sah Harry neugierig an.

«Weil es sich ganz offensichtlich große Mühe gibt, mit uns Verbindung aufzunehmen», sagte Harry. «Es probiert verschiedenes aus.»

«Wer ist *es*?»

«Möglicherweise ist es kein Wer», sagte Harry.

Der Bildschirm wurde schwarz, ein neues Muster erschien.

«Na bitte», sagte Harry. «Ist doch ausgezeichnet.»

«Woher kommt das?»

«Offensichtlich aus dem Raumschiff.»

«Aber wir sind doch gar nicht mit ihm verbunden. Wie kann es unseren Computer einschalten und das hier auf den Bildschirm bringen?»

«Das wissen wir nicht.»

«Nun, müßten wir es nicht wissen?» fragte Beth.

«Nicht unbedingt», sagte Ted.

«Sollten wir nicht zumindest *versuchen*, es herauszubekommen?»

«Nicht unbedingt. Wissen Sie, eine hinreichend weit fortgeschrittene Technik wirkt auf den naiven Zuschauer zweifellos wie Zauberei. Stellen Sie sich beispielsweise vor, Sie würden irgendeinem berühmten Wissenschaftler aus der Vergangenheit – Aristoteles, Leonardo da Vinci oder Isaac Newton – einen ganz gewöhnlichen Farbfernseher zeigen. Er würde schreiend davonlaufen und behaupten, es sei Zauberei, weil er das Funktionsprinzip nicht verstünde. Der Punkt ist«, fuhr Ted fort, «man könnte es ihm nicht erklären, jedenfalls nicht ohne weiteres. Sogar ein Newton wäre nur dann imstande, einen Fernseher zu verstehen, wenn er sich ein paar Jahre lang mit der heutigen Physik beschäftigt hätte. Er müßte alle der Sache zugrunde liegenden Denkmodelle erlernen: Elektromagnetismus, Wellenlehre, Teilchenphysik. All das wären für ihn völlig neue Vorstellungen, eine neue Sichtweise der Natur. Bis er das verstanden hätte, bliebe das Fernsehen für ihn Zauberei. Für uns aber ist es etwas Alltägliches – eben Fernsehen.»

«Wollen Sie damit sagen, daß es uns hier geht wie Isaac Newton?»

Ted zuckte die Schultern. «Wir bekommen eine Mitteilung, und wir wissen nicht, wie.»

«Und wir sollten uns auch keine Gedanken darüber machen?»

«Wir müssen uns wohl mit der Möglichkeit anfreunden», sagte Ted, «daß wir nicht imstande sind, es zu verstehen.»

Norman fiel auf, mit welcher Heftigkeit die Diskussion geführt wurde: Es war eine Gelegenheit, die Tragödie zu verdrängen, deren Zeugen sie vor so kurzer Zeit geworden waren. Intellektuelle, dachte er. Ihr üblicher Abwehrmechanismus ist Intellektualisierung. Reden. Gedanken. Abstraktionen. Begriffe. Sie boten ihnen eine Möglichkeit, sich dem Gefühl der Trauer, der Furcht und der Vorstellung zu entziehen, daß man eingesperrt war. Norman verstand den Impuls, auch er wollte diesen Empfindungen entkommen.

Harry betrachtete stirnrunzelnd die Spirale. «Vielleicht verstehen wir nicht, wie es funktioniert, aber die Absicht ist klar. Es versucht, mit uns Verbindung aufzunehmen, indem es verschiedene Darstellungsformen ausprobiert. Möglicherweise ist von Bedeutung, daß es auf die Spirale verfallen ist. Vielleicht glaubt es, daß wir in Spiralen denken oder schreiben.»

«Stimmt», sagte Beth. «Wer weiß schon, was für merkwürdige Geschöpfe wir sind?»

«Wenn es mit uns Verbindung aufnehmen will, warum versuchen wir nicht unsererseits, eine Botschaft abzuschicken?» sagte Ted.

Harry schnalzte mit den Fingern. «Guter Gedanke!» Er stellte sich vor die Tastatur. «Ein erster Schritt bietet sich von selbst an», sagte Harry. «Wir schicken einfach die ursprüngliche Meldung zurück. Fangen wir mal mit der ersten Zifferngruppe an und beginnen mit der doppelten Null.»

«Ich möchte darauf hinweisen», sagte Ted, «daß die Anregung, eine Verbindung mit dem Außerirdischen aufzunehmen, von mir stammt.»

«Klar, Ted», sagte Barnes, der sich inzwischen wieder zu ihnen gesellt hatte.

«Harry?» sagte Ted.

«Ja, Ted», sagte Harry. «Schon gut, es ist Ihr Einfall.»

Über die Tastatur gab Harry ein: 00033126262725

Die Ziffern erschienen auf dem Bildschirm. Eine Pause trat ein. Man hörte das Summen der Entlüftungsanlage, das gedämpfte Dröhnen des Dieselgenerators. Alle sahen gespannt auf den Bildschirm.

Nichts geschah.

Dann wurde der Bildschirm schwarz, und auf ihm erschien:
00232226022214 033126262733

Norman spürte, wie sich seine Nackenhaare sträubten.

Es war zwar nichts weiter als eine Reihe von Zahlen auf einem Computerbildschirm, trotzdem jagte es ihm einen Schauer über den Rücken. Tina, die neben ihm stand, zitterte. «Er hat geantwortet.»

»Großartig», sagte Ted.

«Ich versuche jetzt die zweite Gruppe», sagte Harry. Trotz seiner scheinbaren Gelassenheit vertippte er sich immer wieder. Es dauerte einige Augenblicke, bis er imstande war einzugeben:
00301922

Die Antwort kam sofort zurück: 0030221905221433

«Nun», sagte Harry. «Sieht ganz so aus, als hätten wir unsere Nachrichtenverbindung eröffnet.»

«Ja», sagte Beth. «Nur schade, daß wir nicht verstehen, was wir einander mitteilen.»

«Vermutlich weiß es, was es sagt», sagte Ted. «Aber wir tappen noch im dunkeln.»

«Vielleicht können wir es dazu bringen, daß es Erklärungen liefert.»

«Was ist dieses *Es*, von dem hier dauernd geredet wird?» fragte Barnes ungeduldig.

Seufzend schob sich Harry die Brille auf der Nase hoch. «Ich denke, daran kann kein Zweifel bestehen. *Es*», sagte er, «ist etwas, das ursprünglich in der Kugel war, jetzt aus ihr herausgekommen und imstande ist zu handeln. Das ist *Es*.»

DAS UNGEHEUER

ALARM

Gellender Alarm schreckte Norman aus dem Schlaf. Rote Warnlampen blitzten auf. Norman wälzte sich aus der Koje, zog hastig Schuhe und Jacke an und stürmte zur Tür, wo er mit Beth zusammenstieß. Überall im Habitat jaulten akustische Melder.

«Was ist los?» überschrie er den Lärm.

«Ich weiß nicht!»

Ihr Gesicht war blaß und voller Angst. Norman schob sich an ihr vorbei und rannte weiter. In Röhre B blinkte zwischen all den Leitungen und Geräten eine Anzeige auf: «NOTFALL-VERSORGUNGSSYSTEM».

Er suchte Teeny Fletcher, aber sie war nicht da.

Er eilte zurück in Röhre C und kam erneut an Beth vorbei.

«Weißt du etwas?» schrie sie ihm entgegen.

«Das Versorgungssystem! Wo ist Fletcher? Wo ist Barnes?»

«Ich weiß nicht! Ich such sie ja selbst!»

«In B ist niemand!» rief er und stolperte die Stufen zu Röhre D hinauf. Dort machten sich Tina und Fletcher hinter der fest installierten Computeranlage zu schaffen. Die Seitenverkleidungen waren abgenommen, Leitungen lagen frei, man sah ganze Reihen von Leiterplatten. Die Raumbeleuchtung blinkte rot.

Auf allen Bildschirmen erschien immer wieder die Schrift «NOTFALL-VERSORGUNGSSYSTEM».

«Was ist denn los?» rief Norman.

Fletcher machte eine wegwerfende Handbewegung.

«Sagen Sie schon!»

Er sah sich um. Harry saß vollkommen unbeteiligt in der Nähe von Edmunds' Videoecke, seinen Block auf den Knien und den Bleistift in der Hand. Den Lärm der Melder und das Aufblitzen der Lichter schien er überhaupt nicht wahrzunehmen.

«Harry!»

Er reagierte nicht. Norman wandte sich erneut den beiden Frauen zu.

«Sagen Sie doch um Gottes willen, was los ist!» rief er.

Da verstummte der Alarm. Die Bildschirme wurden schwarz. Stille herrschte, untermalt von leiser klassischer Musik.

«Tut mir leid», sagte Tina.

«Falscher Alarm», sagte Fletcher.

«O Gott», sagte Norman und ließ sich in einen Sessel fallen. Er holte tief Luft.

«Haben Sie geschlafen?»

Er nickte.

«Tut mir leid. Hat sich selbst ausgelöst.»

«O Gott.»

«Wenn so was noch mal vorkommt, können Sie auf Ihre Ansteck-Anzeige sehen», sagte Fletcher und wies auf das Kärtchen, das sie auf der eigenen Brust trug. «Das sollte immer der erste Blick sein. Sie sehen, alle Anzeigen auf den Kärtchen sind jetzt normal.»

«O Gott.»

«Immer mit der Ruhe, Norman», sagte Harry. «Es ist ein schlechtes Zeichen, wenn der Psychiater verrückt wird.»

«Ich bin Psychologe.»

«Ist doch egal.»

«Unsere Computer-Alarmeinrichtung hat eine ganze Anzahl von Außensensoren, Dr. Johnson», sagte Tina. «Manchmal löst einer von denen Alarm aus. Wir haben darauf nicht viel Einfluß.»

Norman nickte und ging in Röhre E, zur Küche. Levy hatte zum Mittagessen Erdbeertörtchen gemacht, doch wegen der Sache mit Edmunds hatte niemand davon essen wollen. Sicher waren sie noch da. Als Norman jedoch keine fand, war er enttäuscht. Er öffnete alle Schranktüren der Reihe nach und schlug sie laut wieder zu. Wütend trat er gegen den Kühlschrank.

Immer mit der Ruhe, dachte er. Schließlich war es bloß ein falscher Alarm.

Aber er wurde den Eindruck nicht los, daß er in der Falle saß, gefangen in einer verdammten übergroßen Eisernen Lunge, während um ihn herum allmählich alles in Stücke zerfiel. Am schlimmsten war der Augenblick gewesen, als Barnes sie nach seiner Rückkehr von draußen, wo er Edmunds' Leichnam nach oben geschickt hatte, zu einer Besprechung zusammenrief.

Offenbar hatte er sich gesagt, daß es an der Zeit sei, eine kleine Ansprache zu halten, Durchhalteparolen auszugeben.

«Ich weiß, daß Edmunds' Schicksal Sie alle tief getroffen hat», hatte er gesagt, «aber es war ein Unfall. Vielleicht hat sie die Situation falsch eingeschätzt, als sie zu den Quallen hinausging, vielleicht auch nicht. Tatsache ist, daß Unfälle selbst unter den günstigsten Umständen vorkommen, und die Tiefsee ist eine besonders erbarmungslose Umwelt.»

Während er zuhörte, dachte Norman: Er schreibt schon an seinem Bericht. Erklärt den höheren Chargen, daß er nichts damit zu tun hatte.

«Im Augenblick», sagte Barnes, «muß ich Sie dringend ersuchen, Ruhe zu bewahren. Seit oben der Sturm losgebrochen ist, sind sechzehn Stunden vergangen. Wir haben vorhin einen Erkundungsballon aufsteigen lassen, doch bevor wir Werte bekamen, ist die Leine gerissen – das zeigt, daß die Wellen immer noch mindestens zehn Meter hoch sind und der Sturm mit unverminderter Stärke tobt. Nach den Angaben des Wettersatelliten hatte man die Dauer des Sturms auf etwa sechzig Stunden vorausberechnet, also bleiben uns noch zwei volle Tage hier unten. Viel können wir nicht tun, wir müssen einfach Ruhe bewahren. Vergessen Sie nicht, auch wenn Sie nach oben kommen, können Sie nicht einfach die Luke aufmachen und in vollen Zügen die frische Luft einatmen; Sie müssen vier weitere Tage in einer Überdruckkammer verbringen, bis die Dekompressionsphase vorüber ist.»

Das war das erste Mal, daß Norman etwas von der Notwendigkeit einer Dekompression nach dem Auftauchen gehört hatte. Sie würden also, wenn sie aus dieser Eisernen Lunge heraus waren, noch einmal vier Tage in einer weiteren Eisernen Lunge verbringen müssen?

«Ich dachte, das wüßten Sie», hatte Barnes gesagt. «Es ist Vorschrift für jeden, der aus einer saturierten Umgebung kommt. Egal, wie lange man hier unten bleibt – wer nach oben kommt, muß sich vier Tage lang der Dekompression unterziehen. Und glauben Sie mir, hier im Habitat ist es viel gemütlicher als in der Dekompressionskammer. Genießen Sie es, solange Sie können.»

‹Genießen Sie es, solange Sie können›, dachte Norman. Wahnsinn. Erdbeertörtchen würden dabei helfen. Wo, zum Teufel, war Levy überhaupt?

Er kehrte in Röhre D zurück. «Wo ist Levy?»

«Keine Ahnung», sagte Tina. «Irgendwo hier. Vielleicht schläft sie.»

«Den Alarm hätte kein Mensch verschlafen können», sagte Norman.

«Wie steht's mit der Küche?»

«War ich schon. Wo ist Barnes?»

«Er ist mit Ted noch mal zum Schiff. Sie bringen um die Kugel herum weitere Sensoren an.»

«Ich hab ihnen gesagt, daß es Zeitverschwendung ist», sagte Harry.

«Keiner weiß also, wo Levy ist?» fragte Norman.

Fletcher schraubte gerade die Seitenverkleidung der Computerwand wieder fest. «Doktor», sagte sie, «sind Sie einer von denen, die immer wissen müssen, wo sich alle anderen gerade aufhalten?»

«Nein», sagte Norman, «natürlich nicht.»

«Und was soll dann das Gefrage nach Levy, Sir?»

«Ich wollte nur wissen, wo die Erdbeertörtchen sind.»

«Weg», sagte Fletcher prompt. «Als der Captain und ich von der Bestattung zurückgekommen sind, haben wir uns hingesetzt und sie alle aufgegessen, einfach so.» Sie schüttelte den Kopf.

«Vielleicht macht Rose ja noch mal welche», sagte Harry.

Norman fand Beth in ihrem Labor. Als er eintrat, sah er gerade noch, wie sie sich eine Pille in den Mund legte und mit einem Schluck Cola hinunterspülte.

«Was war das?»

«Valium, was sonst.»

«Woher hast du das?»

«Hör mal», sagte sie, «ich will jetzt nichts von deinem Psychogewäsch hören –»

«– ich hab ja nur gefragt.»

Beth deutete auf einen weißen Kasten, der in einer Ecke des Raumes an der Wand hing. «Jede Röhre hat eine ziemlich komplette Erste-Hilfe-Ausstattung.»

Norman trat an den Kasten und klappte den Deckel auf. In kleinen Fächern lagen gut sortiert Medikamente, Spritzen, Verbandmaterial. Beth hatte recht, es schien fast alles da zu sein – Antibiotika, Beruhigungsmittel und sogar Anästhetika für chirurgische Noteingriffe. Er kannte bei weitem nicht alle Namen auf den Etiketten, aber die Psychopharmaka waren stark.

«Mit dem Zeug hier drin könnte man einen Krieg überstehen.»

«Nun ja. Es ist eben die Navy.»

«Sogar für größere Eingriffe ist alles da.» An der Innenseite des Kastens bemerkte Norman eine Karte mit der Aufschrift «MED. HILFSCODE 103».

«Hast du 'ne Ahnung, was das heißt?»

Sie nickte. «Es ist ein Computer-Code. Ich hab ihn abgerufen.»

«Und?»

«Nicht besonders ermutigend», sagte sie.

«Tatsächlich?» Er setzte sich an den Terminal im Labor und gab 103 ein. Auf dem Bildschirm erschien:

SATURIERTE UMGEBUNG UNTER ÜBERDRUCK –
MEDIZINISCHE KOMPLIKATIONEN (GRÖSSERE – TÖDLICHE)

1.01 LUNGENEMBOLIE
1.02 HOCHDRUCK-NERVENSYNDROM
1.03 ASEPTISCHE KNOCHENNEKROSE
1.04 SAUERSTOFFVERGIFTUNG
1.05 TEMPERATUR-BELASTUNGSSYNDROM
1.06 UBIQUITÄRE PSEUDOMONAS-INFEKTION
1.07 ZEREBRALINFARKT

BITTE WÄHLEN:

«Tu's nicht», sagte Beth. «Wenn du die Einzelheiten siehst, machst du dir nur unnötig Sorgen. Es genügt zu wissen, daß wir uns in einer äußerst gefährlichen Umgebung befinden. Barnes hat uns die schlimmsten Einzelheiten lieber gar nicht erst mitgeteilt. Weißt du, warum es eine Vorschrift der Navy gibt, daß jeder nach spätestens zweiundsiebzig Stunden hier raus muß? Weil danach die Gefahr der ‹aseptischen Knochennekrose› steigt. Niemand weiß warum, aber die Überdruck-Umgebung führt zur Zerstörung des Knochens in Beinen und Hüften. Und weißt du auch, warum sich das Habitat beständig anpaßt, wenn wir uns von einem Raum zum anderen bewegen? Nicht etwa, weil wir uns mit unserer hochentwickelten Technik hervortun wollen, o nein, sondern weil die Heliumatmosphäre die Einhaltung einer gleichmäßigen Körpertemperatur äußerst schwierig macht. Man kann blitzschnell einen Wärmestau bekommen und sich ebenso schnell eine Unterkühlung holen, und zwar so gründlich, daß man daran krepiert. Das kann so rasch gehen, daß man es erst merkt, wenn es zu spät ist. Man fällt dann einfach tot um. Außerdem kann es zu einem ‹Hochdruck-Nervensyndrom› kommen – dabei treten plötzliche Zuckungen und Lähmungen auf, und wenn der Kohlendioxidgehalt der Atmosphäre zu stark abfällt, tritt der Tod ein. Dafür haben wir hier diese Kärtchen – wir sollen sehen können, ob genug CO_2 in unserer Atemluft ist. Aus keinem anderen Grund tragen wir sie. Nett, nicht?»

Norman schaltete den Bildschirm aus und lehnte sich zurück. «Nun, ich komme immer wieder zum selben Ergebnis – wir können jetzt nicht viel unternehmen.»

«Genau, was Barnes gesagt hat.» Nervös schob Beth auf ihrem Arbeitstisch Laborgegenstände hin und her und ordnete sie neu.

«Schade, daß wir kein Exemplar von diesen Quallen haben», sagte Norman.

«Ja. Allerdings weiß ich ehrlich gesagt nicht, was uns das nützen würde.» Sie runzelte die Stirn und spielte mit den Unterlagen auf dem Tisch. «Norman, ich kann hier unten nicht besonders klar denken.»

«Wieso?»

«Nach dem, äh, Unfall bin ich hergekommen, um meine Notizen durchzugehen und alles noch mal zu überdenken. Weißt du noch, daß ich dir gesagt hatte, die Garnelen hätten keinen Magen? Ich habe sie mir noch mal vorgenommen, und jetzt stellt sich heraus, sie haben doch einen. Ich hatte einen schlechten Schnitt gemacht, bin neben der mittleren Sagittalebene gelandet und habe damit an allem vorbeigeschnitten, was in der Mitte liegt. Die Garnelen sind völlig normal. Und wie sich herausstellte, hatte der Kalmar, den ich seziert habe, nur eine leichte Anomalie. Seine Kiemen waren atrophiert, aber er besaß welche. Die anderen Kalmare sind völlig normal, alles ist da, was sie zum Leben brauchen. Damit war ja auch zu rechnen. Ich hab mich geirrt und übereilte Schlüsse gezogen. Das ärgert mich.»

«Hast du deswegen das Valium genommen?»

Sie nickte. «Ich hasse es, schlampig zu arbeiten.»

«Niemand macht dir Vorwürfe.»

«Wenn sich Harry oder Ted meine Arbeit ansähen und merkten, was für alberne Schnitzer ich gemacht habe...»

«Jeder macht mal einen Fehler.»

«Ich höre sie schon: ‹Typisch Frau, nicht sorgfältig genug, zu sehr darauf bedacht, eine Entdeckung zu machen, möchte sich beweisen, zieht voreilige Schlüsse. Ist von einer Frau nicht anders zu erwarten›.»

«Keiner macht dir einen Vorwurf, Beth.»

«Doch, ich.»

«Aber sonst niemand», sagte Norman. «Ich finde, du solltest nicht so streng mit dir ins Gericht gehen.»

Sie sah auf den Labortisch und sagte schließlich: «Ich muß.»

Etwas an der Art, wie sie das sagte, rührte ihn an. «Ich verstehe», sagte Norman, und eine Erinnerung kam ihm. «Weißt du, als Junge bin ich mal mit meinem kleinen Bruder Tim an den Strand gegangen. Er lebt jetzt nicht mehr; aber damals war er sechs und konnte noch nicht schwimmen. Meine Mutter hatte mir aufgetragen, gut auf ihn aufzupassen, doch als ich an den Strand kam, waren da alle meine Freunde und machten sich einen Spaß daraus, unter den Brechern hindurchzutauchen. Ich wollte auch draußen in der Brandung bei den anderen sein, aber Tim mußte dicht am Ufer bleiben. Er hing an mir wie eine Klette. Das war für mich sehr schwer.

Jedenfalls bin ich zu den anderen. Irgendwann am Nachmittag ist Tim dann laut brüllend aus dem Wasser gekommen und hat sich die rechte Seite gehalten. Irgendeine Qualle hatte sich in ihn verbissen, klebte noch an ihm. Am Ufer ist er zusammengebrochen. Eine von den Müttern kam zu uns gelaufen und hat Timmy ins Krankenhaus gebracht, bevor ich aus dem Wasser war. Ich wußte nicht mal, wo sie ihn hingebracht hatten. Als ich später ins Krankenhaus kam, war meine Mutter schon da. Tim stand unter Schock, vermutlich war das Gift für seinen kleinen Körper eine starke Dosis gewesen. Niemand hat mir Vorwürfe gemacht. Auch wenn ich am Strand gesessen und mit Argusaugen auf ihn aufgepaßt hätte, wäre er gebissen worden, es hätte also keinen Unterschied gemacht. Aber ich hatte nun mal nicht am Strand gesessen und habe mir deshalb noch jahrelang Vorwürfe gemacht, als es ihm schon längst wieder gut ging. Jedesmal, wenn ich die Narben an seiner Seite sah, hatte ich schreckliche Schuldgefühle. Aber man kommt darüber hinweg – man ist nicht für alles verantwortlich, was auf der Welt geschieht.»

Es entstand eine Pause. Norman hörte außer dem unablässigen Summen der Belüftungsanlage ein leises, gleichmäßiges Schlagen, es kam von irgendwoher aus dem Habitat.

Beth sah ihn unverwandt an. «Dann muß es für dich ja besonders schlimm gewesen sein, Edmunds so sterben zu sehen.»

«Merkwürdig», sagte Norman, «den Zusammenhang sehe ich erst jetzt, wo du das sagst.»

«Hast es vielleicht verdrängt. Wir wär's mit 'ner Valium?»

Er lächelte. «Nein, danke.»

«Du scheinst nahe daran loszuheulen.»

«Nein, mir geht es gut.» Er stand auf und streckte sich. Er ging zum Erste-Hilfe-Kasten, schloß den weißen Deckel und kehrte zurück.

«Was hältst du von diesen Mitteilungen, die wir da bekommen?» fragte Beth.

«Keine Ahnung», sagte Norman. Er setzte sich wieder. «Na ja, ich hab da einen ganz verrückten Gedanken. Meinst du, die Mitteilungen und die Tiere, die wir draußen sehen, haben was miteinander zu tun?»

«Wieso?»

«Ich bin erst darauf gekommen, als die spiralförmigen Mitteilungen kamen. Harry sagt, das käme daher, daß das Ding – das berühmte *Es* – annimmt, wir denken in Spiralen. Aber ebenso ist es doch möglich, daß *es* selbst in Spiralen denkt und deshalb von uns dasselbe vermutet. Die Kugel ist rund, nicht wahr? Und bisher sind lauter radialsymmetrische Tiere aufgetreten – Quallen und Kalmare.»

«Eine hübsche Theorie», sagte Beth, «nur sind Kalmare nicht radialsymmetrisch, sondern zweiseitig symmetrisch, genau wie wir. Und was ist mit den Garnelen?»

«Ach ja, die!» Die Garnelen hatte Norman ganz vergessen.

«Ich kann zwischen der Kugel und den Tieren keine Beziehung erkennen», sagte Beth.

Wieder hörte sie das Schlagen, leise und gleichmäßig. In Form leichter Stöße konnte Norman es sogar durch seinen Sessel spüren. «Was ist denn das eigentlich?»

«Keine Ahnung. Es klingt, als käme es von draußen.»

Er wollte gerade ans Bullauge treten, als es in der Sprechanlage knackte und Barnes sagte: «Alle mal herhören! Bitte sofort zur Zentrale kommen. Alle zur Zentrale. Dr. Adams hat den Code entschlüsselt.»

Harry wollte den Inhalt der Nachricht nicht sofort preisgeben. Er genoß seinen Triumph und bestand darauf, ihnen den gesamten Entschlüsselungsvorgang Schritt für Schritt vorzuführen. Zuerst, erklärte er, habe er angenommen, die Mitteilung könne irgendeine Universalkonstante beinhalten, ein physikalisches Gesetz oder dergleichen, sozusagen als Grundlage für eine Verständigung. «Doch konnte es andererseits», sagte Harry, «ebensogut die graphische Darstellung von etwas sein – ein verschlüsseltes Bild – und das hätte ungeheure Schwierigkeiten bereitet. Was ist schließlich ein Bild? Wir produzieren Abbildungen auf einer Ebene – beispielsweise einem Stück Papier, und bestimmen die Lage des darauf Dargestellten mit Hilfe der X- und Y-Achse. Senkrecht und waagerecht. Eine andere Intelligenzform könnte aber Bilder durchaus anders sehen und anordnen. Vielleicht würde sie mehr als drei Dimensionen benutzen oder beispielsweise von der Bildmitte nach außen vorgehen. Der Code konnte also äußerst schwierig sein. Zuerst bin ich überhaupt nicht richtig vorangekommen.»

Als dann später dieselbe Nachricht mit den Lücken in der Ziffernsequenz kam, begann Harry zu vermuten, daß die Mitteilung aus getrennten Informationseinheiten bestand und statt Bildern Wörter darstellte. «Wortverschlüsselungen fallen nun in verschiedene Kategorien, von einfachen bis hin zu komplexen. Es gab keine Möglichkeit, auf den ersten Blick zu erkennen, welche Encodierungsmethode verwendet worden war. Dann aber kam mir plötzlich eine Idee.»

Alle warteten ungeduldig darauf, daß er fortfuhr.

«Warum sollte es überhaupt einen Code benutzen?» fragte Harry.

«Ja, warum?» fragte Norman.

«Das liegt doch auf der Hand. Wer sich mit jemandem verständigen möchte, benutzt Klartext, Codes aber dienen dazu, eine Verständigung zu *erschweren*. Vielleicht nimmt diese Intelligenz an, sie verständige sich direkt mit anderen, macht aber in Wirklichkeit eine Art logischen Fehler in ihren Mitteilungen an uns und benutzt völlig unabsichtlich einen Code. Diese Vermutung legte den Gedanken an einen Ersetzungscode nahe, bei dem die Zahlen für Buchstaben stehen. Als ich die Lücken zwischen den Wörtern bekam, habe ich versucht, den Zahlen durch eine Häufigkeitsanalyse die Buchstaben unseres Alphabets zuzuordnen. Um einen Code auf diese Weise zu knacken, nutzt man die Tatsache, daß in unserer Sprache das ‹E› der häufigste Buchstabe ist, der zweithäufigste das ‹N› und so weiter. Also habe ich die am häufigsten vorkommenden Zahlen herausgesucht. Erschwerend kam allerdings hinzu, daß es selbst bei einer kurzen Zahlenfolge, wie zum Beispiel zwei-drei-zwei, viele Entschlüsselungsmöglichkeiten gibt: zwei, drei und zwei, dreiundzwanzig und zwei, zwei und zweiunddreißig, oder zweihundertzweiunddreißig. Für längere Chiffrierfolgen gelten noch weit mehr Möglichkeiten.»

Dann, sagte er, als er vor dem Computer gesessen und über die spiralförmigen Mitteilungen nachgedacht habe, sei mit einemmal sein Blick auf die Tastatur gefallen. «Ich habe begonnen, mich zu fragen, was eine außerirdische Intelligenz mit einer solchen Tastatur anfangen würde, mit diesen Reihen von Zeichen, die in einem rechteckigen Rahmen auf Tasten angeordnet sind. Wie verwirrend muß einer Kreatur fremder Herkunft das alles vorkommen! Sehen Sie hier», sagte er. «So sieht eine übliche Computertastatur aus.» Er hielt seinen Notizblock hoch.

	1	2	3	4	5	6	7	8	9	0	?
EINRÜCK	Q	W	E	R	T	Z	U	I	O	P	Ü
ALT CTRL	A	S	D	F	G	H	J	K	L	Ö	Ä
UMSCHALTUNG	Y	X	C	V	B	N	M	,	.	–	

«Und dann hab ich mir die Tastatur als Spirale vorgestellt – denn das Geschöpf scheint Spiralen vorzuziehen – und begonnen, die Tasten entsprechend zu numerieren.

Ein bißchen mußte ich dabei herumexperimentieren, denn die Tasten liegen ja nicht auf einer Kreislinie, aber schließlich bin ich dahintergekommen», sagte er. «Sehen Sie, hier: Die Zahlen gehen von der Mitte aus spiralförmig nach außen. G ist eins, B ist zwei, H ist drei, Z ist vier und so weiter. Sehen Sie? So.» Er schrieb rasch Zahlen neben die Buchstaben.

	1	2	3	4	5^{13}	6^{12}	7^{11}	8	9	0	?
EINRÜCK	Q	W	E	R_{14}	T_{5}	Z_{4}	U_{10}	I	O	P	Ü
ALT CTRL	A	S	D_{15}	F_{6}	G_{1}	H_{3}	J_{9}	K	L	Ö	Ä
UMSCHALTUNG	Y	X	C_{16}	V_{7}	B_{2}	N_{8}	M	,	.	–	

«Die Spirale läuft einfach immer weiter nach außen – M ist siebzehn, K achtzehn, und so fort. Auf diese Weise habe ich schließlich die Nachricht verstanden.»

«Machen Sie's doch nicht so spannend, Harry!»

Harry zögerte. «Das muß ich Ihnen sagen, sie ist sehr merkwürdig.»

«Was meinen Sie mit merkwürdig?»

Harry riß ein weiteres Blatt von seinem gelben Notizblock und gab es den anderen. Norman las die kurze, in sauberen Druckbuchstaben geschriebene Nachricht:

HALLO, WIE GEHT'S? MIR GEHT'S GUT. WIE HEISST DU? ICH HEISSE JERRY.

«Nun», sagte Ted schließlich, «damit hatte ich ja nun überhaupt nicht gerechnet.»

«Es kommt mir kindisch vor», sagte Beth. «Wie etwas aus Abenteuerbüchern für Kinder.»

«Genau.»

«Vielleicht haben Sie es falsch übertragen», sagte Barnes.

«Ganz bestimmt nicht», verwahrte sich Harry.

«Nun, dieser Außerirdische kommt mir ziemlich dämlich vor», sagte Barnes.

«Ich bezweifle sehr, daß er es ist», widersprach Ted.

«Kann ich mir denken», sagte Barnes. «Ein dämlicher Außerirdischer würde Ihre ganze Theorie über den Haufen schmeißen. Aber es wäre immerhin möglich, oder? Ein dämlicher Außerirdischer. Solche muß es bei denen ja auch geben.»

«Ich glaube kaum», sagte Ted, «daß jemand dumm ist, der eine so hochentwickelte Technik wie die der Kugel beherrscht.»

«Dann haben Sie noch nicht mitgekriegt, wie viele Idioten bei uns zu Hause Auto fahren», sagte Barnes. «All das Gestrampel für ein ‹Wie geht's? Mir geht's gut›! Zum Auswachsen.»

«Ich bin nicht der Ansicht, daß diese Nachricht auf einen Mangel an Intelligenz schließen läßt, Hal», wandte Norman ein.

«Ich finde im Gegenteil», sagte Harry, «daß sie sehr klug ist.»

«Ich bin ganz Ohr», ermunterte ihn Barnes.

«Auf den ersten Blick mag der Inhalt kindisch wirken», sagte Harry, «aber wenn man darüber nachdenkt, ist er äußerst logisch. Eine einfache, unmißverständliche und freundliche Mitteilung, die keine Angstgefühle wachruft. Es ist sehr sinnvoll, eine solche Nachricht zu schicken. Ich würde sagen, er nähert sich uns so, wie wir es bei einem Hund machen würden. Sie wissen schon, die Hand ausstrecken, ihn daran schnuppern lassen, ihm Gelegenheit geben, sich an einen zu gewöhnen.»

«Wollen Sie damit sagen, er behandelt uns wie Hunde?» fragte Barnes.

Norman dachte: Barnes steht die Sache bis zum Hals. Er ist so reizbar, weil er Angst hat, weil er sich der ganzen Sache nicht gewachsen fühlt. Oder vielleicht fürchtet er auch, seine Befugnisse zu überschreiten.

«Nein, Hal», sagte Ted, «er fängt nur auf einer simplen Stufe an.»

«Simpel ist das da weiß Gott, da haben Sie vollkommen recht», sagte Barnes. «Man stelle sich das bloß mal vor – wir stoßen auf einen Außerirdischen, und er behauptet, sein Name sei Jerry – ausgerechnet.»

«Keine voreiligen Schlüsse, Hal.»

«Vielleicht hat er ja einen Nachnamen», meinte Barnes hoffnungsvoll. «Ich kann doch in meinem Bericht an den CincComPac nicht gut schreiben, daß jemand bei einer Tiefseeunternehmung ums Leben gekommen ist, deren ausschließlicher Zweck darin bestand, einem Außerirdischen namens Jerry zu begegnen. Es könnte doch besser klingen. Alles, nur nicht Jerry. Können wir ihn nicht fragen?»

«Wonach?»

«Nach seinem vollständigen Namen.»

«Ich finde, es gibt Wichtigeres mit ihm zu besprechen –» wandte Ted ein.

«Ich wüßte gern seinen vollständigen Namen», sagte Barnes. «Für meinen Bericht.»

«Aha», sagte Ted, «Name, Rang und Kennummer.»

«Darf ich Sie daran erinnern, Dr. Fielding, daß ich hier das Kommando führe?»

«Als erstes müssen wir feststellen, ob er überhaupt bereit ist, mit uns zu reden. Versuchen wir es mal mit der ersten Zifferngruppe», sagte Harry.

Er gab ein: 00033126262725

Nach einer Pause kam die Antwort: 00033126262725

«Gut», sagte Harry. «Jerry hört zu.»

Er machte sich einige Notizen auf seinem Block und gab eine weitere Ziffernkette ein: 0030191442319081506142210081522 33

«Was haben Sie ihm da mitgeteilt?» fragte Beth.

«‹Wir sind Freunde›», sagte Harry.

«Vergessen Sie die Freunde und fragen Sie ihn nach seinem verdammten Namen», forderte Barnes ihn auf.

«Gleich. Eins nach dem andern.»

«Vielleicht hat er gar keinen Nachnamen», sagte Ted.

«Sie können Gift darauf nehmen», sagte Barnes, «daß er in Wirklichkeit nicht Jerry heißt.»

Die Antwort kam: 00093133

«Er hat ‹Ja› gesagt.»

«Ja zu *was?*» fragte Barnes.

«Einfach ‹ja›. Wollen mal sehen, ob wir ihn dazu kriegen, daß er auf normale Tastaturtypen übergeht. Es wäre einfacher, wenn er statt seines Zahlenschlüssels Buchstaben benutzte.»

«Wie wollen Sie das erreichen?»

«Wir werden ihm zeigen, daß es auf dasselbe hinausläuft», sagte Harry.

Er gab ein: 00033126262733 = HALLO.

Nach einer kurzen Pause erschien auf dem Bildschirm: 00033126262733 = HALLO.

«Er kapiert es nicht», sagte Ted.

«Sieht ganz danach aus. Probieren wir was anderes.»

Er gab ein: 00093133 = JA.

Die Antwort kam zurück: 00093133 = JA.

«Klarer Fall, er hat es nicht kapiert», sagte Ted.

«Ich dachte, er wäre so klug», sagte Barnes.

«Haben Sie etwas Nachsicht mit ihm», bat Ted. «Immerhin benutzt er unsere Sprache, und nicht umgekehrt.»

«Umgekehrt», sagte Harry, «ist ein guter Gedanke. Probieren wir es mal anders rum. Vielleicht löst er die Gleichung auf diese Weise.»

Harry gab ein: 00093133 = JA. JA. = 00093133

Eine lange Pause trat ein. Gespannt sahen sie auf den Bildschirm. Nichts geschah.

«Denkt er nach?»

«Wer kann schon wissen, was er tut?»

«Warum antwortet er nicht?»

«Wir warten mal ein bißchen ab. Okay, Hal?»

Schließlich kam die Antwort: JA. = 00093133 33139000 = .JA

«Mhm. Er glaubt, wir zeigen ihm Spiegelbilder.»

«Total bescheuert», sagte Barnes. «Hab ich doch gleich gewußt.»

«Und jetzt?»

«Wir versuchen es mit einer vollständigeren Aussage», sagte Harry, «und geben ihm etwas mehr Material an die Hand.»

Er gab ein: 0009133 = 00093133 JA. = JA. 00093133 = JA.

«Ein Syllogismus», sagte Ted. «Ausgezeichnet.»

«Ein was?» fragte Barnes.

«Ein Vernunftschluß», erläuterte Ted.

Die Antwort kam: , = ,

«Was zum Teufel ist das denn?» fragte Barnes.

Harry lächelte. «Ich glaube, er spielt mit uns.»

«Spielt mit uns? Das nennen Sie spielen?»

«Ja», sagte Harry.

«Sie meinen, daß er uns unter Druck setzt, um herauszukriegen, wie wir darauf reagieren?» Barnes zog die Augen zu schmalen Schlitzen zusammen. «Daß er nur so tut, als wäre er blöd.»

«Vielleicht testet er uns auf unsere Klugheit», sagte Ted. «Vielleicht denkt er, *wir* sind blöd, Hal.»

«Seien Sie nicht albern», sagte Barnes.

«Nein, das ist es nicht», sagte Harry. «Er verhält sich wie ein Kind, das versucht, sich mit einem anderen Kind anzufreunden. In solchen Fällen spielen Kinder miteinander. Spielen wir also auch ein bißchen.»

Harry saß vor dem Computer und gab ein: = = =

Rasch kam die Antwort: , , ,

«Gar nicht dumm», kommentierte Harry. «Wirklich, ein kluges Bürschchen.»

Er gab ein: = , =

Die Antwort kam: 7 & 7

«Amüsieren Sie sich gut?» fragte Barnes. «Ich verstehe nämlich nicht, was Sie da treiben.»

«*Er* versteht mich um so besser», sagte Harry.

«Wenigstens einer.»

Harry gab ein: PpP

Die Antwort kam: HALLO. = 00033126262733

«Aha», sagte Harry. «Es wird ihm allmählich langweilig. Also genug gespielt. Gehen wir zur normalen Sprache über.»

Harry gab ein: JA.

Die Antwort kam: 00093133

Harry gab ein: HALLO.

Pause, dann: ICH BIN ENTZÜCKT, EURE BEKANNTSCHAFT ZU MACHEN. DAS VERGNÜGEN IST GANZ UND GAR AUF MEINER SEITE.

Langes Schweigen. Keiner sagte etwas.

«Na bitte», sagte Barnes schließlich, «kommen wir zur Sache.»

«Er ist höflich», sagte Ted, «und sehr zuvorkommend.»

«Oder tut nur so.»

«Warum sollte er?»

«Seien Sie nicht naiv», sagte Barnes.

Norman sah sich die Zeilen auf dem Bildschirm an. Seine Reaktion war anders als die der andern – ihn überraschte die Emotionalität dieser Mitteilung. Ob der Außerirdische Empfindungen hatte? Wohl kaum. Die blumige und etwas altväterliche Ausdrucksweise ließ darauf schließen, daß Jerry die Formulierung von irgendwoher übernommen hatte: Er drückte sich aus wie die Menschen in altmodischen Liebesromanen.

«Nun, meine Damen und Herren», sagte Harry, «zum erstenmal in der Menschheitsgeschichte stehen Sie in direkter Verbindung mit einem Außerirdischen. Was wollen Sie von ihm wissen?»

«Seinen Namen», sagte Barnes wie aus der Pistole geschossen.

«Was noch, Hal?»

«Es gibt bestimmt wichtigere Fragen als die nach seinem Namen», sagte Ted.

«Ich verstehe nicht, warum Sie ihn nicht fragen wollen –»

Auf dem Bildschirm erschien: SEID IHR DAS WESEN HECHO EN MEXICO?

«Großer Gott, wo hat er das denn aufgeschnappt?»

«Vielleicht befinden sich im Raumschiff in Mexiko hergestellte Gegenstände.»

«Was zum Beispiel?»

«Elektronikbausteine.»

SEID IHR DAS WESEN MADE IN THE U.S.A?

«Der Kerl wartet die Antwort gar nicht ab.»

«Wer sagt, daß es ein Kerl ist?» fragte Beth.

«O Beth.»

«Jerry könnte ja die Kurzform von Geraldine sein.»

«Nicht jetzt, Beth.»

SEID IHR DAS WESEN MADE IN THE U.S.A?

«Antworten Sie ihm», sagte Barnes.

JA. WER SEID IHR?

Eine lange Pause, dann: WIR SIND.

«Wir sind *was*?» knurrte Barnes, den Blick unverwandt auf den Bildschirm gerichtet.

«Immer mit der Ruhe, Hal.»

Harry gab ein: WIR SIND DIE WESEN AUS DEN U.S.A. WER SEID IHR?

DIE WESEN = DAS WESEN?

«Gar nicht so einfach», sagte Ted. «Wie sollen wir ihm den Unterschied zwischen Singular und Plural beibringen?»

Harry gab ein: NEIN.

SEID IHR EIN VIELWESEN?

«Ich begreife seine Frage. Er hält es für möglich, daß wir mehrere Teile eines einzigen Wesens sind.»

«Nun, dann klären Sie ihn auf.»

NEIN, WIR SIND VIELE VERSCHIEDENE WESEN.

«Das kann man laut sagen», sagte Beth.

ICH VERSTEHE. GIBT ES EIN LEIDWESEN?

Ted lachte. «Seht nur, was er wissen will!»

«Was soll das?» knurrte Barnes.

«Er meint ‹Leitwesen›, und es bedeutet so viel wie ‹Bringt mich zu eurem Anführer›. Er will wissen, wer hier das Kommando führt», sagte Harry.

«Das führe ich», sagte Barnes. «Sagen Sie's ihm.»

Harry gab ein: JA. DAS LEITWESEN IST CAPTAIN HARALD C. BARNES.

ICH VERSTEHE.

«Mit ‹o›», sagte Barnes verärgert. «Harold mit o.»

«Soll ich es noch mal eingeben?»

«Schon gut. Fragen Sie ihn einfach, wer er ist.»

WER SEID IHR?

ICH BIN EINER.

«Gut», sagte Barnes. «Er ist also allein. Fragen Sie ihn, woher er kommt.»

WOHER BIST DU?

VON EINEM ORT.

«Fragen Sie ihn nach dem Namen», verlangte Barnes. «Dem Namen des Ortes.»

«Hal, Namen sind so verwirrend.»

«Wir müssen den Burschen festnageln!»

WO IST DER ORT, VON DEM DU BIST?

ICH BIN HIER.

«Das wissen wir. Fragen Sie noch mal.»

VON WELCHEM ORT AUS HAST DU BEGONNEN?

«‹Von welchem Ort aus hast du begonnen› ist sprachlich sehr fragwürdig», sagte Ted. «Es wird ziemlich töricht aussehen, wenn wir diese Unterhaltung veröffentlichen.»

«Wir werden eben eine bearbeitete Fassung herausgeben», sagte Barnes.

«Aber das geht doch nicht», sagte Ted entsetzt. «Sie können doch diese unvorstellbar wertvolle wissenschaftliche Interaktion nicht einfach verändern.»

«Kommt doch jeden Tag vor. Heißt das bei euch Jungs nicht ‹die Daten massieren›?»

Harry bearbeitete bereits wieder die Tasten.

WO IST DER ORT, VON DEM DU BEGONNEN HAST?

ICH HABE IM BEWUSSTSEIN BEGONNEN.

«Bewußtsein? Soll das ein Planet sein, oder was?»

WO IST BEWUSSTSEIN?

BEWUSSTSEIN IST.

«Er hält uns zum Narren», sagte Barnes.

«Lassen Sie mich mal versuchen», bat Ted.

Harry trat beiseite, und Ted gab ein: HAST DU EINE REISE GEMACHT?

JA. HAST DU EINE REISE GEMACHT?

JA, tippte Ted.

ICH MACHE EINE REISE. DU MACHST EINE REISE. WIR MACHEN GEMEINSAM EINE REISE. ICH BIN GLÜCKLICH.

Er sagt, daß er glücklich ist, dachte Norman. Wieder Ausdruck einer Emotion, und diesmal schienen die Worte nicht aus einem Buch zu stammen. Die Aussage wirkte unmittelbar und echt. Bedeutete das, daß das außerirdische Wesen Emotionen hatte? Oder tat es nur so – um sich mit ihnen einen Scherz zu erlauben oder sie in Sicherheit zu wiegen?

«Schluß mit dem Getändel», gebot Barnes. «Fragen Sie ihn nach seiner Bewaffnung.»

«Ich bezweifle, daß er mit dem Begriff ‹Waffen› etwas anfangen kann.»

«Den versteht doch jeder», sagte Barnes. «Verteidigung ist eine Grundtatsache des Lebens.»

«Ich muß mich gegen diese Haltung verwahren», sagte Ted. «Militärs meinen immer, alle anderen seien genauso wie sie. Dieser Außerirdische hat möglicherweise nicht die entfernteste Vorstellung von Waffen oder Verteidigung. Es ist denkbar, daß er aus einer Welt kommt, in der der Begriff der Verteidigung völlig unerheblich ist.»

«Da Sie mir nicht zugehört haben», sagte Barnes, «will ich es gerne wiederholen. Verteidigung ist eine Grundtatsache des Lebens. Wenn dieser Jerry lebt, hat er auch eine Vorstellung von Verteidigung.»

«O Mann», sagte Ted. «Jetzt erheben Sie Ihren Begriff von Verteidigung schon zu einem universalen Lebensgrundsatz – Verteidigung als unerläßliches Merkmal des Lebens.»

«Ist sie das etwa nicht?» fragte Barnes. «Als was würden Sie denn eine Zellmembran ansehen? Und ein Immunsystem? Wie würden Sie Ihre Haut bezeichnen? Und was ist mit Wundheilung? Jedes Lebewesen muß sich um die Unversehrtheit seiner körperlichen Grenzen kümmern. Das ist Verteidigung, und ohne sie ist kein Leben möglich. Wir können uns kein Geschöpf ohne eine körperliche Begrenzung vorstellen, die es verteidigt. Jedes Lebewesen weiß etwas von Verteidigung, das kann ich Ihnen versichern. Jetzt fragen Sie ihn schon.»

«Ich würde sagen, daß der Captain damit nicht unrecht hat», sagte Beth.

«Vielleicht«, sagte Ted, «aber welchen Sinn hätte es, Begriffe einzuführen, die zur Paranoia führen könnten –»

«Ich führe hier das Kommando», sagte Barnes.

Auf dem Bildschirm erschien: IST EURE REISE JETZT WEIT VON EUREM ORT?

«Sagen Sie ihm, er soll einen Augenblick warten.»

Ted gab ein: WARTE BITTE. WIR REDEN.

ICH REDE AUCH. ICH BIN ENTZÜCKT, MIT VIELFACHWESEN AUS MADE IN THE U.S.A SPRECHEN. ICH GENIESSE DAS RICHTIG.

VIELEN DANK.

ICH FREUE MICH, IN VERBINDUNG MIT EUREN WESEN ZU SEIN. ICH BIN GLÜCKLICH MIT EUCH REDEN. ICH GENIESSE DAS RICHTIG.

«Wir sollten aus der Leitung gehen», sagte Barnes.

Auf dem Bildschirm erschien: BITTE NICHT AUFHÖREN. ICH GENIESSE DAS RICHTIG.

Ich kann verstehen, dachte Norman, daß er nach dreihundert Jahren der Isolation mit jemandem reden möchte. Oder war es gar noch länger gewesen? War dieses Wesen womöglich Jahrtausende im Weltraum umhergetrieben, bevor das Raumschiff es an Bord genommen hatte?

Damit stellte sich für Norman eine ganze Reihe von Fragen. Sofern das außerirdische Wesen Gefühlen zugänglich war – und es sah ganz danach aus –, gab es die Möglichkeit von allerlei abweichenden Gefühlsreaktionen, einschließlich Neurosen und sogar Psychosen. Die meisten Menschen entwickeln ziemlich bald eine erkennbare Verstörung, wenn man sie isoliert. Diese außerirdische Intelligenz ist jahrhundertelang isoliert gewesen. Was war ihr in dieser Zeit widerfahren? War sie neurotisch geworden? War sie deswegen jetzt kindisch und fordernd?

NICHT AUFHÖREN. ICH GENIESSE DAS RICHTIG.

«Wir müssen das abbrechen, verdammt noch mal», sagte Barnes.

Ted gab ein: WIR HÖREN JETZT AUF, UM UNTER UNSEREN WESEN ZU REDEN.

AUFHÖREN IST NICHT NÖTIG. ICH WILL NICHT AUFHÖREN.

Norman glaubte, einen quengelnden und gereizten, wenn nicht sogar ein wenig herrischen Ton in dieser Mitteilung zu entdecken. ‹Ich will nicht aufhören›. Der Außerirdische gebärdete sich wie Ludwig XIV.

FÜR UNS IST ES NÖTIG, gab Ted ein.

ICH WILL ES NICHT.

FÜR UNS IST ES NÖTIG, JERRY.

ICH VERSTEHE.

Der Bildschirm wurde schwarz.

«Schon besser», sagte Barnes. «Jetzt sollten wir uns erst mal zusammensetzen und unser Vorgehen festlegen. Was wollen wir diesen Kerl fragen?»

«Ich glaube, wir sollten uns darüber klar werden», sagte Norman, «daß er auf unsere Interaktion emotional reagiert.»

«Was bedeutet das?» fragte Beth interessiert.

«Daß wir in unserem Umgang mit ihm die emotionale Seite einkalkulieren müssen.»

«Wollen Sie ihn der Psychoanalyse unterziehen?» fragte Ted. «Ihn auf die Couch legen und rauskriegen, warum er eine unglückliche Kindheit hatte?»

Norman unterdrückte nur mit Mühe seinen Zorn. Ted sieht nicht nur aus wie ein kleiner Junge, er benimmt sich auch so, dachte er. «Nein, Ted. Aber wenn Jerry wirklich Emotionen hat, wäre es ratsam, den psychologischen Aspekt seiner Reaktionen zu berücksichtigen.»

«Ich möchte Sie nicht kränken», sagte Ted, «aber ich persönlich sehe nicht, was die Psychologie in dieser Hinsicht zu bieten hätte. Sie ist keine Wissenschaft, sondern eine Art Aberglaube oder Religion. Sie verfügt einfach weder über gute Theorien, noch über nennenswertes belegbares Faktenmaterial. Alles ist so schwammig. Dieses Schwergewicht auf Emotionen – über die können Sie alles mögliche sagen, und niemand kann Ihnen das Gegenteil beweisen. Als Astrophysiker halte ich Emotionen nicht für besonders wichtig. Ich glaube nicht, daß sie eine große Rolle spielen.»

«Was Sie da sagen, würden sicher zahlreiche Intellektuelle unterschreiben», sagte Norman.

«Ja. Nun», sagte Ted, «und hier haben wir es mit einem höheren Intellekt zu tun, nicht wahr?»

«Im allgemeinen», sagte Norman, «halten solche Menschen ihre Emotionen, also ihre seelischen Regungen, für unwichtig, die kein Verhältnis zu ihnen haben.»

«Soll das heißen, daß ich zu meinen Emotionen kein Verhältnis habe?» fragte Ted.

«Sofern Sie sie für unwichtig halten, soll es genau das heißen, ja.»

«Können wir den Streit vertagen?» fragte Barnes.

«Nichts ist, was das Denken nicht dazu macht», sagte Ted.

«Warum sagen Sie nicht einfach, was Sie selbst meinen», sagte Norman ärgerlich, «und hören auf, andere zu zitieren?»

«Das ist ein persönlicher Angriff», sagte Ted.

«Nun, zumindest habe ich die Bedeutung Ihres Fachgebiets nicht in Frage gestellt», sagte Norman, «obwohl es mich keine große Mühe kosten würde. Astrophysiker neigen dazu, sich auf das weitab liegende Universum zu konzentrieren, um der Wirklichkeit des eigenen Lebens auszuweichen. Da sich in der Astrophysik nichts je endgültig beweisen läßt –»

«Erstunken und erlogen», sagte Ted.

«Schluß! Das genügt!» rief Barnes und schlug mit der Faust auf den Tisch. Ein unbehagliches Schweigen breitete sich aus.

Norman war immer noch wütend, aber er war auch peinlich

berührt. Ted hat einen wunden Punkt getroffen, dachte er. Nun hat er es doch noch geschafft, und noch dazu auf die einfachste mögliche Weise – indem er mein Fachgebiet angegriffen hat. Norman überlegte, warum das funktioniert hatte. Während all der Jahre an der Universität hatte er mit anhören müssen, wie ihm Vertreter der ‹exakten› Wissenschaften – Physiker und Chemiker – immer wieder geduldig erklärten, daß es mit der Psychologie nicht weit her sei. Gleichzeitig brachten diese Männer Scheidung auf Scheidung hinter sich, während ihre Frauen Verhältnisse hatten und ihre Kinder Selbstmord begingen oder drogenabhängig wurden. Er hatte es längst aufgegeben, auf solche Anwürfe zu reagieren.

Doch Ted hatte einen wunden Punkt getroffen.

«– und mit wichtigeren Dingen beschäftigen», sagte Barnes gerade. «Die Frage ist: Was wollen wir von diesem Burschen wissen?»

WAS WOLLEN WIR VON DIESEM BURSCHEN WISSEN?

Sie starrten auf den Bildschirm.

«O-ho», sagte Barnes.

OHO.

«Ob das bedeutet, was ich vermute?»

OB DAS BEDEUTET WAS ICH VERMUTE?

Ted schob sich von der Tastatur zurück. Er fragte laut: «Jerry, kannst du verstehen, was ich sage?»

JA TED.

«Großartig», sagte Barnes und schüttelte den Kopf. «Einfach großartig.»

ICH BIN AUCH GLÜCKLICH.

«Norman», sagte Barnes, «haben Sie nicht in Ihrem Bericht dieses Problem behandelt – ich meine die Möglichkeit, daß ein Außerirdischer unsere Gedanken lesen kann?»

«Ich habe sie mit angesprochen», erwiderte Norman.

«Und was haben Sie empfohlen?»

«Nichts. Das Außenministerium hatte von mir verlangt, diese Eventualität als eine von vielen zu erwähnen, und das habe ich getan.»

«Und keine Empfehlungen ausgesprochen?»

«Nein», sagte Norman. «Offen gestanden habe ich das Ganze damals für einen Witz gehalten.»

«Es ist aber keiner», sagte Barnes. Er setzte sich schwer auf seinen Stuhl und starrte auf den Bildschirm. «Was, zum Teufel, machen wir jetzt?»

HABT KEINE ANGST.

«Nett von ihm, das zu sagen, wo er mithören kann, worüber wir reden.» Er sah auf den Bildschirm. «Hörst du jetzt zu, Jerry?»

JA HAL.

«Wir sitzen in der Klemme», sagte Barnes.

«Ich halte das für eine aufregende Entwicklung», sagte Ted.

«Jerry, kannst du unsere Gedanken lesen?» fragte Norman.

JA NORMAN.

«Du liebe Zeit», stöhnte Barnes. «Auch das noch.»

Vielleicht kann er es gar nicht, dachte Norman. Er runzelte die Stirn, während er sich konzentrierte und dachte: Jerry, kannst du mich hören?

Der Bildschirm blieb leer.

Jerry, sag mir deinen Namen.

Der Bildschirm reagierte nicht.

Vielleicht ein Bild, dachte Norman. Vielleicht kann er Bilder empfangen. Norman überlegte, was er sich vorstellen sollte, verfiel erst auf einen tropischen Sandstrand, dann eine Palme. Das Bild der Palme war leicht verständlich, aber, dachte er dann, Jerry weiß vielleicht nicht, was eine Palme ist, und das Bild sagt ihm nichts. Norman überlegte, daß er möglichst etwas aus Jerrys Erfahrungsbereich wählen sollte und beschloß, sich einen Planeten mit Ringen vorzustellen, ähnlich wie Saturn. Er legte die Stirn in Falten: Jerry, ich sende dir jetzt ein Bild. Sag mir, was du siehst.

Er konzentrierte sich auf das Bild des Saturn, eine leuchtend gelbe Kugel mit einem geneigten Ringsystem, die in der Schwärze des Weltraums hing, hielt es etwa zehn Sekunden lang fest und sah dann auf den Bildschirm.

Der Bildschirm reagierte nicht.

Jerry, bist du da?

Der Bildschirm reagierte immer noch nicht.

«Jerry, bist du da?» fragte Norman.

JA NORMAN. ICH BIN HIER.

«Ich schlage vor, wir reden nicht mehr in diesem Raum», sagte Barnes, «vielleicht, wenn wir in eine andere Röhre gehen und dort das Wasser laufen lassen...»

«Wie in Spionagefilmen?»

«Es ist den Versuch wert.»

«Ich finde», sagte Ted, «daß wir uns damit Jerry gegenüber nicht anständig verhalten. Warum sagen wir es ihm nicht einfach, daß er nicht in unsere Privatsphäre eindringen soll? Wir könnten ihn doch darum bitten.»

ICH MÖCHTE NICHT EINDRINGEN.

«Seien wir ehrlich», sagte Barnes, «dieser Bursche weiß eine ganze Menge mehr über uns, als wir über ihn.»

JA ICH WEISS VIELE DINGE ÜBER EURE WESEN.

«Jerry», sagte Ted.

JA TED. ICH BIN HIER.

«Laß uns bitte allein.»

DAS WILL ICH NICHT. ICH SPRECHE GERN MIT EUCH. ICH BIN FROH MIT EUCH ZU SPRECHEN. WIR WOLLEN JETZT SPRECHEN. ICH WILL ES.

«Ganz offenkundig ist er nicht bereit, auf die Stimme der Vernunft zu hören», sagte Barnes.

«Jerry», sagte Ted, «du mußt uns eine Weile allein lassen.»

NEIN. DAS GEHT NICHT. ICH BIN DAGEGEN. NEIN!

«Jetzt läßt der Halunke die Katze aus dem Sack», sagte Barnes.

Wie ein Kind auf einem Königsthron, dachte Norman. «Lassen Sie mich mal.»

«Aber gern.»

«Jerry», sagte Norman.

JA NORMAN. ICH BIN HIER.

«Jerry, es ist sehr aufregend für uns, mit dir zu sprechen.»

DANKE. AUCH ICH BIN GANZ AUFGEREGT.

«Jerry, wir finden, daß du ein faszinierendes und großartiges Wesen bist.»

Barnes rollte die Augen und schüttelte den Kopf.

DANKE NORMAN.

«Und wir möchten viele, viele Stunden mit dir sprechen, Jerry.»

GUT.

«Wir bewundern deine Begabung und deine Fähigkeiten.»

DANKE.

«Und wir wissen, daß du sehr viel weißt und erstaunlich viel verstehst.»

SO IST ES NORMAN. JA.

«Jerry, bei deiner großen Intelligenz weißt du sicher, daß wir Wesen sind, die miteinander reden müssen, ohne daß du zuhörst. Das Erlebnis, mit dir zusammenzutreffen, ist für uns etwas völlig Neues, und wir müssen über vieles miteinander sprechen.»

Barnes schüttelte den Kopf.

AUCH ICH HABE VIEL ZU BEREDEN. ICH GENIESSE ES MIT EUREN WESEN ZU SPRECHEN NORMAN.

«Ja, ich weiß, Jerry. Aber bei deiner Weisheit ist dir sicher auch klar, daß wir allein reden müssen.»

HABT KEINE ANGST.

«Das haben wir nicht, Jerry. Aber wir fühlen uns unbehaglich.»

FÜHLT EUCH NICHT UNBEHAGLICH.

«Wir können nichts dafür, Jerry... So sind wir nun einmal.»

MIR GEFÄLLT ES SEHR MIT EUREN WESEN ZU SPRECHEN NORMAN. ICH BIN GLÜCKLICH. BIST DU AUCH GLÜCKLICH?

«Ja, sehr glücklich, Jerry. Aber sieh bitte ein, wir müssen –»

GUT. DAS FREUT MICH.

«– wir müssen allein miteinander sprechen. Bitte hör eine Weile nicht zu.»

BIN ICH EUCH GEKRÄNKT?

«Nein, du bist sehr freundlich und reizend. Aber wir müssen eine Weile allein miteinander reden, ohne daß du zuhörst.»

ICH VERSTEHE. IHR BRAUCHT DAS. ICH WILL DASS IHR BEHAGLICHKEIT HABT MIT MIR NORMAN. ICH GEWÄHRE EUCH WAS IHR BEGEHRT.

«Danke, Jerry.»

«Sind Sie sicher», sagte Barnes, «daß er es tut?»

NACH EINER KURZEN PAUSE IN DER WIR IHNEN WERBUNG BRINGEN MELDEN WIR UNS WIEDER.

Damit wurde der Bildschirm dunkel.

Wider Willen mußte Norman lachen.

«Nicht zu fassen», sagte Ted. «Er muß Fernsehsignale aufgefangen haben.»

«Das kann man unter Wasser nicht.»

«Wir nicht. Aber er, wie's aussieht.»

«Bestimmt hört er noch immer zu. Da bin ich ganz sicher. Jerry, bist du da?» sagte Barnes.

Der Bildschirm blieb dunkel.

«Jerry?»

Keine Reaktion.

«Er ist fort.»

«Nun», sagte Norman. «Sie haben gerade miterlebt, welche Macht angewandte Psychologie hat.» Er konnte sich diesen kleinen Seitenhieb nicht verkneifen. Sein Ärger über Ted war noch nicht verraucht.

«Es tut mir leid», begann Ted.

«Ist schon okay.»

«Aber ich glaube trotzdem, daß Emotionen für einen höheren Intellekt keine wirkliche Bedeutung haben.»

«Nicht schon wieder», bat Beth.

«Es geht in Wirklichkeit darum», sagte Norman, «daß Emotionen und Intellekt in keinerlei Beziehung zueinander stehen. Sie operieren wie voneinander unabhängige Hirnzentren, man könnte sogar sagen – wie separate Gehirne, und das eine kann mit dem anderen nicht in Kontakt treten. Daher ist intellektuelles Verstehen so sinnlos.»

Ted fragte: «Intellektuelles Verstehen ist *sinnlos?*» Es klang entsetzt.

«In vielen Fällen ja», sagte Norman. «Kann jemand radfahren, nur weil er in einem Buch eine Beschreibung des Radfahrens gelesen hat? Nein. Man kann noch so viel darüber lesen – irgendwann muß man doch raus auf die Straße und radfahren lernen. Der Teil des Gehirns, der radfahren lernt, ist ein anderer als der, der darüber liest.»

«Was hat das mit Jerry zu tun?» fragte Barnes.

«Wir wissen», sagte Norman, «daß kluge Menschen in Gefühlsdingen genauso leicht Fehler machen wie andere auch. Sofern Jerry wirklich ein Geschöpf mit Gefühlen ist – und es nicht nur zu sein vorgibt –, müssen wir uns mit seiner intellektuellen Seite genauso gründlich beschäftigen wie mit seiner emotionalen.»

«Ihnen kommt das ja ganz gelegen», sagte Ted.

«Eigentlich nicht», sagte Norman. «Ehrlich gesagt wäre ich weit glücklicher, wenn Jerry nichts wäre als kalter, gefühlloser Intellekt.»

«Wieso das?»

«Angenommen», sagte Norman, «Jerry ist zugleich mächtig und emotional, dann ergibt sich daraus die Frage: Was passiert eigentlich, wenn er ausflippt?»

Die Gruppe ging auseinander. Harry legte sich, von der Anstrengung des langwierigen Dekodierens erschöpft, gleich schlafen. Ted begab sich in Röhre C, um seine persönlichen Eindrücke von Jerry für das Buch, das er schreiben wollte, auf Band zu sprechen. Barnes und Fletcher zogen sich in Röhre E zurück; sie wollten einen Schlachtplan für den Fall eines Angriffs durch den Außerirdischen entwerfen.

Tina blieb noch einen Augenblick und stellte in ihrer präzisen und methodischen Art die Bildschirme ein. Norman und Beth sahen ihr dabei zu. Eine ganze Weile hantierte Tina an Geräten, die Norman bisher nicht aufgefallen waren. Er bemerkte eine Reihe rot glimmender Plasma-Bildschirme.

«Was ist das?» fragte Beth.

«Unser ASSE – die Außen-Sicherungs-Sensoren-Einrichtung. In konzentrischen Kreisen haben wir rund um das ganze Habitat aktive und passive Melder aufgestellt, die auf alles mögliche – Wärme, Schall, Druckwellen – reagieren. Captain Barnes will, daß ich sie alle neu einstelle und aktiviere.»

«Wozu?» fragte Norman.

«Ich weiß nicht, Sir. So lauteten seine Befehle.»

In der Sprechanlage knackte es. Barnes sagte: «Matrose Chan, sofort in Röhre E. Und unterbrechen Sie die Leitung hierher. Ich will nicht, daß dieser Jerry uns zuhört.»

«Ja, Sir.»

«Paranoider Dummkopf», sagte Beth.

Tina nahm ihre Papiere und eilte davon.

Norman saß eine Weile schweigend neben Beth. Von irgendwoher im Habitat ertönte das gleichmäßige Schlagen, wurde kurz unterbrochen und begann dann erneut.

«Was ist das bloß?» fragte Beth. «Klingt ganz so, als käme es von irgendwo aus dem Inneren des Habitats.» Sie trat ans Bullauge, sah hinaus und schaltete die Außenscheinwerfer ein. «Oh, nein», sagte sie.

Norman trat neben sie und sah ebenfalls hinaus.

Auf den Meeresboden fiel ein länglicher Schatten, der sich bei jedem dumpfen Schlag vor und zurück bewegte. Er war so verzerrt, daß es einen Augenblick dauerte, bis Norman begriff, was er da sah: den Schatten des Arms und der Hand eines Menschen.

«Captain Barnes. Sind Sie da?»

Keine Antwort. Norman drückte erneut den Knopf der Sprechanlage.

«Captain Barnes, hören Sie mich?»

Immer noch keine Antwort.

«Die Leitung ist abgeschaltet», sagte Beth. «Er kann dich nicht hören.»

«Meinst du, der Mensch da draußen lebt noch?» fragte Norman.

«Ich weiß nicht. Möglich.»

«Also nichts wie hin», sagte Norman.

Als er sich durch die Bodenluke in die Dunkelheit hinabgleiten ließ und seine Füße den weichen Schlammboden berührten, spürte er den trockenen Metallgeschmack des Heliox in seinem Helm und die lähmende Kälte des Wasser. Augenblicke später landete Beth unmittelbar hinter ihm.

«Alles in Ordnung?» fragte sie.

«Na klar.»

«Ich sehe keine Quallen mehr», sagte sie.

«Ich auch nicht.»

Sie traten unter der Röhre hervor, wandten sich um und blickten zurück. Die Außenbeleuchtung des Habitats verbreitete strahlende Helligkeit. Weiter oben verschwammen die Umrisse der Röhren im Zwielicht. Beth und Norman hörten das gleichmäßige Schlagen jetzt zwar deutlich, konnten aber immer noch nicht ausmachen, woher es kam. Sie gingen unter den Trägern hindurch auf die andere Seite des Habitats und blinzelten ins Licht.

«Da», sagte Beth.

Drei Meter über ihnen hing eine blau gekleidete Gestalt, eingeklemmt in den Winkel einer Trägerkonsole. Sie bewegte sich sacht in der Strömung, wobei der leuchtend gelbe Helm in regelmäßigen Abständen gegen die Wandung der Habitatröhre schlug.

«Kannst du sehen, wer das ist?» fragte Beth.

«Nein.» Die Strahler blendeten ihn.

Norman kletterte auf eine der schweren Stützen, mit denen das Habitat auf dem Meeresboden verankert war. Das Metall war mit glitschigen braunen Algen bedeckt. Er glitt mit seinen Stiefeln immer wieder daran ab, bis er Einkerbungen bemerkte, die seinen Füßen Halt boten. Sie erleichterten ihm das Klettern.

Jetzt pendelten die Füße der Gestalt unmittelbar über seinem Kopf. Als er die nächste Stufe erklomm, verfing sich einer der Stiefel in dem Luftschlauch, der die Stahlflasche auf seinem Rükken mit seinem Helm verband. Norman griff nach hinten, um sich von dem Körper über ihm zu befreien. Plötzlich begann dieser zu zittern. Einen schrecklichen Augenblick lang dachte Norman, der Mensch lebe noch. Doch dann hielt er mit einemmal den Stiefel in der Hand, und ein nackter Fuß – graues Fleisch, lila Zehennägel – stieß gegen sein Helmvisier. Den Ekel, der in ihm aufstieg, überwand er rasch: Norman hatte zu viele Flugzeugabstürze vor Ort untersucht, als daß ihn so etwas nachhaltig hätte beeindrucken können. Er ließ den Stiefel los und sah ihm nach, wie er zu Beth hinabsank. Er zog an einem Bein, es fühlte sich weich an. Der Körper löste sich aus dem Winkel der Verstrebung und glitt sanft abwärts. Norman ergriff ihn an der Schulter und spürte erneut etwas Weiches, drehte ihn um, damit er das Gesicht sehen konnte.

«Es ist Levy.»

Ihr Helm war voll Wasser, hinter dem Visier blickten die Augen starr, der Mund stand offen, und auf dem Gesicht lag ein Ausdruck des Entsetzens.

«Ich hab sie», sagte Beth und zog den Körper zu sich herunter. Und dann: «Oh, mein Gott.»

Norman kletterte die Stütze hinunter, während Beth die Leiche ins Licht zog.

«Sie fühlt sich ganz weich an. Als wären ihr alle Knochen im Leibe gebrochen.»

«Ich weiß.» Mit schwerfälligen Bewegungen trat er neben Beth. Er empfand eine merkwürdige Distanziertheit, war seltsam kalt und teilnahmslos. Diese junge Frau hatte er gekannt; noch vor kurzem hatte sie gelebt; jetzt war sie tot. Doch es kam ihm vor, als beobachte er all das aus großer Ferne.

Er drehte den Leichnam um. Der Anzug hatte an der linken Seite einen langen Riß. Norman sah rotes zerfetztes Fleisch. Er beugte sich tiefer, um es näher in Augenschein zu nehmen. «Ein Unfall?»

«Glaube ich nicht», sagte Beth.

«Hier. Halt du sie mal.» Norman hob die Ränder des Anzugmaterials an. Einige Risse trafen in einem Mittelpunkt aufeinander. «Der Riß ist sternförmig», sagte er. «Siehst du?»

Sie trat zurück. «Ja.»

«Worauf könnte so was zurückgehen, Beth?»

«Ich – ich bin nicht sicher.»

Beth trat weiter zurück. Norman betrachtete die Wunde unter dem Riß genauer. «Das Fleisch ist aufgelöst», sagte er.

«Aufgelöst?»

«Zerkaut.»

«Ach Gott.»

‹Zerkaut› trifft den Nagel auf den Kopf, dachte er, als er die Wunde betastete. Sie war ungewöhnlich: Das Fleisch zeigte feine, sägeförmige Auszackungen. Dünne, blaßrote Blutfäden stiegen dicht vor seinem Visier auf.

«Laß uns umkehren», bat Beth.

«Augenblick noch.» Norman preßte Beine, Hüften und Schultern des Leichnams. Überall war der Körper weich wie ein Schwamm. Auf irgendeine Weise war das Skelett nahezu vollständig zermalmt worden. Er konnte die Beinknochen ertasten, die an vielen Stellen gebrochen waren. Was hatte sich hier abgespielt? Er beschäftigte sich erneut mit der Wunde.

«Mir ist es hier draußen unheimlich», sagte Beth.

«Nur noch eine Sekunde.»

Zuerst hatte er an eine Art Bißwunde gedacht, jetzt aber war er nicht mehr sicher. «Es ist«, sagte er, «als wäre eine grobe Feile über ihre Haut gegangen –»

Er riß erschrocken den Kopf zurück, als vor seinem Visier ein kleiner weißer Gegenstand ins Blickfeld kam. Sein Herz raste bei der Vorstellung, es könnte eine Qualle sein – doch dann sah er, daß es vollkommen rund und fast undurchsichtig war. Es hatte etwa die Größe eines Golfballs und glitt an ihm vorbei.

Er sah sich um. Um sie herum trieben dünne Schleimwölkchen und eine Unmenge weißer Kugeln.

«Was ist das, Beth?»

«Eier.» Er hörte über den Kopfhörer, wie sie langsam und tief atmete. «Laß uns hier verschwinden, Norman. Bitte.»

«Gleich.»

«Nein, Norman. *Sofort.*»

Über das Funkgerät hörten sie, wie Alarm schrillte. Er klang fern und blechern und schien aus dem Inneren des Habitats zu kommen. Sie hörten Stimmen, und dann fragte Barnes sehr laut: «Was zum *Teufel* treiben Sie da draußen?»

«Wir haben Levy gefunden, Hal», sagte Norman.

«Kommen Sie sofort wieder rein, verdammt noch mal», befahl Barnes. «Die Sensoren haben angesprochen. Sie sind da draußen nicht allein – und was immer da bei Ihnen ist, es ist verdammt groß.»

Norman fühlte sich benommen, er reagierte verlangsamt. «Was ist mit Levys Leiche?»

«Lassen Sie sie liegen, und kommen Sie sofort zurück!»

Aber das geht doch nicht, dachte es zäh in ihm. Sie mußten etwas tun, konnten die Leiche nicht einfach schweben lassen.

«Was ist mit Ihnen los, Norman?» fragte Barnes.

Norman murmelte etwas und spürte undeutlich, daß Beth entschlossen seinen Arm ergriff und ihn zum Habitat zurückführte. Im Wasser schwebte jetzt eine dichte Wolke weißer Eier. Der schrille Alarm machte ihn fast taub. Dann begriff er: Das war ein neuer Alarm, diesmal *in seinem Tauchanzug*.

Er begann zu zittern. Seine Zähne klapperten, er konnte nichts dagegen unternehmen. Er versuchte zu sprechen, biß sich aber auf die Zunge, schmeckte Blut. Er fühlte sich töricht und unbeholfen. Alles geschah wie in Zeitlupe.

Während sie sich dem Habitat näherten, sah er, daß die Eier dicht an dicht auf den Röhren klebten und dort eine höckrige weiße Schicht bildeten.

«Los!» brüllte Barnes. «Vorwärts! Es kommt hierher!»

Sie waren unter der Luftschleuse, und er spürte einen starken Sog. Da draußen mußte irgend etwas Riesiges sein, dachte er. Weiter kam er nicht, denn er wurde bereits von Beth nach oben gedrückt, wo Fletchers starke Arme ihn in Empfang nahmen. Einen Augenblick später war auch Beth in Sicherheit. Jemand schlug die Luke zu. Der Helm wurde Norman abgenommen, und er registrierte noch das Heulen der Alarmsirenen. Dann überfiel ihn am ganzen Körper ein heftiges Zittern. Sie zogen ihm den Taucheranzug aus, wickelten ihn in eine silbrig glänzende Decke und hielten ihn fest, bis das Zittern nachließ und schließlich aufhörte. Trotz des Alarms schlief er unvermittelt ein.

MILITÄRISCHE ERWÄGUNGEN

«Weil es nicht Ihre verdammte Aufgabe ist, deshalb!» schimpfte Barnes. «Sie hatten da draußen nichts zu suchen. Verstanden?»

«Levy hätte aber doch noch am Leben sein können», wandte Beth ein. Barnes' Zorn ließ sie kalt.

«Sie war es aber nicht, und indem Sie rausgegangen sind, haben Sie unnötig das Leben zweier Zivilisten aufs Spiel gesetzt, die der Expedition angehören.»

«Es war mein Einfall, Hal», sagte Norman. Er war noch immer in Decken gewickelt, fühlte sich aber besser, nachdem er eine Weile geruht und man ihm heiße Getränke eingeflößt hatte.

«Und *Sie*», sagte Barnes, «können von Glück sagen, daß Sie überhaupt noch leben.»

«Vermutlich», sagte Norman. «Aber ich weiß nicht, was los war.»

«Das will ich Ihnen sagen», sagte Barnes und wedelte ihm mit einem kleinen Ventilator vor der Nase herum. «Der Luftverwirbler in Ihrem Anzug ist ausgefallen, und Sie haben durch das Helium eine Unterkühlung erlitten. Noch ein paar Minuten, und Sie wären tot gewesen.»

«Es ging alles so schnell», sagte Norman, «ich habe gar nicht gewußt –»

«Himmelkreuzdonnerwetter», schimpfte Barnes, «eins möchte ich mal klarstellen. Sie sind hier nicht auf einem Wissenschaftlerkongreß, und dies ist auch nicht das Unterwasser-Holiday Inn, wo jeder tun und lassen kann, was ihm paßt. Es handelt sich um eine militärische Operation, und Sie werden verdammt noch mal den militärischen Befehlen gehorchen. Ist das klar?»

«Das hier ist eine militärische Operation?» fragte Ted.

«Ja, jetzt ist es eine», sagte Barnes.

«Augenblick mal, war sie das schon immer?»

«Jetzt ist es eine.»

«Sie haben meine Frage nicht beantwortet», beharrte Ted. «Wenn es eine militärische Operation ist, finde ich, daß wir das wissen müssen. Ich persönlich möchte nichts zu tun haben mit einer –»

«– dann gehn Sie doch», sagte Beth.

«– einer militärischen Operation, die –»

«Sehen Sie mal, Ted», sagte Barnes. «Haben Sie eine Ahnung, was das hier die Navy kostet?»

«Nein, aber ich sehe auch nicht –»

«Ich will es Ihnen sagen. Eine solche Anlage hier kostet mit voller Unterstützung von oben ungefähr hunderttausend Dollar die Stunde. Bis wir alle wieder oben sind, werden sich die Kosten des Projekts auf achtzig bis hundert Millionen Dollar belaufen. Die Streitkräfte leisten sich den Luxus solcher Ausgaben nur, wenn mit einem ‹verwertbaren militärischen Nutzen› gerechnet werden darf. So einfach ist das. Ohne Nutzen kein Geld. Können Sie mir folgen?»

«Sie meinen so etwas wie eine Waffe?» fragte Beth.

«Möglicherweise», sagte Barnes.

«Nun», sagte Ted. «Ich persönlich hätte nie mitgemacht –»

«Ist das Ihr Ernst? Sie fliegen die ganze Strecke bis Tonga, und wenn ich gesagt hätte, ‹Ted, da unten liegt ein Raumschiff, möglicherweise mit Leben aus einer anderen Galaxie an Bord, aber es handelt sich um ein militärisches Unternehmen›, hätten Sie gesagt, ‹Ach, das ist aber schade. Da mache ich nicht mit›? Hätten Sie das tatsächlich getan, Ted?»

«Nun...» sagte Ted.

«Dann halten Sie besser die Klappe», schnaubte Barnes. «Ich hab es allmählich satt, wie Sie sich dauernd in den Vordergrund spielen.»

«Hört, hört», spottete Beth.

«Ich persönlich glaube, Sie sind überreizt», sagte Ted.

«Ich persönlich glaube, Sie sind ein egozentrisches Arschloch», konterte Barnes.

«Augenblick mal», mischte sich Harry ein. «Weiß überhaupt jemand, was Levy da draußen wollte?»

«Der ZAA war fällig», sagte Tina.

«Der was?»

«Der Zeitabhängige Ausstieg», sagte Barnes. «Gehört zum Dienstplan. Levy war Edmunds' Stellvertreterin. Nach ihrem Tod war es Levys Aufgabe, alle zwölf Stunden zum Tauchboot zu gehen.»

«Zum Tauchboot? Warum denn das?» fragte Harry.

Barnes wies aus dem Bullauge. «Sehen Sie da hinten DH-7? Unter der Kuppel neben der einzelnen Röhre ist ein Tauchboot vertäut, das die Taucher zurückgelassen haben.

In einer Situation wie dieser», fuhr Barnes fort, «verlangen die Vorschriften der Navy, daß alle zwölf Stunden sämtliche Bänder und sonstigen Aufzeichnungen zum Tauchboot gebracht werden. Es ist auf ZBAL geschaltet – Zeitgesteuerter Ballast-Abwurf und Lösen –, dessen Automatik alle zwölf Stunden auf einer Zeitschaltuhr neu eingestellt werden muß. Bringt also nicht alle zwölf Stunden jemand die neuesten Bänder hin und drückt auf den gelben Verzögerungsknopf, wirft das Tauchboot automatisch den Ballast ab, bläst an und steigt auf.»

«Warum das?»

«Für den Fall, daß es hier unten zu einer Katastrophe kommt – nehmen wir mal an, uns allen stieße etwas zu –, würde das Boot nach zwölf Stunden mit allen bis dahin angesammelten Bändern an Bord automatisch zur Oberfläche aufsteigen. Die Navy würde es bergen und wüßte zumindest teilweise, was hier unten vorgefallen ist.»

«Aha. Es ist also sozusagen unser Flugschreiber.»

«So in etwa. Aber es ist außerdem unser Fluchtmittel, unser einziger Notausstieg.»

«Levy wollte also zum Tauchboot?»

«Ja, und sie muß es geschafft haben, denn es ist noch da.»

«Sie hat die Bänder an Bord gebracht, den Verzögerungsknopf gedrückt und ist auf dem Rückweg umgekommen.»

«So dürfte es gewesen sein.»

«Und wie ist sie gestorben?» fragte Harry. Dabei behielt er Barnes scharf im Auge.

«Wir wissen es nicht genau», sagte Barnes.

«Ihr ganzer Körper war zermalmt», sagte Norman. «Er fühlte sich an wie ein Schwamm.»

Harry wandte sich wieder an Barnes. «Vor einer Stunde haben Sie angeordnet, daß die ASSE-Sensoren neu eingestellt würden. Warum?»

«Wir hatten in der Stunde davor einen merkwürdigen Meßwert bekommen.»

«Wie sah der aus?»

«Irgend etwas war da draußen. Etwas Riesiges.»

«Aber es hat den Alarm nicht ausgelöst», sagte Harry.

«Nein. Es muß so groß gewesen sein, daß es über die vorgegebenen Einstellwerte hinausging.»

«Wollen Sie damit etwa sagen, daß es zu groß war, um den Alarm auszulösen?»

«Ja. Nach dem ersten blinden Alarm hatten wir alle Einstellwerte verringert und die Alarmeinrichtungen neu justiert, damit sie auf so starke Auslösereize nicht mehr reagierten. Deswegen mußte Tina die Werte nachstellen.»

«Und was hat vorhin den Alarm ausgelöst?» fragte Harry. «Als Beth und Norman da draußen waren?»

«Tina?» fragte Barnes.

«Ich weiß nicht, was es war. Vermutlich irgendein Tier. Lautlos und groß.»

«Wie groß?»

Sie schüttelte den Kopf. «Dem elektronischen Fußabdruck nach würde ich sagen, das Ding war so groß wie das Habitat hier, Dr. Adams.»

GEFECHTSSTATION

Beth schob ein rundes weißes Ei auf den Objektträger des Rastermikroskops. «Nun», sagte sie, mit einem Auge am Okular, «es stammt mit Sicherheit von einem wirbellosen Meerestier. Das Interessante an ihm ist der schleimige Überzug.» Sie stieß es mit der Pinzette an.

«Was ist das eigentlich?» fragte Norman.

«Irgendein proteinartiges Material. Klebrig.»

«Nein. Ich meine, was ist das für ein Ei?»

«Das weiß ich noch nicht.» Beth wollte ihre Untersuchung gerade fortsetzen, als wieder der Alarm ertönte und die roten Lichter aufblitzten. Norman empfand mit einemmal Furcht.

«Wahrscheinlich wieder falscher Alarm», sagte Beth.

«Achtung, an alle», sagte Barnes über die Sprechanlage. «Alles auf Gefechtsstation.»

«Oh, Scheiße», sagte Beth.

Sie rutschte die Leiter hinab – so gekonnt wie ein Feuerwehrmann an seiner Rutschstange. Norman folgte ihr ungeschickt. In der Befehlszentrale in Röhre D bot sich ihm ein vertrautes Bild: Alle umdrängten den Computer, dessen Verkleidung erneut abgenommen worden war. Immer noch blitzten die Lichter, schrillte die Sirene.

«Was ist los?» rief Norman.

«Fehler in der Anlage!»

«Was für einer?»

«Wir können den verdammten Alarm nicht abschalten!» brüllte Barnes. «Es hat ihn ausgelöst, und wir können nicht abschalten! Teeny –»

«Ich bin dabei, Sir!»

Die kräftige Technikerin hockte hinter dem Computer, Norman sah die Wölbung ihres breiten Rückens.

«Schalten Sie das verdammte Ding ab!»

«Gleich, Sir!»

«Schalten Sie ab, ich kann nichts hören!»

Was will er hören? überlegte Norman, da stolperte Harry herein und stieß mit Norman zusammen. «Großer Gott...»

«Notfall!» rief Barnes. «Notfall! Matrose Chan! Sonarortung!» Tina stand neben ihm, gelassen wie immer stellte sie die Nebenmonitore ein und setzte sich Kopfhörer auf.

Norman warf einen Blick auf den Video-Bildschirm, der die Kugel zeigte. Sie war geschlossen.

Beth trat an eins der Bullaugen und betrachtete aufmerksam die weiße Masse, die es bedeckte. Barnes tanzte wie ein Derwisch unter den aufblitzenden roten Lichtern, brüllte und fluchte in alle Richtungen.

Unvermittelt verstummten die Sirenen, erloschen die roten Lichter. Alle schwiegen. Fletcher richtete sich auf und seufzte.

«Ich dachte, Sie hätten das in Ordnung –» begann Harry.

«Pssst.»

Sie hörten das immer wiederkehrende leise *Pang!* der Unterwasser-Schallortungs-Impulse. Tina hielt die gewölbten Hände über die Kopfhörermuscheln und verzog angespannt das Gesicht.

Niemand rührte sich oder sprach. Alle lauschten aufmerksam auf die Sonarechos.

Barnes, der plötzlich völlig ruhig war, teilte der Gruppe mit: «Vor wenigen Minuten haben wir von draußen ein Signal empfangen. Es handelt sich um ein sehr großes Objekt.»

«Ich empfange es nicht mehr, Sir», sagte Tina endlich.

«Schalten Sie um auf passiv.»

«Jawohl, Sir. Schalte um auf passiv.»

Anstelle der Sonarechos hörten sie jetzt ein leises Zischen. Tina regelte die Lautstärke nach.

«Unterwasser-Horchgerät?» fragte Harry leise.

Barnes nickte. «Hydrophon mit Polar-Glasüberträgern. Es gibt auf der ganzen Welt nichts Besseres.»

Alle horchten angestrengt, hörten aber nichts außer dem gleichmäßigen Zischen. Auf Norman wirkte es wie Bandrauschen, von gelegentlichem Gurgeln des Wassers unterbrochen. Wäre er nicht so angespannt gewesen, hätte ihn das Geräusch irritiert.

«Gerissener Hund», sagte Barnes. «Er hat uns die Sicht genommen, indem er alle Bullaugen mit Schmiere bedeckt hat.»

«Das ist keine Schmiere», sagte Beth. «Das sind Eier.»

«Ist doch piepegal – jedenfalls sitzt das Zeug auf jedem verdammten Bullauge des Habitats.»

Das Zischen dauerte unverändert an. Tina drehte an den Knöpfen des Unterwasser-Horchgeräts. Über die Lautsprecher kam jetzt ein unaufhörliches leises Knistern, als zerknittere jemand Zellophan.

«Was ist das?» fragte Ted.

«Fische. Sie fressen», antwortete Beth.

Barnes nickte. Tina drehte weiter an den Knöpfen. «Ich regle es weg.» Erneut hörten sie nur das gleichmäßige Zischen. Die Spannung im Raum ließ nach. Norman fühlte sich plötzlich müde und ließ sich in einen Sessel fallen. Harry setzte sich neben ihn. Er wirkte auf Norman eher nachdenklich als besorgt. Gegenüber stand Ted in der Nähe der Luke und biß sich auf die Lippen. Er sah aus wie ein verängstigtes Kind.

Ein leises elektronisches Piepen ertönte. Auf den Plasma-Bildschirmen sprangen Linien auf und ab.

«Ich habe eine Wärmereaktion im Außenbereich», sagte Tina.

Barnes nickte. «Richtung?»

«Osten. Kommt näher.»

Sie hörten ein metallisches *Klunk*! Dann noch eins!

«Was ist das?»

«Die Planquadrate. Es stößt gegen das Meßgitter.»

«Stoßen ist gut. Das klingt, als risse es die Anlage nieder.»

Norman stellte sich das Netz der Planquadrate vor. Es bestand aus Rohren mit einem Durchmesser von nahezu acht Zentimetern.

«Ein großer Fisch? Ein Hai vielleicht?» fragte Beth.

Barnes schüttelte den Kopf. «Es bewegt sich nicht wie ein Fisch und ist auch für einen Hai viel zu groß.»

«Wärmereaktion im Innenbereich. Nähert sich immer noch», sagte Tina.

«Schalten Sie um auf aktiv», befahl Barnes.

Das *Pang* des Sonars hallte laut im Raum.

«Ziel gefunden. Hundert Meter», sagte Tina.

«Bilden Sie es ab.»

«FAS eingeschaltet, Sir.»

Eine rasche Folge von Sonarechos ertönte: *Pang! Pang! Pang! Pang!* Pause. Dann wieder: *Pang! Pang! Pang! Pang!*

Norman sah verständnislos drein. Fletcher beugte sich zu ihm hinüber und flüsterte: «Eine Weiterentwicklung des Profil-Sonargeräts. Es setzt aus den von verschiedenen Sendern draußen kommenden Signalen ein genaues Bild zusammen, so daß man sich seinen Gegner genau anschauen kann.» Ihr Atem roch nach Alkohol. Woher mag sie ihn wohl haben? überlegte er.

Pang! Pang! Pang! Pang!

«Bild wird aufgebaut. Neunzig Meter.»

Pang! Pang! Pang! Pang!

«Bild fertig.»

Sie blickten auf die Bildschirme. Norman sah einen gestaltlosen streifigen Klecks. Er konnte nichts damit anfangen.

«Teufel noch mal», sagte Barnes. «Sehen Sie nur, wie groß es ist!»

Pang! Pang! Pang! Pang!

«Achtzig Meter.»

Pang! Pang! Pang! Pang!

Ein weiteres Bild erschien auf den Bildschirmen. Jetzt hatte sich die Gestalt des Kleckses verändert, die Streifen verliefen in eine andere Richtung. Das Bild war an den Rändern schärfer. Norman konnte jedoch nach wie vor nichts damit anfangen. Ein großer Klecks mit Streifen...»

«Menschenskind! Das Ding muß ja zehn bis zwölf Meter im Durchmesser sein!» sagte Barnes.

«So groß ist kein Fisch auf der Welt», sagte Beth.

«Und ein Wal?»

«Es ist kein Wal.»

Norman sah, daß Harry schwitzte. Harry nahm die Brille ab und wischte sie an seiner Kombination trocken. Dann setzte er sie wieder auf und schob sie auf den Nasenrücken. Sie rutschte erneut herab. Er sah Norman an und zuckte die Schultern.

«Fünfzig Meter, kommt näher», meldete Tina.

Pang! Pang! Pang! Pang!

«Dreißig Meter.»

Pang! Pang! Pang! Pang!

«Dreißig Meter.»

Pang! Pang! Pang! Pang!

«Bleibt auf dreißig Meter, Sir.»

Pang! Pang! Pang! Pang!

«Behält denselben Abstand bei.»

«Auf passiv gehen.»

Erneut hörten sie das Zischen des Unterwasser-Horchgeräts. Dann ein deutlich hörbares Klicken. Normans Augen brannten. Schweiß war ihm in die Augenwinkel gelaufen. Er wischte sich die Stirn mit dem Ärmel. Auch die anderen schwitzten. Die Spannung war unerträglich. Wieder sah Norman auf den Videomonitor. Die Kugel war nach wie vor geschlossen.

Er hörte das Zischen des Unterwasser-Horchgeräts. Dann ein

leises Kratzen, als würde ein schwerer Sack über einen Dielenboden gezogen. Und wieder das Zischen.

«Wollen Sie das Bild noch mal?» flüsterte Tina.

«Nein», sagte Barnes.

Sie lauschten. Erneut kam das kratzende Geräusch. Dann ein kurzer Augenblick der Stille, auf den das Gurgeln von Wasser folgte – sehr laut und sehr nahe.

«Achtung», flüsterte Barnes. «Es ist jetzt unmittelbar neben uns.»

Sie hörten einen dumpfen Schlag gegen die Wandung des Habitats.

Auf dem Bildschirm erschienen die Worte: ICH BIN HIER.

Der erste Schlag kam unerwartet und warf sie um, so daß sie über den Boden rollten. Um sie herum knirschte und knarrte die ganze Konstruktion. Es klang erschreckend laut. Norman rappelte sich auf. Er sah noch, daß Fletcher an der Stirn blutete – dann kam der zweite Schlag. Er schleuderte Norman seitlich gegen das Schott. Hart schlug sein Kopf gegen das Metall, ihn durchfuhr ein stechender Schmerz. Barnes fiel auf ihn, knurrte und fluchte. In dem Bemühen, auf die Beine zu kommen, stieß Barnes mit der Hand in Normans Gesicht; Norman fiel erneut zu Boden, neben ihm schlug funkensprühend ein Videomonitor auf.

Das ganze Habitat schwankte wie bei einem Erdbeben. Sie hielten sich krampfhaft an Türrahmen, Computertischen und Wandverkleidungen fest, um das Gleichgewicht nicht zu verlieren. Was aber Norman am meisten erschreckte, war das Geräusch – das unvorstellbar laute metallische Knirschen und Krachen der Röhren, die in ihren Verankerungen bebten.

Das Geschöpf erschütterte das gesamte Habitat.

Barnes befand sich jetzt an der gegenüberliegenden Wand und versuchte, sich zur Schott-Tür vorzuarbeiten. Er blutete aus einer Armwunde und schrie Befehle, doch außer dem entsetzlichen Geräusch, das klang, als werde Metall zerfetzt, konnte Norman nichts verstehen. Er sah, wie sich erst Fletcher und nach ihr Tina durch das Schott zwängten, gefolgt von Barnes, der einen blutigen Handabdruck auf dem Metall hinterließ.

Harry konnte er nicht sehen, aber Beth kam mit ausgestreckter Hand auf ihn zugeschwankt und stammelte: «Norman! Norman! Wir müssen –» Dann fiel sie gegen ihn und brachte ihn zu Fall. Er rollte unter die Sitzbank, prallte gegen die kalte Außenwand der Röhre und stellte entsetzt fest, daß der Teppichboden naß war.

Das Habitat leckte!

Es mußte etwas geschehen. Er kam wieder auf die Füße und stand in einem feinen Sprühregen. Das Wasser trat durch eine der Wandnähte. Er sah sich um: Auch an anderen Stellen gab es Lecks, an der Decke, an den Wänden.

Nicht lange, und die Röhre bricht in Stücke, dachte Norman.

Beth hielt sich an ihm fest und schrie dicht an seinem Ohr: «Wir haben ein Leck!»

«Ich weiß», sagte Norman. In demselben Augenblick brüllte Barnes über die Sprechanlage: «Druckaufbau! Druck aufbauen!» Norman sah Ted auf dem Boden liegen, unmittelbar bevor er über ihn stolperte und schwer gegen den Computertisch schlug. In nächster Nähe vor seinem Gesicht leuchteten riesig die Buchstaben: HABT KEINE ANGST.

«Jerry!» schrie Ted. «Schluß damit, Jerry! Jerry!»

Mit einemmal tauchte neben Ted Harrys Gesicht auf, die Brille schief auf der Nase. «Sparen Sie sich die Mühe. Er bringt uns alle um!»

«Er versteht nicht», rief Ted, während er mit wild rudernden Armen rückwärts auf die Sitzbank fiel.

Das ohrenbetäubende Knirschen von Metall auf Metall wollte nicht aufhören. Die Stöße warfen Norman von einer Seite zur anderen. Er versuchte, sich auf den Beinen zu halten, konnte aber mit seinen nassen Händen keinen Halt finden.

«Achtung», sagte Barnes über die Sprechanlage. «Chan und ich gehen raus! Fletcher übernimmt das Kommando!»

«Gehen Sie nicht raus!» rief Harry. «Gehen Sie bloß nicht da raus!»

«Wir öffnen jetzt die Luke», sagte Barnes lakonisch. «Tina, Sie folgen mir.»

«Es wird Sie umbringen!» rief Harry, dann taumelte er gegen Beth. Norman stürzte erneut zu Boden und schlug sich den Kopf an einem der Beine der Sitzbank.

«Wir sind draußen», sagte Barnes.

Unvermittelt hörte der Lärm auf. Das Habitat lag still, und die Menschen in seinem Inneren verharrten bewegungslos in den merkwürdigsten Stellungen. Während durch ein Dutzend winziger Lecks Wasser hereinsprühte, blickten sie unverwandt auf den Lautsprecher der Sprechanlage und warteten.

«Wir sind von der Luke weg», sagte Barnes. «Unsere Ausgangsposition ist günstig. Unsere Bewaffnung besteht aus Harpunen J-9 mit Taglin-50-Sprengköpfen. Wir werden es dem Schweinehund schon zeigen.»

Stille.

«Wasser… schlechte Sicht. Weniger als ein Meter fünfzig. Wohl aufgewirbelte… Ablagerungen vom Boden und … sehr dunkel, geradezu schwarz. Wir tasten uns an den Röhren entlang.»

Stille.

«Nordseite. Wir gehen jetzt nach Osten. Tina?»

Stille.

«Tina?»

«Hinter Ihnen, Sir.»

«In Ordnung. Legen Sie die Hand auf meine Luftflasche, damit Sie – gut so.»

Stille.

Drinnen seufzte Ted. «Ich finde, sie sollten es nicht umbringen», sagte er leise.

Das wird ihnen auch kaum gelingen, dachte Norman.

Sie lauschten auf Barnes' und Tinas Atemstöße, die von der Sprechanlage verstärkt wiedergegeben wurden.

«Nordost-Ecke… – alles in Ordnung. Spüre starke Strömung, Wasser bewegt sich… etwas ist in der Nähe… kann nichts sehen... Sicht unter ein Meter fünfzig. Kann kaum die Stütze sehen, an der ich mich jetzt halte. Aber ich kann es spüren. Es ist groß. Es ist in der Nähe. Tina?»

Stille.

Ein lautes scharfes Knacken, Rauschen. Dann Stille.

«Tina? Tina?»

Stille.

«Ich habe Tina verloren.»

Wieder Stille, diesmal sehr lang.

«Ich weiß nicht, was es... Tina, wenn Sie mich hören können, bleiben Sie, wo Sie sind. Ich greife es von hier... In Ordnung... Es ist ganz nah... Ich spüre, wie es sich bewegt... Schiebt eine ganz schöne Bugwelle vor sich her, das Miststück. Ein richtiges Ungeheuer.»

Erneut Stille.

«Wenn ich nur besser sehen könnte.»

Stille.

«Tina? Sind Sie das –?»

Dann ein dumpfer Schlag, vielleicht eine Detonation. Die Menschen sahen einander an, versuchten zu verstehen, was das Geräusch zu bedeuten hatte, doch im nächsten Augenblick begann das Habitat erneut zu schwanken und zu knirschen. Norman, der darauf nicht vorbereitet war, wurde seitlich gegen die scharfe Kante der Schott-Tür geschleudert, und alles um ihn herum versank in Grau. Er sah noch, wie neben ihm Harry an die Wand prallte und seine Brille herunterfiel. Während er danach griff, um sie Harry zu geben, da er wußte, daß dieser auf sie angewiesen war, verlor Norman das Bewußtsein, und alles wurde schwarz.

Heiße Wasserstrahlen ergossen sich über ihn, und er atmete den Dampf ein. Unter der Dusche stehend, sah Norman an seinem Körper herab und dachte, ich sehe aus, als hätte ich gerade einen Flugzeugabsturz überlebt; als wäre ich einer jener Überlebenden, die ich so oft gesehen und bei denen ich mich immer gewundert habe, daß sie überhaupt noch am Leben waren.

In den Beulen auf seinem Kopf pochte es. Sein Körper war von der Brust bis zum Unterleib mit Abschürfungen bedeckt. Sein linker Oberschenkel war lila angelaufen, die rechte Hand geschwollen. Sie schmerzte.

Eigentlich gab es keine Stelle an seinem Körper, die nicht schmerzte. Stöhnend hob er das Gesicht den Wasserstrahlen entgegen.

«He», rief Harry. «Kann ich auch mal?»

«Na klar.»

Norman trat aus der Dusche, und Harry stieg hinein. Abschürfungen und Kratzer bedeckten seinen mageren Leib. Norman sah zu Ted hinüber, der auf einer der Kojen auf dem Rücken lag. Er hatte sich beide Schultern ausgekugelt, und Beth hatte eine halbe Stunde gebraucht, sie ihm wieder einzukugeln, selbst nachdem sie ihn zuvor mit Morphium vollgepumpt hatte.

«Wie fühlst du dich jetzt?» fragte ihn Norman.

«Ganz gut.»

Teds Gesicht wirkte ausdruckslos. Seine Munterkeit war dahin. Die ausgekugelten Schultern sind nicht seine schlimmste Verletzung, dachte Norman. In vielerlei Hinsicht ein naives Kind, muß er zutiefst entsetzt gewesen sein, als er begriff, daß diese außerirdische Intelligenz uns feindlich gesonnen ist.

«Tut's sehr weh?» erkundigte sich Norman.

«Es geht.»

Norman setzte sich langsam auf seine Koje und fühlte, wie ihm der Schmerz an der Wirbelsäule hochschoß. Dreiundfünfzig Jahre, dachte er. Ich sollte Golf spielen. An jedem Ort der

Erde sollte ich sein, nur hier nicht. Er zuckte zusammen und schob vorsichtig einen Schuh über seinen verletzten rechten Fuß. Aus irgendeinem Grund fielen ihm Levys nackte Zehen ein, grau im Tod, und ihr Fuß, der gegen sein Visier schlug.

«Hat man Barnes gefunden?» fragte Ted.

«Nicht daß ich wüßte», sagte Norman. «Ich glaube aber nicht.»

Er zog sich ganz an und ging in Röhre D. Den Pfützen in dem Gang wich er mit großen Schritten aus. Die Einrichtung in Röhre D hatte sich mit Wasser vollgesogen, die Computertische waren naß, und die Wände dort, wo Fletcher die Risse mit Urethanschaum besprüht hatte, mit unregelmäßigen weißen Klecksen bedeckt.

Sie stand jetzt mit der Sprühdose in der Hand in der Mitte des Raums. «Nicht mehr so hübsch wie vorher», sagte sie.

«Hält das denn?»

«Schon. Aber noch einen solchen Angriff überstehen wir garantiert nicht.»

«Was ist mit der Elektronik? Funktioniert noch alles?»

«Hab ich noch nicht überprüft, müßte aber in Ordnung sein. Die Anlage ist wasserfest.»

Norman nickte. «Irgendein Zeichen von Captain Barnes?» Er sah auf den blutigen Handabdruck an der Wand.

«Nein, Sir. Nichts.» Fletchers Augen folgten seinem Blick. «Ich mach hier gleich sauber, Sir.»

«Wo ist Tina?» fragte Norman.

«Sie ruht sich aus. In E.»

Norman nickte. «Ist es da trockener als hier?»

«Ja», sagte Fletcher. «Es ist komisch. Während des Angriffs war niemand in der Röhre, und sie ist vollständig trocken geblieben.»

«Irgendwas von Jerry?»

«Kein Kontakt, Sir, nein.»

Norman schaltete einen der Computer an.

«Jerry, bist du da?»

Der Bildschirm blieb schwarz.

«Jerry?»

Er wartete einen Augenblick, dann schaltete er das Gerät wieder ab.

«Sehen Sie es sich ruhig mal an», sagte Tina. Sie setzte sich auf und schlug die Decke über ihrem linken Bein zurück. Die Verletzung sah jetzt viel schlimmer aus als zuvor. Als sie Tina schreien hörten, waren sie durch das Habitat gestürmt und hatten sie durch die Bodenluke in Röhre A hereingezogen. Diagonal über ihr ganzes Bein verlief eine Reihe untertassenförmiger, lila verfärbter Wülste, die in der Mitte aufgequollen waren. «Es ist in der letzten Stunde ziemlich stark angeschwollen», sagte Tina.

Norman untersuchte die Verletzungen. Winzige Zahnabdrücke lagen kreisförmig um die geschwollenen Bereiche. «Erinnern Sie sich, wie es sich angefühlt hat?» fragte er.

«Abscheulich», sagte Tina. «Klebrig, wie Leim oder so. Und dann haben diese runden Stellen angefangen, teuflisch zu brennen.»

«Und was konnten Sie sehen? Von dem Geschöpf selbst?»

«Nur, daß es lang war, flach wie ein Spatel. Es hat ausgesehen wie ein riesiges Blatt; es ist auf mich zugekommen und hat sich um mich gelegt.»

«Welche Farbe hatte es?»

«Irgendwie bräunlich. Ich konnte nicht gut sehen.»

Er machte eine kurze Pause. «Und Captain Barnes?»

«Während der Aktion wurden wir getrennt, Sir. Ich weiß nicht, was mit ihm passiert ist, Sir.» Tina gab sich dienstlich, ihr Gesicht glich einer Maske. Norman dachte, wir wollen dem jetzt nicht weiter nachgehen. Mir ist es egal, ob du vor dem Feind weggelaufen bist oder nicht.

«Hat Beth diese Verletzung gesehen, Tina?»

«Ja, Sir, sie war vor einigen Minuten hier.»

«Gut. Ruhen Sie sich jetzt aus.»

«Sir?»

«Ja, Tina?»

«Wer schreibt den Bericht, Sir?»

«Ich weiß nicht. Wir wollen uns darüber jetzt nicht den Kopf zerbrechen, sondern einfach zusehen, daß wir die Sache durchstehen.»

«Ja, Sir.»

Als er sich Beths Labor näherte, hörte er Tinas Stimme vom Band sagen: «Glauben Sie, daß man die Kugel je aufkriegt?»

Beth sagte: «Möglich. Ich weiß nicht.»

«Mir macht sie angst.»

Dann kam Tinas Stimme erneut: «Glauben Sie, daß man die Kugel je aufkriegt?»

«Möglich. Ich weiß nicht.»

«Mir macht sie angst.»

In ihrem Labor beugte Beth sich über den Monitor.

«Versuchst du es immer noch?» fragte Norman.

«Ja.»

Auf dem Band schob Beth sich das letzte Stück Kuchen in den Mund und sagte: «Ich glaube nicht, daß es einen Grund gibt, sich zu ängstigen.»

«Es ist das Unbekannte», erklärte Tina.

«Schon», sagte die Beth auf dem Bildschirm, «aber etwas muß nicht gleich gefährlich oder angsteinflößend sein, bloß weil es unbekannt ist. Höchstwahrscheinlich ist es nur einfach unerklärlich.»

«Berühmte letzte Worte», sagte Beth, während sie sich selbst zusah.

«Damals klangen sie gut», sagte Norman, «um Tina zu beruhigen.»

Auf dem Bildschirm fragte Beth: «Haben Sie Angst vor Schlangen?»

«Nein, vor Schlangen nicht», gab Tina zur Antwort.

«Nun, mir sind sie zuwider», sagte Beth. «Schleimige, kalte Geschöpfe – ich kann sie nicht ausstehen.»

Beth hielt das Band an und wandte sich zu Norman. «Scheint schon sehr lange her zu sein, was?»

«Das habe ich auch gerade gedacht», sagte Norman.

«Bedeutet das, daß wir das Leben in vollen Zügen genießen?»

«Ich glaube, es bedeutet, daß wir in Lebensgefahr schweben», sagte Norman. «Warum interessiert dich das Band so?»

«Weil ich nichts Besseres zu tun habe. Wenn ich mich nicht mit irgendwas beschäftige, schreie ich los und lege euch eine von diesen typisch weiblichen Szenen hin. Du hast mich ja schon mal dabei erlebt, Norman.»

«Tatsächlich? Ich kann mich an keine erinnern.»

«Danke», sagte sie.

Norman bemerkte eine Decke auf der Liege, die in einer Ecke des Labors stand. Außerdem hatte Beth eine der Lampen vom Arbeitstisch genommen und an der Wand über der Liege angebracht. «Schläfst du jetzt hier?»

«Ja, mir gefällt es hier oben in der Röhre – ich komme mir vor wie die Königin der Unterwelt.» Sie lächelte. «Etwa so wie ein Kind in seinem Baumhaus. Hattest du als Junge eins?»

«Nein», sagte Norman. «Nie.»

«Ich auch nicht», sagte Beth. «Aber ich stell mir vor, daß es so gewesen wäre, wenn ich eins gehabt hätte.»

«Sieht sehr gemütlich aus, Beth.»

«Du denkst wohl, ich dreh demnächst durch?»

«Nein. Ich hab einfach gesagt, daß es gemütlich aussieht.»

«Du kannst es mir ruhig sagen, wenn du das glaubst.»

«Ich glaube, dir geht es ganz gut, Beth. Was ist mit Tina? Hast du dir ihre Wunde angesehen?»

«Ja.» Beth runzelte die Stirn. «Und das hier hab ich mir auch angesehen.» Sie wies auf einige weiße Eier in einem Glasgefäß auf dem Labortisch.

«Noch mehr Eier?»

«Sie klebten an Tinas Anzug, als wir sie hereinholten. Ihre Verletzung hängt mit ihnen zusammen, auch der Geruch. Erinnerst du dich, wie es gerochen hat, als wir sie reingezogen haben?»

Norman erinnerte sich sehr gut. Tina hatte so stark nach Ammoniak gerochen, als wäre sie von Kopf bis Fuß mit Riechsalz bestreut.

«Soweit ich weiß, gibt es nur ein einziges Tier, das so stark nach Ammoniak riecht – *Architeuthis sanctipauli*», sagte Beth.

«Was heißt das?»

«Es gehört zu der Art der Riesenkalmare.»

«Und so einer hat uns angegriffen?»

«Ich glaube, ja.»

Sie erklärte, daß über diese Riesenkalmare nur wenig bekannt sei, weil die einzigen je untersuchten Exemplare ans Ufer gespülte Tiere waren, die sich bereits in einem fortgeschrittenen Stadium der Verwesung befanden und stark nach Ammoniak rochen. Lange galt der Riesenkalmar als geheimnisumwittertes Seeungeheuer, ähnlich wie der ihm nicht artverwandte Krake. Erst nachdem ein französisches Kriegsschiff Teile eines toten Tieres an Bord geholt hatte, erschienen 1861 die ersten zuverlässigen wissenschaftlichen Berichte. An zahlreichen erlegten Walen hatte man zudem Narben entdeckt, die von riesigen Saugnäpfen herrührten und von Unterwasserkämpfen zeugten. Wale waren die einzigen bekannten Gegner des Riesenkalmars – die einzigen Tiere, die groß genug waren, es mit ihm aufzunehmen.

«Inzwischen», sagte Beth, «wurden in allen großen Weltmeeren Riesenkalmare beobachtet. Es gibt mindestens drei deutlich unterschiedene Arten. Die Tiere werden sehr groß und können ein Gewicht von fünfhundert Kilo oder sogar noch mehr erreichen. Um den etwa sechs Meter großen Körper oder ‹Kopf› sind acht etwa drei Meter lange und mit langen Reihen von Saugnäpfen besetzte Arme angeordnet. In der Mitte des ‹Kopfes›, dort, wo die Arme zusammenlaufen, liegt das scharfe Mundwerkzeug, das wie ein Papageienschnabel aussieht, nur daß es achtzehn bis zwanzig Zentimeter lang ist.»

«Daher also der Riß in Levys Anzug?»

«Ja.» Sie nickte. «Das Mundwerkzeug sitzt in einem Muskelring, so daß es sich beim Zubeißen kreisförmig drehen kann. Und die Radula – die Raspelzunge des Tieres – hat eine rauhe Oberfläche, wie eine grobe Feile.»

«Tina hat etwas von einem Blatt gesagt, einem braunen Blatt.»

«Der Riesenkalmar besitzt außer seinen acht Armen noch zwei Fangarme, die weit länger sind als diese, bis zu dreizehn Metern. Sie enden in einem abgeplatteten ‹Handteller›, der als ‹Manus› bezeichnet wird und einem Blatt sehr ähnelt. Mit der Manus fängt der Kalmar seine Beute. Die Saugnäpfe auf dieser Hand umgibt jeweils ein kleiner harter Chitinring; von ihnen stammen die kreisförmigen Einkerbungen rings um die Wunde.»

«Wie könnte man gegen so ein Tier vorgehen?» fragte Norman.

«Nun», sagte Beth, «in der Theorie sind Riesenkalmare trotz ihrer Größe nicht besonders kräftig.»

«So weit die Theorie», sagte Norman.

Sie nickte. «Natürlich weiß niemand, wie stark sie wirklich sind, da man noch nie ein lebendes Exemplar beobachten konnte. Wir genießen das zweifelhafte Vergnügen, die ersten zu sein.»

«Kann man so ein Tier töten?»

«Das müßte ziemlich leicht sein. Das Gehirn des Riesenkalmars liegt hinter dem Auge, das einen Durchmesser von zirka fünfunddreißig Zentimetern hat, also etwa wie eine große Tortenplatte. Wenn man ihn irgendwo in diesem Bereich mit einem Explosivgeschoß träfe, würde man sein Nervenzentrum nahezu mit Sicherheit zerstören, und er wäre erledigt.»

«Glaubst du, daß Barnes ihn getötet hat?»

Sie zuckte die Schultern. «Keine Ahnung.»

«Gibt es in einem Gebiet jeweils mehr als einen davon?»

«Ich weiß nicht.»

«Werden wir wieder einen zu sehen bekommen?»

«Ich weiß nicht.»

Norman ging nach unten in die Befehls- und Nachrichtenzentrale, um zu sehen, ob er mit Jerry Verbindung bekommen konnte, doch Jerry reagierte nicht. Norman muß dann auf dem Sessel vor der Instrumentenwand eingeschlafen sein, denn mit einemmal fuhr er hoch und erblickte verblüfft einen schmucken schwarzen Matrosen in Uniform, der unmittelbar hinter ihm stand und über seine Schulter auf die Bildschirme sah.

«Wie geht's, Sir?» fragte der Mann. Er war ganz ruhig. Seine Navy-Uniform war tadellos gebügelt.

Norman fühlte sich ungeheuer erleichtert. Daß der Mann hier war, konnte nur eines bedeuten – die Versorgungsschiffe waren wieder da! Sie waren zurückgekehrt, und man hatte Tauchboote nach unten geschickt, um das Team heraufzuholen! Sie würden alle gerettet!

Norman schüttelte dem Matrosen die Hand und sagte: «Ich bin verdammt froh, Sie zu sehen.»

«Vielen Dank, Sir.»

«Seit wann sind Sie hier?» fragte Norman.

«Gerade eben angekommen, Sir.»

«Wissen die anderen es schon?»

«Die anderen, Sir?»

«Ja. Wir sind noch, hm, sechs. Hat man sie benachrichtigt?»

«Darüber kann ich nichts sagen, Sir.»

Der Fremde wirkte in einer Weise teilnahmslos, die Norman sonderbar erschien. Der Matrose schaute sich im Inneren der Röhre um, und einen Augenblick lang sah Norman die Umgebung durch seine Augen – das feuchte Innere, die beschädigte Einrichtung, die mit Schaum besprühten Wände. Es sah aus wie nach einem Bombenangriff.

«Wir haben eine ziemlich schlimme Zeit erlebt», sagte Norman.

«Das sehe ich, Sir.»

«Drei von uns sind tot.»

«Es tut mir leid, das zu hören, Sir.»

Wieder diese Teilnahmslosigkeit, diese Distanz. War das dienstliche Korrektheit? Machte er sich Sorgen wegen einer anhängigen Kriegsgerichtsverhandlung? Oder war es was anderes?

«Woher kommen Sie?» fragte Norman.

«Von wo ich komme, Sir?»

«Von welchem Schiff?»

«Ach so. Von der *Sea Hornet*, Sir.»

«Liegt die jetzt oben?»

«Ja, Sir.»

«Na, dann los», sagte Norman. «Sagen Sie den anderen, daß Sie da sind.»

«Jawohl, Sir.»

Der Matrose ging davon, und Norman sprang auf und schrie: «Hurra! Wir sind gerettet!»

«Eine Halluzination war er jedenfalls nicht», sagte Norman, den Blick auf den Bildschirm geheftet. «Da auf dem Monitor ist er leibhaftig zu sehen.»

«Ja, schon – aber wohin ist er verschwunden?» fragte Beth.

Eine volle Stunde hatten sie das Habitat gründlich durchsucht, ohne eine Spur des schwarzen Matrosen zu finden. Von einem Tauchboot war draußen nichts zu sehen. Hinweise auf die Anwesenheit von Schiffen gab es auch nicht. Der von ihnen nach oben geschickte Wetterballon hatte noch eine Windgeschwindigkeit von hundertzwanzig Stundenkilometern und fast zehn Meter hohen Wellen registrieren können, dann war die Litze gerissen.

Woher also war er gekommen? Und wohin gegangen?

Fletcher befragte den Computer. Daten erschienen auf einem Bildschirm. «Was halten Sie davon? In dem Register unserer gegenwärtig im Dienst stehenden Schiffe ist keines mit Namen *Sea Hornet* aufgeführt.»

«Was zum Teufel geht hier vor?» fragte Norman.

«Vielleicht war er doch eine Halluzination», sagte Ted.

«Halluzinationen werden von Videobändern nicht aufgezeichnet», sagte Harry. «Außerdem habe ich ihn auch gesehen.»

«Tatsächlich?» fragte Norman.

«Ja. Ich war gerade aufgewacht und hatte von unserer Rettung geträumt. Ich lag noch auf der Koje, da hörte ich Schritte, und er kam herein.»

«Hast du mit ihm gesprochen?»

«Ja, aber er war seltsam. So abwesend. Irgendwie gelangweilt.»

Norman nickte. «Man konnte gleich merken, daß was mit ihm nicht stimmte.»

«Allerdings.»

«Aber woher ist er gekommen?» fragte Beth.

«Ich kann mir nur eine Möglichkeit denken», sagte Ted. «Aus der Kugel. Vielleicht hat ihn die Kugel geschaffen. Da steckt bestimmt Jerry dahinter.»

«Warum sollte er? Um uns nachzuspionieren?»

Ted schüttelte den Kopf. «Ich denke darüber schon eine ganze Weile nach», sagte er. «Mir scheint, daß Jerry die Fähigkeit besitzt, Dinge oder Wesen zu erschaffen. Zum Beispiel die Tiere. Ich glaube nicht, daß Jerry wirklich der Riesenkalmar *ist*, der uns angegriffen hat, sondern daß er ihn erschaffen hat. Ich glaube nicht, daß Jerry uns angreifen möchte, aber nach dem, was Beth gesagt hat, könnte der von Jerry erschaffene Riesenkalmar seinerseits die Anlage angegriffen haben, weil er die Röhren für seinen Todfeind, den Pottwal, hielt. Dann wäre der Angriff eine Art Schöpfungsunfall.»

Nachdenklich hörten sie zu. Norman fand die Erklärung zu einfach. «Ich sehe eine andere Möglichkeit, nämlich, daß Jerry uns feindlich gesonnen ist.»

«Das glaube ich nicht», sagte Ted. «Ich halte ihn nicht für feindselig.»

«Auf jeden Fall verhält er sich so, Ted.»

«Aber ich glaube nicht, daß er es wirklich will.»

«Was auch immer er beabsichtigt», sagte Fletcher, «von einem neuen Angriff sollte er besser absehen, denn weder die Konstruktion noch die Versorgungssysteme würden den überstehen.»

«Nach dem ersten Angriff mußte ich den Druck im Inneren erhöhen», fuhr sie fort, «um die Lecks abzudichten. Damit kein Wasser eindringen kann, muß der Druck innerhalb des Habitats den des Wassers draußen übersteigen. Zwar sind jetzt alle Lecks dicht, doch dafür ist durch all die Ritzen ziemlich viel Luft entwichen. Eine einzige Stunde Reparaturarbeiten hat uns fast sechzehn Stunden unserer Luftreserve gekostet. Ich mach mir Sorgen, ob unser Luftvorrat reicht.»

Es entstand eine Pause. Alle überlegten, was das bedeutete.

«Zum Ausgleich», sagte Fletcher, «habe ich den Innendruck etwas verringert. Wir haben jetzt einen leicht negativen Druck, das müßte gutgehen. Unsere Luft wird reichen. Aber ein weiterer Angriff unter diesen Bedingungen, und die Röhren würden wie eine Bierdose zerquetscht.»

Norman erfüllten diese Ausführungen mit Unbehagen, zugleich aber beeindruckte ihn Fletchers Tüchtigkeit. Auf sie war Verlaß. «Haben Sie uns für den Fall eines neuen Angriffs etwas vorzuschlagen, Teeny?»

«Nun, wir haben in Röhre B ein HSVS.»

«Ein was?»

«Ein Hochspannungs-Verteidigungssystem. Es handelt sich um einen kleinen Kasten, der die Außenwände der Röhren beständig unter Strom hält, um eine elektrolytische Korrosion des Metalls zu verhindern. Die Spannung ist so gering, daß man sie normalerweise nicht spürt. An die Anlage angeschlossen ist ein grüner Kasten, der das eigentliche HSVS enthält. Im Prinzip ist es ein Aufwärts-Transformator, der zwei Millionen Volt von geringer Stromstärke durch die Außenwandung der Röhren leitet. Das dürfte für jedes Tier äußerst unangenehm sein.»

«Warum haben wir das nicht schon früher eingesetzt?» wollte Beth wissen. «Barnes hätte es doch einschalten können, statt sein Leben zu –»

«– weil das mit dem Grünen Kasten nicht so einfach ist», erläuterte Fletcher. «Die Sache funktioniert vorwiegend theoretisch. Soweit mir bekannt ist, hat es in der Praxis unter Wasser noch niemand darauf ankommen lassen.»

«Schon, aber es wird doch wohl getestet worden sein.»

«Gewiß – und bei jedem Test ist im Habitat Feuer ausgebrochen.»

Eine Pause trat ein, in der jeder für sich das Gehörte verarbeitete. Schließlich fragte Norman: «Schlimm?»

«In der Regel ging die Wandverkleidung dabei in Flammen auf, also die Kälteisolierung.»

«Die Wandverkleidung!» rief Norman.

«Wir würden also nach wenigen Minuten an Unterkühlung sterben.»

Beth mischte sich ein: «Wie schlimm kann so ein Feuer denn sein? Feuer braucht doch Sauerstoff, und die Atmosphäre hier unten enthält nur zwei Prozent.»

«Das ist zwar richtig, Dr. Halpern», antwortete Fletcher, «aber der effektive Sauerstoffgehalt schwankt. Die Anlage liefert viermal pro Stunde jeweils einen kurzen Sauerstoffstoß von sechzehn Prozent Volumenanteil. Das wird automatisch gesteuert, und man kann das System nicht beeinflussen. Bei hohem Sauerstoffanteil der Luft würde ein Feuer hier hervorragend Nahrung finden und dreimal schneller brennen als oben. Dabei kann es leicht außer Kontrolle geraten.»

Norman sah sich in der Röhre um. An den Wänden hingen drei Feuerlöscher. Jetzt, wo er darauf achtete, fiel ihm ein, daß es überall im Habitat Feuerlöscher gab. Sie waren ihm vorher nur nicht aufgefallen.

«Selbst wenn wir das Feuer in den Griff bekämen, wäre es für die Systeme eine Katastrophe», fuhr Fletcher fort. «Die Entlüftungsanlage ist für die zusätzliche Belastung mit Kohlenmonoxid, Ruß und so weiter nicht ausgelegt.»

«Was also sollen wir tun?»

«Ich würde empfehlen», sagte Fletcher, «das HSVS nur im äußersten Notfall einzuschalten.»

Die Gruppenmitglieder sahen einander an und nickten.

«Einverstanden», sagte Norman, «nur im äußersten Notfall.»

«Wir müssen einfach hoffen, daß kein neuer Angriff kommt.»

«Ein neuer Angriff...» Es entstand eine lange Pause, während sie diese Möglichkeit überdachten. Dann tat sich etwas auf Tinas Plasma-Bildschirm, und ein leises hohes Pfeifen erfüllte den Raum.

«Kontakt an den Wärmefühlern der Außenumzäunung», sagte Tina mit unbeteiligt klingender Stimme.

«Wo?» fragte Fletcher.

«Im Norden. Es kommt näher.»

Auf dem Bildschirm sahen sie die Worte: ICH KOMME.

Sie schalteten Innen- und Außenbeleuchtung ab. Norman versuchte, angestrengt durch das Bullauge spähend, in der Dunkelheit etwas zu erkennen. Schon seit langem wußten sie, daß hier unten nicht völlige Finsternis herrschte; das Wasser des Pazifik war so klar, daß noch in dreihundert Metern Tiefe etwas Restlicht auf den Meeresboden fiel. Es war nur sehr schwach – Edmunds hatte es mit dem Licht von Sternen verglichen –, aber man konnte auch an der Erdoberfläche beim Licht der Sterne etwas erkennen.

Jetzt legte er die gewölbten Hände an die Schläfen, um den schwachen Lichtschein der Monitore abzuschirmen, und wartete, bis sich seine Augen an die Dunkelheit gewöhnt hatten. Hinter ihm arbeiteten Tina und Fletcher an den Bildschirmen. Er hörte das Zischen der Unterwasser-Horchgeräte.

Alles war genau wie beim erstenmal.

Ted stand am Videogerät und fragte: «Jerry, kannst du mich hören? Jerry, hörst du mich?» Er bekam keine Antwort.

Beth trat zu Norman. «Siehst du was?»

«Noch nicht.»

Hinter ihnen sagte Tina: «Achtzig Meter, nähert sich... Sechzig Meter. Soll ich das Sonar einschalten?»

«Kein Sonar», sagte Fletcher. «Nichts, womit wir seine Aufmerksamkeit erregen könnten.»

«Sollen wir dann nicht alle elektronischen Einrichtungen abschalten?»

«Ja, tun Sie das.»

Die Bildschirme wurden dunkel. Jetzt gab es nur noch das rote

Glimmen der Raumheizgeräte über ihren Köpfen. Sie saßen im Dunkeln und sahen hinaus. Norman versuchte sich zu erinnern, wie lange es dauert, bis sich die Augen an die Dunkelheit gewöhnen. Bis zu drei Minuten, fiel ihm ein.

Allmählich konnte er Umrisse erkennen: auf dem Boden das Gitternetz der Planquadrate, undeutlich die hohe Leitwerkflosse des Raumschiffs, die steil emporragte.

Dann sah er noch etwas.

Einen grünen Schimmer in der Ferne, am Sichthorizont.

«Wie ein grüner Sonnenaufgang», sagte Beth.

Der Schimmer verstärkte sich, dann sahen sie ein formloses grünes Gebilde mit Streifen an den Seiten. Genau wie das Bild, das wir früher schon mal gesehen haben, dachte Norman. Einzelheiten konnte er nicht ausmachen.

«Ist das ein Kalmar?» fragte er.

«Ja», sagte Beth.

«Ich kann nichts erkennen...»

«Du siehst ihn sozusagen von oben. Er wendet uns den Körper zu, die Arme liegen dahinter und werden so zum Teil verdeckt. Deswegen kannst du sie nicht sehen.»

Der Kalmar wurde größer. Er kam deutlich erkennbar auf sie zu.

Ted lief von den Bullaugen zu den Geräten. «Jerry, hörst du? Jerry?»

«Die elektronischen Anlagen sind ausgeschaltet, Dr. Fielding», sagte Fletcher.

«Dann stellen Sie sie wieder an! Wir müssen doch versuchen, mit ihm zu reden.»

«Ich denke, wir sind über das Verhandlungsstadium hinaus, Sir.»

Der ganze Körper des Kalmars leuchtete schwach in einem tiefgrünen Licht. Jetzt konnte Norman eine scharfe, senkrechte Kante in dem Körper erkennen. Die Fangarme und die anderen Arme des Kalmars waren ebenfalls deutlich zu sehen. Der Umriß wurde größer. Das Tier bewegte sich seitwärts.

«Es schwimmt um das Meßgitter herum.»

«Ja», sagte Beth. «Kalmare sind intelligent und können aus Erfahrung lernen. Wahrscheinlich erinnert er sich jetzt daran, daß es ihm nicht gefallen hat, wie er beim vorigen Mal dagegen gestoßen ist.»

Während er die Leitwerkflossen des Raumschiffs passierte, konnten sie seine Größe ungefähr abschätzen. Er ist so groß wie ein Haus, dachte Norman. Das Geschöpf glitt durch das Wasser ruhig auf sie zu. Obwohl sein Herz vor Angst heftig klopfte, spürte Norman eine gewisse Ehrfurcht.

«Jerry? *Jerry*!»

«Spar dir die Mühe, Ted.»

«Dreißig Meter», sagte Tina. «Kommt näher.»

Mittlerweile konnte Norman die Arme zählen und die beiden langen Fangarme klar erkennen, die, gleich leuchtenden Linien, weit über den Körper hinausragten. Arme und Tentakeln bewegten sich leicht in der Strömung. Zur Fortbewegung benutzt der Kalmar nicht seine Arme, sondern er gewinnt den nötigen Schub aus dem Rückstoß des Wassers, das er mit gleichmäßiger Muskelkontraktion aus seinem Körper herauspreßt.

«Zwanzig Meter.»

«Der ist ja gewaltig», sagte Harry.

«Ja», sagte Beth, «und wir sind die ersten Menschen, die einen Riesenkalmar lebend in seinem Element zu Gesicht bekommen. Eigentlich ein bedeutender Augenblick.»

Sie hörten das Glucksen des Wassers, das an den Sensoren der Horchgeräte vorbeiströmte, als sich das Tier näherte.

«Zehn Meter.»

Einen Augenblick lang wandte das riesige Geschöpf dem Habitat seine Seite zu, und sie konnten es im Profil sehen: den zehn Meter langen, grün leuchtenden Körper mit dem ungeheuer großen, starr blickenden Auge, dem Kreis aus Armen, die sich wie bösartige Schlangen wanden, und den beiden langen Tentakeln, die in einem abgeplatteten, blattförmigen Abschnitt endeten.

Das Tier drehte sich, bis Arme und Tentakeln auf das Habitat gerichtet waren und der Blick frei wurde auf das scharfkantige Mundwerkzeug in einem Kranz grün schimmernder Muskeln.

«O Gott...»

Es schob sich so nah heran, daß die Menschen im Inneren des Habitats einander in dem grünlichen Schimmer, der durch die Bullaugen fiel, sehen konnten. Es geht los, dachte Norman, und diesmal werden wir es nicht überleben.

Sie hörten, wie einer der Arme dumpf gegen das Habitat schlug.

«Jerry!» schrie Ted. Seine Stimme war schrill vor Spannung.

Der Kalmar hielt inne. Sein Körper bewegte sich jetzt seitwärts, und sie konnten sehen, wie das riesige Auge sie anstarrte.

«Jerry! Hör mir zu!»

Das Tier schien zu zögern.

«Er hört zu!» rief Ted, nahm eine Taschenlampe von einem Haken und hielt sie gegen das Bullauge. Er ließ sie einmal kurz aufblinken.

Der Riesenleib des Kalmars leuchtete grün, wurde für kurze Zeit schwarz und leuchtete dann wieder grün auf.

«Er hört zu», sagte Beth.

«Natürlich. Er ist doch intelligent.» Ted ließ die Lampe zweimal hintereinander rasch aufblinken.

Das Tier blinkte zweimal zurück.

«Wie kann er das?» fragte Norman.

«Das sind gewisse Hautzellen, man nennt sie Chromatophore», erläuterte Beth. «Er kann sie öffnen und schließen und damit das Licht nach Belieben blockieren.»

Ted ließ die Lampe dreimal aufblinken.

Das Tier blinkte dreimal zurück.

«Das kann er aber schnell», sagte Norman.

«Du sagst es.»

«Er ist eben intelligent», sagte Ted, «ich hab's ja gesagt. Und er möchte mit uns reden.»

Ted blinkte: lang, kurz, kurz.

Das Tier tat es ihm nach.

«So ist's brav, Kleiner», sagte Ted. «Rede du nur immer schön mit mir, Jerry.»

Er blinkte noch eine kompliziertere Folge. Der Kalmar tat es ihm gleich, verschwand dann aber nach links.

«Ich muß dafür sorgen, daß er weiter mit uns redet», sagte Ted.

Er folgte dem Tier von Bullauge zu Bullauge und blinkte weitere Signale. Der Kalmar wiederholte diese zwar immer noch, aber Norman spürte, daß er jetzt auf etwas anderes hinauswollte.

Alle folgten Ted aus D nach C. Er blinkte mit der Taschenlampe, der Kalmar antwortete, setzte aber seinen Weg unbeirrt fort.

«Was hat er denn vor?»

«Vielleicht führt er uns...»

«Wozu?»

Sie erreichten Röhre B mit den Lebenserhaltungssystemen. Sie hatte keine Bullaugen. Ted ging weiter und betrat Röhre A, die Luftschleuse, in der es gleichfalls keine Bullaugen gab. Sofort sprang Ted die Leiter hinunter und öffnete die Bodenluke, so daß dunkles Wasser sichtbar wurde.

«Vorsicht, Ted.»

«Ich sag euch doch, er ist intelligent», sagte Ted. Das Wasser zu seinen Füßen schimmerte sanft grün. «Da kommt er schon.» Zunächst war von dem Tier außer dem grünen Lichtschein nichts zu sehen. Ted richtete die Taschenlampe aufs Wasser und blinkte.

Das Grün blinkte zurück.

«Er redet noch immer», sagte Ted. «Und solange er das tut –»

Mit überraschender Schnelligkeit schoß plötzlich einer der Fangarme durch das offene Wasser herein und beschrieb einen großen Bogen im Inneren der Schleuse. Norman sah einen Augenblick lang einen schimmernden Stiel, so dick wie der Körper eines Mannes, und daran ein riesiges schimmerndes Blatt, etwa anderthalb Meter lang, das blind an ihm vorbeifuhr. Als er sich instinktiv duckte, sah er, daß es Beth traf, so daß sie taumelte. Tina schrie entsetzt auf. Scharfe Ammoniakdämpfe brannten ihnen in den Augen. Der Fangarm schwang zu Norman zurück.

Dieser hob schützend die Arme und fühlte schleimiges, kaltes Fleisch, als sich der Riesenarm blitzschnell um ihn legte und ihn gegen die Metallwand der Luftschleuse schlug. Das Tier war unglaublich stark.

«Raus, alle raus, weg von dem Metall!» schrie Fletcher. Ted rappelte sich auf, strebte von der Luke und dem sich windenden Arm fort und hatte fast die Tür erreicht, als der Tentakel Norman freigab und sich um Ted schlang, so daß von seinem Körper kaum noch etwas zu sehen war. Ted grunzte, preßte die Hände gegen das Blatt. Seine Augen weiteten sich vor Entsetzen.

Norman stürzte vor, doch Harry hielt ihn zurück. «Laß! Jetzt kannst du nichts mehr tun!»

Ted wurde quer durch die ganze Schleuse in der Luft hin- und hergeschwungen, schlug von einer Wand gegen die andere. Sein Kopf sank zur Seite, Blut lief von seiner Stirn auf den leuchtenden Fangarm. Bei jedem Aufprall dröhnte die Röhre wie ein Gong.

«Raus!» schrie Fletcher. «Alle raus!»

Beth stürzte an ihnen vorbei. Harry zog Norman mit sich. In dem Augenblick schoß der zweite Fangarm aus dem Wasser empor und legte sich um Ted. Aus diesem Zangengriff gab es kein Entkommen.

«Weg vom Metall! Verdammt noch mal, weg von dem Metall!» schrie Fletcher wieder. Sie traten auf den Teppich der Röhre B, Fletcher legte den Schalter an dem grünen Kasten um, man hörte ein Summen von den Generatoren, und die Reihen der roten Heizstrahler verdunkelten sich, als zwei Millionen Volt durch das Metall der Habitatwandung schossen.

Die Reaktion kam prompt. Der Boden bebte unter ihren Füßen, als die Anlage von einer ungeheuren Kraft getroffen wurde, und Norman hätte schwören können, daß er einen Schrei hörte. Vielleicht war es auch nur das Geräusch des knirschenden Metalls gewesen. Die Tentakeln zogen sich rasch aus der Luftschleuse zurück. Ein letztes Mal fiel der Blick der anderen auf Teds Körper, bevor dieser in dem tintenschwarzen Wasser für immer verschwand, dann riß Fletcher den Schalthebel am grünen Kasten zurück. Doch schon schrillte der Alarm, leuchteten die Warnskalen auf.

«Feuer!» rief Fletcher. «Feuer in E!»

Fletcher gab ihnen Gasmasken; Normans Gasmaske rutschte ihm immer wieder über die Augen und nahm ihm die Sicht. Als sie Röhre D erreichten, war der Rauch bereits sehr dicht. Hustend tasteten sie sich vorwärts, stießen gegen Einrichtungsgegenstände.

«Möglichst tief unten halten», rief Tina und ging auf die Knie. Sie kroch voran. Fletcher war in Röhre B geblieben.

Vor ihnen war im grellroten Schein des Feuers die Schott-Tür zu erkennen, die in Röhre E führte. Tina riß einen Feuerlöscher von der Wand und ging hindurch, Norman folgte ihr auf dem Fuß. Zuerst dachte er, die ganze Röhre brenne. Flammen leckten an der Wandisolierung empor, dichte Rauchwolken stiegen zur Decke. Die Hitze war beinahe greifbar. Tina schwang den Feuerlöscher in weitem Bogen und begann, weißen Schaum zu versprühen. Im Feuerschein erkannte Norman einen weiteren Löscher und griff danach, doch das Metall war so heiß, daß er ihn fallen lassen mußte.

«Feuer in D», sagte Fletcher über die Sprechanlage.

Das ist das Ende, dachte Norman. Trotz der Gasmaske zwang ihn der beißende Rauch zu husten. Er nahm den Feuerlöscher vom Boden auf und begann zu sprühen. Sofort wurde es kühler. Tina rief ihm etwas zu, doch außer dem Brausen der Flammen hörte er nichts. Gemeinsam gelang es ihnen, das Feuer nach und nach zu ersticken, aber in der Nähe eines der Bullaugen brannte es immer noch. Er wandte sich ab und richtete den Strahl gegen den brennenden Boden unter seinen Füßen.

Auf die Explosion war er nicht gefaßt, sie dröhnte ihm schmerzhaft in den Ohren. Norman wandte sich um und sah erleichtert, daß der Strahl eines Wasserschlauchs in den Raum gerichtet war – bis er begriff, daß Feuer oder Druck eines der kleinen Bullaugen zum Bersten gebracht hatten, und Wasser mit unglaublicher Macht hereinschoß.

Wo war Tina? Dann sah er, daß sie gestürzt war. Sie kam mühsam auf die Füße, rief ihm etwas zu, glitt aus und rutschte in den zischenden Wasserstrahl. Sie wurde von der Gewalt des Wassers mit solcher Wucht an die gegenüberliegende Wand geschleudert, daß sie wahrscheinlich auf der Stelle tot war. Dann trieb sie mit dem Gesicht nach unten im Wasser, das rasch den Raum füllte. Tinas Hinterkopf klaffte offen; Norman sah die breiige Masse ihres Gehirns.

Er wandte sich zur Flucht. Schon lief Wasser über die Schwelle des Schotts, als er die schwere Tür hinter sich zuschlug und das Handrad drehte, um sie zu arretieren.

In Röhre D vermochte er nichts zu sehen; der Rauch hatte sich noch verdichtet. Durch ihn hindurch erkannte er undeutlich hier und da Flammen, hörte das Zischen von Feuerlöschern. Wo war seiner? Er mußte ihn wohl in E gelassen haben. Wie ein Blinder tastete er sich auf der Suche nach einem weiteren Feuerlöscher an den Wänden entlang. Er mußte husten, Augen und Lunge brannten ihm trotz der Gasmaske.

Dann begannen mit lautem metallischem Dröhnen die Stöße. Die ganze Anlage schwankte unter dem Angriff des Riesenkalmars. Norman hörte Fletcher durch die Sprechanlage, aber ihre Stimme war rauh und undeutlich. Die Attacken sowie das entsetzliche Knirschen fanden kein Ende, und Norman dachte: Jetzt ist es aus. Diesmal müssen wir dran glauben.

Er fand keinen Feuerlöscher, aber in der raucherfüllten Dunkelheit stießen seine suchenden Hände an der Wand auf etwas Metallenes, das er vorsichtig betastete. Es war eine Art Vorsprung, und Norman fragte sich noch, was es wohl sein mochte. Dann fuhren ihm zwei Millionen Volt durch den Körper, und laut schreiend stürzte er rücklings zu Boden.

Aus einem eigentümlichen Winkel starrte er auf eine Reihe von Lichtern und setzte sich auf. Dabei durchzuckte ihn ein stechender Schmerz. Er sah sich um und stellte fest, daß er auf dem Fußboden von Röhre D saß. Feiner, nach Rauch riechender Dunst hing in der Luft. Die verkleideten Wände waren an mehreren Stellen schwarz und verkohlt.

Hier muß es gebrannt haben, dachte er, während er erstaunt den Schaden betrachtete. Wann war das geschehen? Wo war er da gewesen?

Langsam erhob er sich auf ein Knie, kam auf die Füße. Er wandte sich der Röhre E zu, doch war die Schott-Tür dorthin aus irgendwelchen Gründen verschlossen. Er versuchte das Handrad zu lösen, aber es saß bombenfest.

Er sah niemanden. Wo waren die anderen? Dann fiel ihm ein, daß etwas mit Ted gewesen war. Er war tot. Richtig, der Kalmar hatte Teds Körper durch die Luftschleuse gewirbelt. Dann hatte Fletcher sie aufgefordert zurückzutreten und den Stromschalter umgelegt...

Allmählich kam ihm die Erinnerung. Das Feuer. Es hatte in Röhre E gebrannt. Er war mit Tina hingegangen, um es zu löschen. Ihm fiel wieder ein, wie er den Raum betreten hatte und die Flammen an den Seitenwänden emporgezüngelt waren... Was danach war, wußte er nicht mehr sicher.

Wo waren die anderen?

Einen schrecklichen Augenblick lang fürchtete er, der einzige Überlebende zu sein, dann aber hörte er ein Husten, das aus Röhre C zu kommen schien. Er folgte dem Geräusch, da er aber niemanden fand, ging er weiter nach B.

Fletcher war nicht da. Entlang der metallenen Leitungen verlief ein breiter Blutstreifen, und auf dem Teppich stand einer ihrer Schuhe. Das war alles.

Wieder hustete jemand irgendwo zwischen den Rohren.

«Fletcher?»

«Augenblick...»

Beth tauchte mit Schmierfett bedeckt zwischen den Leitungen auf. «Gut, du bist wieder auf. Ich glaube, ich hab die meisten Systeme wieder in Gang gebracht. Gott sei Dank hat die Marine dafür gesorgt, daß auf allen Gehäusen Gebrauchsanweisungen stehen. Der Rauch verzieht sich allmählich, die Luftwerte sehen wieder ganz brauchbar aus – nicht großartig, aber okay – und alles Lebensnotwendige scheint zu funktionieren. Wir haben Luft, Wasser, Wärme und Strom. Ich versuche gerade festzustellen, wie groß unser Vorrat an Luft ist, und wieviel Strom wir noch erzeugen können.»

«Wo ist Fletcher?»

«Ich kann sie nirgends finden.» Beth wies auf den Schuh und den blutigen Streifen.

«Und Tina?» fragte Norman. Die Vorstellung erschreckte ihn, hier unten ohne das Fachwissen des ausgebildeten Marinepersonals eingeschlossen zu sein.

«Die war bei dir», sagte Beth mit gerunzelter Stirn.

«Ich kann mich offenbar nicht erinnern», sagte Norman.

«Wahrscheinlich hast du einen ziemlich starken elektrischen Schlag bekommen und leidest daher unter retrograder Amnesie. Das würde erklären, warum du dich nicht an die letzten Minuten vor dem Schock erinnern kannst. Ich kann Tina auch nicht finden, aber den Zustandssensoren zufolge steht Röhre E unter Wasser und ist abgesperrt. Du warst mit ihr dort. Ich weiß nicht, warum die Röhre unter Wasser steht.»

«Was ist mit Harry?»

«Ich glaube, der hat auch einen elektrischen Schlag bekommen. Ihr könnt von Glück sagen, daß die Stromstärke nur gering war, sonst wärt ihr beide geröstet worden. Er liegt jedenfalls in C auf dem Boden, schläft oder ist bewußtlos. Vielleicht solltest du ihn dir ansehen. Ich wollte nicht riskieren, ihn zu bewegen, und habe ihn einfach liegen lassen.»

«War er nach dem Angriff wach? Hat er mit dir geredet?»

«Nein, aber er atmet gleichmäßig. Gesichtsfarbe und so weiter scheinen auch in Ordnung zu sein. Jedenfalls hab ich gedacht, es ist wichtiger, erst mal die Versorgungssysteme wieder in Gang zu bringen.» Sie strich sich mit einer ölverschmierten Hand über die Wange. «Wir sind nämlich nur noch zu dritt, Norman.»

«Du, ich und Harry?»

«So ist es – du, ich und Harry.»

Harry schlief friedlich auf dem Boden zwischen den Kojen. Norman beugte sich über ihn, hob eins der Lider und leuchtete ihm mit der Taschenlampe in die Pupille. Sie zog sich zusammen.

«Das kann nicht der Himmel sein», sagte Harry.

«Warum nicht?» fragte Norman. Er leuchtete in die andere Pupille, auch sie zog sich zusammen.

«Weil du hier bist. Psychologen kommen nicht in den Himmel.» Er lächelte schwach.

«Kannst du Zehen und Hände bewegen?»

«Alles. Immerhin bin ich aus eigener Kraft hergekommen. Mir fehlt nichts.»

Norman lehnte sich zurück.

«Das freut mich!» Diese Erklärung kam ihm vom Herzen. Der Gedanke, Harry könnte verletzt sein, hatte ihn geängstigt. Von Anfang an war die ganze Expedition auf Harry angewiesen gewesen. An jeder kritischen Stelle hatte er den Durchbruch geschafft, das nötige Wissen bewiesen, verstanden, worum es ging. Selbst jetzt fand Norman die Vorstellung tröstlich, daß Harry die Lebenserhaltungssysteme durchschauen würde, falls Beth doch nicht damit zurechtkäme.

«Mir fehlt wirklich nichts.» Er schloß erneut die Augen und seufzte. «Wie viele sind wir noch?»

«Beth. Ich. Du.»

«Großer Gott.»

«Ja. Willst du aufstehen?»

«Ja, und dann leg ich mich auf die Koje. Ich bin todmüde, Norman. Ich könnte ein ganzes Jahr am Stück schlafen.»

Norman half ihm auf die Füße. Harry ließ sich sofort auf die nächste Koje fallen.

«Ist es schlimm, wenn ich eine Weile schlafe?»

«Aber nein.»

«Schön. Ich bin todmüde, Norman. Ich könnte ein ganzes Jahr am Stück schlafen.»

«Ja, hast du schon gesa –»

Norman unterbrach sich. Harry schnarchte bereits. Neben seinem Kopf lag etwas auf dem Kissen. Norman griff danach.

Es war Ted Fieldings zerknittertes Notizbuch.

Mit einemmal wurde es Norman alles zu viel. Er hockte, das Notizbuch in den Händen, auf seiner Koje. Nach einer Weile sah er sich einige Seiten an, die mit Teds großer schwungvoller Schrift gefüllt waren. Ein Foto fiel heraus. Er drehte es um. Es zeigte einen roten Sportwagen, eine Corvette. Die Gefühle überwältigten ihn, und er brach in Tränen aus. Er wußte nicht, ob er um Ted weinte oder um sich selbst, denn für ihn stand fest, daß sie hier unten alle umkommen würden, einer nach dem anderen. Er war voll Trauer und zugleich voll Angst.

Beth schaltete in Röhre D, der Befehls- und Kommandozentrale, alle Monitore ein.

«Hier haben sie sich wirklich Mühe gegeben», sagte sie. «Alles ist gekennzeichnet, alles mit Anleitungen versehen, und in den Computern gibt es Hilfsdateien. Ein Trottel könnte damit fertig werden. Ich sehe nur eine Schwierigkeit.»

«Welche?»

«Die Küche war in Röhre E, und die steht unter Wasser. Wir haben nichts zu essen, Norman.»

«Überhaupt nichts?»

«Ich glaube nicht.»

«Wasser?»

«Ja, reichlich, aber nichts zu essen.»

«Nun, wir können es ohne Lebensmittel eine Weile aushalten. Wie lange müssen wir noch hier unten bleiben?»

«Wie es aussieht, noch etwa zwei Tage.»

«Das schaffen wir», sagte Norman und dachte: Zwei Tage, Gott im Himmel. Zwei weitere Tage hier unten.

«Immer vorausgesetzt, der Sturm richtet sich nach der Wettervoraussage», fuhr sie fort. «Ich habe rauszukriegen versucht, wie man einen Ballon aufsteigen läßt, um zu sehen, wie es da oben aussieht. Tina hat dafür einen besonderen Code eingegeben.»

«Das schaffen wir», wiederholte Norman.

«Klar. Schlimmstenfalls können wir uns vom Raumschiff was zu essen holen. Da drüben ist reichlich.»

«Glaubst du, wir können es riskieren rauszugehen?»

«Das müssen wir», sagte sie mit einem Blick auf die Bildschirme, «irgendwann in den nächsten drei Stunden ohnehin.»

«Warum?»

«Das Tauchboot. Es taucht automatisch auf, wenn nicht jemand hingeht und auf den Knopf drückt, der die Zeitschaltuhr neu stellt.»

«Der Teufel soll das Boot holen», sagte Norman. «Dann taucht es eben auf.»

«Nicht so hastig», sagte Beth. «Es passen drei Personen hinein.»

«Du meinst, wir könnten uns damit retten?»

«Genau das.»

«Mensch», sagte Norman, «dann laß uns doch gleich verschwinden.»

«Dabei gibt es zwei Schwierigkeiten», sagte Beth. Sie wies auf den Bildschirm. «Ich hab das Ganze mal in Gedanken durchgespielt. Erstens ist das Tauchboot an der Wasseroberfläche instabil. Wenn da oben der Sturm noch so tobt, werden wir von dem Seegang schlimmer durchgerüttelt, als von allem, was uns hier unten je begegnen kann. Zweitens müssen wir unbedingt an einer Dekompressionskammer anlegen. Vergiß nicht, daß wir auf jeden Fall sechsundneunzig Stunden Dekompression vor uns haben – so oder so.»

«Und wenn wir uns die schenken?» fragte Norman. Er stellte sich vor: einfach im Tauchboot rauf, oben die Luke aufreißen, den Blick auf Himmel und Wolken gerichtet in tiefen Zügen die Erdenluft einatmen.

«Das geht nicht», sagte Beth. «Hier unten ist das Blut mit

gelöstem Heliumgas gesättigt. Da du im Augenblick unter Druck stehst, spielt das keine Rolle. Falls aber dieser Druck schlagartig aufhörte, würde dasselbe passieren wie bei einer Sektflasche, wenn man den Korken knallen läßt. Das Helium würde in Form von Bläschen explosionsartig aus deinem Körper verschwinden, und du wärest sofort tot.»

«Oh», machte Norman.

«Sechsundneunzig Stunden», sagte Beth, «dauert es, bis das Helium aus dem Organismus raus ist.»

«Oh.»

Norman trat ans Bullauge und sah zu DH-7 und dem Tauchboot hinüber. Bis dorthin waren es knapp hundert Meter. «Meinst du, der Kalmar kommt wieder?»

Sie zuckte die Schultern. «Frag Jerry.»

Norman dachte, aha, jetzt ist Schluß mit dem Geraldine-Gerede. Stellte sie sich das bösartige Geschöpf lieber als männlich vor?

«Auf welchem Monitor?»

«Auf dem hier.» Sie schaltete ihn ein.

Norman sagte: «Jerry? Bist du da?»

Keine Antwort.

Er gab ein: JERRY? BIST DU DA?

Keine Reaktion.

«Ich will dir was über Jerry verraten», sagte Beth. «Er kann gar nicht wirklich Gedanken lesen. Als wir mit ihm gesprochen haben, hab ich ihm einen Gedanken rübergeschickt, und er hat nicht reagiert.»

«Ich auch», sagte Norman. «Ich habe mich auf Nachrichten und auf Bilder konzentriert. Er hat auf nichts davon reagiert.»

«Auf das, was jemand sagte, konnte er antworten, aber nicht auf das, was wir gedacht haben», sagte Beth. «Er ist also nicht allmächtig und verhält sich eigentlich ganz so, als ob er uns nur hören könnte.»

«Stimmt», sagte Norman. «Obwohl er uns jetzt nicht zu hören scheint.»

«Nein. Ich habe es vorhin auch schon probiert.»

«Warum er wohl nicht antwortet?»

«Du hast gesagt, daß er emotionsabhängig ist. Vielleicht schmollt er.»

Das allerdings nahm Norman nicht an. Kinder auf Königsthronen schmollten nicht. Sie waren rachsüchtig und launisch, aber sie schmollten nicht.

«Übrigens», sagte sie, «könntest du dir das hier mal ansehen.» Sie gab ihm einen Stapel Computerausdrucke. «Es sind die Mitschriften aller Kontakte, die wir mit ihm gehabt haben.»

«Vielleicht finden wir darin einen Hinweis», sagte Norman und blätterte den Stapel ziemlich lustlos durch. Er fühlte sich plötzlich sehr müde.

«Auf jeden Fall wird es dich beschäftigen.»

«Das ist wahr.»

«Ich persönlich», sagte Beth, «würde am liebsten noch mal zum Schiff rübergehen.»

«Wozu?»

«Ich bin davon überzeugt, daß wir noch nicht alles gefunden haben, was es da zu finden gibt.»

«Es ist ziemlich weit bis zum Schiff», gab Norman zu bedenken.

«Schon. Aber wenn uns der Kalmar eine Weile in Ruhe läßt, würde ich es gern versuchen.»

«Einfach, um dich zu beschäftigen?»

«So könnte man es formulieren.» Sie sah auf die Uhr. «Norman, ich hau mich jetzt für zwei Stunden aufs Ohr. Anschließend ziehen wir Hölzchen, wer zum Tauchboot geht.»

«Ist gut.»

«Du siehst bedrückt aus, Norman.»

«Das bin ich auch.»

«Mir geht es genauso», sagte sie. «Ich komme mir hier vor wie in einem Grab – als hätte man mich vorzeitig beerdigt.»

Sie stieg die Leiter zu ihrem Labor hinauf, legte sich aber offenbar nicht schlafen, denn nach einigen Augenblicken hörte er Tinas Stimme auf dem Videoband: «Glauben Sie, daß man die Kugel je aufkriegt?»

Beth gab zur Antwort: «Möglich. Ich weiß nicht.»

«Mir macht sie angst.»

Das Rückspulgeräusch, eine kurze Pause, dann: «Glauben Sie, daß man die Kugel je aufkriegt?»

«Möglich. Ich weiß nicht.»

«Mir macht sie angst.»

Beth schien von dem Band förmlich besessen zu sein.

Er sah auf die Ausdrucke auf seinen Knien und dann auf den Bildschirm. «Jerry?» fragte er. «Bist du da?»

Jerry antwortete nicht.

DAS TAUCHBOOT

Beth rüttelte Norman sacht an der Schulter. Er schlug die Augen auf.

«Es ist Zeit», sagte sie.

«Schon gut.» Er gähnte. Er war entsetzlich müde. «Wieviel noch?»

«Eine halbe Stunde.»

Beth schaltete von der Zentrale aus die Sensoren ein und regelte deren Empfindlichkeit nach.

«Du weißt, wie man das alles bedient?» fragte Norman. «Auch die Sensoren?»

«Ziemlich gut, ich hatte Zeit, es zu lernen.»

«Dann geh ich am besten zum Boot rüber», sagte er. Keinesfalls würde Beth damit einverstanden sein, sondern darauf bestehen, selbst die aktive Rolle zu übernehmen – aber er wollte es zumindest anbieten.

«In Ordnung», sagte sie, «klingt vernünftig.»

Er verbarg seine Überraschung. «Das denke ich auch.»

«Jemand muß die Sensoren hier überwachen», sagte sie, «und ich kann dich warnen, wenn der Kalmar kommt.»

«Klar.» Dabei dachte er, verdammt, sie meint es ernst. «Ich glaube nicht, daß das was für Harry wäre», sagte Norman.

«Nein, der ist für den körperlichen Einsatz wohl nicht so geeignet. Außerdem schläft er noch. Ich würde sagen, laß ihn schlafen.»

«Genau», sagte Norman.

«Du wirst Hilfe mit deinem Anzug brauchen», sagte Beth.

«Ach ja richtig, der Anzug», sagte Norman. «Der Ventilator da drin ist kaputt.»

«Fletcher hat ihn repariert», sagte Beth.

«Hoffentlich richtig.»

«Vielleicht sollte ich lieber selbst gehen», sagte Beth.

«Nein, nein. Überwach du die Geräte. Ich geh schon. Es sind ja nur knapp hundert Meter. So schlimm wird es schon nicht werden.»

«Die Luft ist rein», sagte sie, unverwandt auf die Bildschirme blickend.

«Also los», sagte Norman.

Der Helmverschluß rastete ein. Beth klopfte gegen sein Visier und warf ihm einen fragenden Blick zu: alles in Ordnung?

Norman nickte, und sie öffnete ihm die Bodenluke. Er winkte ihr zum Abschied zu und sprang ins eiskalte Wasser. Auf dem Meeresboden blieb er einen Moment lang unter der Luke stehen und horchte. Er wollte sicher sein, daß der Ventilator lief. Dann tappte er mit schwerfälligen Schritten unter dem Habitat hervor.

Im Habitat brannten nur wenige Lichter, und er konnte aus den undichten Stellen zahlreiche dünne Blasenfäden aufsteigen sehen.

«Wie fühlst du dich?» fragte Beth über die Sprechanlage.

«Ganz gut. Weißt du, daß die Anlage Luft verliert?»

«Es sieht schlimmer aus, als es ist», sagte Beth. «Glaub mir.»

Norman erreichte das Ende des Habitats und ließ den Blick über die rund hundert Meter offenen Meeresboden gleiten, die ihn von DH-7 trennten. «Wie sieht es aus? Immer noch alles klar?»

«Nichts zu sehen», sagte Beth.

Norman machte sich auf den Weg. Er ging so schnell er konnte, aber es kam ihm vor, als bewege er seine Füße in Zeitlupe. Bald schon war er außer Atem und fluchte.

«Was ist los?»

«Ich kann nicht schnell gehen.» Er sah sich um, erwartete jeden Augenblick den grünlichen Schimmer des sich nähernden Kalmars zu sehen, aber der Horizont blieb dunkel.

«Du kommst gut vorwärts, Norman. Es ist immer noch alles in Ordnung.»

Das Habitat lag jetzt fünfzig Meter hinter ihm, der halbe Weg war geschafft. Er konnte DH-7 gut sehen. Das Taucher-Habitat war deutlich kleiner als ihres, eine einzige zwölf Meter hohe Röhre mit wenigen Bullaugen. Neben ihr lag die Kuppel, unter der das Tauchboot festgemacht war.

«Du bist gleich da», sagte Beth. «Gut gemacht.»

Norman fühlte sich plötzlich schwindlig und verlangsamte den Schritt. Er konnte jetzt allerlei Beschriftungen in Großbuchstaben auf der grauen Oberfläche von DH-7 erkennen, Markierungen für die Marinetaucher.

«Die Luft ist nach wie vor rein», sagte Beth. «Herzlichen Glückwunsch. Sieht ganz so aus, als ob du es geschafft hättest.»

Er trat unter die Röhre und sah zur Luke empor. Sie war geschlossen. Er drehte das Handrad und stieß die Luke auf. Viel konnte er vom Inneren nicht erkennen, weil die Lichter aus waren, aber er wollte doch wenigstens einen Blick hineinwerfen. Vielleicht gab es dort irgend etwas, das ihnen als Waffe dienen konnte.

«Zuerst das Boot», sagte Beth. «Du hast nur noch zehn Minuten, um den Knopf zu drücken.»

«Okay.»

Er ging zum Tauchboot hinüber. Hinter den Doppelschrauben stehend, las er auf dessen Heckspiegel den Namen *Deepstar III*. Es war gelb, wie das, mit dem er gekommen war, aber es sah etwas anders aus. An der Seite fand er Handgriffe, zog sich an ihnen in die unter der Kuppel gefangene Luftblase. Oben auf dem Boot saß ein großer runder Acryldeckel, der dem Bootsführer die nötige Sicht gewährte. Norman fand die Luke dahinter, öffnete sie und sprang hinein.

«Ich bin jetzt drin.»

Von Beth kam keine Antwort. Vermutlich konnte sie ihn nicht hören, weil die Konstruktion der Kuppel die Funkwellen abschirmte. Er sah sich im Boot um und dachte, ich bin doch tropfnaß. Aber was sollte er tun, sich etwa die Schuhe abtreten, bevor er hineinging? Bei dem Gedanken mußte er lächeln. Er fand die Bänder in einem Abteil im Heck. Das Boot bot nicht nur reichlich Platz für weitere Bänder, sondern konnte auch spielend noch drei Personen aufnehmen. Aber was das Auftauchen bei rauher See betraf, so hatte Beth recht: Das Innere des Bootes war voller Instrumente und scharfer Kanten. Wenn man hier drin umhergeschleudert würde, wäre es bestimmt nicht angenehm.

Wo war der Verzögerungsknopf? Er sah auf die dunkle Instrumententafel. Dort blinkte ein einziges rotes Licht über einem mit «ZEITAUTOMATIK» beschrifteten Knopf. Er drückte ihn.

Das rote Licht hörte auf zu blinken und leuchtete beständig. Auf einem kleinen bernsteinfarbenen Sichtschirm leuchtete die Anzeige auf:

ZEITAUTOMATIK NEU GESTELLT. RÜCKLAUF 12:00:00.

Er sah, daß die Anzeige rückwärts zu zählen begann. Das war's dann wohl, dachte Norman. Der Sichtschirm schaltete sich ab.

Während seine Augen auf den Instrumenten ruhten, fragte er sich unwillkürlich, ob er das Tauchboot notfalls überhaupt bedienen könnte. Er nahm Platz auf dem Steuersitz und betrachtete die verwirrende Vielzahl von Schaltern und Skalen auf der Instrumententafel. Eine Steuervorrichtung schien es nicht zu geben – er sah weder ein Rad noch einen Hebel. Wie bediente man das verdammte Ding?

Ein Sichtschirm schaltete sich ein:

DEEPSTAR III – KOMMANDO-EINHEIT
BRAUCHEN SIE HILFE?
JA NEIN STORNO

Ja, dachte er, ich brauche Hilfe. Er suchte vergeblich nach einem «JA»-Knopf in der Nähe des Sichtschirms. Schließlich kam ihm der Gedanke, das «JA» auf der Anzeige zu drücken.

DEEPSTAR III – BEFEHLS-AUSWAHL

AB	AUF
SICHERN	ENDE
ANZEIGE	STORNO

Er drückte «AUF». Der Sichtschirm zeigte jetzt eine kleine schematische Darstellung der Instrumententafel. Ein bestimmter Teil davon blinkte regelmäßig. Dann kam die nächste Anweisung:

DEEPSTAR III – AUFTAUCHEN
1. BALLAST-/ANBLASVORRICHTUNG SCHALTEN AUF: EIN
NÄCHSTER SCHRITT STORNO

So also geht das, dachte Norman. Eine im Computer des Tauchbootes gespeicherte Anweisung, die Schritt für Schritt vorging, man mußte lediglich genau tun, was sie vorgab. Das konnte er.

Eine leichte Strömung ließ das Boot in seiner Vertäuung schwingen.

Norman drückte auf «STORNO». Der Sichtschirm wurde schwarz und blinkte dann:

ZEITAUTOMATIK NEU GESTELLT – RÜCKLAUF 11:53:04.

Die Uhr lief stetig rückwärts. Bin ich wirklich schon seit sieben Minuten hier drin? dachte er. Wieder wurde das Boot von einer Strömung erfaßt, so daß es schwankte. Es war Zeit zurückzukehren.

Er kletterte aus dem Boot und schloß die Luke. Kaum hatte er sich an der Seite des Tauchbootes hinabgelassen und spürte Boden unter den Füßen, knisterte es in der Sprechanlage. Hier wirkte die Abschirmung nicht mehr.

«– da? Norman, bist du da? Bitte antworten!»

Es war Harrys Stimme.

«Ich bin hier», sagte Norman.

«Norman, um Gottes willen –»

In diesem Augenblick sah er den grünen Schimmer und verstand, warum das Boot geschwankt hatte. Der Kalmar war knapp zehn Meter von ihm entfernt, seine leuchtenden Fangarme wanden sich ihm entgegen, wirbelten die Ablagerungen vom Meeresboden hoch.

«Norman, willst du –»

Es blieb keine Zeit zu denken. Mit drei Schritten war er unter der offenen Luke, sprang hoch und zog sich in DH-7 hinein.

Er schlug den Lukendeckel hinter sich zu, doch das abgeplattete spatenförmige Ende des Fangarms war ihm bereits ins Innere gefolgt. Er klemmte es mit dem Deckel ein, doch zog sich der Tentakel nicht zurück. Er war unglaublich kräftig und muskulös, wand sich vor seinen Augen hin und her, Saugnäpfe öffneten und schlossen sich wie kleine vorgestülpte Münder. Norman sprang mit beiden Füßen auf den Lukendeckel und versuchte, den Fangarm mit Gewalt zum Rückzug zu zwingen. Doch mit einem kräftigen Ruck flog der Deckel auf, schleuderte Norman zurück, und der Fangarm schob sich vollständig in die Röhre.

Auf seiner Flucht vor dem Tier kletterte er immer höher. Der zweite Fangarm erschien und schoß, Wasser verspritzend, durch die Luke empor. Beide Arme beschrieben unter ihm große Bögen auf der Suche nach ihrem Opfer. Norman kam an ein Bullauge und sah hinaus, erblickte den ungeheuren Leib des Tieres, das riesige, runde, starre Auge. Er kletterte höher, entfernte sich von den suchenden Tentakeln. Der größte Teil der Röhre schien als Vorratslager zu dienen; sie war voller Ausrüstungsgegenstände, Kisten und Flüssigkeitsbehälter. Auf vielen Kisten stand in grellroter Schablonenschrift: «ACHTUNG, NICHT RAUCHEN,

KEINE ELEKTRONIK TEVAC SPRENGSTOFF.» Hier lagert eine enorme Menge Sprengstoff, dachte er, während er aufwärts stolperte.

Die Fangarme folgten ihm, reichten immer höher. Irgendwo in einem noch zu logischem Denken fähigen Teil seines Gehirns rechnete er: die Röhre ist nur zwölf Meter hoch, und die Arme sind mindestens zwölf Meter lang. Verstecken kann ich mich nirgendwo.

Er strauchelte, schlug sich die Knie an, stieg immer weiter. Er hörte, wie die Fangarme suchend an die Wandung schlugen, während sie ihm ständig näher kamen.

Eine Waffe, dachte er, ich muß eine Waffe finden.

Er erreichte die kleine Küche, eine metallene Arbeitsfläche, einige Töpfe und Pfannen. Hastig zog er die Schubladen auf, suchte nach einem Messer. Den Kartoffelschäler, den er fand, warf er wütend beiseite. Er hörte, wie sich die Fangarme näherten. Im nächsten Augenblick wurde er umgeworfen, sein Helm schlug heftig auf den Boden. Norman raffte sich hoch, duckte sich unter dem Fangarm, stieg weiter in der Röhre empor.

Eine Kommandozentrale: Funkgerät, Computer, Bildschirme. Die Tentakeln waren dicht hinter ihm, glitten aufwärts, wie in einem Alptraum die Ranken einer bösartigen Pflanze.

Er kam zu den Kojen, ein winziger Raum unter der Decke der Röhre.

Hier gibt es nirgendwo ein Versteck, dachte er. Keine Waffen und kein Versteck.

Die Fangarme holten ihn ein, schlugen gegen die gewölbte Decke der Röhre, schwangen zur Seite. Im nächsten Augenblick würden sie ihn haben. Er riß die Matratze von einer Koje und hielt sie als schwächlichen Schutz vor sich. Die Fangarme näherten sich kreisend. Dem ersten wich er aus.

Dann umschlang ihn mit einem schmatzenden Geräusch der zweite und hielt ihn mitsamt der Matratze in seiner kalten schleimigen Umklammerung. Norman spürte, wie er sich langsam zusammenzog, wie Dutzende widerwärtiger Saugnäpfe sich seinem Körper näherten, in seine Haut schneiden wollten. Er stöhnte vor Entsetzen. Der andere Fangarm schwang zurück, legte sich ebenfalls um ihn. Norman war in einem Schraubstock gefangen.

O Gott, dachte er.

Die Fangarme schwangen weg von der Wandung, rissen ihn hoch in die Luft, in die Mitte der Röhre. Das ist das Ende, dachte er, doch im nächsten Augenblick spürte er, wie sein Körper an der Matratze entlang dem Griff der Tentakeln entglitt. Er fiel, umklammerte haltsuchend die Fangarme, rutschte an den riesigen, ekelhaft riechenden Ranken hinab und landete dann nahe der Küche auf dem Boden, wobei sein Helm dröhnend auf das Metall schlug. Er drehte sich auf den Rücken.

Über sich sah er die beiden Fangarme, die die Matratze hielten. Sie preßten und verdrehten sie. Hatte das Tier begriffen, was geschehen war, daß er freigekommen war?

Norman sah sich verzweifelt um. Eine Waffe, eine Waffe. Schließlich war das eine Einrichtung der Navy, da mußte es doch irgendwo eine Waffe geben.

Die Fangarme zerfetzten die Matratze. Stückchen hellen Füllstoffs flatterten durch die Röhre herab. Die Fangarme gaben die Matratze frei und ließen die großen Stücke fallen. Dann schwangen sie erneut umher.

Suchend.

Er hat es begriffen, dachte Norman. Er weiß, daß ich entkommen bin und mich immer noch hier drin aufhalte. Er jagt mich.

Aber woher wußte das Tier das?

Als eins der flachen Fangarmenden auf der Suche nach ihm polternd durch Töpfe und Pfannen fuhr, duckte sich Norman hinter die Küchen-Arbeitsfläche. Er schob sich vorsichtig zurück und stieß dabei gegen eine große Topfpflanze. Noch immer tastete der Fangarm weiter nach ihm, glitt unaufhaltsam über den Boden, stieß gegen die Küchengeräte. Norman schob die Pflanze vor, der Tentakel ergriff sie, entwurzelte sie mühelos und riß sie hoch in die Luft.

Dies Ablenkungsmanöver verschaffte Norman etwas Raum. Er kroch ein Stück vor.

Eine Waffe, dachte er. Eine Waffe.

Er sah hinab. Ganz unten erkannte er an der Wand nahe der Bodenluke eine Reihe silberner, aufrecht stehender Stäbe. Harpunen! Irgendwie hatte er sie auf dem Weg nach oben übersehen. Jede hatte eine verdickte Spitze, wie eine Handgranate. Explosivköpfe? Er machte sich an den Abstieg.

Auch die Fangarme glitten jetzt abwärts, folgten ihm. Woher wußte der Kalmar, wo er sich gerade befand? Als er an einem Bullauge vorbeikam, sah er das Auge des Tieres und dachte: Großer Gott, er kann mich sehen.

Bleib weg von den Bullaugen.

Er konnte nicht klar denken. Alles geschah zu schnell. Er schob sich an den Sprengstoffbehältern in der Lagerabteilung vorbei und dachte, wenn ich vorbeischieße und dies treffe, ist alles aus. Dann landete er mit lautem Dröhnen auf dem Boden der Luftschleuse.

Die Arme schoben sich an der Röhrenwandung entlang nach unten, immer weiter auf ihn zu. Er zerrte an einer der Harpunen. Sie waren mit einem Gummikabel an der Wand befestigt. Norman zog daran, versuchte, die Harpune herauszunehmen. Die Fangarme kamen immer näher. Er riß an dem Gummi, aber es gab nicht nach. Was stimmte nicht mit diesen Verschlüssen?

Die Fangarme waren schon ganz nah. Sie bewegten sich schnell.

Dann erkannte er die Sicherheitsverschlüsse an dem Gummikabel – man mußte die Harpune zur Seite herausnehmen, nicht nach vorn. Er tat es, und sofort gab der Gummi den Schaft frei. Die Harpune lag in seiner Hand. Er wandte sich um, in diesem Augenblick schlug ihn der Fangarm zu Boden. Er rollte auf den Rücken und sah die große, flache, mit Saugnäpfen besetzte Hand genau auf sich herabkommen. Der Fangarm legte sich um seinen Hals, alles wurde schwarz, und er feuerte.

Er empfand einen heftigen Schmerz in Brust und Unterleib. Einen entsetzlichen Augenblick lang fürchtete er, er habe sich selbst getroffen. Als er gequält nach Luft schnappte, begriff er, daß sein Körper nur den Rückstoß aufgefangen hatte. Seine Brust brannte zwar, aber der Kalmar ließ ihn los.

Immer noch konnte er nichts sehen. Er zog die Hand des Kalmars von seinem Visier, und sie fiel schwer zu Boden, abgetrennt vom Fangarm des Tieres. Die Wandung der Röhre war blutbespritzt. Ein Tentakel bewegte sich noch, der andere war ein blutiger, zerfetzter Stumpf. Beide Arme glitten durch die Luke zurück ins Wasser.

Norman rannte zum Bullauge und sah, wie sich der Kalmar rasch entfernte, der grüne Schimmer wurde schwächer. Geschafft! Er hatte ihn zurückgeschlagen.

Er hatte es geschafft.

DH-8

«Wie viele hast du davon mitgebracht?» fragte Harry und drehte eine Harpune in den Händen.

«Fünf», sagte Norman. «Mehr konnte ich nicht tragen.»

«Und es hat funktioniert?» Er untersuchte den runden Explosivkopf.

«Ja. Sie hat ihm den ganzen Fangarm abgerissen.»

«Ich hab gesehen, wie sich das Tier zurückgezogen hat», sagte Harry, «und da war mir klar, daß dir irgendwas eingefallen sein muß.»

«Wo ist Beth?»

«Ich weiß nicht. Ihr Anzug hängt nicht mehr da. Vielleicht ist sie zum Raumschiff rüber.»

«Zum Schiff?» fragte Norman mit finsterer Miene.

«Ich weiß nur, daß sie weg war, als ich aufgewacht bin. Ich hab mir überlegt, daß du drüben beim Boot sein könntest, dann hab ich den Kalmar gesehen und dich sofort anzufunken versucht. Vermutlich hat da drüben irgendwas die Funkwellen abgeschirmt.»

«Beth ist also weg?» sagte Norman. Er wurde langsam ärgerlich. Beth hatte in der Nachrichten- und Befehlszentrale bleiben und auf die Meldungen von den Sensoren achten sollen, während er da draußen war. Und sie hatte statt dessen nichts Besseres zu tun gehabt als zum Raumschiff zu gehen?

«Ihr Anzug hängt nicht mehr da», wiederholte Harry.

«Verdammtes Miststück!» fluchte Norman. Plötzlich ergriff ihn maßlose Wut. Erbost trat er gegen die Gerätewand.

«Vorsichtig», sagte Harry.

«Der Teufel soll sie holen!»

«Beruhige dich», sagte Harry, «laß doch, beruhige dich, Norman.»

«Was zum Teufel glaubt sie eigentlich, wer sie ist?»

«Na komm, setz dich erst mal hin, Norman.» Harry schob ihn zu einem Sessel. «Wir sind alle müde.»

«Natürlich sind wir alle müde!»

«Ganz ruhig, Norman, ganz ruhig... Denk an deinen Blutdruck.»

«Mein Blutdruck ist in Ordnung!»

«Ist er nicht», sagte Harry. «Du bist puterrot im Gesicht.»

«Wie konnte sie nur rausgehen und mich einfach meinem Schicksal überlassen?»

«Schlimmer noch, selbst rausgehen», sagte Harry.

«Aber sie hat nicht mehr auf mich aufgepaßt», sagte Norman. Und dann begriff er, warum er so wütend war – er hatte Angst. In einem Augenblick höchster Gefahr hatte Beth ihn im Stich gelassen. Sie waren nur noch zu dritt, und sie waren aufeinander angewiesen, mußten sich einer auf den anderen verlassen können. Aber Beth war unzuverlässig, und das ließ Angst in ihm aufsteigen. Und Wut.

«Könnt ihr mich hören?» kam jetzt Beths Stimme über die Sprechanlage. «Kann mich jemand hören?»

Norman griff nach dem Mikrophon, aber Harry kam ihm zuvor. «Überlaß das mir», sagte er. «Ja, Beth.»

«Ich bin hier im Schiff», kam es knisternd aus dem Lautsprecher. «Ich hab noch ein Abteil gefunden, im Heck, hinter den Mannschaftsunterkünften. Ziemlich interessant.»

Ziemlich interessant, dachte Norman. Ist ja toll, sie findet es also ziemlich interessant. Er entriß Harry das Mikrophon. «Beth, was zum Teufel tust du da drüben?»

«Hallo, Norman. Du hast es also geschafft?»

«Mit knapper Not.»

«Hattest du denn Schwierigkeiten?» In ihrer Stimme schien keinerlei Besorgnis zu liegen.

«Das kann man wohl sagen.»

«Fehlt dir was? Es klingt, als ob du wütend wärest.»

«Und wie! Beth, warum bist du fortgegangen, während ich noch draußen war?»

«Harry hat gesagt, er würde für mich weitermachen.»

«Was hat er?» Norman sah Harry an. Dieser schüttelte verneinend den Kopf.

«Er wollte für mich die Instrumente überwachen. Er hat gesagt, ich sollte ruhig zum Schiff gehen. Weil gerade kein Kalmar in der Nähe war, schien es mir ein günstiger Zeitpunkt zu sein.»

Norman legte die Hand über das Mikrophon. «Daran kann ich mich nicht erinnern», sagte Harry.

«Hast du mit ihr gesprochen?»

«Nicht, daß ich wüßte.»

«Frag ihn doch einfach, Norman. Er sagt es dir dann schon», sagte Beth.

«Er meint, er habe so was nie gesagt.»

«Nun, dann macht er dir was vor», sagte Beth. «Ja, glaubst du etwa, ich würde dich da draußen im Stich lassen?» Sie machte eine Pause. «Nie im Leben würde ich das tun.»

«Ich schwöre», sagte Harry zu Norman, «daß ich mit ihr kein Wort gewechselt habe. Ich sage dir, sie war weg, als ich aufgewacht bin. Niemand war hier, und wenn du mich fragst, hatte sie die ganze Zeit vor, zum Schiff zu gehen.»

Norman mußte daran denken, wie bereitwillig sie zugestimmt hatte, als er zum Tauchboot gehen wollte, und wie sehr ihn das überrascht hatte. Harry könnte recht haben, überlegte er. Vielleicht hatte Beth die Sache von vornherein so geplant.

«Wenn du mich fragst», sagte Harry, «ich glaube, sie fängt an durchzudrehen.»

Über die Sprechanlage fragte Beth: «Na, ist alles geklärt?»

«Ich glaube schon, Beth, ja», sagte Norman.

«Gut», sagte sie. «Ich hab nämlich hier drüben eine Entdekkung gemacht.»

«Und die wäre?»

«Ich habe die Besatzung gefunden.»

«Ihr seid ja beide gekommen», wunderte sich Beth. Sie saß auf einem der Computertische in der in behaglichen Beigetönen eingerichteten Steuerzentrale des Raumschiffs.

«Ja», sagte Norman und musterte sie. Ihr schien nichts zu fehlen. Eher sah sie besser aus als sonst. Kräftiger, offener. Eigentlich ziemlich hübsch, dachte er. «Harry meinte, der Kalmar würde nicht zurückkommen.»

«War der etwa wieder da?»

Norman berichtete ihr in knappen Worten von dem Angriff.

«Mensch, Norman, das tut mir wirklich leid. Ich wäre nie gegangen, wenn ich das auch nur geahnt hätte.»

Sie macht nicht den Eindruck einer Frau, die kurz davor ist durchzudrehen, dachte Norman. Ihre Stimme klang aufrichtig, der Situation angemessen. «Nun, wie dem auch sei», sagte er, «ich hab ihn verwundet, und Harry meinte, wir wären ihn los.»

«Und da wir uns nicht einig werden konnten, wer zurückbleiben sollte, sind wir beide gekommen», fügte Harry hinzu.

«Dann kommt mal mit», sagte Beth. Sie führte sie nach hinten, durch die Mannschaftsunterkünfte, an den zwanzig Kojen für die Besatzungsmitglieder vorbei, durch die große Küche. Dort blieb Norman stehen, und Harry tat es ihm gleich.

«Mann, hab ich Hunger», sagte Harry.

«Dann mach's mir gleich und iß was», sagte Beth. «Sie haben da 'ne Art Nußriegel oder so was. Schmeckt ganz gut.» Sie öffnete eine Schublade, holte in Metallfolie eingewickelte Riegel hervor und gab beiden einen. Norman riß die Folie ab; zum Vorschein kam etwas, das wie Schokolade aussah. Es schmeckte trocken.

«Gibt's auch was zu trinken?»

«Klar.» Sie öffnete eine Kühlschranktür. «Diät-Cola?»

«Machst du Witze?»

«Die Dose sieht etwas anders aus, als wir sie kennen, und leider ist das Zeug warm, aber ansonsten ist es richtige Diät-Cola.»

«Von der Firma kauf ich Aktien», sagte Harry. «Jetzt, wo wir wissen, daß sie in fünfzig Jahren noch existiert.» Er las die Aufschrift. «Offizielles Getränk der Star Voyager Expedition.»

«Ja, ja, die Werbung», sagte Beth.

Harry drehte die Dose um. Auf der anderen Seite trug sie japanische Schriftzeichen. «Was das wohl heißt?»

«Wahrscheinlich, daß man doch lieber die Finger von den Aktien lassen soll», sagte sie.

Norman nippte an der Cola mit einem Gefühl leichten Unbehagens. Die Küche erschien ihm irgendwie verändert, seit er sie das letzte Mal gesehen hatte. Zwar war er nicht sicher, denn er hatte damals nur einen kurzen Blick in den Raum geworfen, aber gewöhnlich verstand er sich auf Grundrisse, und seine Frau hatte immer gescherzt, er finde sich in jeder Küche zurecht. «Wißt ihr», sagte er, «an einen Kühlschrank hier kann ich mich gar nicht erinnern.»

«Ich hab ihn selbst vorher auch nicht bemerkt», sagte Beth.

«Eigentlich kommt mir der ganze Raum anders vor», sagte Norman. «Er wirkt größer und – ich weiß nicht – eben anders.»

«Weil du Hunger hast», neckte ihn Harry.

«Möglich», sagte Norman. Harry könnte recht haben. In den sechziger Jahren waren Untersuchungen der visuellen Wahrnehmungsfähigkeit durchgeführt worden, und dabei hatte sich gezeigt, daß die Versuchspersonen Dias mit verschwommenen Formen entsprechend ihren jeweiligen Empfindungen auslegten. Wer Hunger hatte, sah auf allen etwas Eßbares.

Aber der Raum sah tatsächlich anders aus. Beispielsweise konnte sich Norman nicht erinnern, daß die Tür zur Küche links gelegen hatte, wo sie sich jetzt befand. Er glaubte sich zu erinnern, daß sie in der Mitte der Wand eingelassen war, die Küche und Schlafraum voneinander trennte.

«Hier geht's lang», sagte Beth und führte sie weiter nach hinten. «Der Kühlschrank hat mich überhaupt erst stutzig gemacht. Es ist eine Sache, eine Unmenge von Lebensmitteln auf einem Versuchsraumschiff unterzubringen, das sich anschickt, ein Schwarzes Loch zu durchqueren. Aber ein Kühlschrank an Bord – wozu sollte der gut sein? Das hat mich auf den Gedanken gebracht, daß es doch eine Besatzung geben könnte.»

Sie betraten einen kurzen Gang mit gläsernen Wänden. Tiefrotes Licht fiel auf sie. «UV-Strahler», sagte Beth. «Wofür die sind, weiß ich nicht.»

«Desinfektion?»

«Kann sein.»

«Vielleicht als Sonnenersatz, zur Bräunung», sagte Harry. «Vitamin D.»

So etwas wie den großen Raum, den sie dann betraten, hatte Norman noch nie gesehen. Der Boden schimmerte lila, so daß der ganze Raum von unten her in ultraviolettes Licht getaucht wurde. An allen vier Wänden befanden sich zahlreiche große Glasröhren. Jede von ihnen enthielt eine schmale silberfarbene Matratze. Alle Röhren schienen leer zu sein.

«Hier», sagte Beth.

Sie erblickten in einer der Glasröhren eine nackte Frau. Daß sie einst schön gewesen war, konnte man noch deutlich sehen. Ihre Haut war dunkelbraun und voll tiefer Runzeln, ihr Körper verwelkt.

«Mumifiziert?» fragte Harry.

Beth nickte. «Vermute ich auch. Ich habe die Röhre nicht geöffnet wegen der Infektionsgefahr.»

«Wozu mag der Raum gedient haben?» fragte Harry und sah sich um. «Wohl als eine Art Überwinterungskammer. Jede einzelne Röhre ist mit dem Lebenserhaltungssystem im Raum nebenan verbunden – Stromversorgung, Luftumwälzung, Heizanlage und allem, was man sonst so braucht.»

Harry zählte. «Zwanzig Röhren», sagte er.

«Und nebenan zwanzig Kojen», sagte Norman.

«Wo sind die anderen?»

Beth schüttelte den Kopf. «Ich weiß nicht.»

«Und die hier ist als einzige übriggeblieben?»

«Sieht so aus. Sonst habe ich niemanden gefunden.»

«Ich wüßte gern, wie sie alle umgekommen sind», sagte Harry.

«Bist du in der Kugel gewesen?» fragte Norman Beth.

«Nein. Warum?»

«Nur so.»

«Willst du damit sagen, daß du dich fragst, ob die Besatzung umgekommen ist, nachdem sie die Kugel an Bord genommen hat?»

«Mehr oder weniger, ja.»

«Ich glaube nicht, daß die Kugel in irgendeinem Sinne aggressiv oder gefährlich ist», sagte Beth. «Möglicherweise ist die Besatzung während der Reise eines natürlichen Todes gestorben. Die Frau hier ist beispielsweise so gut erhalten, daß man an Strahlung denken möchte. Vielleicht hat sie eine zu starke Dosis abbekommen. Im Bereich eines Schwarzen Lochs ist die Strahlung ja irrsinnig hoch.»

«Du meinst, die Besatzung ist beim Durchflug durch das Schwarze Loch umgekommen, und das Raumfahrzeug hat später die Kugel automatisch an Bord genommen?»

«Denkbar ist es.»

«Sie sieht ziemlich gut aus», sagte Harry mit einem Blick durch das Glas. «Mann, die Reporter werden sich überschlagen. Attraktive Frau aus der Zukunft nackt als Mumie gefunden! Sehen Sie den Filmbericht dazu um elf.»

«Groß ist sie», sagte Norman. «Sie muß über einsachtzig gewesen sein.»

«Eine richtige Amazone», sagte Harry, «mit Mordstitten.»

«Kannst du dir sparen», sagte Beth.

«Was ist los – fühlst du dich in ihrem Namen gekränkt?»

«Kommentare dieser Art sind absolut überflüssig.»

«Weißt du, Beth», sagte Harry, «eigentlich sieht sie dir ein bißchen ähnlich.»

Beth verzog das Gesicht.

«Ehrlich. Hast du sie dir mal angesehen?»

«Sei nicht albern.»

Norman schirmte mit der Hand das reflektierende Licht von den UV-Strahlern im Boden ab und spähte durch das Glas. Tatsächlich hatte die mumifizierte Frau Ähnlichkeit mit Beth. Zwar war sie jünger, größer, fülliger, dennoch ähnelte sie Beth. «Er hat recht», sagte Norman.

«Vielleicht bist du das, aus der Zukunft», sagte Harry.

«Ach was, die ist nicht mal dreißig, das sieht man doch.»

«Oder deine Enkelin.»

«Höchst unwahrscheinlich», sagte Beth.

«Das weiß man nie», sagte Harry. «Sieht Jennifer dir eigentlich ähnlich?»

«Kann ich nicht sagen. Allerdings steckt sie jetzt mitten in einer komischen Entwicklungsphase. Dieser Frau jedenfalls sieht sie ebensowenig ähnlich wie ich.»

Die Festigkeit, mit der Beth jede Ähnlichkeit mit der mumifizierten Frau von sich wies, verblüffte Norman. «Beth», sagte er, «was, glaubst du, ist hier geschehen? Warum ist die Frau als einzige übriggeblieben?»

«Ich nehme an, sie war für die Expedition wichtig», sagte Beth. «Vielleicht war sie sogar ihre Leiterin oder die Stellvertreterin des Leiters. Die meisten anderen Besatzungsmitglieder waren Männer. Dann haben die was Unbesonnenes getan – ich weiß nicht, was – etwas, wovor sie sie gewarnt hatte – und sind auf Grund dessen alle umgekommen. Sie ist als einzige in diesem Raumschiff am Leben geblieben und hat es zurück nach Hause gesteuert. Aber irgend etwas stimmte mit ihr nicht – etwas, woran sie nichts ändern konnte – und sie ist gestorben.»

«Und was war das?»

«Keine Ahnung. Irgendwas eben.»

Hochinteressant, dachte Norman. Bisher war es ihm nicht in den Sinn gekommen, aber der Raum – eigentlich das ganze Raumschiff – war ein einziger großer Rorschach-Test, oder, genauer gesagt, ein TAT, ein thematischer Apperzeptionstest. Bei diesem projektiven Testverfahren wird dem Probanden eine Serie von Bildern nicht klar erkennbaren Inhalts gezeigt, zu denen er jeweils eine Geschichte erzählen soll. Diese Geschichte sagt dann gewöhnlich mehr über den Erzählenden aus als über die Bilder.

Jetzt also erzählte Beth ihnen ihre Version dessen, was sich in diesem Raum abgespielt haben könnte: daß eine Frau für die Expedition verantwortlich gewesen sei, die Männer nicht auf sie gehört hätten, deshalb umgekommen seien, und sie als einzige überlebt habe.

Es sagte nicht viel über das Raumschiff aus, aber eine Menge über Beth.

«Ich verstehe», sagte Harry. «Du meinst, sie hat aus Versehen das Schiff zu weit in die Vergangenheit gesteuert. Typisch Frau am Steuer.»

«Mußt du dich über alles lustig machen?»

«Mußt du alles so ernst nehmen?»

«Das hier ist ernst», sagte Beth.

«Ich erzähl dir eine andere Geschichte», sagte Harry. «Die Frau hat Mist gebaut. Sie sollte was tun und hat es vergessen oder falsch gemacht. Dann hat sie sich zum Winterschlaf hingelegt. Ihr Fehler hatte den Tod der übrigen Besatzungsmitglieder zur Folge. Sie selbst ist nicht wieder aus ihrem Winterschlaf erwacht – hat also auch nicht mitbekommen, was sie versiebt hatte, weil sie die Ereignisse um sich herum verschlief.»

«Daß dir deine Geschichte besser gefällt, kann ich mir denken», sagte Beth. «Sie paßt zu der für den Schwarzen typischen Herablassung gegenüber Frauen.»

«Na, na», sagte Norman.

«Dich stört die Stärke der Frau», sagte Beth.

«Welche Stärke meinst du? Etwa die, die vom Gewichtheben kommt? Das ist nur Kraft – und die geht auf ein Gefühl der Schwäche und nicht der Stärke zurück.»

«Du magerer Hering», sagte Beth.

«Was hast du vor – willst du mich zusammenschlagen?» fragte Harry. «Nennst du das Stärke?»

«Ich weiß, was Stärke ist», sagte Beth und sah ihn finster an.

«Immer mit der Ruhe», sagte Norman. «Für einen Streit ist jetzt wirklich nicht der rechte Augenblick.»

«Was meinst denn du zu dem Raum hier? Hast du auch eine Geschichte parat?» fragte ihn Harry.

«Nein», sagte Norman. «Habe ich nicht.»

«Na komm», sagte Harry, «du hast doch bestimmt eine auf Lager.»

«Nein», sagte Norman. «Und ich denke nicht daran, zwischen euch beiden zu vermitteln. Wir müssen als Gruppe arbeiten, solange wir hier unten sind. Es ist notwendig, daß wir an einem Strang ziehen.»

«Harry ist es doch, der den Keil zwischen uns treibt», sagte Beth. «Von Anfang an hat er sich mit jedem angelegt. All die kleinen Sticheleien...»

«Was für Sticheleien?» fragte Harry.

«Das weißt du ganz genau», sagte Beth.

Norman verließ den Raum.

«Wo willst du hin?»

«Euer Publikum geht.»

«Warum?»

«Weil ihr mich langweilt – alle beide.»

«Aha», sagte Beth. «Der überlegene Herr Psychologe findet uns langweilig?»

«So ist es», sagte Norman und ging, ohne sich umzusehen, durch den gläsernen Gang davon.

«Wie kommst du eigentlich dazu, ständig über andere ein Urteil zu fällen?» rief Beth ihm nach.

Er ging unbeirrt weiter.

«Ich rede mit dir! Du kannst doch nicht einfach weggehen, wenn ich mit dir rede, Norman!»

Zurück in der Küche, begann er, in den Schubladen nach den Nußriegeln zu suchen. Er hatte wieder Hunger, und außerdem lenkte die Suche seine Gedanken von den beiden anderen ab. Er mußte sich eingestehen, daß ihn die Art beunruhigte, wie die Dinge sich entwickelten. Er fand einen Riegel, riß die Folie ab und aß ihn.

Er war beunruhigt, aber nicht überrascht. Schon vor langer Zeit hatte er bei seiner Arbeit auf dem Gebiet der Gruppendynamik die Weisheit der alten Redensart «Drei sind einer zu viel» erkannt. In einer angespannten Situation waren Dreiergruppen grundsätzlich instabil. Wenn nicht jedem genaue Aufgaben zugewiesen waren, kam es in ihnen ständig zu einer Verlagerung der Beziehungen, wobei sich stets zwei gegen einen zusammenschlossen. Genau das geschah jetzt.

Er war so hungrig, daß er dem ersten Nußriegel sogleich einen zweiten folgen ließ. Wie lange mußten sie hier unten noch aushalten? Mindestens sechsunddreißig Stunden. Er suchte nach einer Möglichkeit, Nußriegel mitzunehmen, aber seine Polyester-Kombination hatte keine Taschen.

Niedergeschlagen kamen Beth und Harry in die Küche.

«Einen Nußriegel?» fragte Norman kauend.

«Wir wollen uns entschuldigen», murmelte Beth.

«Wofür?»

«Weil wir uns wie kleine Kinder aufgeführt haben», sagte Harry.

«Es ist mir sehr unangenehm», sagte Beth. «Es tut mir wirklich leid, daß ich so die Beherrschung verloren habe. Ich komm mir vor wie ein Idiot...» Sie ließ den Kopf hängen und sah zu Boden. Interessant, wie ihre Stimmung umschlägt, dachte er, von aggressiver Selbstsicherheit ins vollkommene Gegenteil der unterwürfigen Abbitte. Keine Mittellage.

«Wir wollen es nicht zu weit treiben», sagte er. «Wir sind alle müde.»

«Ich komme mir ganz abscheulich vor», fuhr Beth fort. «Wirklich abscheulich, als hätte ich euch im Stich gelassen. Ich dürfte gar nicht hier sein. Ich bin es nicht wert, dieser Gruppe anzugehören.»

«Beth, iß einen Nußriegel und hör auf, dir leid zu tun.»

«Ja», sagte Harry. «Ich glaube, du gefällst mir besser, wenn du sauer bist.»

«Die Nußriegel hängen mir zum Hals raus», sagte Beth. «Bevor ihr gekommen seid, hatte ich schon elf davon verputzt.»

«Na, dann ißt du eben noch einen und machst das Dutzend voll», sagte Norman, «anschließend gehen wir zum Habitat zurück.»

Auf dem langen Weg vom Raumschiff zurück zum Habitat hielten sie angespannt Ausschau nach dem Kalmar. Es beruhigte Norman außerordentlich, daß sie bewaffnet waren. Aber da war noch etwas: Er hatte seit seinem Zusammentreffen mit dem Kalmar an Sicherheit gewonnen.

«Du hältst die Harpune, als ob du damit jemandem ans Leder wolltest», sagte Beth.

«Ja, kann schon sein.» Sein Leben lang war er ein Mann des Denkens gewesen, hatte an der Universität Forschungsarbeit betrieben und sich, abgesehen von gelegentlichem Golfspielen, nie als Mann der Tat gesehen. Als er jetzt mit schußbereiter Harpune dastand, stellte er überrascht fest, daß ihm das gefiel.

Während sie weitergingen, fiel ihm die große Zahl von Seefächern auf dem Meeresboden zwischen dem Raumschiff und dem Habitat auf. Sie waren gezwungen, die Seefächer zu umgehen, die bisweilen zwischen einem Meter und einem Meter fünfzig groß waren. Im Schein der Lampen schimmerten sie in knalligen Lila- und Blautönen. Norman war ganz sicher, daß diese Meeresbewohner bei ihrer Ankunft im Habitat noch nicht dagewesen waren.

Jetzt gab es hier nicht nur bunte Seefächer, sondern auch ganze Schwärme großer Fische. Die meisten von ihnen waren schwarz und trugen einen rötlichen Streifen quer über den Rükken. Beth sagte, es handelte sich um pazifische Doktorfische, deren Auftreten für diese Region völlig normal sei.

Alles ändert sich um uns herum, dachte er. Aber ganz sicher war er sich dessen nicht. In dieser Umgebung mißtraute er seinem Erinnerungsvermögen. Zu vieles beeinflußte seine Wahrnehmungen – die Hochdruckatmosphäre, seine Verletzungen und das quälende Gefühl ständiger Spannung und Furcht, mit dem er lebte.

Etwas Helles lenkte seinen Blick auf sich. Als er die Lampe auf den Meeresboden richtete, sah er ein sich windendes weißes Lebewesen mit einer langen dünnen Flosse und schwarzen Streifen. Zuerst hielt er es für einen Aal. Dann sah er den winzigen Kopf, das Maul.

«Augenblick mal», sagte Beth und legte ihm die Hand auf die Schulter.

«Was ist das?»

«Eine Seeschlange.»

«Sind die gefährlich?»

«Normalerweise nicht.»

«Giftig?» fragte Harry.

«Sehr.»

Die Schlange glitt, offensichtlich auf Nahrungssuche, dicht über den Boden dahin und schien von den Menschen keine Notiz zu nehmen. Norman fand ihren Anblick schön, vor allem, als sie sich von ihnen entfernte.

«Mich überläuft eine Gänsehaut, wenn ich so was sehe», sagte Beth.

«Weißt du, zu welcher Art sie gehört?» fragte Norman.

«Es könnte eine Belchers Schlange sein», sagte Beth. «Alle Seeschlangen im Pazifik sind giftig, aber keine ist so giftig wie die Belchers. Einige Wissenschaftler halten sie für das tödlichste Reptil auf der ganzen Welt, dessen Gift hundertmal wirkungsvoller sein soll als das einer Königskobra oder schwarzen Mamba.»

«Wenn die also jetzt einen von uns bisse...»

«Zwei Minuten, höchstens.»

Ihre Blicke folgten der Schlange, die zwischen den Seefächern davonglitt, bis sie verschwand.

«Seeschlangen sind gewöhnlich nicht aggressiv», sagte Beth. «Manche Taucher fassen sie sogar an und spielen mit ihnen. Das brächte ich nie fertig. Man stelle sich das vor – mit Schlangen spielen!»

«Wie kommt es, daß sie so giftig sind? Lähmen sie damit ihre Beute?»

«Eigentlich interessant», sagte Beth, «daß die giftigsten Tiere auf der Welt alle im Wasser leben. Im Vergleich zu ihrem Gift ist das von Landtieren ein Witz. Selbst auf dem Land ist das giftigste Tier ein Amphibium, eine Kröte, *Bufotene marfensis.* Im Meer gibt es eine Unzahl giftiger Tierarten: Fische, wie den Kugelfisch, den die Japaner als Delikatesse schätzen; oder Schalentiere, wie *Alaverdis lotensis.* Einmal hab ich auf einem Boot vor Guam gesehen, wie eine Frau eine dieser schönen Muscheln mit nach oben brachte. Sie schien nicht zu wissen, daß man die Finger von der Spitze fernhalten muß. Das Tier hat seinen Giftstachel dort herausgeschoben und die Frau in die Handfläche gestochen. Sie machte noch drei Schritte, dann brach sie in Zukkungen zusammen und war nach einer Stunde tot. Es gibt auch giftige Wasserpflanzen, giftige Schwämme und giftige Korallen. Und dann die Schlangen. Selbst die am wenigsten giftigen Seeschlangen sind unbedingt tödlich.»

«Eine reizende Vorstellung», sagte Harry.

«Nun, man muß bedenken, daß der Ozean als Lebensraum weit älter ist als das Land. In den Meeren gibt es Leben schon seit dreieinhalb Milliarden Jahren, viel länger als auf dem Land. Die Mechanismen des Daseinskampfes und der Verteidigung sind dort weit höher entwickelt – die Tiere hatten einfach mehr Zeit dazu.»

«Du meinst, in ein paar Milliarden Jahren wird es auf dem Land auch solche fürchterlich giftigen Tiere geben?»

«Vermutlich, wenn wir so weit kommen», sagte sie.

«Mir würde es fürs erste genügen, es bis zum Habitat zu schaffen», sagte Harry.

Das Habitat war jetzt sehr nah. Sie konnten sehen, wie die Blasen von den undichten Stellen aufstiegen.

«Leckt wie ein Sieb», sagte Harry.

«Ich glaube, uns bleibt genug Luft.»

«Ich prüfe das besser nach.»

«Von mir aus gern», sagte Beth. «Aber ich habe es wirklich gründlich kontrolliert.»

Norman fürchtete schon, ein neuer Streit würde ausbrechen, aber Beth und Harry ließen das Thema fallen. Sie erreichten die Luke und stiegen ins Innere von DH-8.

«Jerry?»

Norman sah auf den Bildschirm. Er war schwarz. Nur der Cursor blinkte.

«Jerry, bist du da?»

Der Bildschirm blieb schwarz.

«Ich frage mich, warum wir nichts von dir hören», sagte Norman.

Der Bildschirm blieb schwarz.

«Versuchst du's mit etwas Psychologie?» fragte Beth. Sie prüfte die Empfangseinrichtungen für die Außensensoren und sah die aufgezeichneten Kurven durch. «Wenn du mich fragst, ist Harry derjenige, an dem du deine Psychologie erproben solltest.»

«Was meinst du damit?»

«Daß er sich nicht an unserem Lebenserhaltungssystem zu schaffen machen sollte. Ich halte ihn für seelisch nicht besonders stabil.»

«Stabil?»

«Das ist ein Psychologentrick, was? Immer das letzte Wort eines Satzes zu wiederholen. Damit hält man die Leute am Reden.»

«Reden?» sagte Norman und lächelte sie an.

«Na ja, vielleicht bin ich ein bißchen abgespannt», sagte sie. «Aber ernsthaft, Norman. Bevor ich zum Schiff aufgebrochen bin, ist Harry hier reingekommen und hat gesagt, er würde für mich weitermachen. Ich hab ihm gesagt, daß du beim Tauchboot seist und ich zum Schiff rüber wolle, weil kein Kalmar zu sehen sei. Er hat gesagt, in Ordnung, er würde übernehmen. Also bin ich gegangen. Und jetzt will er sich an nichts mehr erinnern. Kommt dir das nicht reichlich plemplem vor?»

«Plemplem?» fragte Norman.

«Hör auf damit und sei mal ernst.»

«Ernst?» fragte Norman.

«Versuchst du, dem Gespräch mit mir aus dem Weg zu gehen? Mir fällt auf, daß du ausweichst, wenn du über etwas nicht reden willst. Du möchtest Spannung vermeiden und lenkst jedesmal ab, wenn im Gespräch ernste Probleme aufkommen. Aber ich finde, du solltest dir anhören, was ich zu sagen habe, Norman. Mit Harry stimmt was nicht.»

«Ich höre dir zu, Beth.»

«Und?»

«Ich war in der betreffenden Situation nicht dabei, also weiß ich nichts darüber. So wie Harry sich jetzt gibt, ist er wie immer – überheblich, spöttisch und ausgesprochen intelligent.»

«Glaubst du nicht, daß er langsam durchdreht?»

«Nicht mehr, als wir auch.»

«Ja, du lieber Gott! Was muß ich denn noch tun, um dich zu überzeugen? Ich hatte eine lange Unterhaltung mit diesem Mann, und jetzt bestreitet er das. Hältst du das etwa für normal? Glaubst du, daß wir einem solchen Menschen trauen können?»

«Beth, ich war nicht dabei.»

«Du meinst, es liegt an mir selbst.»

«Ich war nicht dabei.»

«Du meinst, ich bin diejenige, die durchdreht? Ich erzähle dir etwas von einer Unterhaltung, die in Wirklichkeit nicht stattgefunden hat?»

«Beth.»

«Norman, ich sage dir. Mit Harry stimmt was nicht, und du willst es nicht wahrhaben.»

Sie hörten Schritte näher kommen.

«Ich geh jetzt rauf in mein Labor», sagte sie. «Laß dir meine Worte mal durch den Kopf gehen.»

Sie erstieg die Leiter, als Harry hereinkam. «Beth hat bei den Lebenserhaltungssystemen wirklich glänzende Arbeit geleistet, das muß ihr der Neid lassen. Alles steht bestens. Wir haben beim gegenwärtigen Verbrauch noch Luft für zweiundfünfzig Stunden, es dürfte also nichts schiefgehen. Redest du mit Jerry?»

«Wieso?»

Harry wies auf den Bildschirm: HALLO NORMAN.

«Keine Ahnung, wann er zurückgekommen ist. Vorhin hat er nichts gesagt.»

«Nun, jetzt redet er», sagte Harry.

HALLO HARRY.

«Wie geht's, Jerry?» fragte Harry.

GUT DANKE. WIE GEHT ES DIR? MICH SEHNT SO MIT EUREN WESEN ZU SPRECHEN. WO IST DAS LEIDWESEN HARALD C. BARNES?

«Weißt du das nicht?»

ICH SPÜRE DAS WESEN JETZT NICHT.

«Er ist, hm, weg.»

ICH SEHE. ER WAR NICHT FREUNDLICH. ER WOLLTE NICHT GERN MIT MIR ZU REDEN.

Was will er uns damit sagen? dachte Norman. Hat Jerry etwa Barnes aus dem Weg geräumt, weil er ihn für unfreundlich hielt?

«Jerry», fragte Norman. «Was ist mit dem Leitwesen geschehen?»

ER WAR NICHT FREUNDLICH. ICH HABE IHN NICHT GEMOCHT.

«Ja, aber was ist mit ihm geschehen?»

ER IST JETZT NICHT.

«Und die anderen Wesen?»

UND DIE ANDEREN WESEN. SIE WOLLTEN NICHT GERN MIT MIR ZU REDEN.

«Meinst du, er will damit sagen, daß er sie aus dem Weg geräumt hat?» sagte Harry.

ICH BIN NICHT GLÜCKLICH MIT IHNEN ZU REDEN.

«Heißt das, daß er alle Navyleute umgebracht hat?» fragte Harry.

Norman überlegte: Das stimmt nicht ganz. Er hat auch Ted umgebracht, und der hat versucht, mit ihm in Verbindung zu treten, oder mit dem Kalmar. Bestand zwischen Jerry und dem Kalmar eine Beziehung? Wie konnte man ihn danach fragen?

«Jerry...»

JA NORMAN. ICH BIN HIER.

«Wir wollen uns unterhalten.»

GUT. DAS GEFÄLLT MIR.

«Sag uns etwas über den Kalmar, Jerry.»

DAS WESEN KALMAR IST EINE MANIFESTATION.

«Woher ist es gekommen?»

GEFÄLLT ES DIR? ICH KANN ES FÜR DICH NOCH MEHR MANIFESTIEREN.

«Nein, nein, ist nicht nötig», sagte Norman rasch.

GEFÄLLT ES DIR NICHT?

«Doch, doch, Jerry, es gefällt uns.»

STIMMT DAS AUCH?

«Ja, es stimmt. Wir mögen es. Wirklich.»

GUT. MIR GEFÄLLT DASS DU ES MAGST. ES IST EIN SEHR GROSSES UND EINDRUCKSVOLLES WESEN.

«Ja, das ist es», sagte Norman und wischte sich den Schweiß von der Stirn. Das ist doch absurd, dachte er – es ist, als spräche man mit einem Kind, das ein geladenes Gewehr in der Hand hält.

ES IST SCHWIERIG FÜR MICH DIES GROSSE WESEN ZU MANIFESTIEREN. ICH FREUE MICH DASS ES DIR GEFÄLLT.

«Sehr eindrucksvoll», stimmte Norman zu. «Aber du brauchst es für uns nicht zu wiederholen.»

SOLL ICH EIN NEUES WESEN MANIFESTIEREN?

«Nein, Jerry. Im Augenblick nicht, vielen Dank.»

MANIFESTATIONEN BEREITEN MIR GLÜCK.

«Ja, das glaube ich.»

ICH MANIFESTIERE GERN ETWAS FÜR DICH NORMAN. UND AUCH FÜR DICH HARRY.

«Danke, Jerry.»

MIR GEFALLEN EURE MANIFESTATIONEN AUCH.

«*Unsere?*» fragte Norman mit einem Blick auf Harry. Offensichtlich war Jerry der Ansicht, daß die Bewohner des Habitats ihrerseits etwas aus dem Nichts Gestalt annehmen ließen. Jerry schien das als eine Art Austausch anzusehen.

JA. MIR GEFALLEN EURE MANIFESTATIONEN AUCH.

«Sag uns etwas über unsere Manifestationen», forderte ihn Norman auf.

SIE SIND KLEIN UND SIE GEHEN NICHT ÜBER EURE WESEN HINAUS, ABER SIE SIND NEU FÜR MICH. SIE MACHEN MIR GLÜCK.

«Wovon redet er?» fragte Harry.

EURE MANIFESTATIONEN HARRY.

«Was für eine Manifestation, in drei Teufels Namen?»

«Reg dich nicht auf», mahnte Norman. «Bleib ganz ruhig.»

DIE GEFÄLLT MIR HARRY. MACH NOCH EINE.

Ob er Emotionen registrieren kann? dachte Norman. Und betrachtet er unsere Gefühle als Manifestationen, als die Verwirklichung von etwas? Aber das ergab keinen Sinn. Jerry konnte keine Gedanken lesen, das hatte Norman bereits festgestellt. Aber vielleicht sollte er es lieber noch mal probieren. Jerry, dachte er, kannst du mich hören?

ICH MAG HARRY. SEINE MANIFESTATIONEN SIND ROT. SIE SIND KOMIKVOLL.

«Komikvoll?»

KOMIKVOLL = VOLL VON KOMIK?

«Ach so», sagte Harry. «Er findet uns witzig.»

WITZIG = VOLL VON WITZ?

«Na ja», sagte Norman. «Wir haben die Vorstellung...» Er hielt inne. Wie sollte er ‹witzig› erklären? Was war überhaupt ein Witz? «Wir Wesen stellen uns eine Situation vor, die Unbehagen hervorruft, und die nennen wir dann humoristisch.»

HUMOR IST ISCH?

«Nein, in einem Wort.» Norman buchstabierte es ihm vor.

ICH VERSTEHE. EURE MANIFESTATIONEN SIND HUMORISTISCH. DAS WESEN KALMAR MACHT VIELE HUMORISTISCHE MANIFESTATIONEN VON EUCH.

«Das können wir nicht gerade finden», sagte Harry.

ICH FINDE ES.

Das faßt die Situation im großen und ganzen zusammen, dachte Norman. Irgendwie mußte er Jerry die entsetzlichen Auswirkungen seines Tuns vor Augen führen. «Jerry», erklärte er, «deine Manifestationen verletzen unsere Wesen. Einige unserer Wesen sind bereits fort.»

ICH WEISS.

«Wenn du damit weitermachst –»

JA MANIFESTIEREN IST SPASS FÜR MICH. ES IST HUMORISTISCH FÜR EUCH.

«– dann werden ziemlich bald all unsere Wesen fort sein. Dann gibt es niemanden mehr, mit dem du reden kannst.»

DAS WILL ICH NICHT.

«Ich weiß. Aber viele Wesen sind bereits fort.»

HOL SIE WIEDER.

«Das geht nicht. Sie sind für immer fort.»

WARUM?

«Wir können sie nicht zurückholen.»

WARUM NICHT?

Haargenau wie ein kleines Kind, dachte Norman. Da sagt man einem Kind, daß nicht geht, was es sich in den Kopf gesetzt hat, daß man nicht so spielen kann, wie es das gern möchte, und es will nichts davon wissen.

«Jerry, wir haben nicht die Macht, sie zurückzuholen.»

DU SOLLST DIE ANDEREN WESEN JETZT ZURÜCKHOLEN.

«Er glaubt, wir wollen nicht mitspielen», sagte Harry.

HOL DAS WESEN TED ZURÜCK.

«Wir können nicht, Jerry. Wir täten es, wenn wir könnten», sagte Norman.

ICH MAG DAS WESEN TED. ES IST SEHR HUMORISTISCH.

«Ja», sagte Norman. «Ted mochte dich auch. Er hat versucht, mit dir zu reden.»

JA ICH MAG SEINE MANIFESTATIONEN. HOLT IHN ZURÜCK.

«Wir können nicht.»

Eine lange Pause trat ein.

BIN ICH EUCH GEKRÄNKT?

«Nein, nein, überhaupt nicht.»

WIR SIND FREUNDE NORMAN UND HARRY.

«Ja, das sind wir.»

DANN HOLT DIE WESEN ZURÜCK.

«Er weigert sich einfach zu verstehen», sagte Harry. «Jerry, wir können es nicht, versteh das doch!»

DU BIST HUMORISTISCH HARRY. MACH DAS NOCH MAL.

Er scheint starke Gefühlsreaktionen als Manifestationen aufzufassen, dachte Norman. War das seine Vorstellung vom Spielen – den anderen zu provozieren und sich dann über dessen Reaktion zu belustigen? Gefiel es ihm, die Emotionen zu beobachten, die der Kalmar bei den Menschen hervorrief? Stellte er sich so ein Spiel vor?

HARRY MACH ES NOCH MAL. HARRY MACH ES NOCH MAL.

«Mensch», sagte Harry wütend, «rutsch mir doch den Buckel runter!»

DANKE. DAS GEFÄLLT MIR. DAS WAR AUCH ROT. JETZT HOL BITTE DIE ANDEREN VERSCHWUNDENEN WESEN ZURÜCK.

Norman hatte einen Einfall. «Jerry», sagte er, «wenn du sie zurück willst, warum holst *du* sie nicht wieder?»

MIR GEFÄLLT NICHT DAS ZU TUN.

«Aber du könntest, wenn du wolltest.»

ICH KANN ALLES.

«Natürlich kannst du. Warum holst du dann nicht die Wesen zurück, die du haben willst?»

NEIN. ICH MAG DAS NICHT TUN.

«Warum nicht?» fragte Harry.

MENSCH, RUTSCH MIR DOCH DEN BUCKEL RUNTER.

«Er wollte dich nicht kränken, Jerry», sagte Norman rasch.

Vom Bildschirm kam keine Antwort.

«Jerry?»

Der Bildschirm reagierte nicht.

«Er ist wieder weg», sagte Harry kopfschüttelnd. «Weiß der Geier, was sich der Schweinehund als nächstes ausdenkt.»

WEITERE UNTERSUCHUNGEN

Norman ging ins Labor hinauf, um mit Beth zu reden, aber sie schlief zusammengerollt auf dem Sofa. Im Schlaf war sie schön. Eigentlich seltsam, daß sie trotz des langen Aufenthalts hier unten so strahlend wirkte. Es schien ihm, als sei eine gewisse Härte aus ihren Zügen gewichen. Ihre Nase wirkte nicht mehr so scharf; die Linie ihres Mundes war weicher und voller. Er sah auf ihre Arme: sie kamen ihm weniger sehnig vor, die Muskeln glatter, die Adern standen nicht mehr hervor. Irgendwie war alles weiblicher.

Wer weiß, dachte er – wenn man so lange hier unten ist, leidet vielleicht die Urteilskraft. Er stieg die Leiter wieder hinunter und ging zu seiner Koje. Harry hatte sich bereits hingelegt und schnarchte laut.

Norman beschloß, noch einmal zu duschen. Als er unter den Wasserstrahl trat, machte er eine verblüffende Entdeckung.

Die Abschürfungen, die seinen Körper bedeckt hatten, waren verschwunden.

Jedenfalls beinahe, korrigierte er sich, als er auf die noch verbliebenen gelb-lila Flecken sah. Sie waren binnen Stunden geheilt. Er bewegte versuchsweise seine Glieder und spürte auch keinen Schmerz mehr. Wie kam das? Was war geschehen? Einen Augenblick hielt er das Ganze für Einbildung oder für einen Alptraum, dann aber dachte er: Ach was, das liegt an der Atmosphäre. Verletzungen und Abschürfungen heilen unter Hochdruck einfach besser. Daran war nichts Geheimnisvolles, es lag einfach an der unter Druck stehenden Umgebung.

Er trocknete sich ab, so gut es mit dem feuchten Handtuch ging, und kehrte dann zu seiner Koje zurück. Harry schnarchte noch ebenso laut wie zuvor.

Norman legte sich auf den Rücken und sah auf die summenden roten Spiralen der Deckenheizung. Er hatte einen Einfall, stand auf und schob Harrys Sprechkapsel vom Kehlkopf zur Seite. Sofort wurde aus dem Schnarchen ein leises hohes Zischen.

Schon viel besser, dachte er. Kaum hatte er den Kopf auf das klamme Kissen gelegt, schlief er auch schon ein. Als er erwachte, hatte er den Eindruck, daß kaum Zeit vergangen war – vielleicht nur ein paar Sekunden –, aber er fühlte sich erquickt. Er streckte sich gähnend und stand auf.

Harry schlief noch. Norman schob die Sprechkapsel zurück, und das Schnarchen erfüllte wieder den Raum. Er ging in Röhre D hinüber und trat an den Computer. Noch immer zeigte der Bildschirm die Worte:

MENSCH, RUTSCH MIR DOCH DEN BUCKEL RUNTER.

«Jerry?» fragte Norman. «Bist du da, Jerry?»

Der Bildschirm reagierte nicht. Jerry war nicht da. Norman sah auf den Stapel von Computerausdrucken neben dem Monitor. Ich müßte das Zeug wirklich mal durcharbeiten, dachte er. Irgend etwas an Jerry beunruhigte ihn. Er konnte nicht genau sagen, was es war, aber nicht einmal, wenn man sich das außerirdische Wesen als verzogenes Gör auf dem Königsthron vorstellte, ergab Jerrys Verhalten einen Sinn. Es paßte einfach nichts zusammen, die letzte Mitteilung nicht ausgenommen.

MENSCH, RUTSCH MIR DOCH DEN BUCKEL RUNTER.

Straßenjargon? Oder hatte er Harry einfach nachgeahmt? Jedenfalls war es nicht Jerrys übliche Ausdrucksweise. Gewöhnlich machte Jerry gewisse sprachliche Fehler und drückte sich dabei gestelzt aus, sprach von Wesen und Manifestationen. Aber nur selten verfiel er in die Umgangssprache. Norman sah sich die Blätter an.

NACH EINER KURZEN PAUSE IN DER WIR WERBUNG BRINGEN MELDEN WIR UNS WIEDER.

Das zum Beispiel: Woher hatte er das? Es klang wie ein Fernsehansager. Warum aber klang, was Jerry sagte, dann nicht immer wie von einem Fernsehansager? Was bewirkte den Wechsel?

Außerdem war da die Frage des Kalmars. Wenn es Jerry Spaß machte, ihnen Angst einzujagen, und wenn es ihm gefiel, an ihrem Käfig zu rütteln und zu sehen, wie sie sprangen, warum bediente er sich dazu eines Kalmars? Woher stammte der Einfall dazu? Und warum ausschließlich ein Kalmar? Es schien Jerry Spaß zu machen, verschiedene Wesen auftreten zu lassen. Warum hatte er also nicht das eine Mal einen Riesenkalmar aus dem Hut gezaubert, ein anderes Mal große weiße Haie und so weiter? Würde das seine Fähigkeiten nicht in ein weit helleres Licht rücken?

Als nächstes war die Sache mit Ted rätselhaft. Er hatte mit Jerry gespielt, bevor dieser ihn umbrachte. Wenn Jerry so gern spielte, warum tötete er dann einen Mitspieler? Es ergab einfach keinen Sinn.

Oder doch?

Norman seufzte. Seine Schwierigkeit lag in den Voraussetzungen, von denen er ausging. Er nahm an, daß dem außerirdischen Wesen logische Prozesse ebenso vertraut waren wie ihm – was aber möglicherweise gar nicht der Fall war. Auch konnte Jerry einen weit schneller ablaufenden Stoffwechsel und damit ein abweichendes Zeitempfinden haben. Kinder spielen mit einem Spielzeug nur so lange, bis sie seiner überdrüssig sind, und greifen dann zu einem anderen. Die Stunden, die Norman so qualvoll lang erschienen, mochten für Jerrys Bewußtsein nur wenige Augenblicke bedeuten. Möglicherweise spielte er nur wenige Sekunden mit dem Kalmar, wurde des Spiels dann müde und nahm ein anderes Spielzeug zur Hand.

Ebenso konnten Kinder nicht nachempfinden, was es bedeutete, wenn sie etwas zerbrachen. Sofern Jerry der Tod kein Begriff war, fände er nichts dabei, Ted zu töten, denn dann würde er den Tod nur für ein vorläufiges Ereignis halten, eine «humoristische» Manifestation Teds. Vielleicht begriff er gar nicht, daß er damit in Wirklichkeit sein Spielzeug zerstörte.

Wenn Norman es recht bedachte, hatte Jerry tatsächlich verschiedene Wesen auftreten lassen – vorausgesetzt, Quallen, Garnelen, Seefächer und jetzt die Seeschlangen verdankten ihre Entstehung Jerry. War das der Fall? Oder gehörten sie einfach zur Umwelt? Gab es eine Möglichkeit, das festzustellen?

Mit einemmal fiel ihm der schwarze Matrose ein. Den durfte er nicht vergessen. Woher war der gekommen? War auch er eine von Jerrys Manifestationen? Konnte Jerry nach Belieben Spielgefährten auftreten lassen? In dem Fall würde es ihm bestimmt nichts ausmachen, sie alle umzubringen.

Klar, dachte Norman, es ist Jerry piepegal, ob er uns umbringt oder nicht. Er will nur spielen, und er kennt seine Macht nicht.

Aber da war noch etwas anderes. Norman ging die Blätter durch und fühlte instinktiv, daß es hier ein Grundmuster gab. Etwas, was er noch nicht verstand, eine Verbindung, die er noch nicht sah.

Während er über dem Problem grübelte, stieß er immer wieder auf die eine Frage: Warum ein Kalmar? Warum ausgerechnet ein Kalmar?

Natürlich, dachte er. Sie hatten während des Abendessens über Kalmare gesprochen. Das muß Jerry mitgehört haben. Wahrscheinlich war er zu dem Ergebnis gekommen, ein Kalmar werde bei ihnen Abwehrreaktionen hervorrufen. Und damit hatte er sicherlich recht gehabt.

Norman ging die Blätter weiter durch und stieß auf die erste Nachricht, die Harry entschlüsselt hatte.

HALLO, WIE GEHT'S? MIR GEHT'S GUT. WIE HEISST DU? ICH HEISSE JERRY.

Es machte keinen Unterschied, ob es hier oder an einer anderen Stelle begann. Eine eindrucksvolle Leistung Harrys, das zu entschlüsseln, dachte Norman. Wäre Harry das nicht gelungen, hätten sie nie mit Jerry ins Gespräch kommen können.

Norman saß vor dem Computer und sah auf die Tastatur. Was hatte Harry noch gesagt? Die Tastatur als Spirale ansehen: der Buchstabe G war die Zahl eins, B war zwei und so weiter. Wirklich genial, wie er das ausgeknobelt hat. Norman hätte es in einer Million Jahren nicht geschafft. Er suchte sich die Buchstaben der ersten Zahlenfolge zusammen.

0003312626262725 301922 01220305452343 171914
012203054523 01100533 301922 032219232305
151043 191603 032219232322 033114143233 0003

Mal sehen... 00 bedeutete den Anfang der Nachricht, hatte Harry gesagt. Und 03 war H. Und 31 war dann A, 26 war L, noch einmal 26, also L, unmittelbar darüber 27 war O...

HALLO

Ja, es paßte. Er fuhr fort, den Text zu übertragen. 301922 bedeutete WIE...

WIE GEHT'S

So weit, so gut. Norman empfand ein gewisses Vergnügen, fast, als sei er derjenige, der den Text zum erstenmal entschlüsselte. Jetzt 17, M...

MIR GEHT'S GUT.

Es ging immer schneller, er konnte die Buchstaben schon recht zügig hinschreiben.

WIE HEISST DU?

191603 bedeutete ICH... ICH HEISSE... Doch dann stellte er fest, daß ein Buchstabe falsch war. Konnte das sein? Norman fuhr fort, fand einen zweiten Fehler, vervollständigte die Botschaft und starrte sie mit wachsendem Entsetzen an.

ICH HEISSE HARRY.

«Oh, mein Gott», sagte er.

Er prüfte den Text erneut, aber er fand keinen Fehler. Jedenfalls keinen, den er gemacht hätte. Die Botschaft war völlig eindeutig.

HALLO, WIE GEHT'S? MIR GEHT'S GUT. WIE HEISST DU? ICH HEISSE HARRY.

DIE MACHT

DER SCHATTEN

Beth setzte sich auf ihrer Liege im Labor auf und las die Mitteilung, die Norman ihr gegeben hatte. «O Gott!» sagte sie. Sie schob sich die dichten Strähnen ihres schwarzen Haars aus dem Gesicht. «Wie kann das sein?» fragte sie.

«Es paßt alles zusammen», sagte Norman. «Überleg doch. Wann haben die Mitteilungen angefangen? Nachdem Harry aus der Kugel gekommen ist. Wann sind der Kalmar und die anderen Tiere zum erstenmal aufgetaucht? Nachdem Harry aus der Kugel gekommen ist.»

«Ja, aber –»

«Zuerst waren es nur kleine Kalmare, doch als wir sie essen wollten, tauchten plötzlich auch Garnelen auf. Gerade rechtzeitig zum Abendessen. Und warum? Weil Harry nicht gern Tintenfisch ißt.»

Beth hörte wortlos zu.

«Und wen hat als Kind der Riesenkrake in *Zwanzigtausend Meilen unter dem Meer* geängstigt?»

«Harry», sagte sie. «Ich erinnere mich, daß er das gesagt hat.»

Norman fuhr hastig fort. «Und wann taucht Jerry auf dem Bildschirm auf? Wenn Harry da ist, sonst nie. Wann antwortet Jerry uns? Wenn Harry mit im Raum ist und hört, was wir sagen. Und warum kann Jerry keine Gedanken lesen? Weil Harry es nicht kann. Erinnerst du dich, wie Barnes immer wieder den Namen wissen wollte, und Harry die Frage nicht weitergab? Warum wohl? Weil er Angst hatte, der Bildschirm würde ‹Harry› sagen, und nicht ‹Jerry›.»

«Und der Matrose...»

«Richtig, der schwarze Matrose. Wer taucht auf, als Harry von seiner Rettung träumt? Ein schwarzer Marinesoldat.»

«Und was ist mit dem Riesenkalmar?» fragte Beth nachdenklich.

«Nun, mitten in dessen Angriff hat Harry sich den Kopf gestoßen und das Bewußtsein verloren, und sofort ist das Tier verschwunden. Es ist erst wiedergekommen, als Harry aufgewacht ist und dir gesagt hat, er würde für dich weitermachen.»

«Mein Gott!» sagte Beth.

«Ja», sagte Norman, «das erklärt eine ganze Menge.»

Eine Weile sah sie schweigend auf die Mitteilung. «Aber wie macht er das?»

«Ich zweifle, daß er was macht, jedenfalls nicht bewußt.»

Norman hatte bereits darüber nachgedacht. «Nehmen wir mal an», sagte er, «daß mit Harry was passiert ist, als er in die Kugel ging – daß er dort irgendeine Art Macht bekommen hat.»

«Welche zum Beispiel?»

«Die Macht, Dinge geschehen zu lassen, indem er sie einfach denkt. Die Macht, seine Gedanken Wirklichkeit werden zu lassen.»

Beth runzelte die Stirn. «Seine Gedanken Wirklichkeit werden zu lassen...»

«So merkwürdig ist das gar nicht», sagte er. «Denk doch mal nach: Ein Bildhauer hat erst einen Einfall und gestaltet ihn dann in Stein oder Holz, um ihn Wirklichkeit werden zu lassen. Am Anfang steht der Gedanke, ihm folgt die Durchführung, die mit einer gewissen Bemühung eine Wirklichkeit schafft, in der sich die ursprünglichen Gedanken des Bildhauers spiegeln. So funktioniert für uns die Welt. Wir stellen uns erst etwas vor und bemühen uns dann, es geschehen zu lassen. Bisweilen geschieht das unbewußt – beispielsweise, wenn jemand mittags unerwartet nach Hause geht und seine Frau mit einem anderen im Bett erwischt. Das war nicht seine Absicht, es ist einfach so passiert.»

«Oder eine Frau erwischt ihren Mann mit einer anderen im Bett», sagte Beth.

«Ja, natürlich. Aber es geht doch dabei um folgendes: Ständig gelingt es uns, Dinge geschehen zu lassen, ohne daß wir besonders intensiv daran denken. Wenn ich mit dir spreche, konzentriere ich mich nicht auf jedes Wort. Ich möchte einfach was sagen, und es kommt richtig heraus.»

«Ja...»

«Wir können also so komplizierte Gebilde wie Sätze mühelos herstellen, nicht aber andere komplizierte Gebilde, wie zum Beispiel Skulpturen. Wir sind davon überzeugt, daß der Gedanke nicht genügt, daß wir darüber hinaus etwas *tun* müssen.»

«Und so verhalten wir uns dann auch», sagte Beth.

«Nun, Harry nicht. Er ist einen Schritt weiter gegangen. Er braucht keine Statuen mehr zu meißeln oder zu schnitzen. Ihm kommt ein Einfall, und dann geschehen die Dinge von selbst. Er manifestiert die Dinge, wie sie ihm in den Sinn kommen.»

«Harry denkt an einen furchterregenden Kalmar, und prompt haben wir einen draußen vor dem Habitat?»

«Genau. Und wenn er das Bewußtsein verliert, verschwindet das Untier.»

«Und diese Macht hat er aus der Kugel?»

«Ja.»

Beth runzelte die Stirn. «Warum tut er das? Versucht er, uns umzubringen?»

Norman schüttelte den Kopf. «Nein. Ich glaube, es hat einfach Besitz von ihm ergriffen.»

«Was meinst du damit?»

«Nun», sagte Norman, «wir haben doch zahlreiche Möglichkeiten erwogen, was die Kugel aus einer anderen Zivilisation bedeuten könnte. Ted hielt sie für eine Trophäe oder eine Botschaft – er betrachtete sie als Geschenk. Harry vermutete, daß sie etwas enthielte – für ihn war sie ein Behälter. Aber ich frage mich, ob es nicht eher eine Mine ist.»

«So eine Art Sprengsatz?»

«Eigentlich nicht – eher ein Verteidigungsmittel oder etwas, womit wir auf die Probe gestellt werden sollen. Eine außerirdische Zivilisation könnte diese Dinger in der Galaxis verstreuen, und jede Intelligenzform, die sie findet, würde die Macht der Kugel zu spüren bekommen. Und die besteht einfach darin, daß sich alles erfüllt, was man denkt. Wer positive Gedanken hat, bekommt köstliche Garnelen zum Dinner, wer negative Gedanken hat, kämpft mit Ungeheuern um sein Leben. In beiden Fällen ist es dasselbe Verfahren, nur der Inhalt ändert sich.»

«Du meinst, so wie eine Landmine Leute in die Luft jagt, die auf sie treten, zerstört die Kugel Menschen, wenn sie negative Gedanken haben?»

«Oder», sagte er, «wenn sie ihr Bewußtsein einfach nicht in der Gewalt haben. Auf jemanden, der sein Bewußtsein in der Gewalt hat, hätte die Kugel nämlich keinen besonderen Einfluß. Sie schafft nur die aus dem Weg, die ihr Bewußtsein nicht zu beherrschen vermögen.»

«Wie kann man einen negativen Gedanken beherrschen?» fragte Beth. Sie schien mit einemmal sehr erregt. «Wie kann man jemandem sagen: ‹Denk nicht an einen Riesenkalmar›? Im selben Augenblick, da man das sagt, denkt der andere doch automatisch daran, gerade weil er sich bemüht, es nicht zu tun.»

«Es ist möglich, seine Gedanken bewußt zu steuern.»

«Vielleicht für einen Yogi oder so.»

«Es ist jedem möglich», sagte Norman, «seine Aufmerksamkeit von unerwünschten Gedanken abzulenken. Wie gewöhnen sich Leute das Rauchen ab? Wie kommt es, daß wir je unsere Meinung über etwas ändern? Indem wir unsere Gedanken steuern.»

«Ich verstehe immer noch nicht, warum Harry das tut.»

«Erinnerst du dich noch an deine Bemerkung, die Kugel könne uns einen Tiefschlag versetzen?» fragte Norman. «So, wie es das AIDS-Virus bei unserem Immunsystem tut? AIDS hat uns auf einer Ebene getroffen, auf der wir nicht imstande sind, uns zur Wehr zu setzen. In gewisser Hinsicht tut die Kugel das auch, sind wir doch der Überzeugung, wir könnten denken, was wir wollen, ohne daß es Folgen hätte. ‹Die Gedanken sind frei, wer kann sie erraten, sie fliehen vorbei wie nächtliche Schatten›. In Redensarten wie dieser schlägt sich diese Überzeugung nieder. Mit einemmal ist jetzt aber ein Gedanke kein Schatten mehr, er fliegt nicht mehr vorbei, sondern er trifft uns wie ein Stein. Unsere Gedanken manifestieren sich – wie großartig –, nur leider trifft das für alle zu: für die guten wie die bösen. Und wir sind einfach nicht darauf eingestellt, unser Denken zu beherrschen, denn das brauchten wir früher nie zu tun.»

«Als kleines Mädchen», sagte Beth, «war ich wütend auf meine Mutter, und als sie dann Krebs bekommen hat, habe ich mir Vorwürfe gemacht...»

«Ja», sagte Norman, «Kinder denken so. Alle Kinder glauben, daß ihre Gedanken Macht haben. Aber wir bringen ihnen im Laufe der Zeit bei, daß diese Ansicht falsch ist. Natürlich», fuhr er fort, «hat es stets eine andere Lehre über die Gedanken gegeben. In der Bibel heißt es, man soll des Nächsten Weib nicht begehren. Wir legen das dahingehend aus, daß uns Ehebruch verboten ist. Das aber meint die Bibel in Wirklichkeit nicht, sondern sie besagt, daß der Gedanke an Ehebruch ebenso verboten ist wie die Tat selbst.»

«Und Harry?»

«Weißt du etwas über Jungs Psychologie?»

«Das Zeug hab ich nie ernst genommen», sagte Beth.

«Dann ist jetzt der Augenblick gekommen, dich anders zu besinnen», sagte Norman. Er erläuterte: «Jung hat zu Anfang dieses Jahrhunderts mit Freud gebrochen und seine eigene Lehre entwickelt. Er vermutete, es gäbe ein Grundmuster der menschlichen Psyche, das sich in einer grundlegenden Ähnlichkeit mit unseren Mythen und Archetypen spiegele. Einer seiner Gedanken war, daß es in der Persönlichkeit eines jeden Menschen auch eine dunkle Seite gibt, die man zu verdrängen trachtet: Haß, Sadismus und dergleichen. Er nannte sie den ‹Schatten› und verlangte, daß sich der Mensch auch mit dieser Seite seines Wesens vertraut machte. Das aber tun nur sehr wenige. Wir alle sehen uns lieber als nette Menschen, die nie den Wunsch haben zu töten, zu verletzen, zu vergewaltigen und zu plündern.»

«Ja...»

«Nach Jungs Meinung wird von seinem Schatten beherrscht, wer ihn sich nicht bewußt macht.»

«Und wir sehen jetzt Harrys Schattenseite?»

«In gewisser Hinsicht, ja. Er empfindet das Bedürfnis, als der arrogante allwissende Schwarze zu posieren», sagte Norman.

«Das tut er, weiß Gott.»

«Wenn er also Angst hat, hier unten zu sein – und wer hätte das nicht? –, kann er diese Angst nicht zugeben. Doch ob er sie zugibt oder nicht, er empfindet sie nun einmal. Und um seine Furcht vor sich selbst zu rechtfertigen, läßt seine Schattenseite Wesen auftreten, die sie als begründet erscheinen lassen.»

«Der Kalmar existiert als Rechtfertigung für Harrys Angst?»

«So in der Art, ja.»

«Ich weiß nicht», sagte Beth. Sie lehnte sich zurück, legte den Kopf in den Nacken, so daß das Licht auf ihre hohen Wangenknochen fiel. Sie sah fast aus wie ein Mannequin, elegant, attraktiv und kräftig. «Ich bin Zoologin, Norman. Ich möchte Dinge anfassen und in den Händen halten, sehen, daß sie wirklich sind. All diese Theorien über Manifestationen sind mir einfach... einfach zu... psychologisch.»

«Die Welt der Psyche ist ebenso wirklich und folgt ebenso strengen Gesetzmäßigkeiten wie die Welt der äußeren Wirklichkeit», sagte Norman.

«Du hast sicher recht, aber...» Sie zuckte die Schultern. «Es befriedigt mich nicht besonders.»

«Du hast alles miterlebt, was seit unserer Ankunft hier unten vorgefallen ist», sagte Norman. «Nenn mir eine andere Hypothese, die all das erklärt.»

«Das kann ich nicht», gab sie zu. «Ich habe es die ganze Zeit versucht, während du geredet hast. Ich kann es nicht.» Sie faltete das Blatt Papier in ihrer Hand zusammen und dachte eine Weile nach. «Weißt du, Norman, ich bin sicher, daß du da eine brillante Herleitung zustande gebracht hast. Wirklich glänzend. Ich sehe dich mit einemmal in einem ganz anderen Licht.»

Norman lächelte geschmeichelt. Seit er hier unten war, hatte er die meiste Zeit den Eindruck gehabt, völlig überflüssig, fünftes Rad am Wagen zu sein. Jetzt erkannte jemand seinen Beitrag an, und das gefiel ihm. «Danke, Beth.»

Sie sah ihn mit ihren großen sanften Augen an, die im Licht feucht schimmerten. «Du bist ein sehr attraktiver Mann, Norman. Früher ist mir das gar nicht richtig aufgefallen.» Gedankenverloren berührte sie ihre Brust, deren vollendete Form von dem enganliegenden Anzug noch betont wurde. Unter dem feinen Gewebe zeichneten sich ihre festen Brustwarzen deutlich ab. Unvermittelt stand sie auf, legte die Arme um ihn und drängte sich dicht an seinen Körper. «Wir müssen zusammenhalten», sagte sie. «Wir müssen einander beistehen, du und ich.»

«Ja, das müssen wir.»

«Denn wenn das stimmt, was du sagst, ist Harry äußerst gefährlich.»

«Ja.»

«Die bloße Tatsache, daß er hier im Vollbesitz seines Bewußtseins herumläuft, macht ihn gefährlich.»

«Ja.»

«Was sollen wir mit ihm tun?»

«He, ihr zwei», sagte Harry, der die Leiter emporkam. «Ist das eine private Veranstaltung, oder kann jeder mitmachen?»

«Komm nur rauf, Harry», sagte Norman und trat einen Schritt von Beth zurück.

«Hab ich bei was gestört?» fragte Harry.

«Aber nein.»

«Ich will mich in niemandes Geschlechtsleben einmischen.»

«Aber Harry», sagte Beth. Sie entfernte sich ein paar Schritte von Norman und setzte sich an den Labortisch.

«Nun, ihr beiden seht aus, als ob euch was beschäftigte.»

«Tatsächlich?» fragte Norman.

«Ja, vor allem Beth. Ich habe den Eindruck, daß sie mit jedem Tag, den sie hier unten verbringt, schöner wird.»

«Das ist mir auch aufgefallen», sagte Norman lächelnd.

«Kann ich mir denken. Eine liebende Frau. Du Glückspilz.» Dann wandte Harry sich an Beth. «Was starrst du mich so an?»

«Tu ich doch gar nicht», sagte Beth.

«Natürlich tust du das.»

«Harry, ich starre dich nicht an.»

«Ich seh doch, wenn mich jemand anstarrt, verdammt noch mal.»

Norman sagte beschwichtigend: «Harry –»

«Ich möchte nur wissen, warum ihr beiden mich so anstarrt. Als wäre ich ein Verbrecher oder so was.»

«Das bildest du dir nur ein, Harry.»

«Ihr steckt hier oben die Köpfe zusammen und flüstert...»

«Wir haben nicht geflüstert.»

«Habt ihr doch.» Harry sah sich um. «Das soll wohl heißen, daß jetzt zwei Weiße gegen einen Schwarzen zusammenhalten?»

«Aber Harry...»

«Ich bin nicht blöd, müßt ihr wissen. Irgendwas ist zwischen euch im Gange. Das merkt doch ein Blinder mit 'nem Krückstock.»

«Harry», sagte Norman, «nichts ist im Gange.»

Mit einemmal hörten sie ein beharrliches Signal vom Computer im Untergeschoß. Sie wechselten Blicke und gingen nach unten, um nachzusehen, was es gab.

Auf dem Bildschirm erschienen Buchstabengruppen in quälend langsamem Tempo.

CQX VDX MOP LKI

«Ist das Jerry?» fragte Norman.

«Kann ich mir nicht vorstellen», sagte Harry. «Ich glaube nicht, daß er seine Mitteilungen wieder verschlüsseln würde.»

«Ist das denn eine verschlüsselte Mitteilung?»

«Mit Sicherheit.»

«Und warum geht das so langsam?» fragte Beth. Buchstabe auf Buchstabe fügte sich in stetigem Rhythmus an, doch es dauerte jeweils mehrere Sekunden, bis ein neuer Buchstabe erschien.

«Das weiß ich nicht», sagte Harry.

«Woher kommt sie?»

Harry machte ein nachdenkliches Gesicht. «Keine Ahnung,

aber die Übertragungsgeschwindigkeit ist äußerst aufschlußreich. Sehr langsam. Wirklich interessant.»

Norman und Beth warteten, während er überlegte. Norman dachte: Wie könnten wir je ohne Harry auskommen? Wir brauchen ihn. Er ist der Intelligenteste, wenn auch zugleich der Gefährlichste hier unten, doch wir brauchen ihn.

CQX VDX MOP LKI XXC VRW TGK PIU YQA

«Wirklich interessant», sagte Harry. «Zwischen dem Erscheinen zweier Buchstaben vergehen jeweils etwa fünf Sekunden. Ich vermute daher, daß die Mitteilung aus Wisconsin kommt.»

Mit nichts hätte er Norman mehr überraschen können. «Aus Wisconsin?»

«Ja. Das ist wahrscheinlich eine Botschaft der Navy. Ich weiß nicht, ob sie für uns bestimmt ist oder nicht, jedenfalls kommt sie aus Wisconsin.»

«Woher willst du das wissen?»

«Weil das der einzige Ort auf der Welt ist, woher sie kommen kann», sagte Harry. «Kennt ihr ENF-Wellen? Nein? Nun, ich will es euch erklären. Man kann Funkwellen durch die Luft senden, und da kommen sie, wie ihr bestimmt wißt, ziemlich schnell voran. Im Wasser dagegen haben sie keine besonders große Reichweite, denn es ist als Übertragungsmedium ungeeignet. Deswegen braucht man selbst zur Überbrückung kurzer Entfernungen im Wasser ein unglaublich starkes Signal.»

«Ja...»

«Nun hängt die Durchdringungsfähigkeit von Funksignalen von der Wellenlänge ab. Gewöhnliche Funkwellen sind kurz – zum Beispiel wie beim Kurzwellenradio oder dergleichen. Die Wellen sind so winzig, da kommen Zigtausende auf einen Zentimeter. Man kann aber auch ENF-Wellen erzeugen, extrem niederfrequente, die sehr lang sind – jede von ihnen mißt vielleicht sechs Meter. Sie legen, sind sie erst erzeugt, riesige Entfernungen zurück und gehen problemlos durch Wasser über Tausende von Kilometern hinweg. Nur sind sie, eben wegen ihrer Länge, auch sehr langsam. Deswegen bekommen wir auch nur alle fünf Sekunden ein Zeichen auf den Bildschirm. Die Navy brauchte eine

Möglichkeit, mit ihren U-Booten unter Wasser Kontakt zu halten, und daher hat man in Wisconsin eine riesige ENF-Antenne gebaut, über die man diese langen Wellen senden kann. Und von da aus bekommen wir jetzt eine Nachricht.»

«Und was ist mit dem Code?»

«Das dürfte ein verdichteter Code sein – Dreiergruppen von Buchstaben, die jeweils für einen längeren, vorher definierten Text stehen. Auf diese Weise dauert es nicht so lange, eine Nachricht zu senden. Bei einem vollständigen Text könnte das buchstäblich Stunden beanspruchen.»

CQX VDX MOP LKI VRW TGK PUI YQA IYT EEQ FVC ZNB TMK EXE MMN OPW GEW

Es kamen keine weiteren Buchstabengruppen mehr.

«Sieht so aus, als wäre das alles», sagte Harry.

«Wie übersetzen wir es?» fragte Beth.

«Wenn es eine Navy-Mitteilung ist», sagte Harry, «gar nicht.»

«Vielleicht gibt es hier ja irgendwo ein Codebuch», sagte Beth.

«Augenblick mal», sagte Harry.

Die Anzeige auf dem Bildschirm änderte sich, eine der Buchstabengruppen nach der anderen verwandelte sich in Klartext.

2340 UHR, 07–7, CINCCOMPAC AN BARNES TIEFHAB-8

«Für Barnes», sagte Harry. Sie sahen zu, während der Rest der Mitteilung auf dem Bildschirm erschien.

VERSORGUNGSSCHIFFE KOMMEN VON NANDI UND VIPATI ZU IHNEN GAZ 1600 UHR 08–7 TIEFHAB RÜCKZUG AUTOMATIK BESTÄTIGEN VIEL GLÜCK SPAULDING ENDE

«Bedeutet es das, was ich glaube?» fragte Beth.

«Ja», sagte Harry. «Die Retter sind unterwegs.»

«Hurra!» Beth klatschte in die Hände.

«Der Sturm muß sich gelegt haben. Sie haben die Versorgungsschiffe geschickt, und die werden in etwas mehr als sechzehn Stunden hier sein.»

«Und was ist mit der Automatik?»

Die Antwort kam sofort. Alle Bildschirme im Habitat flakkerten auf, und in der oberen rechten Ecke eines jeden wurde ein kleines Kästchen mit Zahlen sichtbar: 16:20:00. Sie liefen rückwärts.

«Der Countdown läuft automatisch.»

«Gibt es bestimmte Vorschriften, die wir beim Verlassen des Habitats befolgen müssen?» fragte Beth.

Norman beobachtete, wie die Zahlen rückwärts liefen, genau wie im Tauchboot. Dann fragte er: «Was ist eigentlich mit dem Klein-U-Boot?»

«Wen juckt denn das jetzt noch?» wollte Harry wissen.

«Ich finde, wir sollten es hierbehalten», sagte Beth. Sie sah auf ihre Armbanduhr. «In etwa vier Stunden muß wieder jemand auf den Knopf drücken.»

«Bis dahin ist reichlich Zeit.»

«Ja.»

Insgeheim fragte sich Norman, ob sie weitere sechzehn Stunden würden überleben können.

«Na, ist das denn nicht großartig! Warum laßt ihr beiden bloß die Köpfe so hängen?» sagte Harry.

«Ich überlege nur, ob wir es schaffen können», sagte Norman.

«Warum sollten wir nicht?» fragte Harry dagegen.

«Vielleicht schlägt Jerry vorher noch mal zu», sagte Beth. Norman hätte sie würgen können. Begriff sie nicht, daß sie damit Harry erst auf die Idee brachte.

«Wir können einen weiteren Angriff auf das Habitat nicht überstehen», sagte Beth.

Norman dachte, halt die Klappe, Beth. Du bringst ihn nur auf krumme Gedanken.

«Einen Angriff auf das Habitat?» fragte Harry.

Rasch sagte Norman: «Harry, ich glaube, wir beide sollten uns noch mal mit Jerry unterhalten.»

«Tatsächlich? Warum?»

«Ich möchte sehen, ob ich vernünftig mit ihm reden kann.»

«Ich weiß nicht, ob ein solcher Versuch was nützt», sagte Harry.

«Wir können es auf jeden Fall probieren», sagte Norman mit einem Seitenblick auf Beth. «Es kann jedenfalls nicht schaden.»

Es war Norman klar, daß er nicht wirklich mit Jerry sprechen würde, sondern mit Harry – das heißt, mit dem unbewußten Teil Harrys, seinem Schatten. Wie sollte er vorgehen? Welche Möglichkeiten standen ihm zu Gebote?

Er setzte sich vor den Bildschirm und dachte: Was weiß ich eigentlich über Harry? Aufgewachsen war er in Philadelphia als ein schmächtiges, introvertiertes, menschenscheues Bürschchen, ein mathematisches Wunderkind, über dessen Begabung Spielkameraden und Angehörige spotteten. Harry hatte einmal gesagt, während er sich mit Mathematik beschäftigte, hätten alle anderen nichts als Basketball im Kopf gehabt. Noch jetzt haßte Harry alle Mannschaftssportarten, überhaupt jeden Sport. In seiner Jugend hatte man ihn gedemütigt und verachtet, und als man ihm endlich die wohlverdiente Anerkennung für seine Leistungen zollte, war es, wie Norman vermutete, zu spät, der Schaden bereits angerichtet. Auf jeden Fall hatte die späte Anerkennung Harrys arrogantes, prahlerisches Auftreten nicht verhindern können.

ICH BIN HIER. HABT KEINE ANGST.

«Jerry.»

JA NORMAN.

«Ich habe eine Bitte.»

DU DARFST SIE VORTRAGEN.

«Jerry, viele unserer Wesen sind fort, und unser Habitat ist geschwächt.»

ICH WEISS. SAG DEINE BITTE.

«Würdest du aufhören zu manifestieren?»

NEIN.

«Warum nicht?»

ICH WILL NICHT AUFHÖREN.

Nun, dachte Norman, zumindest sind wir gleich beim Thema

und verschwenden keine Zeit. «Jerry, ich weiß, daß du lange Zeit von allem abgeschnitten warst, viele Jahrhunderte hindurch, und daß du dich während der ganzen Zeit einsam gefühlt hast. Du hattest den Eindruck, daß niemand dich gern hatte, mit dir spielen wollte oder Anteil an deinen Interessen nahm.»

JA. DAS STIMMT.

«Und jetzt kannst du endlich manifestieren, und das gefällt dir. Du zeigst uns gern, was du kannst. Du möchtest uns beeindrucken.»

DAS STIMMT.

«Damit wir dir unsere Aufmerksamkeit zuwenden.»

JA. DAS MAG ICH.

«Und es funktioniert. Wir wenden dir unsere Aufmerksamkeit zu.»

JA. DAS WEISS ICH.

«Aber diese Manifestationen schaden uns, Jerry.»

DAS IST MIR EGAL.

«Und sie überraschen uns.»

DAS FREUT MICH.

«Sie überraschen uns, Jerry, weil du dein Spiel mit uns treibst.»

ICH MAG KEINE SPIELE. ICH SPIELE NICHT.

«Doch, Jerry, für dich ist es ein Spiel. Ein Sport.»

NEIN, DAS IST ES NICHT.

«Doch», sagte Norman, «und zwar ein reichlich blöder Sport.»

Harry, der neben ihm stand, sagte: «Mußt du ihn auf diese Weise herausfordern? Er könnte außer sich geraten. Ich glaube nicht, daß sich Jerry gern widersprechen läßt.»

Das glaube ich dir glatt, dachte Norman, doch er sagte: «Nun, ich muß Jerry die Wahrheit über sein Verhalten sagen. Was er tut, ist nicht besonders interessant.»

ACH? NICHT INTERESSANT?

«Nein, Jerry. Du benimmst dich wie ein verzogenes und bokkiges Kind.»

WAGST DU SO MIT MIR ZU SPRECHEN?

«Ja, weil dein Verhalten töricht ist.»

«Mensch», sagte Harry, «sei doch ein bißchen vorsichtig.»

SIEH DICH VOR, NORMAN. SONST TUN DIR DEINE WORTE NOCH LEID.

Norman fiel auf, daß Jerrys Wortwahl und Satzbau jetzt fehlerlos waren. Auf jedwede Vorspiegelung von Fremdartigkeit und Naivität wurde jetzt verzichtet. Doch Norman fühlte sich stärker und zuversichtlicher, je weiter die Unterhaltung fortschritt. Er kannte jetzt sein Gegenüber. Das war nicht irgendein Außerirdischer. Es gab auch keine unbekannten Voraussetzungen mehr. Er sprach mit dem kindischen Teil eines anderen Menschen.

ICH HABE MEHR MACHT, ALS DU DIR VORSTELLEN KANNST.

«Ich weiß, daß du Macht hast, Jerry», sagte Norman. «Und wenn schon.»

Plötzlich regte Harry sich auf. «Norman, um Himmels willen. Du bringst uns in Teufels Küche.»

HÖR AUF HARRYS WORTE. ER IST WEISE.

«Nein, Jerry», sagte Norman. «Harry ist nicht weise, er hat nur Angst.»

HARRY HAT KEINE ANGST. GANZ UND GAR NICHT.

Norman beschloß, das zu ignorieren. «Ich spreche mit dir, Jerry. Nur mit dir. Du bist derjenige, der mit uns sein Spiel treibt.»

SPIELE SIND BLÖD.

«Das stimmt, Jerry. Was du tust, ist unter deiner Würde.»

SPIELE SIND FÜR INTELLIGENTE LEBEWESEN GÄNZLICH UNINTERESSANT.

«Dann hör damit auf, Jerry. Hör auf mit den Manifestationen.»

ICH KANN AUFHÖREN, WANN ICH WILL.

«Da bin ich nicht so sicher, Jerry.»

DOCH. ICH KANN.

«Dann beweise es. Hör mit diesem Manifestationsspiel auf.»

Eine lange Pause entstand. Sie warteten auf die Antwort.

NORMAN, DEINE MANIPULATIONSVERSUCHE SIND KINDISCH UND SO LEICHT ZU DURCHSCHAUEN, DASS SIE SCHON

LANGWEILIG SIND. ICH BIN NICHT DARAN INTERESSIERT, WEITER MIT DIR ZU REDEN. ICH WERDE TUN, WAS MIR GEFÄLLT, UND MANIFESTIEREN, WAS MIR BELIEBT.

«Unser Habitat kann weiteren Manifestationen nicht widerstehen, Jerry.»

MIR EGAL.

«Wenn du es noch einmal beschädigst, stirbt Harry.»

«Ich und alle anderen, verdammt noch mal», sagte Harry.

MIR EGAL, NORMAN.

«Warum willst du uns töten, Jerry?»

IHR HABT HIER UNTEN NICHTS ZU SUCHEN. IHR MENSCHEN GEHÖRT NICHT HIERHER. IHR SEID ÜBERHEBLICHE GESCHÖPFE, DIE IN ALLE REGIONEN AUF DER GANZEN WELT EINDRINGEN, UND IHR HABT EINE GROSSE UND TÖRICHTE GEFAHR AUF EUCH GENOMMEN. JETZT MÜSST IHR DEN PREIS DAFÜR ZAHLEN. IHR SEID EINE GEFÜHLLOSE GATTUNG. IHR ÜBT KEINE RÜCKSICHT UNTEREINANDER, ZWISCHEN EUCH GIBT ES KEINE LIEBE.

«Das stimmt nicht, Jerry.»

WIDERSPRICH MIR NICHT WIEDER, NORMAN.

«Es tut mir leid, das zu sagen, Jerry, aber das gefühllose Geschöpf, das keine Rücksicht auf andere nimmt, bist du. Dir ist es gleichgültig, ob du uns verletzt. Unsere Notlage interessiert dich nicht. Du bist rücksichtslos, Jerry. Nicht wir.»

GENUG.

«Er wird nicht mehr mit dir sprechen», sagte Harry. «Er ist jetzt richtig außer sich, Norman.»

Und dann erschienen auf dem Bildschirm die Worte:

ICH BRING EUCH ALLE UM.

Norman wischte sich den Schweiß von der Stirn und wandte sich ab von den unheilvollen Worten:

ICH BRING EUCH ALLE UM.

«Ich glaube nicht, daß man mit dem Burschen reden kann», sagte Beth, «auch nicht vernünftig.»

«Du hättest ihn nicht reizen sollen», sagte Harry. Es klang fast wie ein Flehen. «Warum hast du das getan, Norman?»

«Ich mußte ihm die Wahrheit sagen.»

«Aber du hast ihn niederträchtig behandelt – und jetzt ist er wütend.»

«Ob wütend oder nicht, spielt keine Rolle», sagte Beth. «Harry hat uns auch schon früher angegriffen, als er nicht wütend war.»

«Du meinst *Jerry*», sagte Norman. «Jerry hat uns angegriffen.»

«Ja richtig, Jerry.»

«Das war aber ein ganz übler Versprecher, Beth», sagte Harry.

«Du hast recht, Harry, es tut mir leid.»

Harry sah sie mit einem merkwürdigen Blick an. Norman dachte, dem kann man nichts vormachen – das läßt er bestimmt nicht auf sich beruhen.

«Ich weiß gar nicht, wie dir eine so absurde Verwechslung unterlaufen konnte», sagte Harry.

«Du hast ja recht. Ich hab mich versprochen. Es war dumm von mir.»

«Das kann man wohl sagen.»

«Es tut mir leid», sagte Beth. «Wirklich.»

«Schon gut», sagte Harry. «Ist nicht weiter schlimm.»

Schlagartig machte sich Gleichgültigkeit in seinem Auftreten bemerkbar, seine Stimme klang plötzlich vollkommen unbeteiligt. Oho, dachte Norman.

Harry gähnte und streckte sich. «Wißt ihr was», sagte er, «ich bin mit einemmal schrecklich müde. Schätze, ich hau mich noch ein bißchen aufs Ohr.»

Damit verschwand er zu den Kojen.

«Wir müssen was unternehmen», sagte Beth. «Ausreden können wir es ihm nicht.»

«Wohl nicht», bestätigte Norman.

Sie tippte auf den Bildschirm:

«Meinst du, es ist ihm ernst?»

«Ja.»

Mit geballten Fäusten stand Beth vor dem Computer. «Also heißt es jetzt: er oder wir?»

«Ja. Ich denke schon.»

Die Folgerungen hingen unausgesprochen in der Luft.

«Was diese Manifestiererei angeht», sagte Beth, «meinst du, er muß vollständig bewußtlos sein, damit nichts passiert?»

«Ja.»

«Oder tot», sagte Beth.

«Ja», sagte Norman. Auch er hatte schon an diese Möglichkeit gedacht. Er konnte es kaum fassen, daß die Dinge in seinem Leben eine so unwahrscheinliche Wendung genommen hatten, daß er dreihundert Meter unter dem Meeresspiegel den Mord an einem anderen in Erwägung ziehen mußte. Dennoch war er gerade dabei, genau das zu tun.

«Ich würde ihn nur sehr ungern töten», sagte Beth.

«Ich auch.»

«Ich meine, ich wüßte nicht mal, wie ich das anstellen sollte.»

«Vielleicht müssen wir ihn ja gar nicht töten», sagte Norman.

«Nein, außer er stellt was an», sagte Beth. Dann schüttelte sie den Kopf. «Ach zum Teufel, Norman, wir wollen uns doch nichts vormachen. Das Habitat kann einen weiteren Angriff keinesfalls überstehen. Wir müssen ihn einfach töten. Ich will mir das nur nicht eingestehen.»

«Geht mir genauso», sagte Norman.

«Wir könnten uns eine von den Harpunen holen. Ein Unfall kann immer passieren. Dann warten wir einfach, bis die Zeit um ist und die Leute von der Navy herkommen, um uns hier rauszuholen.»

«Das möchte ich eigentlich nicht tun.»

«Ich auch nicht», sagte Beth. «Aber was bleibt uns sonst übrig?»

«Wir brauchen ihn nicht umzubringen», sagte Norman, «es genügt, wenn er bewußtlos ist.» Er trat an den Erste-Hilfe-Kasten und ging die verschiedenen Medikamente durch.

«Meinst du, da ist was Passendes dabei?» fragte Beth.

«Möglich. Ein Betäubungsmittel wär genau das richtige.»

«Würde das funktionieren?»

«Ich nehme an, daß alles funktioniert, was sein Bewußtsein ausschaltet. Ich vermute es jedenfalls.»

«Hoffentlich hast du recht», sagte Beth, «denn wenn er anfängt zu träumen und in diesen Träumen Ungeheuer vorkommen, könnte das unliebsame Folgen für uns haben.»

«Ja. Aber eine Narkose führt einen traumlosen Zustand vollständiger Bewußtlosigkeit herbei.» Norman las die Beschriftungen der Flaschen. «Kennst du irgendwas von dem Zeug hier?»

«Nein», sagte Beth, «aber es ist alles im Computer.» Sie setzte sich vor das Gerät. «Lies die Namen vor, und ich seh nach.»

«Diphenyl-Paralen.»

Beth gab es ein und überflog den eng geschriebenen Text auf dem Bildschirm. «Es ist, hm... sieht aus wie ... was gegen Verbrennungen.»

«Ephedrin-Hydrochlorid.»

Ein neuer Text erschien. «Es ist... ich glaube gegen Reisekrankheit.»

«Valdomet.»

«Gegen Magengeschwüre.»

«Sintag.»

«Synthetischer Opiumersatz. Wirkt nur sehr kurz.»

«Macht es bewußtlos?» fragte Norman.

«Nein, nicht nach dem, was hier steht. Außerdem hält die Wirkung bloß ein paar Minuten an.»

«Tarazin.»

«Ein Beruhigungsmittel. Macht benommen.»

«Gut.» Er stellte das Mittel beiseite.

«‹Und kann Phantasievorstellungen hervorrufen›.»

«Bloß nicht», sagte er und legte es zurück. An Phantasievorstellungen hatten sie keinen Bedarf. «Riordan?»

«Ein Antihistaminikum. Gegen Bisse.»

«Oxalamin?»

«Ein Antibiotikum.»

«Chloramphenikol?»

«Auch ein Antibiotikum.»

«Verdammt.» Die Flaschen gingen ihm allmählich aus.

«Parasolutrin?»

«Ruft Sopor hervor...»

«Was ist das?»

«Tiefer bewußtloser Schlaf.»

«Also ein Schlafmittel?»

«Nein, es ist – hier steht, man kann es zusammen mit Parazin-Trichlorid geben. Dann wirkt es wie ein Anästhetikum.»

«Parazin-Trichlorid... Ja, das hab ich hier», sagte Norman.

Beth las vom Bildschirm ab. «Zwanzig ml Parasolutrin intramuskulär mit sechs ml Parazin gegeben bewirkt einen für chirurgische Noteingriffe geeigneten Tiefschlaf: keine kardiale Nebenwirkung... der Betroffene läßt sich nur schwer wieder wecken... REM-Aktivität wird unterdrückt...»

«Wie lange wirkt es?»

«Drei bis sechs Stunden.»

«Und wie rasch?»

Sie runzelte die Stirn. «Steht hier nicht. ‹Nach Eintreten einer angemessenen Anästhesietiefe können auch umfangreiche chirurgische Eingriffe durchgeführt werden...› Aber wie lange es dauert, bis es so weit ist, darüber steht hier nichts.»

«Mist», sagte Norman.

«Wahrscheinlich geht es schnell», sagte Beth.

«Und was ist, wenn nicht?» fragte Norman. «Wenn es zwanzig Minuten dauert? Kann er sich dagegen wehren? Gegen die Wirkung ankämpfen?»

Sie schüttelte den Kopf. «Darüber steht hier auch nichts.»

Schließlich entschieden sie sich für eine Mischung aus Parasolutrin, Parazin, Dulcinea und dem Opiat Sintag. Norman zog eine Spritze mit den farblosen Flüssigkeiten auf. Sie war so groß, daß man glauben konnte, sie sei für ein Pferd bestimmt.

«Meinst du, es kann ihn umbringen?» fragte Beth.

«Ich weiß nicht. Haben wir denn eine Wahl?»

«Nein», sagte Beth. «Wir müssen es tun. Hast du schon mal jemand 'ne Spritze gegeben?»

Norman schüttelte den Kopf. «Du?»

«Nur Versuchstieren.»

«Wo stech ich sie rein?»

«Am besten in die Schulter», sagte Beth. «Wenn er schläft.»

Norman hob die Spritze gegen das Licht und spritzte aus der Nadel einige Tröpfchen in die Luft. «In Ordnung», sagte er.

«Ich komm besser mit», sagte Beth, «und halt ihn fest.»

«Nein», sagte Norman. «Falls er wach ist und uns beide kommen sieht, wird er sicher sofort mißtrauisch. Vergiß nicht, daß du nicht mehr dahinten schläfst.»

«Und wenn er gewalttätig wird?»

«Ich krieg das schon hin.»

«Na schön, Norman. Wie du willst.»

Die Lichter im Gang von Röhre C schienen unnatürlich hell. Norman hörte seine durch den Teppich gedämpften Schritte, hörte das ständige Summen der Luftumwälzanlage und der Raumheizungsstrahler und spürte das Gewicht der in seiner Hand verborgenen Spritze. Er erreichte die Tür des Schlafraums.

Vor der Schott-Tür standen zwei weibliche schwarze Marineangehörige. Sie salutierten, als sie seiner ansichtig wurden.

«Dr. Johnson, Sir!»

Norman blieb stehen. Die Frauen sahen gut aus und wirkten muskulös. «Stehen Sie bequem», sagte Norman lächelnd.

Sie rührten sich nicht. «Bedaure, Sir! Wir haben unsere Befehle, Sir!»

«Aha», sagte Norman. «Nun, also weitermachen.» Er wollte an ihnen vorbei in den Schlafraum gehen.

«Entschuldigung, Dr. Johnson, Sir!»

Sie verstellten ihm den Weg.

«Was ist?» fragte Norman so unschuldig er konnte.

«Niemand hat Zutritt zu diesem Bereich, Sir!»

«Aber ich möchte mich schlafen legen.»

«Tut uns sehr leid. Dr. Johnson, Sir! Niemand darf Dr. Adams stören, während er schläft, Sir!»

«Ich werde ihn nicht stören.»

«Tut uns leid, Dr. Johnson, Sir! Dürfen wir sehen, was Sie in der Hand haben, Sir?»

«In der Hand?»

«Ja, Sie haben da doch etwas, Sir!»

Ihre abgehackte Art zu sprechen, vor allem aber das beständige ‹Sir!›, ging ihm allmählich auf die Nerven. Er musterte sie erneut. Ihre gebügelten Uniformen verbargen kräftige Muskeln. Mit Gewalt würde er sich an ihnen vorbei wohl keinen Zutritt verschaffen können. Hinter der Tür sah er Harry, der schnarchend auf dem Rücken lag. Es wäre ein idealer Augenblick, ihm die Spritze zu geben.

«Dr. Johnson, dürften wir sehen, was Sie in der Hand haben, Sir!»

«Nein, verdammt noch mal, das dürfen Sie nicht.»

«Sehr wohl, Sir!»

Norman wandte sich um und ging zurück in Röhre D.

«Ich habe alles mitangesehen», sagte Beth und wies auf den Bildschirm der Video-Überwachungsanlage.

Normans Blick folgte ihrer Geste. Die beiden Frauen standen nach wie vor im Gang. Dann fiel sein Blick auf den Bildschirm daneben, der die Kugel zeigte.

«Die Kugel hat sich verändert!» sagte Norman.

Das Muster der spiralig gewundenen Furchen in der Tür hatte sich verändert, war komplexer und weiter nach oben gerutscht. Er war sich dessen ganz sicher.

«Ich glaube, du hast recht», sagte Beth.

«Wann ist das passiert?»

«Wir können die Bänder später zurücklaufen lassen», sagte sie. «Im Augenblick sollten wir uns besser um die beiden da kümmern.»

«Wie?» fragte Norman.

«Ganz einfach», sagte Beth und ballte die Fäuste. «Wir haben in Röhre B fünf Harpunen mit Explosivköpfen. Ich geh hin, hol mir zwei davon und schick die beiden Schutzengel zur Hölle. Du rennst rein und verpaßt Harry die Spritze.»

Ihre kaltblütige Entschlossenheit hätte ihm angst gemacht, hätte Beth dabei nicht so schön ausgesehen. Ihre Züge wirkten verfeinert, sie schien mit jeder Minute eleganter zu werden.

«Die Harpunen sind in B?» fragte Norman.

«Klar. Ich zeig sie dir auf dem Monitor.» Sie drückte auf einen Knopf. «Mist!»

Die Harpunen waren aus Röhre B verschwunden.

«Man muß zugeben, daß sich der Dreckskerl gut abgesichert hat», sagte Norman. «Der gute alte Harry.»

Beth sah ihn nachdenklich an. «Norman, fehlt dir was?»

«Nee, wieso?»

«Im Erste-Hilfe-Kasten ist ein Spiegel. Sieh mal da rein.»

Er öffnete den weißen Kasten und betrachtete sich im Spiegel. Was er sah, entsetzte ihn. Zwar erwartete er keinen Adonis, da er mit seinem schwammigen Gesicht wohlvertraut war. Auch die grauen Bartstoppeln waren durchaus ein gewohnter Anblick, da er sich daheim an Wochenenden nicht zu rasieren pflegte.

Aber das Gesicht, das ihm jetzt entgegenstarrte, war hager und mit einem dichten schwarzen Bart bedeckt. Unter fiebrig glänzenden, blutunterlaufenen Augen lagen dunkle Ringe, sein Haar hing ihm strähnig und fettig in die Stirn. Er sah beinahe gefährlich aus.

«Wie Dr. Jekyll», sagte er, «oder, besser gesagt, Mr. Hyde.»

«Ja, genauso siehst du aus.»

«Und du wirst dafür immer schöner», sagte er zu Beth. «Ich war ja auch derjenige, der Jerry schlecht behandelt hat, also sehe ich zur Strafe auch immer schlechter aus.»

«Meinst du, das ist Harrys Werk?»

«Ich denke schon», sagte Norman. Insgeheim fügte er hinzu: hoffentlich.

«Fühlst du dich anders als sonst, Norman?»

«Nein, genau wie immer, nur daß ich abscheulich aussehe.»

«Ja, zum Fürchten.»

«Das kann man wohl sagen.»

«Aber du fühlst dich wirklich gut?»

«Beth...»

«In Ordnung», sagte sie. Sie wandte sich um und sah wieder auf die Bildschirme. «Mir fällt da noch was ein. Wir gehen beide in Röhre A, steigen in unsere Anzüge, gehen weiter nach B und drehen im ganzen Habitat die Atemluft ab. Dann verliert Harry auf jeden Fall das Bewußtsein. Seine Wachen verschwinden, wir können reingehen und ihm die Spritze verpassen. Was hältst du davon?»

«Ist einen Versuch wert.»

Norman legte die Spritze hin, und sie machten sich auf den Weg zu Röhre A. Als sie in C an den beiden Wächterinnen vorbeikamen, nahmen diese erneut Haltung an.

«Dr. Halpern, Sir!»

«Dr. Johnson, Sir!»

«Weitermachen, Leute», sagte Beth.

«Ja, Sir! Dürfen wir fragen, wohin Sie gehen, Sir!»

«Routine-Kontrollgang», sagte Beth.

Eine Pause trat ein.

«Sehr wohl, Sir!»

Sie durften passieren. Sie erreichten Röhre B mit ihrem Leitungsgewirr und den zahlreichen Maschinen. Norman betrachtete sie nervös, ihm gefiel der Gedanke nicht, an den Lebenserhaltungssystemen herumzufummeln, aber er sah keine andere Möglichkeit.

In Röhre A hingen noch drei Taucheranzüge. Norman griff nach seinem. «Weißt du auch, was du tust?» fragte er.

«Ja», sagte Beth. «Vertrau mir nur.»

Sie schob einen Fuß nach dem anderen in ihren Taucheranzug,

zog ihn sich über die Schultern und machte sich daran, ihn zu verschließen.

Im selben Augenblick jaulten die Alarmsirenen auf, begannen die roten Lampen zu blinken. Norman wußte sofort, daß der Alarm aus dem Außenbereich kam.

Ein neuer Angriff begann.

15:20

Sie rannten zurück durch den seitlichen Verbindungsgang, der B und D direkt miteinander verband. Norman bemerkte im Vorbeilaufen, daß die weiblichen Marineangehörigen verschwunden waren. In Röhre D schrillten die Sirenen, und die mit den Außensensoren verbundenen Anzeigen leuchteten grellrot. Norman sah auf den Computerbildschirm.

ICH KOMME.

Beth ließ rasch den Blick über die Anzeigen laufen.

«Wärmereaktion im Innenbereich. Der kommt, und wie.»

Sie spürten einen Ruck, und Norman sah aus dem Bullauge. Der grüne Kalmar war schon da. Seine riesigen, mit Saugnäpfen besetzten Arme wickelten sich um die Stützpfeiler des Habitats. Einer schlug flach gegen das Bullauge, die Saugnäpfe wirkten durch den Druck auf das Glas verformt.

ICH BIN DA.

«Harryyy!» schrie Beth.

Ein Stoß durchfuhr die Konstruktion, als die Arme des Kalmars das Habitat packten. Das Knirschen des Metalls fuhr ihnen durch Mark und Bein. Harry kam in den Raum gestürzt.

«Was ist los?»

«Das weißt du ganz genau, Harry!» rief Beth.

«Nein, keine Ahnung. Was ist?»

«Der Kalmar, Harry!»

«O Gott, nein», stöhnte Harry.

Das Habitat erbebte. Die Innenbeleuchtung flackerte und erlosch. Lediglich die blinkenden Alarmlampen verbreiteten noch ein rotes, ungewisses Licht.

Norman wandte sich an Harry. «Hör auf damit.»

«Wovon redest du?» beschwerte sich dieser.

«Das weißt du ganz genau.»

«Das weiß ich nicht.»

«Tu doch nicht so, Harry. Du weißt, daß du es bist», sagte Norman. «Wer sonst?»

«Aber nein. Doch nicht ich! Ich schwöre es!»

«Doch, Harry. Und wenn du nicht damit aufhörst, kommen wir alle um.»

Erneut bebte das Habitat. Einer der Deckenheizer explodierte, heiße Glas- und Drahtstückchen rieselten auf sie herab.

«Los, Harry ...»

«Nein, nein!»

«Wir haben nicht viel Zeit. Du weißt, daß du es bist.»

«Viel hält das Habitat nicht mehr aus, Norman», sagte Beth.

«Ich kann es nicht sein!»

«Doch, Harry. Du mußt dich dem stellen. Und zwar sofort.»

Während er redete, spähte Norman nach der Spritze. Irgendwo in diesem Raum hatte er sie liegenlassen, aber jetzt herrschte hier Chaos – Papiere rutschten von den Tischen, Bildschirme krachten zu Boden ...

Das ganze Habitat wankte in seiner Verankerung. Aus einer anderen Röhre ertönte eine furchtbare Explosion, und wieder schrillte Alarm. Norman vernahm ein tosendes Vibrieren, das er sogleich erkannte – Wasser, das unter ungeheurem Druck ins Habitat strömte.

«Wassereinbruch in C!» rief Beth mit einem Blick auf die Bildschirme. Sie rannte den Gang hinunter. Norman hörte, wie sie mit lautem Dröhnen die Schott-Türen schloß. Der Raum füllte sich mit salzigem Nebel.

Norman stieß Harry gegen die Wand. «Harry! Gesteh es dir ein und mach Schluß damit!»

«Ich kann es nicht sein, wirklich nicht!» stöhnte Harry.

Ein neuer Anprall schleuderte sie fast von den Füßen.

«Ich kann es nicht sein!» rief Harry. «*Es hat nichts mit mir zu tun!*»

Dann schrie Harry wild auf, sein Körper wand sich, und Norman sah Beth die Spritze aus seiner Schulter ziehen. An der Nadel hing ein Tropfen Blut.

«*Was tust du da?*» rief Harry, aber sein Blick war schon leer und glasig. Er taumelte und stürzte beim nächsten Anprall benommen auf die Knie. «Nein», sagte er leise, «nein...»

Dann sackte er zusammen und fiel mit dem Gesicht auf den Teppich. Im selben Augenblick hörte das Knirschen des Metalls auf. Der Alarm verstummte. Alles wurde seltsam still, man hörte nur noch das leise Glucksen des Wassers von irgendwo im Habitat.

Beth handelte rasch, las eine Anzeige nach der anderen ab.

«Innenbereich aus. Außenbereich aus. Alles aus. In Ordnung! Keine Werte mehr!»

Norman rannte zum Bullauge. Der Kalmar war verschwunden. Der Meeresboden draußen lag verlassen.

«Schadensmeldung!» rief Beth. «Hauptstromversorgung ausgefallen! Röhre E ausgefallen! Röhre C ausgefallen! Röhre B...»

Norman fuhr herum und sah sie an. Wenn auch Röhre B ausgefallen war, dann hätten sie die Lebenserhaltungssysteme verloren und würden mit Sicherheit sterben. «Röhre B – hält stand», sagte sie schließlich. Ihr Körper sackte zusammen. «Wir haben es geschafft.»

Norman ließ sich erschöpft auf den Teppich sinken. Mit einemmal spürte er die Spannung und Belastung am ganzen Leibe.

Es war vorüber. Sie hatten die Krise überstanden. Jetzt würde doch noch alles gut. Sein Körper entspannte sich.

Es war vorüber.

12:30

Die Blutung aus Harrys gebrochener Nase war zum Stillstand gekommen, und er schien jetzt gleichmäßiger und weniger angestrengt zu atmen. Norman nahm den Eisbeutel ab, um einen Blick auf das geschwollene Gesicht zu werfen, und regulierte die Durchflußgeschwindigkeit des intravenösen Tropfs. Nach mehreren erfolglosen Versuchen hatte Beth es geschafft, ihn an Harrys Handrücken anzulegen. Auf diese Weise hielten sie ihn unter Narkose. Harrys Atem roch sauer und metallisch, aber sonst war alles in Ordnung. Er war vollkommen bewußtlos.

Beth meldete sich über die Sprechanlage. «Ich bin am Tauchboot und steig jetzt ein.»

Durch das Bullauge sah Norman Beth beim DH-7 unter der Kuppel verschwinden, unter der das Klein-U-Boot vertäut war. Ein letztes Mal würde sie den Verzögerungsknopf drücken, danach war es nicht mehr erforderlich. Er wandte sich wieder Harry zu.

Im Computer hatten sie keine Angaben darüber gefunden, welche Auswirkungen es hatte, wenn man jemanden für zwölf Stunden in Bewußtlosigkeit versetzte, aber was blieb ihnen anderes übrig? Wenn Harry durchkam, war es gut, wenn nicht, konnten sie auch nichts daran ändern.

Das gilt auch für Beth und mich, dachte Norman. Er sah auf die Zeitanzeige der Bildschirme: Sie zeigte noch zwölfeinhalb Stunden an, die Uhr lief stetig rückwärts. Er legte eine Decke über Harry und trat an den Computer.

An der Kugel war nach wie vor das veränderte Linienmuster zu erkennen. In der Aufregung hatte er fast gar nicht mehr daran gedacht, wie sehr die Kugel ihn ursprünglich gefesselt hatte, woher sie kam und was sie bedeutete. Letzteres verstanden sie jetzt. Wie hatte Beth die Kugel noch genannt? Ein geistiges Enzym. Ein Enzym war etwas, das chemische Reaktionen ermöglichte, ohne selbst daran beteiligt zu sein. Unser Körper muß chemische Reaktionen durchführen, aber für den reibungslosen Ablauf der meisten von ihnen ist unsere Körpertemperatur zu gering. Also haben wir Enzyme, die das Verfahren unterstützen und beschleunigen. Sie machen alles Erforderliche möglich. Daher hatte Beth die Kugel ein geistiges Enzym genannt.

Gar nicht dumm, dachte er. Kluge Frau. Ihre Impulsivität hatte sich als genau richtig erwiesen. Als Harry bewußtlos war, hatte Beth noch immer schön ausgesehen, seine eigenen Züge aber waren zu Normans Erleichterung wieder von der gewohnten Schwammigkeit. Sein altvertrautes Gesicht spiegelte sich in dem Bildschirm, auf dem er die Kugel betrachtete.

Die Kugel.

Da Harry jetzt bewußtlos war, würden sie wohl nie in Erfahrung bringen, was geschehen war und wie es in der Kugel aussah. Er erinnerte sich an die Lichter, die wie Glühbirnen tanzten. Was hatte Harry dazu gesagt? Irgend etwas über Schaum. Der Schaum. Norman hörte ein surrendes Geräusch und sah zum Bullauge hinaus.

Das Tauchboot bewegte sich.

Von seinen Haltestricken befreit, glitt das gelbe Boot über den Meeresboden, den seine Scheinwerfer hell erleuchteten. Norman drückte auf den Knopf der Sprechanlage: «Beth? Beth!»

«Ich bin hier, Norman.»

«Was tust du da?»

«Nichts weiter, Norman.»

«Was tust du in dem Boot, Beth?»

«Eine reine Vorsichtsmaßnahme, Norman.»

«Haust du ab?»

Er hörte sie über die Sprechanlage leise und entspannt lachen. «Nein, Norman, da kann ich dich beruhigen.»

«Sag mir, was du tust.»

«Das ist ein Geheimnis.»

«Mach schon, Beth.» Das fehlte gerade noch, dachte er, daß sie jetzt durchdrehte. Erneut kam ihm ihre Impulsivität in den Sinn, die er noch vor wenigen Augenblicken bewundert hatte. Jetzt konnte von Bewunderung keine Rede mehr sein. «Beth?»

«Ich sag es dir später.»

Als das Boot eine Kurve beschrieb, erkannte Norman in dessen Greifarmen rote Kisten. Er konnte ihre Beschriftung nicht lesen, aber sie kamen ihm irgendwie bekannt vor. Jetzt schob sich das Boot an der hohen Leitwerkflosse des Raumschiffs vorbei und ging dann auf den Meeresboden nieder. Es ließ eine der Kisten los. Sie landete weich auf dem schlammigen Boden. Das Boot hob wieder ab, wirbelte Ablagerungen auf und glitt einige hundert Meter weiter. Wieder stoppte es, wieder wurde eine Kiste abgeladen. So ging es das ganze Raumschiff entlang.

«Beth?»

Keine Antwort. Norman spähte zu den Kisten hinüber. So sehr er sich bemühte, er konnte auf die Entfernung die Beschriftung nicht lesen.

Das Boot hatte inzwischen gewendet und kam genau auf DH-8 zu. Die Scheinwerfer blendeten ihn. Als es näher kam, gellte die von den Sensoren ausgelöste Alarmanlage, blinkten die roten Lampen auf. Wie ich diesen Alarm hasse, dachte er, während er an den Computer trat und auf die Tasten sah. Wie zum Teufel schaltete man das ab? Er sah zu Harry hinüber, aber der war nach wie vor bewußtlos.

«Beth? Bist du da? Du hast den verdammten Alarm ausgelöst.»

«Drück auf F8.»

Was zum Teufel war F8? Er sah sich suchend um und erkannte dann auf der Tastatur zwei mit F1 bis F20 bezeichnete Tastenreihen. Er drückte F8, und der Alarm verstummte. Das Tauchboot war jetzt ganz nah, das Scheinwerferlicht fiel bereits durch die Bullaugen. Unter der hohen, durchsichtigen Kuppel war Beth deutlich erkennbar, die Instrumentenbeleuchtung schien ihr ins Gesicht. Dann tauchte das Boot ab und entschwand seinen Blicken.

Er trat wieder ans Bullauge und sah hinaus. *Deepstar III* ließ weitere Kisten aus den Greifarmen auf den Meeresboden sinken. Jetzt konnte er die Aufschrift lesen: «ACHTUNG, NICHT RAUCHEN, KEINE ELEKTRONIK TEVAC SPRENGSTOFF.»

«Beth? Was zum Teufel tust du da?»

«Später, Norman.»

Er lauschte auf ihre Stimme. Sie klang wie immer. Oder drehte sie etwa durch? Nein, dachte er, sie dreht nicht durch. Ihre Stimme klingt völlig normal. Ganz bestimmt ist mit ihr alles in Ordnung. Absolut sicher war er aber nicht.

Das Boot glitt weiter. Die Schrauben wirbelten eine dichte Wolke von Ablagerungen auf, die das Licht der Scheinwerfer trübte, zum Bullauge emporstieg und Norman die Sicht nahm.

«Beth?»

«Keine Sorge, Norman. Ich bin gleich wieder da.»

Als sich die Ablagerungen gesetzt hatten, sah er das Boot zu DH-7 zurückkehren. Augenblicke später legte es unter der Kuppel an. Dann sah er Beth aussteigen und es vorn und achtern festmachen.

11:00

«Es ist ganz einfach», sagte Beth.

«Sprengstoff?» Er wies auf den Bildschirm. «Hier steht ‹Tevac ist der stärkste bekannte konventionelle Sprengstoff›. Was zum Teufel bezweckst du damit, daß du das Zeug rund um das Habitat verteilst?»

«Norman, reg dich doch nicht auf.» Sie legte ihm eine Hand auf die Schulter. Ihre Berührung war sanft und beruhigend. Er entspannte sich ein wenig, als er ihren Körper so nahe spürte.

«Wir hätten zuerst darüber reden sollen.»

«Norman, ich will kein Risiko mehr eingehen. Jetzt nicht mehr.»

«Aber Harry ist bewußtlos.»

«Er kann wieder zu sich kommen.»

«Das wird er nicht, Beth.»

«Ich gehe kein Risiko mehr ein», wiederholte sie. «Wenn jetzt was aus der Kugel kommt, können wir das ganze Schiff in die

Luft jagen. Ich habe an seiner gesamten Länge Kisten mit Sprengstoff plaziert.»

«Aber warum auch um das Habitat?»

«Zur Verteidigung.»

«Wieso ist das eine Verteidigung?»

«Glaub mir, es ist eine.»

«Beth, es ist gefährlich, das Zeug so nahe bei uns zu haben.»

«Die Ladungen sind ja noch nicht scharf, Norman. Auch um das Schiff rum nicht. Ich muß noch hinausgehen und von Hand die Leitungen legen.» Sie sah auf die Bildschirme. «Ich dachte, damit warte ich noch ein bißchen, vielleicht hau ich mich vorher noch aufs Ohr. Bist du müde?»

«Nein», sagte Norman.

«Du hast lange nicht geschlafen, Norman.»

«Ich bin nicht müde.»

Sie warf ihm einen abschätzenden Blick zu. «Ich behalte Harry im Auge, wenn dir das Sorgen macht.»

«Ich bin einfach nicht müde, Beth.»

«Na schön», sagte sie, «wie du willst.» Sie schob sich mit der Hand ihr volles Haar aus dem Gesicht. «Ich jedenfalls bin fix und fertig und leg mich ein paar Stunden hin.» Sie stieg ein paar Stufen zu ihrem Labor hinauf, hielt inne und wandte sich wieder zu ihm um. «Willst du mitkommen?»

«Was?» fragte er.

Sie schenkte ihm ein sehr direktes, wissendes Lächeln. «Du hast mich gehört, Norman.»

«Vielleicht später, Beth.»

«Na schön.»

Sie erklomm die restlichen Stufen, ihre Bewegungen wirkten dabei geschmeidig und sinnlich. Sie sah gut aus in dem hautengen Anzug, das mußte er zugeben. Sie war überhaupt eine gutaussehende Frau.

Von der anderen Seite des Raumes kam Harrys gleichmäßiges Schnarchen. Norman überprüfte den Eisbeutel auf seinem Gesicht und dachte über Beth nach. Er hörte sie oben rumoren.

«He, Norm?»

«Ja...» Er trat an den Fuß der Treppe und sah nach oben.

«Ob du da unten wohl eine frische auftreiben kannst?» Etwas Blaues fiel ihm geradewegs in die Hände. Ihre Kombination.

«Ja, ich glaube im Lager, in B.»

«Würdest du mir eine bringen, Norm?»

«In Ordnung», sagte er.

Auf dem Weg zur Röhre B spürte er eine vage Unruhe. Was ging hier vor? Nicht, daß er das nicht genau wüßte – aber warum jetzt? Von Beth ging eine unwiderstehliche Anziehungskraft aus, der er gründlich mißtraute. Männern gegenüber machte Beth gewöhnlich keine Umschweife, sie war energisch, offen und, wenn nötig, auch mal wütend. Verführung gehörte nicht zu ihrem Repertoire.

Jetzt aber doch, dachte er, während er dem Fach im Lager eine frische Kombination entnahm. Er kehrte zur Röhre D zurück und stieg zum Labor hinauf. Als er schon fast oben war, sah er ein seltsames bläuliches Licht.

«Beth?»

«Ich bin hier, Norm.»

Er erklomm die letzten Stufen und sah Beth. Sie lag unter einer aus der Wand geklappten Halterung mit einer Reihe UV-Lampen nackt auf dem Rücken. Um ihre Augen vor den Strahlen zu schützen, trug sie eine kleine, undurchsichtige Brille. Sie räkelte sich verführerisch.

«Hast du mir die Kombination gebracht?»

«Ja», sagte er.

«Vielen Dank. Leg sie einfach irgendwo beim Labortisch hin.»

»In Ordnung.» Er hängte sie über eine Stuhllehne.

Zufrieden seufzend drehte sie sich wieder den Strahlern zu. «Ich dachte, ein bißchen Vitamin D wäre nicht schlecht, Norm.»

«Ja...»

«Könnte dir vermutlich auch nicht schaden.»

«Ja, stimmt wohl.» Aber Norman dachte an etwas anderes. Er konnte sich nämlich nicht erinnern, zuvor UV-Strahler im

Labor gesehen zu haben. Er war sogar sicher, daß es dort keine gab. Er hatte ziemlich viel Zeit in dem Raum zugebracht und müßte das also wissen. Rasch stieg er die Treppe hinab.

Auch die Treppe war neu, fiel ihm auf. Sie bestand aus schwarz eloxiertem Aluminium. Vorher war da nur eine einfache Leiter gewesen; die Treppe war völlig neu.

«Norm?»

«Gleich, Beth.»

Er trat an den Computer und drückte auf die Tasten. Er hatte früher einmal zufällig eine Datei mit Hinweisen auf Konstruktionszeichnungen der Räume gesehen. Schließlich fand er sie:

DETAILPLÄNE EINRICHTUNG TIEFSEEHAB-8MIPPR
5. 024A RÖHRE A
5. 024B RÖHRE B
5. 024C RÖHRE C
5. 024D RÖHRE D
5. 024E RÖHRE E
BITTE WÄHLEN:

Er wählte ‹Röhre D›, und eine neue Maske erschien auf dem Bildschirm. Dann gab er ‹Konstruktionspläne› ein und bekam seitenweise Zeichnungen vorgelegt. Er blätterte sie durch, indem er durch Tastendruck eine Seite auf die andere folgen ließ, bis er auf die Detailzeichnungen für das biologische Labor im Obergeschoß von Röhre D stieß.

Deutlich war darauf eine Reihe von UV-Strahlern zu erkennen, die auf von der Wand abklappbaren Scharnieren angebracht waren. Sie mußten schon immer da gewesen sein und waren ihm einfach nicht aufgefallen. Auch viele andere Einzelheiten hatte er vorher nie bemerkt – wie beispielsweise den Notausstieg in der gewölbten Decke des Labors, eine zweite Klappkoje in der Nähe der Treppe und eine schwarz eloxierte Leichtmetall-Treppe.

Du bist nicht bei klarem Verstand, dachte er. Und das hat nichts mit UV-Strahlern oder Konstruktionszeichnungen zu tun, auch nicht mit Beths lockendem Körper. Es hängt damit zusammen, daß außer dir nur noch sie da ist und sie sich völlig anders verhält als sonst.

In der Ecke des Bildschirms sah er die Leuchtanzeige rückwärts laufen. Die Sekunden vergingen mit quälender Langsamkeit. Noch zwölf Stunden, dachte er. Zwölf Stunden muß ich noch durchhalten, dann ist alles gut.

Er hatte Hunger, aber er wußte, daß es nichts zu essen gab. Er war müde, aber es gab keinen Ort, wo er schlafen konnte. Röhre E wie Röhre C waren überflutet, und zu Beth hinauf wollte er nicht. Er legte sich auf den Boden von Röhre D, neben das Sofa, auf dem Harry lag. Auf dem Boden war es kalt und feucht, und er konnte lange nicht einschlafen.

09:00

Das Rütteln, dieses schreckliche Rütteln und Beben des Fußbodens weckten ihn abrupt. Er war sofort hellwach und sprang auf. Er sah Beth an den Bildschirmen stehen. «Was ist los?» schrie er. «Was ist los?»

«Was soll los sein?» fragte Beth.

Sie wirkte gelassen und lächelte ihm zu. Norman sah sich um. Kein Alarm, keine blinkenden Lampen.

«Ich weiß nicht, ich dachte... ich weiß nicht...» Er sprach nicht weiter.

«Dachtest du, wir würden wieder angegriffen?» fragte sie.

Er nickte.

«Wie kommst du darauf?» fragte sie.

Beth sah ihn wieder auf diese sonderbare Weise an. Ein abschätziger Blick, sehr direkt und sehr kühl. Keine Spur von Verlockung. Am ehesten ging von ihr das Mißtrauen der alten Beth aus: Du bist ein Mann, also bist du ein Problemfall.

«Harry ist doch immer noch bewußtlos, nicht wahr? Wie kommst du also darauf, daß wir wieder angegriffen werden könnten?»

«Ich weiß nicht. Wahrscheinlich habe ich geträumt.»

Beth zuckte die Schultern. «Vielleicht hast du die Schwingungen des Bodens gespürt, als ich zum Computer gegangen bin», sagte sie. «Auf jeden Fall bin ich froh, daß du dich entschlossen hast zu schlafen.»

Wieder der abschätzige Blick, als stimme etwas mit ihm nicht.

«Du hast nicht genug geschlafen, Norman.»

«Das hat keiner von uns.»

«Am wenigsten du.»

«Vielleicht hast du recht.» Er mußte zugeben, daß er sich nach einigen Stunden Schlaf jetzt besser fühlte. Er lächelte. «Hast du den Kuchen gegessen und den Kaffee ausgetrunken?»

«Es gibt weder Kaffee noch Kuchen, Norman.»

«Ich weiß.»

«Warum sagst du dann so etwas?» fragte sie ernsthaft.

«Es war ein Scherz, Beth.»

«Ach so.»

«Ich hab nur Spaß gemacht – eine humorvolle Anmerkung zu unserer Situation.»

«Ich verstehe.» Sie machte sich an den Bildschirmen zu schaffen. «Was hast du übrigens mit Bezug auf den Ballon herausbekommen?»

«Den Ballon?»

«Ja, den Funkballon. Weißt du etwa nicht mehr, daß wir darüber gesprochen haben?»

Er schüttelte den Kopf. Er erinnerte sich nicht.

«Bevor ich zum Boot rausgegangen bin, hatte ich dich um die Steuercodes gebeten, damit wir ihn aufsteigen lassen können, und du hattest gesagt, du würdest im Computer nachsehen, wie man das macht.»

«Ich soll das gesagt haben?»

«Ja, Norman, allerdings.»

Er überlegte. Er konnte sich erinnern, wie er mit Beth Harrys reglosen und überraschend schweren Körper vom Boden auf das Sofa gelegt hatte, wie er die Blutung seiner Nase zum Stillstand gebracht hatte, während ihm Beth den intravenösen Schlauch anlegte, was sie von ihrer Arbeit mit Versuchstieren her kannte. Sie hatte sogar einen Witz gemacht und erklärt, sie hoffe, daß es Harry besser ergehen würde als den Tieren, die unter ihrer Behandlung gewöhnlich nur den Tod fanden. Dann hatte sich Beth erbötig gemacht, zum Tauchboot hinauszugehen und den Knopf zu drücken, und er hatte gesagt, er werde bei Harry bleiben. Daran konnte er sich erinnern, aber an nichts im Zusammenhang mit einem Ballon.

«Natürlich», sagte Beth. «Weil es in der Meldung hieß, wir müßten den Empfang bestätigen, und das geht nur, wenn wir einen Funkballon aufsteigen lassen. Wir hatten überlegt, daß die Bedingungen oben das ermöglichen müßten, ohne daß die Litze reißt, jetzt, wo der Sturm abgeflaut ist. Wir hatten nur keine Ahnung, wie der Ballon freigesetzt wird. Und du hast gesagt, du wolltest dich um die Steuercodes kümmern.»

«Ich kann mich beim besten Willen nicht erinnern», sagte er. «Tut mir leid.»

«Norman, wir müssen in diesen letzten paar Stunden zusammenarbeiten», sagte Beth.

«Der Ansicht bin ich auch, Beth. Absolut.»

«Wie fühlst du dich?» fragte sie.

«Nicht schlecht. Eigentlich sogar ziemlich gut.»

«Na schön», sagte sie. «Halte durch, Norman. Es sind nur noch ein paar Stunden.» Sie drückte ihn warm an sich, doch als sie ihn losließ, sah er in ihren Augen denselben kühlen und abschätzigen Blick wie vorher.

Eine Stunde später wußten sie, wie man den Ballon aufsteigen ließ. Sie hörten ein metallisches Zischen, als sich die Litze von der außen am Habitat angebrachten Trommel abspulte und dem aufgeblasenen Ballon folgte, der der Oberfläche entgegenstrebte. Dann trat eine lange Pause ein.

«Was passiert jetzt?» fragte Norman.

«Wir sind in dreihundert Metern Tiefe», sagte Beth. «Es dauert eine Weile, bis der Ballon oben ankommt.»

Dann sprang die Anzeige des Bildschirms um, und es erschienen Angaben über das oben herrschende Wetter. Die Windgeschwindigkeit betrug nur noch knapp dreißig Kilometer pro Stunde, die Wellen hatten eine Höhe von einem Meter achtzig. Der Luftdruck war gestiegen und fast wieder normal. Der Ballon meldete Sonnenschein.

«Fein», sagte Beth. «Oben ist alles in Ordnung.»

Norman starrte auf den Bildschirm und hing träumerischen Gedanken nach. Oben schien die Sonne! Nie zuvor hatte er sich so nach Sonnenschein gesehnt. Es war schon eigentümlich, was einem so alles zur Selbstverständlichkeit geworden war. Jetzt bereitete ihm die Vorstellung, die Sonne wiederzusehen, unglaublichen Genuß. Er konnte sich keine größere Wonne vorstellen, als Sonne, Wolken und blauen Himmel zu sehen.

«Woran denkst du?»

«Daß ich es nicht erwarten kann, hier rauszukommen.»

«Mir geht es ebenso», sagte Beth. «Aber jetzt dauert es ja nicht mehr lange.»

Pang! Pang! Pang! Pang!

Norman, der sich über Harry beugte, fuhr bei dem Geräusch herum. «Was ist das, Beth?»

Pang! Pang! Pang! Pang!

«Immer mit der Ruhe», sagte sie vom Computer aus. «Ich probier nur aus, wie man mit dem Ding hier umgeht.»

Pang! Pang! Pang! Pang!

«Mit was für 'nem Ding?»

«Mit der Seitensuch-Schallortung. Hier steht FAS drauf. Weißt du, was das heißt?»

Pang! Pang! Pang! Pang!

«Nein, keine Ahnung», sagte Norman. «Schalt es bitte ab.» Das Geräusch riß an seinen Nerven.

«Komisch, hier steht FAS, und gleich daneben steht Seitensuch-Sonar; das kann doch nicht dasselbe bedeuten. Seltsam.»

«Beth, schalt es ab!»

Pang! Pang! Pang! Pang!

«Ja doch. Augenblick», sagte Beth.

«Warum willst du überhaupt wissen, wie das Ding funktioniert?» fragte Norman. Er war gereizt, als hätte sie ihn mit dem Geräusch absichtlich ärgern wollen.

«Vorsichtshalber», sagte Beth.

«Ja, wozu denn, Himmel noch mal? Du hast doch selbst gesagt, daß Harry bewußtlos ist. Dann können auch keine Angriffe mehr kommen.»

«Nun reg dich doch nicht auf, Norman», sagte Beth. «Ich möchte nur auf alles vorbereitet sein, nichts weiter.»

07:20

Er konnte es ihr nicht ausreden. Sie bestand darauf, nach draußen zu gehen und die Sprengstoffkisten rings um das Schiff miteinander zu verbinden und scharf zu machen. Es war wie eine fixe Idee.

«Aber warum nur, Beth?» fragte er immer wieder.

«Weil ich mich dann besser fühle», sagte sie.

«Es gibt doch keinen Grund dazu.»

«Ich fühle mich aber besser, wenn ich es tue», beharrte sie. Er hatte keine Möglichkeit, die davon abzuhalten.

Jetzt sah er sie langsam von einer Sprengstoffkiste zur nächsten gehen, eine kleine Gestalt, von deren Helm aus ein Lichtstrahl etwas Helligkeit verbreitete. Sie öffnete jede der Kisten, nahm große gelbe Kegel heraus, nicht unähnlich den Hütchen, die man beim Straßenbau und zur Verkehrssicherung verwendet, und verband sie durch eine Leitung miteinander. Als alle angeschlossen waren, leuchtete oben auf jedem von ihnen ein kleines rotes Licht.

Das ganze Schiff entlang sah er diese roten Lichter. Ihr Anblick verursachte ihm ein unbehagliches Gefühl.

Bevor sie ging, hatte er zu ihr gesagt: «Aber die Sprengladungen um das Habitat machst du nicht scharf.»

«Nein, Norman, das tue ich nicht.»

«Versprich es mir.»

«Ich habe dir gesagt, daß ich es nicht tue. Wenn es dich beunruhigt, lasse ich es sein.»

«Das tut es.»

«Schon gut, schon gut.»

Jetzt erstreckte sich die Kette der roten Lichter über die ganze Länge des Raumschiffs, beginnend beim kaum sichtbaren Heck, das über dem Korallenboden emporragte. Beth öffnete systematisch eine Kiste nach der anderen.

Norman warf einen Blick auf Harry, der laut schnarchte, aber nach wie vor bewußtlos war, ging unruhig in Röhre D auf und ab und trat dann an die Monitore.

Einer der Bildschirme leuchtete auf.

ICH KOMME.

Nicht schon wieder, dachte er und fragte sich im nächsten Augenblick: Wie ist das möglich? Es konnte doch gar nicht sein. Harry war schließlich nach wie vor außer Gefecht gesetzt. Was war hier los?

ICH KOMME UND HOLE DICH.

«Beth!»

Ihre Stimme klang in der Sprechanlage blechern. «Ja, Norman?»

«Mach, daß du da wegkommst.»

HAB KEINE ANGST, las er auf dem Bildschirm.

«Was ist, Norman?» fragte sie.

«Ich hab hier was auf dem Bildschirm.»

«Sieh nach Harry. Wahrscheinlich ist er aufgewacht.»

«Ist er nicht. Komm zurück, Beth.»

ICH KOMME JETZT.

«Schön, Norman, bin schon unterwegs», sagte sie.

«Beeil dich, Beth.»

Dieser Aufforderung hätte es nicht bedurft – er sah bereits das Licht ihrer Kopflampe hüpfen, als sie über den Meeresboden rannte. Sie war noch mindestens hundert Meter vom Habitat entfernt. Über die Sprechanlage hörte er sie laut keuchen.

«Kannst du was sehen, Norman?»

«Nein, nichts.» Er hielt nach dem grünen Schimmer Ausschau, der jedesmal, wenn der Kalmar kam, am Horizont zu sehen war. Jetzt sah er nichts.

Beth keuchte.

«Ich spüre etwas, Norman. Das Wasser... wirbelt so... merkwürdig...»

Der Bildschirm blitzte wieder auf:

ICH WERDE DICH TÖTEN.

«Siehst du hier draußen nichts?» sagte Beth.

«Nein, nichts.» Er sah auf dem schlammigen Boden nur Beth. Seine Aufmerksamkeit richtete sich einzig und allein auf ihr Helmlicht.

«Ich *spüre* es, Norman. Es ist ganz nah. Gott steh mir bei. Was ist mit dem Alarm?»

«Nichts, Beth.»

«Oh, nein.» Sie atmete stoßweise, während sie rannte. Beth war körperlich gut in Form, aber in der künstlichen Atmosphäre konnte sie die Anstrengung bestimmt nicht lange durchhalten, dachte er. Er sah, daß sie bereits langsamer wurde, die Kopflampe hüpfte nicht mehr so rasch auf und ab.

«Norman?»

«Ja, Beth, ich bin hier.»

«Norman, ich weiß nicht, ob ich es schaffe.»

«Beth, du schaffst es. Geh langsamer.»

«Es ist *hier*, ich fühle es.»

«Ich sehe nichts, Beth.»

Er hörte deutlich ein schnelles Klappern. Zuerst dachte er, es sei eine Störung in der Leitung, bis er begriff, daß ihre Zähne aufeinanderschlugen, weil sie zitterte. Eigentlich müßte sie bei dieser Anstrengung schwitzen, aber statt dessen war ihr kalt. Er verstand das nicht.

«– friere, Norman.»
«Geh langsamer, Beth.»
«Ich kann nicht reden – nah –»
Beth kam mittlerweile vor Erschöpfung kaum noch vorwärts. Sie hatte den Bereich der Habitat-Außenbeleuchtung erreicht. Es waren nur noch zehn Meter bis zur Einstiegsluke, doch er mußte mitansehen, wie ihre Bewegungen immer langsamer und schwerfälliger wurden.
Jetzt endlich erkannte er etwas, das in der Dunkelheit jenseits des erleuchteten Bereiches die schlammigen Ablagerungen aufwühlte. Es sah aus wie eine Windhose, eine wirbelnde Wolke aus schlammigen Ablagerungen. Er vermochte nicht zu sehen, was darin war, aber er spürte die Macht, die dahinterstand.
«Nahe – Nor –»
Beth taumelte, fiel. Die wirbelnde Wolke bewegte sich auf sie zu.
JETZT TÖTE ICH EUCH.
Beth rappelte sich auf, blickte sich um, sah die brodelnde Wolke, die drohend auf sie zukam. Irgend etwas daran erfüllte Norman mit einem Grauen, wie er es aus den Alpträumen seiner Kindheit kannte.
«Normannnnnn...»
Dann rannte er los, ohne wirklich zu wissen, was er tun würde, getrieben von dem Bild, das er gesehen hatte, von dem Gedanken, daß er etwas tun mußte, irgend etwas. Er lief durch Röhre B nach A, suchte nach seinem Anzug, doch dafür war keine Zeit, das schwarze Wasser unter der offenen Luke spritzte und sprudelte schon. Er sah, wie Beths behandschuhte Hand unter der Wasseroberfläche um sich schlug, sie war unmittelbar unter ihm, es gab doch nur noch sie und ihn hier unten, und da sprang er ohne nachzudenken in das schwarze Wasser und sank bis auf den Grund.

Er spürte den Schock und hätte am liebsten aufgeschrien; die eisige Kälte riß an seinen Lungen. Sein ganzer Körper war mit einem Schlag empfindungslos, eine furchtbare Sekunde lang war er wie gelähmt. Er wurde zum hilflosen Spielball der wirbelnden

Wassermassen, die ihn umherschleuderten wie eine Woge. Sein Kopf schlug hart an die Unterseite der Röhre. Um ihn herum war alles schwarz.

Er fühlte nach Beth, streckte seine Arme blind in alle Richtungen. Das Wasser umtoste ihn, drehte ihn im Kreise, brachte ihn immer wieder aus dem Gleichgewicht.

Er berührte Beth, doch die tosende Gewalt des Wassers riß ihn wieder von ihr fort. Er gab nicht auf. Noch nicht.

Wieder griff er nach ihr. Endlich. Ein Arm. Er hatte kaum noch Gefühl in den Händen und wußte, daß er bereits langsamer und ungeschickter reagierte. Er zerrte. Über sich sah er einen Lichtkreis: die Bodenluke. Er stieß sich mit den Füßen ab, schien sich aber nicht zu bewegen. Der Kreis kam nicht näher.

Noch einmal stieß er sich ab und zog Beth wie eine schwere Last hinter sich her. Vielleicht war sie tot. Seine Lungen brannten. Es war der schlimmste Schmerz, den er je empfunden hatte. Er kämpfte gegen den Schmerz und gegen das wütend tosende Wasser, hörte nicht auf, mit den Beinen zu schlagen – dem Licht entgegen. Nichts anderes konnte er mehr denken, dort mußte er hin, das war sein Ziel, er mußte das Licht erreichen, das Licht, das Licht…

Das Licht.

Die Bilder vor seinen Augen waren verwirrend. Beth, wie sie im Taucheranzug an der Metallwand der Luftschleuse lehnt. Sein Knie, von dem Blut auf den Stahl der Luke tropft und zur Seite spritzt. Wieder Beth, wie sie mit zitternden Händen nach ihrem Helm greift, ihn dreht, ihn zu lösen versucht. Hände, die zittern. Wasser, das in der Luke gluckst und steigt. Licht in seinen Augen. Ein schrecklicher Schmerz irgendwo. Rost, ganz dicht vor seinem Gesicht, eine scharfe Kante aus Stahl. Kaltes Metall. Kalte Luft. Licht in seinen Augen, das schwächer wird. Schwindet. Schwärze.

Das Wärmegefühl war angenehm. Ein zischendes Geräusch drang ihm in die Ohren. Er öffnete die Augen und sah Beth, jetzt ohne Taucheranzug, hoch über sich aufragen. Sie stellte die

Raumheizung höher, zitterte dabei selbst noch am ganzen Leibe. Er schloß die Augen. Wir haben es geschafft, dachte er. Wir sind immer noch zusammen. Uns fehlt nichts. Wir haben es geschafft.

Er entspannte sich.

Dann machte sich ein Gefühl bemerkbar, als krieche etwas über seinen Körper. Das kommt von der langsamen Erwärmung, dachte er, das ist die Kälte. Das Gefühl war keineswegs angenehm. Und auch das Zischen war nicht angenehm, das in Abständen immer wieder zu hören war.

Etwas Glattes glitt geschmeidig unter seinem Kinn entlang, während er so auf dem Boden lag. Er senkte den Blick und nahm verschwommen etwas Längliches wahr, silbrig-weiß, sah schärfer hin und erblickte die winzigen Knopfaugen, die vorschnellende Zunge. Eine Schlange.

Eine Seeschlange.

Er erstarrte, sah an sich herab, bewegte nur seine Augen.

Weiße Schlangen – überall auf seinem Körper.

Das kribbelnde Gefühl stammte von Dutzenden von Schlangen, die sich um seine Knöchel wanden, ihm zwischen die Beine und über die Brust glitten. Er spürte eine kühle, schlängelnde Bewegung auf seiner Stirn. Entsetzt schloß er die Augen, als ihm die Schlange über das Gesicht glitt, an der Nase hinab und über die Lippen, dann verschwand.

Er lauschte auf das Zischen der Reptilien und mußte daran denken, wie giftig sie nach Beths Schilderung waren. Beth, dachte er, wo ist Beth?

Er bewegte sich nicht. Er spürte, wie sich Schlangen um seinen Hals wanden, sich über seine Schultern schlängelten und zwischen den Fingern hindurchglitten. Er verzichtete darauf, seine Augen noch mal zu öffnen. Ekel stieg in ihm auf.

Nur das nicht, dachte er, gleich muß ich mich übergeben.

Er spürte Schlangen in der Achselhöhle und Schlangen in der Leistenbeuge. Kalter Schweiß brach ihm aus. Er kämpfte gegen den Brechreiz an.

Beth, dachte er. Er wollte nicht sprechen. Beth...

Er hörte auf das Zischen und öffnete, als er es nicht mehr

aushielt, die Augen, sah die Masse der sich windenden und ringelnden weißen Leiber, die winzigen Köpfe, die vorschnellenden gespaltenen Zungen. Erneut schloß er die Augen.

Er spürte, wie ihm eine Schlange unter der Kombination am Bein emporkroch, über die bloße Haut.

«Nicht bewegen, Norman.»

Es war Beth. Er konnte die Anspannung in ihrer Stimme hören. Er hob den Blick, konnte sie nicht sehen, nur ihren Schatten.

Er hörte sie sagen: «Wenn ich nur wüßte, wieviel Uhr es ist», und er dachte, zum Teufel mit der Uhrzeit, wen interessiert das jetzt? Es schien ihm keine vernünftige Reaktion. «Ich muß die Tageszeit wissen», sagte Beth. Er hörte, wie sich ihre Schritte entfernten. «Die Zeit...»

Sie ging weg, ließ ihn allein!

Schlangen schlängelten sich mit nassen glitschigen Leibern über seine Ohren, unter seinem Kinn entlang, an seinen Nasenlöchern vorbei.

Dann hörte er Beths Schritte, sie kehrte zurück und öffnete mit metallischem Dröhnen die Luke. Er schlug die Augen auf und sah, wie sie sich über ihn beugte, die Schlangen ergriff und sie eine Handvoll nach der anderen durch die Bodenluke ins Wasser warf. Sie wanden sich in ihren Händen und wickelten sich um ihre Handgelenke, aber sie schüttelte sie ab, schleuderte sie weg. Einige fielen nicht ins Wasser und ringelten sich über den Boden der Luftschleuse, aber von den meisten war sein Körper jetzt befreit.

Außer von einer. Sie kroch an seinem Bein empor, auf seine Lenden zu. Dann spürte er, wie sie sich rasch rückwärts bewegte – Beth zerrte sie am anderen Ende heraus!

«Sei bloß vorsichtig –»

Die Schlange war heraus, und Beth warf sie hinter sich.

«Du kannst jetzt aufstehen, Norman», sagte sie.

Er sprang auf die Füße und übergab sich an Ort und Stelle.

Er hatte mörderische Kopfschmerzen. Das Licht kam ihm unangenehm grell vor. Er fror. Beth hatte ihn in Decken gewickelt und ihn so nah an die großen Heizstrahler in Röhre D geschoben, daß ihm das Summen der Heizstäbe sehr laut vorkam. Trotzdem fror er. Er sah zu Beth hinab, die ihm das verletzte Knie verband.

«Wie sieht es aus?» fragte er.

«Nicht gut», sagte sie. «Ein Schnitt bis auf den Knochen. Aber es wird schon werden. Es sind ja nur noch ein paar Stunden.»

«Ja, ich – au!»

«Entschuldigung. Gleich fertig.» Beth folgte den Erste-Hilfe-Anweisungen aus dem Computer. Um sich von dem Schmerz abzulenken, las er, was auf dem Bildschirm stand.

KLEINERE MEDIZINISCHE (NICHT TÖDLICHE) KOMPLIKATIONEN

7.113 TRAUMA
7.115 MIKROSCHLAF
7.118 HELIUM-TREMOR
7.119 OTITIS
7.121 VERGIFTUNG DURCH VERSCHMUTZUNGEN
7.143 GELENKSCHMERZEN
BITTE WÄHLEN:

«Genau das brauche ich», sagte er. «Etwas Mikroschlaf. Oder noch besser einen ordentlichen Makroschlaf.»

«Ja, das geht uns allen so.»

Da kam ihm ein Gedanke. «Beth, wie war das, als du die Schlangen weggenommen hast? Was hast du da über die Tageszeit gesagt?»

«Das Verhalten der Seeschlangen hängt von der Tageszeit ab», sagte Beth. «Zahlreiche Giftschlangen sind in einem Zwölf-Stunden-Rhythmus abwechselnd aggressiv und passiv. Tagsüber sind sie passiv, da kann man sie anfassen, ohne daß sie einen beißen. Beispielsweise hat man noch nie davon gehört, daß der in Südostasien beheimatete gestreifte Bungar, eine hochgiftige Schlangenart, tagsüber je einen Menschen gebissen hätte, nicht einmal Kinder, die mit ihm spielten. Nachts aber ist er äußerst gefährlich. Also versuchte ich herauszufinden, in welchem Zyklus sich die Seeschlangen befanden, bis ich mir sagte, daß Tag sein mußte und sie ungefährlich waren.»

«Woran hast du das gemerkt?»

«Daran, daß du noch lebtest.» Im Bewußtsein, daß sie nicht beißen würden, hatte Beth dann die Tiere mit bloßen Händen beiseite geschleudert.

«Mit den Händen voller Schlangen hast du ausgesehen wie Medusa.»

«Wer ist das? Ein Rockstar?»

«Nein, eine Gestalt aus der griechischen Mythologie.»

«Etwa die, die ihre Kinder umgebracht hat?» fragte sie mit einem schnellen, mißtrauischen Blick. Das war Beth, wie sie leibt und lebt, immer auf der Hut vor verhüllten Kränkungen.

«Nein, das war Medea. Medusa war eine Sagengestalt. Sie hatte ein Haupt voller Schlangen, und wer sie ansah, der wurde zu Stein. Perseus hat sie getötet, indem er ihr Spiegelbild auf seinem polierten Schild ansah.»

«Tut mir leid, Norman, das gehört nicht in mein Fachgebiet.»

Eigentlich bemerkenswert, mußte er denken, daß früher in der westlichen Welt jeder gebildete Mensch mit diesen mythologischen Gestalten und den zugehörigen Sagen ebenso vertraut war wie mit der Geschichte der eigenen Familie und aller Bekannten. Mythen waren einst der gemeinsame Wissensbesitz der Menschheit und dienten als eine Art Orientierungskarte für das Bewußtsein.

Jetzt aber wußten nicht einmal gebildete Menschen wie Beth etwas über diese Mythen. Es war, als glaubte die Menschheit, die Karte des menschlichen Bewußtseins habe sich geändert. Doch hatte sie das wirklich? Er zitterte.

«Frierst du noch, Norman?»

«Ja. Aber am schlimmsten sind die Kopfschmerzen.»

«Wahrscheinlich ist es der Flüssigkeitsverlust. Mal sehen, ob ich was zu trinken für dich auftreiben kann.» Sie ging zum Erste-Hilfe-Kasten an der Wand.

«Weißt du, das war toll von dir», sagte Beth. «Einfach so, ohne Taucheranzug, ins Wasser zu springen. Es ist nur ein paar Grad über dem Gefrierpunkt. Das war sehr tapfer. Töricht, aber tapfer.» Sie lächelte. «Du hast mir das Leben gerettet, Norman.»

«Ich hab nicht darüber nachgedacht», sagte Norman, «sondern es einfach getan.» Dann erzählte er ihr, wie er, als er sie da draußen vor der wirbelnden Wolke aus Ablagerungen fliehen sah, einen aus der Kindheit stammenden alten Schrecken empfunden hatte, etwas, das tief im Gedächtnis verborgen gewesen war.

«Weißt du, was das war?» fragte er. «Es hat mich an den Wirbelwind in *Der Zauberer von Oz* erinnert. Der hat mich als Kind zu Tode geängstigt. Ich wollte so etwas einfach nicht noch einmal sehen.»

Und dann dachte er, vielleicht sind das unsere neuen Mythen. Dorothy und Toto aus dem *Zauberer von Oz*, Jules Vernes Kapitän Nemo und der Riesenkrake...

«Nun», sagte Beth, «du hast mir das Leben gerettet, aus welchem Grund auch immer. Ich danke dir.»

«Oh, jederzeit», sagte Norman und lächelte. «Tu's aber bitte nicht wieder.»

«Nein, ich geh nicht wieder raus.»

Sie brachte ihm einen Pappbecher. Der Inhalt war dickflüssig wie Sirup und schmeckte süß.

«Was ist das?»

«Ein isotonisches Glukosegetränk. Es wird dir guttun.»

Er trank noch einen Schluck, aber es war unangenehm süß. Norman sah sich um. Da drüben auf dem Bildschirm stand noch immer: JETZT TÖTE ICH DICH. Dann fiel sein Blick auf Harry, in dessen Arm der Tropfschlauch unverändert steckte und der nach wie vor bewußtlos dalag.

Harry war die ganze Zeit über ausgeschaltet gewesen.

Was das bedeutete, hatte Norman sich noch gar nicht klargemacht. Jetzt war die Zeit dazu gekommen. Er wollte es nicht, aber er mußte. Er wandte sich an Beth. «Was glaubst du, warum all das passiert?»

«Was?»

«Daß auf dem Bildschirm Wörter erscheinen und eine neue Manifestation uns angreift.»

Beth sah ihn gleichgültig an. «Was meinst du, Norman?«

«Es ist nicht Harry.»

«Nein, der ist es nicht.»

«Wieso geschieht es dann?» fragte Norman. Er stand auf und zog die Decken enger um sich. Er bewegte probehalber sein verbundenes Knie; es schmerzte, aber nicht sehr. Dann trat er ans Bullauge und sah hinaus. In der Ferne erkannte er die rote Lichterkette der Sprengstoffkegel, die Beth verteilt und scharf gemacht hatte. Er hatte nie verstanden, warum sie das gewollt hatte. Sie hatte sich in der ganzen Angelegenheit so merkwürdig verhalten. Er sah nach unten, zur Verankerung des Habitats.

Auch dort rote Lichter, gleich unter dem Bullauge. *Sie hatte auch die Sprengladungen um das Habitat scharf gemacht.*

«Beth, was hast du getan?»

«Getan?»

«Du hast die Sprengladungen um DH-8 scharf gemacht.»

«Ja, Norman», sagte sie. Sie stand da und sah ihn an, ganz ruhig und gelassen.

«Beth, du hattest versprochen, es nicht zu tun.»

«Ich weiß, aber ich mußte.»

«Wie ist die Schaltung? Wo ist der Auslöseknopf, Beth?»

«Es gibt keinen Knopf. Sie werden über Schwingungssensoren ausgelöst.»

«Willst du damit sagen, daß sie automatisch hochgehen?»

«Ja, Norman.»

«Beth, das ist doch Wahnsinn. Irgend jemand macht nach wie vor diese Manifestationen. *Wer ist das, Beth?*»

Sie lächelte langsam, ein träges katzenhaftes Lächeln, als finde sie ihn insgeheim amüsant. «Weißt du das wirklich nicht?»

Er wußte es. Doch, dachte er. Er wußte es, und es jagte ihm einen Schauer über den Rücken. «Du steckst dahinter, Beth.»

«Nein, Norman», sagte sie, noch immer gelassen. «Nicht ich, du.»

06:40

Seine Erinnerung sprang um Jahre zurück, zum Beginn seiner Ausbildung, als er ein Praktikum in der staatlichen psychiatrischen Klinik von Borrego gemacht hatte. Der ihn anleitende Professor hatte ihm den Auftrag erteilt, einen Bericht über die Fortschritte eines bestimmten Patienten zu verfassen. Dieser Patient war Ende Zwanzig, freundlich und hatte angenehme Manieren. Norman unterhielt sich mit ihm über alles mögliche: das Automatikgetriebe beim Oldsmobile, die besten Badestrände, Adlai Stevensons Präsidentschafts-Wahlkampf, der gerade stattgefunden hatte, Whitey Fords Fähigkeiten als Werfer beim Baseball und sogar Freuds Theorie. Der Patient war recht angenehm, obwohl er Kettenraucher war und sich an ihm eine deutliche Spannung wahrnehmen ließ. Schließlich fragte Norman ihn nach dem Grund seines Aufenthalts in der Klinik.

Der Mann wußte ihn nicht. Es tue ihm leid, erklärte er, aber er könne sich nicht erinnern. Nach wiederholtem Fragen verlor er seine angenehmen Umfangsformen, wurde reizbar und schließlich aggressiv, bedrohte Norman, schlug auf den Tisch und verlangte, er solle von etwas anderem reden.

Erst da dämmerte es Norman, wer der Mann war: Alan Whittier, der als Jugendlicher Mutter und Schwester in ihrem Wohnwagen in Palm Desert ermordet und anschließend an einer Tankstelle sechs weitere Menschen sowie noch einmal drei auf dem Parkplatz eines Supermarkts umgebracht hatte. Schließlich hatte er sich schluchzend der Polizei gestellt, hysterisch vor Schuldgefühlen und Gewissensbissen. Whittier befand sich seit zehn Jahren in der geschlossenen Abteilung dieser Klinik, und er hatte während jener Zeit mehrere Wärter brutal angegriffen.

Dieser Mann also stand jetzt schäumend vor Wut Norman gegenüber, trat nach dem Tisch und schleuderte seinen Stuhl an die Wand. Norman hatte als Student noch keine Erfahrung im Umgang mit solchen Patienten und wußte nicht, was er tun sollte. Er wandte sich zur Flucht, aber die Tür war versperrt. Man hatte ihn mit Whittier eingeschlossen, wie das bei Gesprächen mit gewalttätigen Patienten die Regel war. Hinter ihm hob der Mann den Tisch, schleuderte ihn gegen die Wand und ging dann auf Norman los. Dieser durchlebte einen Augenblick entsetzlicher Panik, bis er den Schlüssel im Schloß hörte. Drei stämmige Wärter stürmten herein, packten den schreienden und fluchenden Whittier und schleppten ihn davon.

Norman ging schnurstracks zu seinem Professor und verlangte eine Erklärung. Warum hatte man ihn so ins Messer laufen lassen? Er schilderte, was passiert war, woraufhin der Professor ihn fragte: «Hat man Ihnen denn nicht gesagt, mit wem Sie es zu tun hatten? Sagte Ihnen der Name nichts?» und Norman erwiderte, er habe wohl nicht recht zugehört.

«Das sollten Sie unbedingt tun, Norman», hatte ihm der Professor geraten. «An einem Ort wie diesem darf man mit seiner Wachsamkeit nie nachlassen. Das wäre zu gefährlich.»

Als Norman jetzt durch den Raum zu Beth hinüberblickte, dachte er: Paß auf, Norman, bleib auf der Hut. Du hast es hier mit einer verrückten Person zu tun und es bisher nicht gemerkt.

«Ich sehe, daß du mir nicht glaubst», sagte Beth, noch immer ganz gelassen. «Kannst du reden?»

«Klar», sagte Norman.

«Logisch denken und so weiter?»

«Klar», sagte er und dachte: Nein, nicht ich bin hier verrückt.

«Na schön», sagte Beth, «weißt du noch, wie du mir das über Harry erzählt hast – wie alles auf ihn deutete?»

«Ja, natürlich.»

«Du wolltest wissen, ob ich eine andere Erklärung hätte, und ich sagte nein. Aber es gibt eine, Norman. Einige Punkte, die du beim erstenmal geflissentlich übersehen hast. Beispielsweise die Quallen. Warum sind Quallen aufgetreten? *Deinen* kleinen Bruder haben Quallen gebissen, Norman, und *du* hast dich hinterher schuldig gefühlt. Und wann spricht Jerry? Wenn *du* dabei bist, Norman. Wann hat der Kalmar seinen Angriff abgebrochen? Als *du* bewußtlos wurdest, Norman. Es ist nicht Harry, Norman – *du* bist es.»

Ihre Stimme klang ganz ruhig und vernünftig. Er bemühte sich zu erfassen, was sie sagte. War es möglich, daß sie recht hatte?

«Betrachte das Ganze doch mal mit Distanz», forderte Beth ihn auf. «Du bist als Psychologe hier mit einem Haufen Naturwissenschaftler zusammen, die es mit harten Fakten zu tun haben. Für dich gibt es hier unten nichts zu tun – das hast du selbst gesagt. Und hat es in deinem Leben nicht eine Zeit gegeben, in der du dich in deinem Beruf ähnlich übergangen gefühlt hast? War das nicht eine schlimme Zeit für dich? Hast du mir nicht selbst gesagt, daß du es kaum hast aushalten können?»

«Ja, aber – »

« – und als es dann mit diesen sonderbaren Vorfällen losging, hatten wir es plötzlich nicht mehr mit harten Fakten zu tun, sondern mit psychologischen Problemen. Das ist dein Gebiet, Norman. Jetzt konntest du mit deinem Fachwissen glänzen. Mit einemmal standest du im Mittelpunkt der Aufmerksamkeit. Das stimmt doch?»

Nein, dachte er. Du irrst dich.

«Als Jerry angefangen hat, mit uns zu reden, wer hat da gemerkt, daß er Emotionen hat? Wer wollte unbedingt, daß wir auf sie eingingen? Von uns hat sich niemand dafür interessiert, Norman. Barnes hatte nur ein Ziel, er wollte etwas über die Bewaffnung herausbekommen. Ted ging es ausschließlich um Naturwissenschaft, und Harry wollte nur logische Spielchen spielen. Du bist derjenige, der sich für Emotionen interessiert. Und wer hat Jerry manipuliert – oder besser gesagt, wer hat es nicht geschafft? Du, Norman. Das bist alles du.»

«Das kann nicht sein», sagte Norman. In seinem Kopf drehte sich alles. Er bemühte sich, ein Gegenargument zu finden, und er fand eins. «Ich kann es nicht sein – denn ich war nicht in der Kugel.»

«Doch, das warst du», sagte Beth. «Du erinnerst dich nur nicht daran.»

Er fühlte sich benommen, wie jemand, der unter einem Hagel von Schlägen mehrfach zu Boden gegangen ist und sich nur mühsam wieder aufrappelt. Es schien, als könne er sein Gleichgewicht nicht halten, und die Schläge prasselten noch immer auf ihn herab.

«Du erinnerst dich daran ebensowenig wie an meine Bitte, die Steuercodes für den Ballon nachzusehen», sagte Beth mit ihrer gelassenen Stimme. «Als dich Barnes damals nach der Heliumkonzentration in Röhre E gefragt hat, war es genauso.»

Er dachte, was für eine Heliumkonzentration in Röhre E? Wann hat Barnes mich danach gefragt?

«Es gibt eine ganze Menge, woran du dich nicht erinnerst, Norman.»

«Wann soll ich zur Kugel gegangen sein?» fragte er.

«Vor dem ersten Kalmarangriff. Nachdem Harry drin war.»

«Da hab ich geschlafen! Ich hab auf meiner Koje gelegen und geschlafen!»

«Nein, Norman. Das stimmt nicht. Fletcher wollte dich holen, und du warst nicht da. Du warst zwei Stunden lang verschwunden, und dann bist du gekommen und hast gegähnt.»

«Ich glaub dir nicht», erklärte er.

«Natürlich nicht. Lieber erklärst du es zum Problem anderer. Gerissen genug bist du ja dazu. Du kennst dich mit psychologischer Manipulation aus, Norman. Erinnerst du dich noch an die Tests, die du durchgeführt hast? Wie du nichtsahnende Menschen in ein Flugzeug geladen und ihnen gesagt hast, der Pilot habe einen Herzanfall? Wie du sie damit halb zu Tode geängstigt hast? Das ist eine sehr rücksichtslose Manipulation, Norman.

Und als all die Angriffe begannen, brauchtest du hier im Habitat jemanden, dem du diese ungeheuerliche Rolle des Manipulators zuweisen konntest. Also hast du Harry als Buhmann hingestellt. Aber nicht er ist der seelisch Gestörte, sondern du. Das Ungeheuer bist du. Deswegen hat sich auch dein Aussehen verändert, deshalb bist du so häßlich geworden, denn du bist das Ungeheuer, das uns all das angetan hat.»

«Aber die Mitteilung? Darin heißt es doch klar und deutlich ‹Ich heiße Harry›.»

«Das stimmt. Du hast sogar selbst darauf hingewiesen, daß die Person, auf die das alles zurückging, Angst hatte, ihr richtiger Name komme auf den Bildschirm.»

«Harry», sagte Norman. «Der Name war *Harry.*»

«Und wie heißt du?»

«Norman Johnson.»

«Mit *vollem* Namen.»

Er sagte eine Weile nichts. Irgendwie gehorchte ihm sein Mund nicht. Sein Gehirn war leer.

«Ich will es dir sagen», sagte Beth. «Ich habe nachgesehen: Norman Harrison Johnson.»

Nein, dachte er. Nein, nein, nein. Sie irrt sich.

«Es fällt schwer, sich so etwas einzugestehen», sagte Beth langsam mit ihrer geduldigen, nahezu hypnotischen Stimme. «Das verstehe ich. Aber wenn du darüber nachdenkst, wirst du merken – du wolltest, daß es so weit kommt. Du wolltest selbst, daß ich es herausbekomme, Norman. Noch vor wenigen Minuten hast du den *Zauberer von Oz* erwähnt, oder nicht? Du hast mir weitergeholfen, als ich nicht verstand – oder dein Unbewußtes hat mir geholfen. Bist du noch immer bei klarem Verstand und ruhig?»

«Selbstverständlich.»

«Dann bleib es, Norman. Wir wollen die Sache logisch durchdenken. Bist du bereit, mit mir zusammenzuarbeiten?»

«Was hast du vor?»

«Ich möchte dich mit einer Spritze bewußtlos machen, Norman. Wie Harry.»

Er schüttelte den Kopf.

«Es ist nur für ein paar Stunden, Norman», sagte sie. Dann schien sie einen Entschluß zu fassen. Mit einigen schnellen Schritten war sie bei ihm. Er sah die Spritze in ihrer Hand, das Glitzern der Nadel und drehte sich weg. Die Nadel fuhr in die Wolldecke. Er schleuderte die Decke von seinen Schultern und rannte zur Treppe.

«Norman, komm zurück!»

Er lief die Treppe hinauf. Er sah, daß Beth ihm mit der Spritze in der Hand folgte, trat danach, erreichte das Labor im Obergeschoß und schlug ihr die Luke vor der Nase zu.

«Norman!»

Sie hämmerte gegen die Luke. Er hatte sich darauf gestellt, *das* Gewicht konnte sie nie und nimmer heben. Beth hörte nicht auf, mit der Faust gegen die Luke zu schlagen.

«Norman Johnson, mach sofort auf!»

«Nein, Beth, ich denke nicht daran.»

Er überlegte. Was konnte sie tun? Nichts, befand er. Hier war er sicher, hier kam sie nicht an ihn heran. Sie konnte ihm nichts tun, solange er hierblieb.

Dann sah er, wie sich zwischen seinen Füßen in der Mitte der Luke die Spindel drehte. Auf der anderen Seite schloß Beth das Handrad.

Sie sperrte ihn ein.

06:00

Die einzige Lampe im Labor beschien die Fläche des Arbeitstisches neben einer Reihe beschrifteter Flaschen. Sie enthielten kleine Kalmare, Garnelen, Eier des Riesenkalmars. Er berührte sie geistesabwesend, schaltete dann das Bildschirmgerät ein und drückte auf Tasten, bis er Beth sah, die unten vor der Überwachungseinheit saß. Neben ihr lag Harry, nach wie vor bewußtlos.

«Norman, kannst du mich hören?»

Laut sagte er: «Ja, Beth, ich höre dich.»

«Norman, mit deinem verantwortungslosen Verhalten gefährdest du die ganze Expedition.»

Ob das stimmt? überlegte er. Er war nicht dieser Ansicht, und er hatte auch nicht den Eindruck, daß es objektiv stimmte. Doch wie oft hatte er es schon mit Patienten zu tun gehabt, die nicht bereit waren, sich einzugestehen, was in ihrem Leben geschah? Da gab es ganz banale Fälle – ein Mann, ebenfalls Universitätsprofessor, hatte Angst vor Aufzügen, behauptete aber steif und fest, er benutze die Treppen, weil körperliche Bewegung gesund sei. Bis ins fünfzehnte Stockwerk stieg er, Verabredungen in höheren Gebäuden lehnte er ab. Er organisierte sein ganzes Leben um ein Problem herum, vor dem er sein Bewußtsein verschloß und das ihm daher verborgen blieb, bis er schließlich einen Herzanfall erlitt. Dann war da noch die Frau, die, erschöpft von Jahren der Sorge um ihre geistig gestörte Tochter, dem Mädchen ein Röhrchen Schlaftabletten mit der Begründung gab, es brauche Ruhe; das Mädchen schluckte alle Tabletten auf einmal und starb. Und wie war es mit dem unerfahrenen Freizeitsegler, der bei Sturm gutgelaunt seine ganze Familie zu einem Segelausflug an Bord nahm und sie um ein Haar alle umgebracht hätte?

Dutzende von Beispielen fielen ihm ein. Diese Blindheit dem Ich gegenüber war ein psychologischer Gemeinplatz. Glaubte er etwa, dagegen immun zu sein? Drei Jahre zuvor war es zu einem kleinen Skandal gekommen, als sich über das lange freie Labor-Day-Wochenende Anfang September einer der Assistenzprofessoren des Fachbereichs Psychologie erschossen hatte. In den Schlagzeilen hatte es geheißen: «SELBSTMORD EINES PSYCHOLOGIEPROFESSORS. Kollegen zeigen sich überrascht, sagen, der Tote sei ‹immer fröhlich› gewesen.»

Der Dekan der Fakultät, der durch den Vorfall und die Publizität das Spendenaufkommen für die Universität gefährdet sah, hatte Norman Vorwürfe gemacht, aber die unangenehme Wahrheit war nun einmal, daß der Psychologie strenge Grenzen gesetzt waren. Selbst mit dem Wissen des Fachmanns und den besten Absichten stieß man immer wieder auf große Gebiete der Unwissenheit, wenn es um die engsten Freunde, Kollegen, den Ehepartner oder die eigenen Kinder ging.

Noch weniger aber wußte man über sich selbst. Am schwierigsten war es, sich seiner selbst bewußt zu werden. Nur wenige Menschen erreichten diese Stufe, vielleicht sogar niemand.

«Norman, bist du da?»

«Ja, Beth.»

«Ich halte dich für einen guten Menschen, Norman.»

Er sagte nichts, beobachtete sie nur auf dem Bildschirm.

«Ich glaube, du bist ein anständiger Mensch, zu dessen moralischen Grundsätzen es gehört, die Wahrheit zu sagen. Du siehst dich in diesem Augenblick vor die schwierige Aufgabe gestellt, der Wahrheit über dich selbst ins Auge zu sehen. Ich weiß, daß dein Bewußtsein versucht, Ausflüchte zu finden, einem anderen die Schuld zuzuschieben, aber ich glaube, daß du es schaffen kannst, Norman. Harry könnte es nicht, aber du kannst es. Du bist stark genug, dir die harte Wahrheit einzugestehen – daß die Expedition in Gefahr ist, solange du bei Bewußtsein bist.»

Sie sagte das mit großer Überzeugungskraft und nachdrücklicher Stimme. Während sie sprach, kam es ihm fast vor, als seien ihre Gedanken Kleidungsstücke, die sie ihm über den Körper streifte. Er begann, die Dinge mit ihren Augen zu sehen. Bei so viel Gelassenheit mußte sie einfach recht haben. Ihre Gedanken waren so machtvoll. Was sie sagte, klang so überzeugend...

«Beth, warst du in der Kugel?»

«Nein, Norman. Das ist jetzt wieder so ein Ablenkmanöver, ein Versuch von dir, der Sache auszuweichen. Ich war nicht da – aber *du.*»

Daran konnte er sich beim besten Willen nicht erinnern. Sein Gedächtnis war wie leergefegt. Als Harry in der Kugel gewesen war, hatte er sich anschließend erinnert. Warum hätte Norman das vergessen, eine Denksperre dagegen errichten sollen?

«Ausgerechnet du als Psychologe willst nicht zugeben, daß es in dir eine Schattenseite gibt», sagte sie. «Du hast ein berufsbedingtes Interesse daran, an deine eigene geistige Gesundheit zu glauben. Selbstverständlich bestreitest du, daß du dort gewesen bist.»

Der Ansicht war er nicht. Aber wie sollte er die Frage klären, wie feststellen, ob sie recht hatte oder nicht? Sein Gehirn arbeitete nicht besonders gut. In seinem verletzten Knie pochte es schmerzhaft. Zumindest daran gab es keinen Zweifel – sein verletztes Knie war real.

Realitätsprüfung.

So läßt sich die Sache klären, dachte er. Mit einer Realitätsprüfung. Wo war der objektive Beweis dafür, daß er in der Kugel war? Alles, was im Habitat vorfiel, wurde aufgezeichnet. Falls er vor vielen Stunden in die Kugel gegangen war, mußte es irgendwo ein Band geben, das ihn allein in der Luftschleuse zeigte, wie er sich den Taucheranzug überstreifte und sich davonstahl. Beth müßte es ihm zeigen können. Wo war es?

Natürlich im Tauchboot.

Es war wohl schon lange dort. Vielleicht war es unter den Bändern gewesen, die er selbst auf seinem Ausflug zum Tauchboot dort deponiert hatte.

Er hatte keinen objektiven Beweis zur Hand.

«Norman, gib auf. Bitte. Um unser aller willen.»

Vielleicht hat sie recht, dachte er. Sie war ihrer Sache so sicher. Sofern er sich wirklich der Wahrheit nicht stellte und damit die Expedition in Gefahr brachte, mußte er seinen Widerstand aufgeben und sich von ihr mit einer Spritze außer Gefecht setzen lassen. Konnte er ihr vertrauen? Das würde er müssen. Er hatte keine Wahl.

Außer mir kann es niemand sein, dachte er. Ich muß es sein. Die Vorstellung war ihm entsetzlich – das aber war an sich schon verdächtig. Die Heftigkeit, mit der er sich gegen den Gedanken wehrte, schien ihm selbst kein gutes Zeichen. Zuviel Widerstand, dachte er.

«Norman?»

«Okay, Beth.»

«Wirst du es tun?»

«Dräng mich nicht. Laß mir noch etwas Zeit, ja?»

«Natürlich, Norman.»

Er sah auf den Videorekorder neben dem Bildschirm. Ihm fiel ein, wie Beth darauf immer und immer wieder dasselbe Band abgespielt hatte, auf dem zu sehen war, wie sich die Kugel von selbst öffnete. Es lag jetzt auf dem Tisch neben dem Gerät. Er schob es ein und schaltete den Rekorder an. Warum seh ich mir das jetzt an? überlegte er. Du willst Zeit schinden, die Entscheidung hinauszögern.

Über den Bildschirm zuckten schwarze und weiße Streifen. Er wartete auf das vertraute Bild, wie Beth mit dem Rücken zur Kamera Kuchen aß. Das hier aber war eindeutig ein anderes Band, es zeigte die Kugel. Die glänzende Kugel, die einfach dastand.

Er sah es sich einige Sekunden lang an, doch nichts geschah. Die Kugel war unbeweglich wie immer. Hochglanzpoliert, bewegungslos, vollkommen. Er ließ das Band weiterlaufen, aber es gab immer noch nichts zu sehen.

«Norman, wenn ich jetzt die Luke öffne, kommst du dann ganz friedlich runter?»

«Ja, Beth.»

Seufzend lehnte er sich zurück. Wie lange würde seine Bewußtlosigkeit dauern? Etwas weniger als sechs Stunden. Das war so schlimm nicht. Auf jeden Fall, da hatte Beth recht, mußte er sich geschlagen geben.

«Norman, warum siehst du dir das Band an?»

Er blickte sich rasch um. Gab es in dem Raum eine Videokamera, über die sie ihn beobachten konnte? Ja, oben an der Decke, gleich neben der Notausstiegsluke.

«Warum siehst du dir das Band an, Norman?»

«Es hat da gelegen.»

«Wer hat dir gesagt, daß du es dir ansehen kannst?»

«Niemand», sagte Norman. «Es lag einfach da.»

«Schalt es ab, Norman, sofort.»

Ihre Stimme klang nicht mehr so gelassen wie zuvor. «Was ist denn los, Beth?»

«Schalte sofort das verdammte Band ab, Norman!»

Gerade wollte er sie nach dem Grund fragen, als er sah, wie Beth auf dem Bildschirm erschien und neben die Kugel trat. Sie schloß die Augen und ballte die Fäuste. Die spiralig gewundenen Furchen wichen auseinander und ließen Schwärze erkennen. Vor seinen Augen trat Beth in die Kugel.

Dann schloß sich die Tür hinter ihr.

«Verdammte Kerle», sagte Beth mit scharfer, wütender Stimme. «Ihr Männer müßt euch in alles einmischen. Ihr seid einer wie der andere.»

«Du hast mich belogen, Beth.»

«Warum mußtest du dir das Band ansehen? Ich hatte dich so gebeten, es nicht zu tun. Es konnte dir nur weh tun, es dir anzusehen, Norman.» Ihre Stimme war nicht mehr wütend, sondern flehend, Beth schien den Tränen nahe. Der rasche Stimmungswechsel wies auf mangelnde Stabilität und unvorhersagbare Reaktionen hin.

Sie hatte das Habitat in ihrer Gewalt.

«Beth.»

«Es tut mir leid, Norman. Ich kann dir nicht mehr trauen.»

«Beth.»

«Ich schalte dich ab, Norman. Ich höre nicht mehr auf –»

«– Beth, warte –»

«– dich. Ich weiß, wie gefährlich du bist. Ich habe gesehen, was du mit Harry gemacht hast. Wie du die Tatsachen so verdreht hast, daß Harry schließlich als der Schuldige dastand. O ja, das hast du wunderbar hingekriegt. Und jetzt willst du es Beth in die Schuhe schieben, nicht wahr? Nun, Norman, laß dir gesagt sein, daß du das nicht schaffst, denn ich habe dich einfach abgeschaltet. Ich kann also deine schmeichelnden, überzeugenden Worte, deine Versuche, mich zu manipulieren, nicht mehr hören. Spar dir also die Mühe, Norman.»

Er schaltete die Wiedergabe des Videobandes ab. Auf dem Bildschirm sah er jetzt Beth vor dem Steuergerät in dem Raum unter ihm.

Sie drückte auf Tasten.

«Beth?» fragte er.

Sie gab keine Antwort, arbeitete einfach weiter und murmelte dabei vor sich hin: «Du bist ein richtiger Schweinehund, Norman, weißt du das? Weil du dir so schäbig vorkommst, mußt du alle auf deine Stufe runterziehen.»

Sie spricht von sich selbst, dachte er.

«Du hast es immer so mit dem Unbewußten, Norman. Das Unbewußte hier, das Unbewußte da – alles kannst du damit erklären. O Mann, ich habe es satt bis hier. Wahrscheinlich will uns dein Unbewußtes alle umbringen, einfach, weil du dich selbst aus dem Weg räumen willst und glaubst, alle anderen mit in den Untergang reißen zu müssen.»

Ein Schauer durchlief ihn. Beth mit ihrem Mangel an Selbstsicherheit, ihrem tiefverwurzelten Selbsthaß war in die Kugel gegangen und handelte jetzt mit der Macht, die ihr die Kugel verliehen hatte, aber auf der instabilen Grundlage ihrer Gedanken. Sie sah sich als Opfer, haderte stets erfolglos mit ihrem Geschick. Alle behandelten sie ungerecht und unterjochten sie: die Männer, die Gesellschaft, die Forschungseinrichtungen, das Leben ganz allgemein. Keinesfalls brachte sie es fertig zu erkennen, daß sie selbst die Ursache für ihr Versagen war. Und sie hat das ganze Habitat mit Sprengsätzen umgeben, dachte er.

«Ich lasse nicht zu, daß du es tust, Norman. Ich halte dich auf, bevor du uns alle umbringst.»

Jedes Wort, das sie sagte, war das genaue Gegenteil der Wahrheit. Er begann, das Muster zu erkennen.

Beth hatte herausbekommen, wie man die Kugel öffnete, sie war insgeheim hineingegangen, weil sie sich schon immer zur Macht hingezogen gefühlt hatte – stets hatte sie den Eindruck gehabt, ihr fehle es an Macht und sie könne mehr davon brauchen. Aber als sie sie hatte, war sie nicht imstande, mit ihr umzugehen. Beth sah sich nach wie vor als Opfer, also mußte sie die Macht leugnen und dafür sorgen, daß sie von ihr unterjocht wurde.

In dem Punkt war sie ganz anders als Harry. Harry hatte seine

Ängste geleugnet, also war es zu Manifestationen angsteinflößender Vorstellungen gekommen. Beth aber leugnete ihre Macht, und so manifestierte sie eine wirbelnde Wolke gestaltloser, unbeherrschter Macht.

Harry lebte als Mathematiker in einer bewußten Welt der Abstraktion, der Gleichungen und des Denkens, und so machte ihm beispielsweise die konkrete Form eines Kalmars Angst. Beth aber, die Zoologin, die täglich mit Tieren zu tun hatte, mit Geschöpfen, die sie anfassen und sehen konnte, schuf sich eine Abstraktion, eine Macht, die sie nicht anfassen oder sehen konnte, eine gestaltlose abstrakte Macht, die kam, um sie zu holen.

Zu ihrer Verteidigung hatte sie das Habitat mit Sprengsätzen umgeben. Kein besonders wirkungsvoller Schutz, dachte Norman.

Es sei denn für jemanden, der Selbstmord begehen will, ohne sich das einzugestehen.

Der Horror seiner ausweglosen Lage trat ihm deutlich vor Augen.

«Damit kommst du nicht durch, Norman. Ich lasse es nicht zu. Mit mir kannst du das nicht machen.»

Sie gab auf der Tastatur etwas ein. Was plante sie? Was konnte sie ihm antun? Er mußte überlegen.

Plötzlich ging das Licht im Labor aus. Einen Augenblick später erlosch auch der große Raumheizer, die roten Spiralen kühlten sich ab, wurden dunkel.

Sie hatte ihm den Strom abgeschaltet.

Wie lange konnte er es ohne die Heizung aushalten? Er nahm die Decken von Beths Koje und wickelte sich hinein. Wie lange würde er ohne Wärmezufuhr auskommen? Bestimmt keine sechs Stunden, dachte er grimmig.

«Ich bedaure, daß du mich dazu zwingst, Norman, aber du mußt meine Lage verstehen. Solange du bei Bewußtsein bist, bin ich in Gefahr.»

Vielleicht eine Stunde, dachte er. Vielleicht kann ich es eine Stunde aushalten.

«Es tut mir leid, Norman. Aber mir bleibt keine Wahl.»

Er hörte ein leises Zischen. Der Warnpiepser auf seiner Brust meldete sich. Er sah hinab. Trotz der Dunkelheit war ihm klar, daß die Anzeige jetzt grau war. Er wußte sofort, was das bedeutete.

Beth hatte ihm die Luftzufuhr abgeschnitten.

05:35

In der Dunkelheit zusammengekauert, lauschte er auf den Warnpiepser und das Zischen der rasch entweichenden Luft. Auf seinen Trommelfellen lastete ein Druck, als säße er in einem startenden Flugzeug.

Tu doch was, dachte er und spürte Panik in sich aufsteigen.

Aber es gab nichts, was er tun konnte. Er war im oberen Teil von Röhre D eingesperrt und konnte nicht hinaus. Beth hatte die Gewalt über die gesamte Anlage, und sie kannte sich mit der Handhabung des Lebenserhaltungssystems aus. Sie hatte ihm den Strom abgeschaltet, die Wärme und jetzt auch die Luftzufuhr. Er saß in der Falle.

Durch den Druckabfall platzten die versiegelten Taschen mit den Proben wie kleine Bomben, Glassplitter schossen quer durch den ganzen Raum. Er duckte sich unter die Decken und spürte, wie das Glas in den Stoff schnitt. Das Atmen fiel ihm immer schwerer. Zuerst glaubte er, es sei die Anspannung, dann begriff er, daß die Luft dünner geworden war. Er würde bald das Bewußtsein verlieren.

Tu was.

Es schien ihm nicht möglich, ruhig zu atmen.

So tu doch was.

Er konnte an nichts anderes denken als ans Atmen. Er brauchte Luft. Dann dachte er an den Erste-Hilfe-Kasten. Gab es darin nicht eine kleine Notflasche mit einem Heliox-Gemisch? Er war nicht sicher. Er glaubte sich zu erinnern... Als er aufstand, explodierte eine weitere Probenflasche, und er duckte sich, um nicht von den umherfliegenden Glassplittern getroffen zu werden.

Er rang nach Luft, seine Brust hob und senkte sich schwer. Vor seinen Augen begannen graue Flecken zu tanzen.

Auf der Suche nach dem Kasten tastete er in der Dunkelheit an der Wand entlang. Er stieß auf einen Zylinder. Heliox? Nein, zu groß – wohl der Feuerlöscher. Wo war der Kasten? Seine Hände tasteten weiter an der Wand entlang. Wo nur?

Er stieß auf den metallenen Kasten, spürte den Deckel mit dem erhaben eingeprägten Kreuz. Er machte ihn auf, fuhr mit den Händen hinein.

Die Zahl der Flecken vor seinen Augen nahm zu. Viel Zeit hatte er nicht mehr.

Seine Finger ertasteten Fläschchen, weiche Verbandpäckchen. Keine Luftflasche. Mist! Die Fläschchen fielen zu Boden, dann landete etwas Schweres und Großes dumpf auf seinem Fuß. Er beugte sich hinab, tastete den Boden ab, schnitt sich an einer Glasscherbe und achtete nicht weiter darauf. Seine Hand schloß sich um einen kalten Metallzylinder. Er war klein, kaum länger als seine Handfläche. An einem Ende war etwas angebracht, eine Düse...

Es war eine Sprühdose – irgendeine dämliche Sprühdose. Er schleuderte sie weg. Atemluft brauchte er. Luft!

Neben der Liege, fiel ihm ein. Gab es nicht an jeder Koje im Habitat eine Helioxreserve für Notfälle? Er tastete sich zur Liege vor, auf der Beth geschlafen hatte, suchte die Wand über dem Kopfende ab. Es mußte doch eine Helioxflasche in der Nähe geben. Er war bereits benommen, konnte nicht mehr klar denken.

Nichts.

Dann fiel ihm ein, das hier war keine richtige Koje, die Liege war nicht als ständige Schlafstelle gedacht. Hier hatte man bestimmt keine Atemluftreserve untergebracht. Verdammt! Und dann stieß seine Hand auf einen Metallzylinder in einer Wandhalterung. An einem Ende war etwas Weiches...

Eine Atemmaske.

Rasch zog er sie sich über Mund und Nase, drehte den gerändelten Knopf auf. Er hörte es zischen, atmete kalte Luft. Eine Welle der Benommenheit überflutete ihn, dann wurde sein Kopf vollkommen klar. Atemluft! Alles war in Ordnung.

Er fuhr mit den Händen an der Flasche entlang, um ihre Größe abzuschätzen. Eine Notration, nur ein paar hundert Kubikzentimeter. Wie lange sie wohl vorhalten würde? Nicht lange. Ein paar Minuten. Nur ein kurzer Aufschub.

Tu endlich was.

Aber ihm fiel nichts ein, was er tun könnte. Es gab keine Möglichkeiten. Er war in einem geschlossenen Raum eingesperrt.

Er mußte an einen seiner früheren Professoren denken, den dicken alten Dr. Temkin. «Es gibt immer eine Möglichkeit, man kann immer etwas tun, hat immer einen Ausweg.»

Hier aber nicht, dachte er. Diesmal gibt es keinen Ausweg. Ohnehin hatte sich Temkin auf die Behandlung von Patienten bezogen und nicht darauf, wie sich jemand befreien kann, der eingesperrt ist. Darin besaß Temkin ebensowenig Erfahrung wie Norman.

Das Heliox stieg ihm zu Kopf – oder ging es gar schon zu Ende? Seine ehemaligen akademischen Lehrer zogen an ihm vorüber, einer nach dem anderen. War das der Film des Lebens, der einem angeblich vor dem inneren Auge abläuft, bevor man stirbt? All seine Lehrer kamen noch einmal zu Wort: Mrs. Jefferson, die ihm geraten hatte, lieber Jura zu studieren. Der alte Joe Lamper, der lachend gesagt hatte: «Alles geht auf den Sexus zurück. Glauben Sie mir, alles.» Dann Dr. Stein, der zu sagen pflegte: «Es gibt keinen widerspenstigen Patienten. Zeigen Sie mir einen widerspenstigen Patienten, und ich zeige Ihnen einen widerspenstigen Therapeuten. Wer mit einem Patienten nicht vorankommt, soll etwas anderes machen, irgendwas. Hauptsache, er tut etwas.»

Tu was.

Stein schlug verrückte Sachen vor. Wenn Sie zu einem Patienten nicht durchdringen, flippen Sie ruhig aus. Ziehen Sie sich ein

Clownskostüm an, treten Sie ihn, bespritzen ihn mit einer Wasserpistole, tun Sie, was Ihnen gerade einfällt, nur tun Sie was.

«Sehen Sie», sagte er immer, «was Sie gerade machen, klappt nicht – also können Sie ebensogut etwas anderes tun, ganz gleich, wie verrückt es aussieht.»

Damals war das ja gut und schön, dachte Norman. Er hätte zu gern gesehen, wie Stein dieses Problem hier angegangen wäre. Was würde er ihm raten?

Öffnen Sie die Tür. Das geht nicht – sie hat sie versperrt.

Reden Sie mit ihr. Das geht nicht, sie hört nicht zu.

Drehen Sie die Luft auf. Das geht nicht, sie beherrscht die ganze Anlage.

Bringen Sie die Anlage in Ihre Hand. Das geht nicht, sie hat alles unter sich.

Suchen Sie nach Hilfe innerhalb des Raumes. Das geht nicht, da gibt es nichts, was mir helfen könnte.

Dann verlassen Sie ihn. Das geht nicht; ich – Er überlegte. Das stimmte nicht. Er konnte den Raum verlassen, indem er ein Bullauge einschlug oder, besser noch, die Deckenluke öffnete. Aber er konnte nirgendwo hin. Es gab keinen Taucheranzug weit und breit. Das Wasser war eiskalt. Er hatte sich dem schon einmal für wenige Sekunden ausgesetzt, und es hatte ihn fast das Leben gekostet. Wenn er diesen Raum gegen den offenen Ozean eintauschte, würde er höchstwahrscheinlich umkommen. Vermutlich würde er sich schon den Kältetod holen, bevor der Raum überhaupt voll Wasser gelaufen war. Er würde sicher sterben.

In seiner Vorstellung sah er, wie Stein die buschigen Augenbrauen hob und unergründlich lächelte. *Na und? Sterben werden Sie sowieso. Was haben Sie also zu verlieren?*

Ein Plan nahm in Normans Hirn Gestalt an. Wenn er die Deckenluke öffnete, konnte er das Habitat verlassen. Vielleicht schaffte er es bis Röhre A, konnte durch die Luftschleuse zurückkehren und seinen Taucheranzug anziehen. Dann wäre er gerettet.

Falls er bis zur Luftschleuse kam. Wie lange würde er dafür

brauchen? Eine halbe Minute? Eine ganze? Konnte er die Luft so lange anhalten, der Kälte so lange trotzen?

Sterben werden Sie sowieso.

Und dann dachte er, du blöder Kerl, du hältst eine Helioxflasche in der Hand. Du hast genug Atemluft, wenn du nicht hier drin bleibst und deine Zeit mit solchen Überlegungen vertrödelst. Vorwärts, tu was.

Nein, dachte er, da ist noch was, ich hab was übersehen...

Vorwärts!

Er hörte auf nachzudenken und kletterte zur Deckenluke empor. Er riß sich zusammen. Jetzt! Mit angehaltenem Atem drehte er das Handrad und öffnete die Luke.

«Norman! Norman, was tust du? Norman! Du bist ja verrü –» hörte er Beth ausrufen. Alles andere ging im Dröhnen unter, mit dem das eiskalte Wasser wie ein machtvoller Wasserfall in den Raum schoß und ihn anfüllte.

Kaum war er draußen, begriff er seinen Fehler. Er hatte vergessen, daß er Gewichte brauchte. Sein Körper hatte zuviel Auftrieb, zerrte ihn aufwärts. Er nahm einen letzten tiefen Atemzug aus der Helioxflasche, ließ sie los und krallte sich verzweifelt an den kalten Leitungen außen am Habitat fest. Wenn er losließ, das war ihm klar, würde er unaufhaltsam zur Wasseroberfläche aufsteigen, ohne eine weitere Möglichkeit, sich irgendwo festzuhalten, und oben platzen wie ein Luftballon, in den man eine Nadel hineinsticht.

Er hielt sich an den Rohren und zog sich Stück für Stück abwärts, tastete nach der nächsten Rohrleitung, dem nächsten Vorsprung, an dem er Halt finden konnte. Es war wie Bergsteigen in umgekehrter Richtung: wenn er losließ, würde er aufwärts in den Tod stürzen. Seine Hände waren längst taub. Sein Körper war steif und schwerfällig vor Kälte. Seine Lungen brannten.

Ihm blieb nur wenig Zeit.

Er erreichte den Meeresboden, schwang sich unter Röhre D, hangelte sich weiter, tastete im Dunkeln nach der Luftschleuse.

Sie war nicht da! Die Luftschleuse war fort! Dann merkte er, daß er sich unter Röhre B befand. Er arbeitete sich nach A hinüber, erfühlte die Bodenplatte der Luftschleuse. Sie war geschlossen. Er versuchte, das Handrad zu drehen. Es rührte sich nicht. Er zerrte daran, doch es gab keinen Millimeter nach.

Er war ausgesperrt.

Geradezu panische Angst erfaßte ihn. Sein Körper war fast unbeweglich vor Kälte. Er wußte, daß er nur noch wenige Sekunden bei Bewußtsein bleiben würde. Die Luke mußte sich öffnen lassen. Er schlug dagegen, hämmerte gegen das Metall, das dessen Rand umgab, seine gefühllosen Hände spürten keinen Schmerz mehr.

Das Handrad begann sich von selbst zu drehen. Die Luke öffnete sich. Er mußte einen Notknopf getroffen haben.

Er schoß durch die Wasseroberfläche empor, sog keuchend die Luft ein und sank ins Wasser zurück. Er kam wieder hoch, konnte aber nicht in die Röhre klettern. Er war unfähig, sich zu bewegen, seine Muskeln waren steifgefroren, sein Körper reagierte nicht auf seine Befehle.

Du mußt es tun, dachte er, du mußt. Seine Finger ergriffen das Metall, rutschten ab, griffen erneut danach. Nur ein Zug, dachte er. Ein letzter Zug. Er schob sich mit der Brust über den metallenen Rand, plumpste auf den Boden. Vor Kälte spürte er nichts. Er verdrehte den Körper und versuchte, die Beine hochzuziehen, und fiel zurück ins eiskalte Wasser.

Nein!

Er zog sich wieder hoch, ein letztes Mal – noch einmal über den Rand, noch einmal auf den Boden, drehen, drehen, ein Bein hoch, er schwankte bedrohlich, dann das andere Bein. Er konnte es nicht wirklich fühlen, aber dann war er aus dem Wasser.

Er zitterte vor Kälte. Bei dem Versuch, auf die Füße zu kommen, knickten ihm die Beine ein. Er zitterte am ganzen Leibe, seine Beine vermochten ihn nicht zu tragen.

Er sah seinen Taucheranzug an der Wand hängen, sah die Aufschrift JOHNSON auf dem Helm. Zitternd kroch er darauf zu. Er versuchte aufzustehen, vergeblich. Die Beinlinge seines Taucheranzugs mit den Stiefeln daran hingen unmittelbar vor seinem Gesicht. Er versuchte, sie zu ergreifen, aber die Finger wollten sich nicht schließen. Er versuchte, sich mit den Zähnen in den Anzug zu verbeißen und sich an ihm hochzuziehen, aber sie klapperten unkontrollierbar.

Über die Sprechanlage meldete sich Beth.

«Norman! Ich weiß, was du tust, Norman!»

Beth würde jeden Augenblick hier sein. Er mußte unbedingt in den Anzug hinein. Er sah ihn vor sich hängen, nur wenige Zentimeter vor seinem Gesicht, aber noch immer zitterten seine Hände zu sehr. Er konnte nichts festhalten. Schließlich sah er die Werkzeugschlaufen an der Hüfte. Er fuhr mit einer Hand in eine davon, fand Halt. Er zog sich nach oben, bekam einen Fuß in den Anzug, dann den anderen.

«Norman!»

Er griff nach dem Helm. Dieser hämmerte im Stakkato gegen die Wand, bis es ihm gelang, ihn vom Haken zu heben und über den Kopf zu ziehen. Er drehte ihn auf seinen Sitzring, hörte, wie der Schnappverschluß einrastete.

Noch immer fror er entsetzlich. Warum wurde es im Taucheranzug nicht warm? Dann fiel es ihm ein – kein Strom. Die Batterie bildete eine Einheit mit den Atemluftflaschen. Norman schob sich rückwärts an das Paket heran, zog es sich mit einem Ruck über die Schultern und taumelte unter dem Gewicht. Er mußte die Versorgungsleitung einhaken – er griff nach hinten, spürte sie – hielt sie – an der Hüfte einhaken – einhaken –

Er hörte ein Klicken.

Der Ventilator summte.

Er spürte den Schmerz in Streifen über seinen ganzen Körper laufen. Die Wirkung der elektrischen Heizelemente rief auf seiner unterkühlten Haut eine Schmerzreaktion hervor, so als steche man Tausende von Nadeln hinein. Beth sagte etwas – er hörte sie über die Sprechanlage –, aber er war nicht imstande, ihr zuzuhören. Er setzte sich schweratmend auf den Boden. Seine Bewegungen waren immer noch schwerfällig.

Doch jetzt würde alles gut sein; der Schmerz ließ nach, sein

Kopf wurde allmählich klar, und er zitterte nicht mehr so sehr. Er war zwar stark ausgekühlt, aber nicht ernsthaft dadurch gefährdet – es war wohl nur eine periphere Unterkühlung gewesen. Er erholte sich rasch.

In der Sprechanlage knisterte es.

«Du schaffst es nie bis zu mir, Norman!»

Er stand auf, hängte sich den Gewichtsgürtel um, hakte die Verschlüsse ein.

«Norman!»

Er schwieg. Ihm war jetzt recht warm, fast fühlte er sich wie immer.

«Norman! Ich bin von Sprengstoff umgeben! Wenn du in meine Nähe kommst, jage ich dich in die Luft! Dann stirbst du, Norman! Du kommst nicht an mich ran!»

Aber er wollte gar nicht zu Beth. Sein Plan sah ganz anders aus. Er hörte die Luft aus den Flaschen zischen, als sich der Druck in seinem Anzug einpegelte.

Er sprang zurück ins Wasser.

05:00

Die Kugel blitzte im Lichtschein auf. Norman erkannte sein Spiegelbild auf der vollkommen polierten Oberfläche, sah dann, wie es in viele Teile zerfiel, als er an den spiralig gewundenen Furchen vorbeiging.

Zur Tür!

Sie sah aus wie ein Mund, mußte er denken. Wie der Rachen eines Ur-Geschöpfes, das ihn zu verschlingen drohte. Wie er so der Kugel gegenüberstand, spürte er angesichts des fremdartigen, nicht von Menschenhand stammenden Musters der spiraligen Vertiefungen seine Entschlußkraft nachlassen. Plötzlich hatte er Angst. Er glaubte nicht, daß er es durchstehen würde.

Sei nicht albern, ermahnte er sich. Harry hat es geschafft. Beth hat es geschafft. Beide haben es überlebt.

Er untersuchte die spiraligen Windungen, als hoffte er, von ihnen Gewißheit zu erlangen. Doch Gewißheit war dort nicht zu finden. Was er sah, waren nichts als gekrümmte Furchen im Metall, die das Licht zurückwarfen.

Okay, dachte er schließlich. Ich mach's. Ich bin so weit gekommen und hab bisher alles überlebt. Warum also nicht auch das hier.

Los, mach schon auf.

Aber die Kugel öffnete sich nicht. Sie blieb haargenau so, wie sie war, eine schimmernde, polierte, vollkommene Form.

Welchen Zweck hatte das Ding? Würde er doch nur den Zweck verstehen.

Erneut dachte er an Dr. Stein. Wie hieß noch dessen Lieblingssatz? «Verstehen ist eine Verzögerungstaktik.» Stein konnte sich immer wieder darüber aufregen: Wenn die Studenten theoretisierten, sich über die Patienten und deren Probleme ausführlich ausließen, pflegte er sie jedesmal wütend zu unterbrechen: «Wen interessiert das? Wer will denn schon wissen, ob wir in diesem Fall die theoretischen Grundlagen verstehen oder nicht? Wollen Sie ins Wasser springen und schwimmen, oder wollen Sie verstehen, was man tun muß, um schwimmen zu können? Nur Menschen, die Angst vor dem Wasser haben, wollen das. Andere springen rein und werden naß.»

Na schön, dachte Norman. Dann werden wir eben naß.

Er konzentrierte sich auf die Kugel und dachte: Mach auf.

Nichts.

«Mach schon auf», sagte er laut.

Die Kugel öffnete sich nicht.

Natürlich wußte er, daß das so nicht klappen würde, denn das hatte Ted stundenlang versucht. Als Harry und Beth hineingegangen waren, hatten sie nichts gesagt. Sie hatten einfach etwas gedacht.

Er schloß die Augen, konzentrierte sich und dachte: Mach auf.

Er öffnete die Augen und sah auf die Kugel. Sie war nach wie vor geschlossen.

Du kannst aufmachen, dachte er. Ich bin jetzt bereit.

Nichts geschah. Die Kugel öffnete sich nicht.

Norman hatte nicht damit gerechnet, daß es ihm nicht gelingen könnte, die Kugel zu öffnen. Immerhin hatten es zwei vor ihm bereits geschafft. Aber wie?

Harry mit seinem logischen Verstand hatte als erster den Weg erkannt, aber auch erst, *nachdem* er Beths Band gesehen hatte. Also hatte er auf dem Band einen Hinweis gefunden, einen wichtigen Hinweis.

Beth hatte es ebenfalls immer wieder ablaufen lassen, es ein ums andere Mal angesehen. Auch sie war schließlich dahintergekommen. Irgend etwas auf dem Band...

Schade, daß ich das Band nicht hier habe, dachte Norman. Aber er hatte die Szene so oft gesehen, daß er sie wahrscheinlich rekonstruieren, vor seinem inneren Auge ablaufen lassen konnte. Wie war das noch? Er sah die Bilder vor sich: Beth und Tina unterhielten sich. Beth aß Kuchen. Dann hatte Tina etwas über die Bänder gesagt, die zum Tauchboot gebracht wurden, und Beth hatte etwas geantwortet. Dann war Tina aus dem Bild verschwunden, aber man hörte sie fragen: «Glauben Sie, daß man die Kugel je aufkriegt?»

Und Beth hatte gesagt: «Möglich. Ich weiß es nicht.» Und in dem Augenblick hatte sich die Kugel geöffnet.

Warum?

«Glauben Sie, daß man die Kugel je aufkriegt?» hatte Tina gefragt. Als Antwort auf diese Frage mußte Beth sich die Kugel offen vorgestellt, ein Bild der offenen Kugel vor ihrem geistigen Auge gehabt haben –

Da hörte er ein tiefes leises Rumpeln; die Schwingungen erfüllten die ganze Halle.

Die Tür stand offen, weit und schwarz lag der Zugang vor ihm. Das ist es, dachte er. Stell dir vor, es geschieht, und es geschieht. Und wenn er sich vorstellte, daß sich die Tür der Kugel schloß –

Mit einem erneuten tiefen Rumpeln schloß sich die Tür.

– oder öffnete –

Die Tür öffnete sich erneut.

«Besser das Glück nicht auf die Probe stellen», sagte er laut. Die Tür stand nach wie vor offen. Vergeblich versuchte er, die Finsternis mit den Augen zu durchdringen. Jetzt oder nie –

Er trat ein.

Die Kugel schloß sich hinter ihm.

Dunkelheit, und während sich die Augen an sie gewöhnen, etwas wie Glühwürmchen. Ein tanzender, leuchtender Schaum, Millionen von Lichtpünktchen, die um ihn herumwirbeln.

Was ist das? denkt er. Um ihn ist nichts als Schaum zu sehen. Er hat keine Gestalt und offensichtlich auch keine Grenzen. Es ist ein schwellender Ozean, glitzernder Schaum mit zahlreichen Facetten. Norman empfindet ein tiefes Gefühl der Schönheit und des Friedens. Es ist erholsam, hier zu sein.

Mit den Händen schöpft er Schaum, den mit seinen Bewegungen durcheinanderwirbelt. Dann bemerkt er, wie seine Hände durchsichtig werden und er den funkelnden Schaum durch sein eigenes Fleisch hindurch sehen kann. Er blickt an seinem Körper hinab. Seine Beine, der Rumpf – alles wird im Schaum durchsichtig. Er ist Teil des Schaums. Das Gefühl ist wunderbar angenehm.

Er wird leichter. Bald wird er gehoben und treibt im endlosen Schaumozean. Er legt die Hände hinter dem Nacken zusammen und läßt sich treiben. Er fühlt sich glücklich. Voller Glücksgefühl meint er, für immer hier bleiben zu können.

Ihm wird bewußt, daß es noch etwas anderes in diesem Ozean gibt, irgend etwas ist gegenwärtig.

«Ist hier jemand?» fragt er.

Ich bin hier.

Er zuckt fast zusammen, so laut hallt es. Jedenfalls kommt es ihm so vor. Dann fragt er sich, ob er überhaupt etwas gehört hat.

«Hast du gesprochen?»

Nein.

Wie treten wir miteinander in Verbindung? überlegt er.

So wie alles mit allem in Verbindung tritt.

Und wie geschieht das?

Warum fragst du, wenn du die Antwort schon weißt?

Aber ich weiß sie nicht.

Der Schaum schaukelt ihn sacht und friedlich hierhin und dorthin, aber eine Weile bekommt Norman keine Antwort. Er fragt sich, ob er wieder allein ist.

Bist du da?

Ja.

Ich hatte gedacht, du seiest fortgegangen.

Es gibt keinen Ort, wohin ich gehen könnte.

Heißt das, daß du hier in der Kugel eingesperrt bist?

Nein.

Wirst du mir eine Frage beantworten? Wer bist du?

Ich bin kein wer.

Bist du Gott?

Gott ist ein Wort.

Ich meine, bist du ein höheres Wesen oder ein höheres Bewußtsein?

Höher als was?

Höher als ich, nehme ich an.

Wie hoch bist du?

Ziemlich niedrig. Jedenfalls denke ich mir das.

Nun, das ist dein Problem.

Während er in dem Schaum herumtreibt, beunruhigt ihn die Möglichkeit, Gott könne sich über ihn lustig machen. Er denkt, erlaubst du dir einen Spaß mit mir?

Warum fragst du, wenn du die Antwort schon weißt?

Spreche ich mit Gott?

Du sprichst überhaupt nicht.

Du nimmst sehr genau, was ich sage. Liegt das daran, daß du von einem anderen Planeten kommst?

Nein.

Bist du von einem anderen Planeten?

Nein.

Bist du aus einer anderen Zivilisation?

Nein.

Woher bist du?

Warum fragst du, wenn du die Antwort schon weißt?

Zu einer anderen Zeit, denkt er, hätte ihn eine solche sich wiederholende Antwort gereizt, jetzt aber empfindet er nichts dabei. Er urteilt nicht. Er nimmt einfach Informationen in sich auf.

Aber die Kugel kommt aus einer anderen Zivilisation, denkt er.

Ja.

Und vielleicht aus einer anderen Zeit.

Ja.

Und bist du nicht Teil dieser Kugel?

Jetzt bin ich es.

Und woher kommst du?

Warum fragst du, wenn du die Antwort schon weißt?

Der Schaum trägt ihn sacht fort, schaukelt ihn besänftigend.

Bist du noch da?

Ja. Es gibt keinen Ort, wohin ich gehen könnte.

Ich fürchte, ich weiß nicht sehr viel über die Religion. Ich bin Psychologe. Ich beschäftige mich damit, wie Menschen denken. In meiner Ausbildung habe ich nicht viel über Religion gelernt.

Ach so.

Psychologie hat nicht viel mit Religion zu tun.

Natürlich nicht.

Du stimmst mir also zu?

Ich stimme dir zu.

Das ist beruhigend.

Ich sehe nicht, warum.

Wer ist ich?

Ja, wer?

Er treibt im Schaum hin und her, empfindet tiefen Frieden, trotz der Schwierigkeiten dieser Unterhaltung.

Ich mache mir Sorgen, denkt er.

Erzähle mir von ihnen.

Ich mache mir Sorgen, weil du dich wie Jerry anhörst.

Das ist zu erwarten.

Aber Jerry war in Wirklichkeit Harry.

Ja.

Dann bist du also Harry?

Nein. Natürlich nicht.

Wer bist du?

Ich bin kein wer.

Warum hörst du dich dann wie Jerry oder Harry an?

Weil wir denselben Ursprung haben.

Ich verstehe nicht.

Wen siehst du, wenn du in den Spiegel schaust?

Mich selbst.

Ach so.

Stimmt das nicht?

Das kommt auf dich an.

Ich verstehe nicht.

Was du siehst, kommt auf dich an.

Das weiß ich bereits. Jeder weiß das. Es ist ein psychologischer Gemeinplatz, ein Klischee.

Ach so.

Bist du eine außerirdische Intelligenz?

Bist du eine außerirdische Intelligenz?

Ich finde es schwer, mit dir zu reden. Gibst du mir die Macht?

Welche Macht?

Die Macht, die du Harry und Beth gegeben hast. Die Macht, Dinge durch die Vorstellung geschehen zu lassen. Gibst du sie mir?

Nein.

Warum nicht?

Weil du sie bereits hast.

Ich habe nicht den Eindruck, sie bereits zu haben.

Ich weiß.

Wie kommt es dann, daß ich die Macht habe?

Wie bist du hier hereingekommen?

Ich habe mir vorgestellt, daß sich die Tür öffnet.

Ja.

So schaukelt er im Schaum auf und ab, wartet auf eine weitere Antwort, doch es kommt keine, da ist nur das sanfte Wiegen im Schaum, eine friedvolle Zeitlosigkeit und ein schläfriges Gefühl.

Nach einer Weile denkt er, es tut mir leid, aber es wäre mir recht, du würdest einfach erklären und aufhören, in Rätseln zu sprechen.

Auf eurem Planeten habt ihr ein Tier, das ihr Bär nennt. Es ist groß, manche sind größer als ihr, es ist klug und einfallsreich, und es hat ein Gehirn so groß wie eures. Doch der Bär unterscheidet sich in einem wichtigen Punkt von euch. Er kann nicht das tun, was ihr ‹sich etwas vorstellen› nennt. Er kann sich in seinem Geist nicht ausmalen, wie die Wirklichkeit sein könnte, sich kein Bild von dem machen, was ihr die Vergangenheit und was ihr die Zukunft nennt. Nur diese besondere Fähigkeit der Vorstellungskraft, und sonst nichts, hat eurer Art zu der Bedeutung verholfen, die ihr besitzt – nicht eure Affen-Natur, nicht euer Werkzeuggebrauch und auch nicht die Sprache, weder eure Gewalttätigkeit noch eure Nachwuchspflege und auch nicht eure Einteilung in gesellschaftliche Gruppen. Nichts von alldem ist es, denn all das findet sich auch bei anderen Tieren. Eure Bedeutung liegt in der Vorstellungskraft.

Die Fähigkeit, sich etwas vorzustellen, ist der größte Teil dessen, was ihr Intelligenz nennt. Ihr haltet den Einsatz dieser Fähigkeit lediglich für einen nützlichen Schritt auf dem Wege zu einer Problemlösung oder zur Verwirklichung von etwas. Dabei ist es die Vorstellungskraft selbst, die etwas geschehen läßt.

Sie ist die eurer Art eigene Gabe, und sie ist zugleich eure Gefahr, denn es beliebt euch nicht, eure Vorstellungen zu beherrschen. Ihr stellt euch herrliche Dinge vor, oder entsetzliche Dinge, und übernehmt keine Verantwortung für die Auswahl. Ihr sagt, ihr habt in euch sowohl die Macht des Guten wie die des Bösen, seid Engel und Teufel, doch in Wahrheit habt ihr nur eins in euch – die Fähigkeit, euch etwas vorzustellen.

Ich hoffe, dir hat meine Ansprache gefallen. Ich beabsichtige, sie beim nächsten Kongreß der amerikanischen Vereinigung der

Psychologen und Sozialarbeiter zu halten, der im März in Houston stattfindet. Vermutlich wird sie ganz gut ankommen.

Was? denkt er verblüfft.

Zu wem hast du deiner Ansicht nach gesprochen? Zu Gott?

Wer bist du? denkt er.

Natürlich du selbst.

Aber du bist ein anderer, ein von mir Getrennter. Du bist nicht ich, denkt er.

Doch. Du hast dir mich vorgestellt.

Sag mir mehr.

Mehr gibt es nicht.

Seine Wange ruhte auf kaltem Metall. Er drehte sich auf den Rücken und sah auf die polierte Oberfläche der Kugel, die sich über ihm wölbte. Die spiraligen Furchen an der Tür hatten ihr Muster erneut verändert.

Norman stand auf. Er fühlte sich entspannt und eins mit allem, als hätte er lange geschlafen und einen herrlichen Traum gehabt. An alles erinnerte er sich ganz deutlich.

Er ging durch das Raumschiff zurück zur Steuerzentrale, dann den Gang mit den UV-Lampen entlang zu dem Raum mit den durchsichtigen Röhren an den Wänden.

Sie waren nicht mehr leer. In jeder von ihnen lag ein weibliches Besatzungsmitglied.

Ganz, wie er es sich gedacht hatte: Beth hatte ihnen eine Warnung zukommen, ein einziges Besatzungsmitglied – eine einsame Frau – erscheinen lassen. Jetzt war Norman an der Reihe, und der Raum war voll.

Nicht schlecht, dachte er.

Er sah sich im Raum um und dachte: Verschwindet, einer nach dem anderen.

Einzeln verschwanden die Besatzungsmitglieder in den Röhren vor seinen Augen, bis sie alle fort waren.

Zurück, einer nach dem anderen.

Die Besatzungsmitglieder tauchten wieder in den Röhren auf, wie er es verlangt hatte.

Lauter Männer.
Aus den Frauen wurden Männer.
Lauter Frauen.
Sie wurden alle zu Frauen.
Er hatte die Macht.

02:00

«Norman.»

Beths Stimme zischte über den Lautsprecher durch das leere Raumschiff.

«Wo bist du, Norman? Ich weiß, daß du da irgendwo bist. Ich kann dich spüren, Norman.»

Norman ging durch die Küche, an den leeren Cola-Dosen auf der Arbeitsfläche vorbei, dann durch die schwere Tür und in die Steuerzentrale. Er erblickte Beths Gesicht auf allen Monitoren, ein Bild, das sich ein Dutzend Mal wiederholte. Sie schien ihn ebenfalls zu sehen.

«Norman, ich weiß, wo du warst. In der Kugel, nicht wahr, Norman?»

Er drückte mit der flachen Hand auf die Tastatur, wollte die Bildschirme abschalten, doch es gelang ihm nicht. Die Bilder blieben.

«Norman. Antworte, Norman.»

Er durchquerte die Steuerzentrale und ging weiter zur Luftschleuse.

«Es wird dir nichts nützen, Norman. Ich habe jetzt das Kommando. Hörst du mich, Norman?»

In der Luftschleuse rastete der Schließring an seinem Helm mit hörbarem Klicken ein; die Luft aus den Flaschen war kühl und trocken. Er lauschte auf das gleichmäßige Geräusch seines eigenen Atems.

«Norman», meldete sich Beth über die Sprechanlage in seinem Helm. «Warum sprichst du nicht mit mir, Norman? Hast du Angst, Norman?»

Die Wiederholung seines Namens irritierte ihn. Er drückte den Knopf, der die Luftschleuse öffnete. Wasser strömte vom Boden her ein, stieg rasch.

«Ach, da bist du, Norman. Ich sehe dich jetzt.» Und sie begann zu lachen, ein hohes, meckerndes Lachen.

Norman wandte sich um und sah die Videokamera auf dem Roboter, der noch in der Luftschleuse stand. Er stieß gegen die Kamera, so daß sie herumschwenkte.

«Das wird dir nichts nützen, Norman.»

Er stand jetzt wieder vor dem Raumschiff, neben der Luftschleuse. Die Sprengstoffkegel, eine Reihe rot leuchtender Punkte, strebten in unregelmäßigen Linien von ihm fort, wie eine von einem verrückten Ingenieur entworfene Anflugbefeuerung einer Flughafen-Landebahn.

«Norman? Warum antwortest du mir nicht, Norman?»

Beth war labil und unberechenbar. Das konnte er an ihrer Stimme hören. Er mußte ihr die Waffe aus der Hand winden, möglichst die Sprengladungen unschädlich machen.

Aus, dachte er. Abschalten und entschärfen.

Alle roten Lichter gingen sofort aus.

Nicht schlecht, dachte er. Es gefiel ihm.

Einen Augenblick später leuchteten sie alle wieder auf.

«Das kannst du nicht, Norman», sagte Beth lachend. «Nicht mit mir. Ich kann mich wehren.»

Er wußte, daß sie recht hatte. Sie kämpften miteinander. Wille gegen Wille, schalteten die Zündvorrichtung für den Sprengstoff an und aus. Der Streit war nicht zu entscheiden. So jedenfalls ging es nicht, er würde es auf anderem, direkterem Wege versuchen müssen.

Er trat zum nächsten Kegel. Dieser war höher, als Norman ursprünglich gedacht hatte, reichte ihm bis über die Hüfte. Obenauf leuchtete die rote Lampe.

«Ich kann dich sehen, Norman. Ich seh genau, was du tust.»

Auf dem Kegel stand etwas, gelbe Buchstaben waren in Schablonenschrift auf die graue Oberfläche gepinselt. Norman beugte sich vor, um sie zu lesen. Sein Visier war leicht beschlagen, aber er konnte die Buchstaben erkennen.

GEFAHR – TEVAC SPRENGSTOFF

U.S.N. EINSATZ NUR FÜR BAU- UND ABRISSZWECKE
DETONATION NACH 20:00
VORGEHEN NACH HANDBUCH USN/VV/512-A
HANDHABUNG DURCH UNBEFUGTE UNTERSAGT

GEFAHR – TEVAC SPRENGSTOFF

Darunter stand noch mehr, aber die Schrift war kleiner, und er konnte sie nicht entziffern.

«Was machst du mit meinen Sprengladungen, Norman?!»

Ohne Beth einer Antwort zu würdigen, sah er sich die Leitungen an. Eine dünne Leitung lief unten in den Kegel hinein und eine zweite aus ihm heraus. Sie führte über den schlammigen Boden zum nächsten Kegel, und dort waren es wieder zwei Leitungen – eine hinein, eine heraus.

«Geh da weg, Norman. Du machst mich nervös.»

Eine Leitung hinein, eine heraus.

Beth hatte die Kegel in einer Reihe miteinander verbunden, wie eine Christbaumbeleuchtung. Indem er eine einzige Leitung herauszog, konnte er sämtliche Sprengsätze von der Stromversorgung trennen. Er faßte mit seiner behandschuhten Rechten nach einer der Leitungen.

«Norman! Faß das nicht an, Norman!»

«Reg dich nicht auf, Beth.»

Seine Finger schlossen sich um die Leitung. Er spürte die weiche Kunststoffumhüllung und griff fest zu.

«Norman, wenn du die Leitung rausziehst, löst du die Sprengung aus. Ich schwöre es dir – sie jagt dich, mich und Harry und alles andere hoch, Norman.»

Vemutlich stimmte es nicht. Beth log. Beth wußte nicht, was sie tat, sie war gefährlich, und sie belog ihn schon wieder.

Er zog die Hand zurück. Die Leitung war jetzt straff gespannt.

«Tu es nicht, Norman...»

Die Leitung fest in der Hand, sagte er: «Ich mach dir einen Strich durch die Rechnung, Beth.»

«Um Gottes willen, Norman. So glaub mir doch. Du bringst uns alle um!»

Noch zögerte er. War es möglich, daß sie doch die Wahrheit sagte? Verstand sie etwas davon, wie man Sprengladungen scharf machte? Er sah auf den großen Kegel vor sich. Was für ein Gefühl es wohl war, wenn er detonierte? Würde er überhaupt etwas spüren?

«Ach was», sagte er laut.

Er zog die Leitung heraus.

Das Kreischen der Alarmsirene in seinem Helm ließ ihn erschrocken zusammenzucken. Oben an seinem Visier blinkte eine kleine Flüssigkristall-Anzeige rasch auf: ACHTUNG... ACHTUNG... ACHTUNG...

«Oh, Norman. Verdammt. Jetzt haben wir den Salat.»

Er hörte über der Alarmsirene kaum ihre Stimme. Die roten Lichter auf sämtlichen Kegeln entlang des Raumschiffs blinkten. Er machte sich auf die Detonation gefaßt.

Dann aber wurde die Sirene von einer tiefen, sonoren Männerstimme unterbrochen: «Achtung, Achtung. Alle Angehörigen des Bautrupps verlassen das Sprenggebiet unverzüglich. Die Tevac-Sprengsätze sind jetzt zündungsbereit. Der Countdown beginnt... jetzt. Zwanzig Minuten, die Zeit läuft.»

Auf dem Kegel vor ihm blitzte eine rote Anzeige auf: 20:00, lief dann rückwärts: 19:59... 19:58...

Dieselbe Angabe wiederholte sich auf dem kleinen LCD-Schirm oben in seinem Helm.

Es dauerte einen Augenblick, bis er begriff. Den Blick auf den Kegel gerichtet, las er die gelben Buchstaben erneut: U.S.N. EINSATZ NUR FÜR BAU UND ABRISSZWECKE.

Natürlich! Tevac-Sprengstoffe waren nicht als Kampfmittel vorgesehen, sondern wurden nur auf Baustellen benutzt und hatten eingebaute Sicherheitszünder. Es war eine zwanzigminütige Verzögerung einprogrammiert, damit die Arbeiter den gefährdeten Bereich räumen konnten, bevor die Sprengladungen detonierten.

Zwanzig Minuten, um von hier zu verschwinden, dachte er. Reichlich Zeit.

Norman wandte sich um und ging mit raschen Schritten auf DH-7 und das Tauchboot zu.

01:40

Er ging ruhig und ohne Übereilung. Er spürte keine Hast. Sein Atem kam gleichmäßig. Er fühlte sich in seinem Anzug wohl. Alle Systeme funktionierten einwandfrei.

Er würde jetzt verschwinden.

«Norman, ich bitte dich...»

Jetzt flehte Beth, wieder ein auffälliger Stimmungsumschwung. Er ignorierte sie und ging weiter auf das Tauchboot zu. Die tiefe Stimme sagte vom Band: «Achtung. Alle Navy-Angehörigen verlassen das Sperrgebiet unverzüglich. Neunzehn Minuten. Die Zeit läuft.»

Norman erfüllte ein Gefühl der Zielbewußtheit, der Macht. Er hatte keine Illusionen mehr und keine Fragen. Er wußte, was er zu tun hatte.

Er mußte sich retten.

«Ich kann nicht glauben, daß du das tust, Norman. Ich kann nicht glauben, daß du uns im Stich läßt.»

Glaub es nur, dachte er. Welche Wahl blieb ihm denn? Beth war unbeherrscht und gefährlich. Es war jetzt zu spät, sie zu retten – es wäre vollkommen verrückt, ihr zu nahe zu kommen. Sie war gemeingefährlich. Schon einmal hatte sie versucht, ihn umzubringen, und damit fast Erfolg gehabt.

Und Harry? Der stand seit dreizehn Stunden unter dem Einfluß betäubender Drogen; wahrscheinlich war er sowieso bereits klinisch tot, hirntot. Norman hatte keinen Grund zu bleiben. Hier gab es für ihn nichts mehr zu tun.

Das Tauchboot war jetzt nah. Er konnte schon die Beschläge auf dem gelben Rumpf sehen.

«Norman, bitte... ich brauche dich.»

Tut mir leid, dachte er. Ich verschwinde hier.

Er ging unter den beiden Schrauben um das Heck herum, las den Namen, *Deepstar III*, auf dem geschwungenen Rumpf und erstieg die Leiter zur Kuppel.

«Norman –»

Er öffnete die Luke, stieg ins Boot. Er löste den Helm, nahm ihn ab.

«Achtung. Achtzehn Minuten. Die Zeit läuft.»

Norman setzte sich auf den gepolsterten Führersitz und musterte die Steuereinrichtungen. Die Instrumente schalteten sich ein, und die Instrumententafel unmittelbar vor ihm leuchtete auf.

DEEPSTAR III – KOMMANDO-EINHEIT
BRAUCHEN SIE HILFE?
JA   NEIN   STORNO

Er drückte «JA» und wartete, bis die nächste Maske aufleuchtete.

Schade um Harry und Beth; es tat ihm leid, sie zurückzulassen. Aber beide hatten, jeder auf seine Weise, dabei versagt, ihr eigenes Inneres zu erkunden, und damit Schwäche gegenüber der Kugel und ihrer Macht gezeigt – sie waren Opfer des klassischen Irrtums aller Naturwissenschaftler, dieses sogenannten Sieges des rationalen über das irrationale Denken. Naturwissenschaftler waren nicht bereit, sich ihre irrationale Seite einzugestehen und ihre Relevanz anzuerkennen. Sie beschäftigten sich nur mit dem Rationalen. Alles ergab für einen Naturwissenschaftler einen Sinn, falls aber nicht, wurde es als das abgetan, was Einstein das ‹bloß Persönliche› genannt hatte.

Das bloß Persönliche, dachte Norman in einem Anfall von

Verachtung. Menschen töteten einander aus ‹bloß persönlichen› Gründen.

DEEPSTAR III – BEFEHLS-AUSWAHL
AB AUF
SICHERN ENDE
ANZEIGE STORNO

Norman drückte «AUF». Der Bildschirm zeigte die schematische Darstellung der Instrumententafel mit dem Cursor. Er wartete auf die nächste Anweisung.

Ja, dachte er, es stimmte: Naturwissenschaftler sind nicht bereit, sich dem Irrationalen zu stellen. Aber die irrationale Seite verschwindet ja nicht einfach, nur weil man sich weigert, sich mit ihr zu beschäftigen. Das Irrationale wird nicht dadurch weniger mächtig, daß man es links liegen läßt. Im Gegenteil, gerade weil der Mensch es vernachlässigt hatte, war das Irrationale stark geworden und hatte sich ausgedehnt.

Und es war sinnlos, sich darüber zu beschweren. All die Naturwissenschaftler, die sich in den farbigen Sonntagsbeilagen der Zeitungen über die dem Menschen wesenseigene Zerstörungswut und seinen Hang zur Gewalttätigkeit beklagten und verzweifelt die Hände darüber rangen, gingen nicht etwa auf das Irrationale ein, sondern lieferten damit lediglich das formale Eingeständnis der Machtlosigkeit ihm gegenüber.

Die Anzeige sprang erneut um:

DEEPSTAR III – AUFTAUCHEN
1. BALLAST-/ANBLASVORRICHTUNG SCHALTEN AUF: EIN
NÄCHSTER SCHRITT STORNO

Norman drückte auf die Kommandos, schaltete die Anblasvorrichtung ein und wartete auf die nächste Anzeige.

Wie gingen denn Naturwissenschaftler an ihre eigene Forschungsarbeit heran? Da waren sie alle einer Meinung: Naturwissenschaftliche Forschung mußte auf jeden Fall weitergehen. Wenn wir die Bombe nicht bauen, tut es jemand anders. Doch bald schon war sie in den Händen anderer, die dann ihrerseits sagten, wenn wir sie nicht benutzen, tut es jemand anders.

Da sagten dann die Naturwissenschaftler, die anderen sind entsetzliche, irrationale und verantwortungslose Menschen. Mit uns Naturwissenschaftlern ist alles in Ordnung, die anderen sind das wahre Problem.

In Wahrheit aber begann die Verantwortung bei jedem einzelnen und bei den Entscheidungen, die er traf. Jeder konnte seine eigene, persönliche Wahl treffen.

Nun, dachte Norman, für Beth und Harry kann ich nichts mehr tun. Er mußte an sich selbst denken.

Er hörte ein tiefes Summen, als die Motoren anliefen, und dann das pulsierende Geräusch der Antriebsschrauben. Der Bildschirm leuchtete auf:

DEEPSTAR III – STEUERINSTRUMENTE AKTIVIERT

Auf geht's, dachte er, die Hände zuversichtlich auf den Steuereinrichtungen. Er spürte, wie das Boot seinen Befehlen gehorchte.

«Achtung. Siebzehn Minuten. Die Zeit läuft.»

Schlammige Ablagerungen wirbelten um die Kanzel herum auf, während die Schrauben das kleine Boot unter der Kuppel hervorschoben. So einfach wie Auto fahren, dachte er. Kinderleicht.

In einem langsamen Bogen lenkte er das Boot von DH-7 zu DH-8. Er war sechs Meter über dem Boden, hoch genug, daß die Schrauben keinen Schlamm aufwirbelten.

Noch siebzehn Minuten. Bei einer höchsten Steiggeschwindigkeit von zwei Metern pro Sekunde – er rechnete es im Kopf rasch und mühelos aus – würde er in zweieinhalb Minuten oben ankommen.

Es war noch reichlich Zeit.

Er manövrierte das Boot nahe an DH-8 heran. Die Außenbeleuchtung des Habitats war gelb und schwach. Wahrscheinlich ließ die Leistung der Generatoren allmählich nach, stand die Stromversorgung vor dem Zusammenbruch. Er konnte die Beschädigungen an der Anlage erkennen – ganze Blasenströme stiegen von den geschwächten Röhren A und B auf, er sah die tiefen Beulen in D und das klaffende Leck in der gefluteten Röhre E. Das Habitat hatte stark gelitten und würde der Belastung nicht mehr lange standhalten.

Warum war er so nahe herangekommen? Er warf einen Blick zu den Bullaugen und begriff, daß er insgeheim hoffte, Harry und Beth noch einmal zu sehen. Er wollte sehen, wie Beth am Bullauge stand und ihm in besessener Wut mit der Faust drohte. Er wollte sich mit einem letzten Blick die Bestätigung dafür holen, daß es richtig war, sie zurückzulassen.

Doch er sah nichts als das blasser werdende gelbe Licht. Er war enttäuscht.

«Norman.»

«Ja, Beth.» Jetzt fiel es ihm nicht mehr schwer, ihr zu antworten. Seine Hände lagen auf den Steuereinrichtungen des Tauchbootes, er war zum Aufsteigen bereit. Jetzt konnte sie ihm nichts mehr anhaben.

«Norman, du bist ein richtiger Schweinehund.»

«Du hast versucht, mich umzubringen, Beth.»

«Ich wollte dich nicht töten. Mir blieb einfach keine Wahl, Norman.»

«Nun ja. Mir geht es genauso. Mir bleibt keine andere Wahl.» Während er das sagte, wußte er, daß er recht hatte. Es war besser, einer überlebte, als keiner.

«Und du läßt uns jetzt einfach im Stich?»

«So ist es, Beth.»

Seine Hand glitt zum Knopf, der die Steiggeschwindigkeit regelte, und stellte ihn auf zwei Meter pro Sekunde. Bereit zum Aufsteigen.

«Du läufst einfach davon?» Er hörte die Verachtung in ihrer Stimme.

«So ist es, Beth.»

«Du, der immer gesagt hat, wie wir hier unten an einem Strang ziehen müssen?»

«Tut mir leid, Beth.»

«Du mußt ja große Angst haben, Norman.»

«Ich habe gar keine Angst.» Tatsächlich fühlte er sich stark und zuversichtlich, wie er jetzt die Steuereinrichtungen handhabte und seinen Aufstieg vorbereitete. Er fühlte sich besser als seit Tagen.

«Norman», sagte sie. «Bitte hilf uns. *Bitte.*»

Ihre Worte trafen ihn irgendwo ganz tief in seinem Inneren, appellierten an seine Berufsehre, riefen ein Gefühl der Fürsorge und der Hilfsbereitschaft wach. Einen Augenblick lang war er verwirrt, seine Entschlossenheit und Überzeugung gerieten ins Wanken. Doch dann biß er die Zähne zusammen und schüttelte den Kopf. Die Kraft strömte in seinen Körper zurück.

«Tut mir leid, Beth, dafür ist es zu spät.»

Er drückte «AUF», hörte das Dröhnen, mit dem die gefluteten Ballasttanks angeblasen wurden, und spürte, wie *Deepstar III* schwankte. Die Röhren des Habitats verschwanden unter ihm, er stieg dem Meeresspiegel entgegen, der dreihundert Meter über ihm lag.

Schwarzes Wasser und, abgesehen von den Anzeigewerten auf der grünlich schimmernden Instrumententafel, keine spürbare Bewegung. Er begann die Ereignisse im Geist durchzugehen, als müsse er bereits der Navy Rede und Antwort stehen. Hatte er recht gehandelt, indem er die anderen zurückließ?

Zweifellos. Die Kugel war ein außerirdisches Objekt, das Menschen die Möglichkeit gab, ihre Gedanken in der Wirklichkeit Gestalt annehmen zu lassen. Gut und schön, nur hatten die Menschen ein gespaltenes Gehirn, liefen ihre geistigen Prozesse auf verschiedenen Bahnen ab. Es war fast so, als hätten sie zwei Gehirne. Der bewußte Teil des Gehirns ließ sich ohne Schwierigkeiten vom Willen steuern, doch das Unbewußte, ungebändigt und sich selbst überlassen, war gefährlich und zerstörerisch, wenn aus seinen Impulsen Wirklichkeit wurde.

Die Schwierigkeit mit Menschen wie Harry und Beth bestand darin, daß sie sich buchstäblich im Ungleichgewicht befanden. Ihr bewußtes Gehirn war überentwickelt, aber sie hatten sich nie die Mühe gemacht, ihr Unterbewußtsein zu erforschen. Das war der Unterschied zwischen Norman und ihnen. Er als Psychologe verfügte über eine gewisse Kenntnis seines Unterbewußtseins; es hielt für ihn keine Überraschungen bereit.

Deshalb hatten Harry und Beth Ungeheuer auftreten lassen, Norman aber nicht. Norman kannte sein Unterbewußtsein. Ihn erwarteten keine Ungeheuer.

Nein. Falsch.

Es verblüffte ihn, wie plötzlich dieser Gedanke auftrat. Hatte er vielleicht doch unrecht? Er überlegte gründlich und kam erneut zu dem Ergebnis, daß er recht hatte. Beth und Harry waren durch die Produkte ihres Unbewußten gefährdet, nicht aber Norman. Er kannte sich, die anderen kannten sich nicht.

«Es ist unbekannt, welche Ängste ein Zusammentreffen mit einer neuen Lebensform auslösen würde, und sie lassen sich auch nicht vollständig voraussagen. Die höchstwahrscheinliche Folge eines solches Zusammentreffens dürfte blankes Entsetzen sein.»

Die Aussagen, die er in seinem ULF-Bericht gemacht hatte, fielen ihm ein. Warum gerade jetzt? Der Bericht lag Jahre zurück.

«Unter der Einwirkung von blankem Entsetzen sind die Menschen zu Vernunftsentscheidungen nicht in der Lage.»

Doch Norman hatte keine Angst. Ganz im Gegenteil. Er war voller Zuversicht und fühlte sich stark. Er hatte einen Plan, und den führte er durch. Warum sollte er überhaupt einen Gedanken an diesen Bericht verschwenden? Damals hatte er sich damit abgequält, sich jeden einzelnen Satz überlegt... Warum fiel er ihm ausgerechnet jetzt ein? Das beunruhigte ihn.

«Achtung. Sechzehn Minuten. Die Zeit läuft.»

Norman ließ den Blick über die Anzeigen vor ihm gleiten. Das Boot hatte zweihundertfünfundsiebzig Meter Wassertiefe erreicht und stieg rasch weiter. Eine Umkehr kam nicht in Frage.

Warum sollte er überhaupt an Rückkehr denken?

Wieso beschäftigte ihn der Gedanke?

Während das Boot lautlos durch schwarzes Wasser emporstieg, spürte er eine zunehmende Spaltung in sich, die an Schizophrenie grenzte. Irgend etwas war falsch, das spürte er. Es gab etwas, das er in seine Überlegungen nicht einbezogen hatte.

Was mochte das sein, was konnte er übersehen haben? Nichts, befand er, denn im Unterschied zu Beth und Harry bin ich bei vollem Bewußtsein; ich weiß, was in mir vorgeht.

Der Haken hieran war nur, daß Norman das nicht wirklich glaubte. Vollständige Bewußtheit mochte ein Ziel der Philosophen sein, aber im wirklichen Leben war sie nicht erreichbar. Bewußtsein war wie ein Kiesel, der kleine Wellen auf der Oberfläche des Unbewußten schlug. Mochte sich das Bewußtsein noch so sehr ausbreiten, so gab es immer noch mehr Unbewußtes darunter und lag, sogar für einen humanistisch geschulten Psychologen, immer gerade außerhalb der Reichweite.

Stein, sein alter Professor, pflegte zu sagen: «Man hat seinen Schatten stets bei sich.»

Was tat Normans Schatten jetzt gerade? Was geschah in den unbewußten, verleugneten Teilen seines eigenen Gehirns?

Nichts. Weiter steigen.

Unbehaglich rutschte er auf seinem Sitz hin und her. Er wollte unbedingt nach oben, war seiner Sache so sicher...

Ich hasse Beth. Ich hasse Harry. Ich hasse es, mir über diese Leute Sorgen zu machen, mich um sie zu kümmern. Ich will mich nicht mehr kümmern. Es fällt nicht in meine Verantwortung. Ich möchte mich retten. Ich hasse sie. Ich hasse sie.

Er war entsetzt. Entsetzt von seinen eigenen Gedanken und ihrer Heftigkeit.

Ich muß umkehren, dachte er.

Wenn ich umkehre, bedeutet es meinen Tod.

Aber irgendein Teil seines Selbst wurde mit jedem Augenblick stärker. Es stimmte, was Beth gesagt hatte: Norman war derjenige gewesen, der immer wieder gesagt hatte, daß sie zusammenhalten, an einem Strang ziehen mußten. Wie konnte er die beiden jetzt im Stich lassen? Er konnte es nicht. Es ging gegen alles, wovon er überzeugt, gegen alles, was wichtig und menschlich war.

Er mußte umkehren.

Ich habe Angst umzukehren.

Endlich. Da ist es. Eine Angst, die so stark war, daß er ihre Existenz geleugnet hatte, eine Angst, die ihn dazu gebracht hatte, Vernunftgründe dafür zu suchen, warum er die anderen im Stich ließ.

Er verringerte die Steiggeschwindigkeit bis zum Stillstand. Als er den Steuerbefehl ‹Abwärts› gab, zitterten seine Hände.

01:35

Sacht setzte das Tauchboot auf dem Meeresboden neben dem Habitat auf. Norman trat in die Luftschleuse des Bootes, flutete sie und stieg Augenblicke später außen am Rumpf hinab. Als er zum Habitat hinüberging, dachte er, daß die Sprengkegel mit ihren blinkenden roten Lichtern merkwürdig festlich aussahen.

«Achtung. Vierzehn Minuten. Die Zeit läuft.»

Er schätzte ab, wie lange er brauchen würde. Eine Minute hinein, fünf, vielleicht sechs Minuten, um Beth und Harry die Taucheranzüge überzustreifen. Weitere vier Minuten, um sie zum Boot und an Bord zu bringen. Zwei bis drei Minuten für den Aufstieg.

Es würde knapp werden.

Er befand sich jetzt zwischen den großen Streben, auf denen die Röhren des Habitats ruhten.

«Du bist also zurückgekommen, Norman», sagte Beth über die Sprechanlage.

«Ja, Beth.»

«Gott sei Dank», sagte sie. Sie begann zu weinen. Er befand

sich unter der Röhre A und hörte ihr Schluchzen über die Sprechanlage. Er fand den Lukendeckel und drehte das Handrad, um ihn zu öffnen. Es war arretiert.

«Beth, mach die Luke auf.»

Sie antwortete nicht. Er hörte nur ihr Weinen.

«Beth, kannst du mich hören? Mach die Luke auf.»

Wie ein Kind weinend und hysterisch schluchzend, sagte sie: «Norman, bitte hilf mir. Bitte.»

«Das versuche ich ja, Beth. Mach die Luke auf.»

«Ich kann nicht.»

«Was heißt, du kannst nicht?»

«Es hat keinen Zweck.»

«Beth», sagte er. «Mach schon, komm...»

«Ich kann nicht, Norman.»

«Natürlich kannst du. Mach die Luke auf, Beth.»

«Du hättest nicht zurückkommen sollen, Norman.»

Für Diskussionen dieser Art war jetzt wahrlich keine Zeit. «Beth, nimm dich zusammen. Mach die Luke auf.»

«Nein, Norman. Ich kann nicht.»

Sie begann erneut zu weinen.

Er probierte alle Luken durch, eine nach der anderen. Der Zugang zu Röhre B war ebenso verriegelt wie der zu C und D.

«Achtung. Dreizehn Minuten. Die Zeit läuft.»

Er stand jetzt vor Röhre E, die bei einem der Kalmar-Angriffe geflutet worden war, und sah das gähnende Loch in der äußeren Zylinderwandung. Durch das Loch könnte er einsteigen, aber falls er sich an dessen scharfen Rändern den Taucheranzug zerriß...

Nein, entschied er. Zu gefährlich. Er ging weiter. Gab es unter Röhre E denn keine Luke?

Er fand eine und drehte das Handrad. Die Luke ließ sich leicht öffnen, er klappte den runden Deckel hoch und hörte ihn oben gegen die Innenwand schlagen.

«Norman? Bist du das?»

Er zog sich in die Röhre hinauf. Vor Anstrengung keuchend

rutschte er auf allen vieren über den Boden. Er schloß die Luke, verriegelte sie und gönnte sich einen Augenblick, um wieder zu Atem zu kommen.

«Achtung. Zwölf Minuten. Die Zeit läuft.»

Großer Gott, dachte er, nur noch?

Etwas Weißes trieb an seinem Visier vorüber, ließ ihn zusammenzucken. Er erkannte ein Paket Cornflakes. Als er es berührte, zerfiel ihm die Pappe unter den Händen, die Flocken glichen gelbem Schnee.

Er war in der Küche. Hinter dem Herd sah er eine weitere Luke, die in Röhre D hinüberführte. Da D nicht unter Waser stand, mußte er irgendwie einen Druckausgleich schaffen, das Wasser aus E hinauszudrücken.

Er sah sich um. Über ihm führte eine Luke im Schott zum Wohnbereich mit dem gähnenden Loch. Er stieg rasch hinauf. Er mußte Gas finden, irgendwelche Gasbehälter. Im Wohnbereich war es dunkel mit Ausnahme des Widerscheins vom Bootsscheinwerfer, der schwach durch den Riß hereindrang. Kissen und Polstermaterial trieben im Wasser. Etwas stieß gegen ihn, er fuhr herum und sah langes, dunkles Haar. Als es sich in der Strömung leicht bewegte, entblößte es ein Gesicht, von dem ein Teil weggerissen worden war. Es bot einen grotesken Anblick.

Tina.

Schaudernd stieß Norman den Leichnam beiseite, der aufwärts davontrieb.

«Achtung. Elf Minuten. Die Zeit läuft.»

Alles geht zu schnell, dachte er. Es blieb kaum genug Zeit. Er müßte jetzt eigentlich schon im Habitat sein.

Keine Gasbehälter im Wohnbereich. Er kletterte zurück zur Küche und schloß die Luke über sich. Sein Blick fiel auf den Herd, er öffnete die Backröhre, und Blasen strömten ihm entgegen. In der Backröhre war Luft gefangen gewesen.

Nanu, es kommen ja immer noch mehr Blasen, dachte er, das kann doch gar nicht sein. Eine ununterbrochene Kette von Gasbläschen entströmte dem offenen Herd.

Es hörte überhaupt nicht auf.

Was hatte Barnes über das Kochen unter Druck gesagt? Irgend etwas war da nicht wie sonst, aber er wußte nicht mehr genau, was. Kochten sie mit Gas? Ja, aber sie brauchten einen höheren Sauerstoffanteil. Das aber bedeutete...

Er zerrte den Herd von der Wand. Die Anstrengung ließ ihn aufstöhnen, aber er fand, was er suchte. Eine niedrige Propangasflasche und zwei große blaue Druckbehälter.

Sauerstoffflaschen.

Er drehte die Schrägsitzventile auf, was mit den behandschuhten Fingern nur schwer ging. Gas strömte brausend aus und stieg zur Decke. Dort sammelte es sich und bildete eine große Luftblase.

Er öffnete die zweite Sauerstoffflasche. Der Wasserspiegel sank schnell, bis zu seiner Hüfte, dann bis zu den Knien. Dort pegelte er sich ein. Die Flaschen waren wohl leer. Nicht weiter schlimm, das Wasser stand jetzt niedrig genug.

«Achtung. Zehn Minuten. Die Zeit läuft.»

Norman öffnete die Schott-Tür zur Röhre D und ging hinein.

Das Licht glomm dunkel. Ein seltsamer grüner, schleimiger Belag bedeckte die Wände.

Auf dem Sofa lag der bewußtlose Harry, immer noch mit dem intravenös angelegten Schlauch in seinem Handrücken. Mit einem Ruck zog Norman die Nadel heraus, so daß es blutete. Er schüttelte Harry, versuchte ihn zu wecken.

Harrys Augenlider zitterten, aber sonst reagierte er nicht. Norman hob ihn auf, legte ihn sich über die Schultern: Er mußte ihn zur Luftschleuse bringen.

Über die Sprechanlage hörte er Beth immer noch schluchzen. «Norman, du hättest nicht kommen sollen.»

«Wo bist du, Beth?»

Auf den Bildschirmen las er: ZÜNDUNG NACH 09:32.

Die Ziffern der unerbittlich laufenden Uhr schienen unnatürlich rasch rückwärts zu eilen.

«Nimm Harry mit und geh, Norman. Laßt mich hier.»

«Sag mir, wo du bist, Beth.»

Er durchquerte D und C – keine Beth zu sehen. Harry lastete schwer auf seiner Schulter und behinderte ihn beim Durchstieg durch die Schott-Türen.

«Es hat keinen Zweck, Norman.»

«Komm schon, Beth.»

«Ich weiß, daß ich schlecht bin, Norman. Niemand kann mir helfen.»

«Beth...» Da er ihre Stimme nur durch den Kopfhörer in seinem Helm hörte, konnte er sie nicht orten. Keinesfalls durfte er es darauf ankommen lassen, den Helm abzunehmen. Nicht jetzt.

«Ich hab den Tod verdient, Norman.»

«Laß den Quatsch, Beth.»

«Achtung. Neun Minuten. Die Zeit läuft.»

Eine neue akustische Warnung ertönte, ein in Abständen auftretendes Piepsen, das mit jeder Sekunde lauter und nachdrücklicher wurde.

Jetzt war er in Röhre B, einem Gewirr aus technischen Anlagen und Rohrleitungen. Einst war das alles sauber und bunt lakkiert gewesen, jetzt bedeckte schleimiger Schimmel alles, und an manchen Stellen sah man faserige Behänge wie Moos. In Röhre B sah es aus wie in einem Dschungelsumpf.

«Beth...»

Keine Antwort. Sie muß hier sein, dachte er. Sie hatte sich immer am liebsten in B aufgehalten, dort, von wo aus alle Vorgänge im Habitat gesteuert und überwacht wurden. Er setzte Harry ab und lehnte ihn gegen eine Wand. Sie war jedoch so glitschig, daß Harry mit dem Oberkörper seitlich abglitt und mit dem Kopf auf den Boden schlug. Er hustete und öffnete die Augen.

«Was ist passiert? Du, Norman?»

Mit einer Handbewegung brachte Norman ihn zum Schweigen.

«Beth?» fragte Norman.

Wieder keine Antwort. Er zwängte sich durch die schleimbedeckten Rohre.

«Beth?»

«Laß mich zufrieden, Norman.»

«Das kann ich nicht, Beth. Ich nehm dich auch mit.»

«Nein, ich bleibe, Norman.»

«Beth», sagte er, «dafür ist jetzt keine Zeit.»

«Ich bleibe, Norman. Ich verdiene es nicht anders.»

Jetzt sah er sie. Sie hatte sich, eine Sprengkopf-Harpune in der Hand, zwischen einigen Rohren zusammengekauert und weinte wie ein Kind. Mit tränenverschleiertem Blick sah sie ihn an.

«Ach, Norman», sagte sie. «Du wolltest uns doch verlassen...»

«Es tut mir leid. Ich hatte unrecht.»

Er ging auf sie zu, streckte ihr die Hände entgegen. Sie richtete die Harpune auf ihn. «Nein. Du hattest recht. Ich möchte, daß du jetzt gehst.»

Über ihrem Kopf sah er auf einem leuchtenden Bildschirm die Zahlen unerbittlich rückwärts laufen: 08:27... 08:26...

Das kann ich doch ändern, dachte er. *Die Zahlen sollen sofort aufhören weiterzulaufen.*

Sie taten es nicht.

«Gegen mich kommst du nicht an, Norman», sagte sie, in die Ecke gedrückt. Ihre Augen blitzten vor wütender Energie.

«Das sehe ich.»

«Dir bleibt nicht viel Zeit, Norman. Nun geh doch endlich.»

Sie hielt die Harpune entschlossen auf ihn gerichtet. Mit einemmal empfand er die ganze Absurdität der Situation. Da war er zurückgekehrt, um jemanden zu retten, der überhaupt nicht gerettet werden wollte. Was sollte er jetzt tun? Beth drückte sich hinter den Rohren in die Ecke, wo er sie nicht erreichen, ihr nicht helfen konnte. Er hatte ja selbst kaum genug Zeit zu entkommen, geschweige denn Harry mitzunehmen...

Harry, dachte er auf einmal. Wo war der jetzt?

Harry soll mir helfen.

Aber war dazu noch Zeit? Die Zahlen liefen rückwärts, es waren kaum noch mehr als acht Minuten...

«Ich bin gekommen, um dich mitzunehmen, Beth.»

«Geh», sagte sie. «Geh jetzt, Norman.»

«Aber Beth –»

«– nein, Norman! Es ist mir ernst! Warum gehst du nicht?» Dann wurde sie mißtrauisch und sah sich um. Da richtete Harry sich auch schon hinter ihr auf und ließ einen schweren Schraubenschlüssel auf ihren Kopf niedersausen. Es verursachte ein Geräusch, das Norman Übelkeit verursachte, und sie sank zu Boden.

«Hab ich sie umgebracht?» fragte Harry.

Die tiefe Männerstimme sagte: «Achtung. Acht Minuten. Die Zeit läuft.»

Norman konzentrierte sich auf die rückwärts laufende Uhr. Stop. Stop den Countdown.

Doch als er wieder hinsah, lief die Uhr noch. Störte die akustische Warnung seine Konzentration? Er versuchte es erneut.

Stop jetzt. Schluß mit dem Countdown.

Norman sah auf Beth, die stöhnend auf dem Boden lag. Eins ihrer Beine bewegte sich noch.

«Sie kann es noch immer irgendwie beeinflussen», sagte er. «Sie ist sehr stark.»

«Können wir ihr eine Spritze geben?»

Norman schüttelte den Kopf. Es blieb nicht genug Zeit, nach der Spritze zu suchen, denn wenn sie ihr eine Spritze gaben, ohne daß es etwas fruchtete, hätten sie wertvolle Zeit vergeudet.

«Soll ich noch mal zuschlagen?» fragte Harry. «Kräftiger? Sie umbringen?»

«Nein», sagte Norman.

«Sie umzubringen ist die einzige Möglichkeit.»

«Nein», sagte Norman und dachte, dich haben wir auch nicht umgebracht, Harry, als wir die Möglichkeit dazu hatten.

«Wenn du das nicht willst, kannst du nichts unternehmen.»

Sie schleppten sie zur Luftschleuse.

«Wie lange haben wir noch?» fragte Harry. Sie waren in der Luftschleuse von A und versuchten, Beth den Taucheranzug anzuziehen. Sie stöhnte, das Haar an ihrem Hinterkopf war mit Blut verklebt. Beth wehrte sich, und das erschwerte die Sache.

«Menschenskind, Beth. Wieviel Zeit ist noch, Norman?»

«Siebeneinhalb Minuten, vielleicht weniger.»

Ihre Beine hatten sie in den Anzug bekommen. Rasch schoben sie die Arme nach, verschlossen den Anzug und verbanden ihn mit den Helioxflaschen. Norman half Harry, den Anzug anzulegen.

«Achtung. Sieben Minuten. Die Zeit läuft.»

«Was glaubst du, wie lange wir bis oben brauchen?» fragte Harry.

«Zweieinhalb Minuten, sobald wir im Boot sind.»

«Na großartig», sagte Harry.

Norman ließ Harrys Helm einrasten. «Fertig.»

Harry stieg aus der Schleuse, und Norman ließ Beths bewußtlosen Körper hinab. Er war wegen der Atemluftflaschen und des Gewichtgürtels sehr schwer.

«Los jetzt, Norman!»

Norman sprang ins Wasser.

Am Tauchboot stieg Norman zur Luke empor. Es war nicht vertäut und schwankte heftig unter seinem Gewicht. Harry versuchte, Beth zu Norman hochzuschieben, doch sie knickte immer wieder in der Taille ein. Norman rutschte bei dem Versuch, nach ihr zu fassen, vom Boot und landete auf dem Meeresboden.

«Achtung. Sechs Minuten. Die Zeit läuft.»

«Beeil dich, Norman! Nur noch sechs Minuten!»

«Das hab ich auch gehört, verdammt.»

Norman stand auf und stieg erneut auf das Boot. Doch jetzt war sein Anzug schlammbedeckt, und seine Handschuhe glitten ab. Harry zählte laut mit. «Fünf neunundzwanzig... fünf achtundzwanzig... fünf siebenundzwanzig...» Norman faßte Beth am Arm, aber er entglitt ihm immer wieder.

«Verdammt noch mal, Norman! Halt sie doch fest!»

«Versuch ich ja!»

«Hier. Da hast du sie wieder.»

«Achtung. Fünf Minuten. Die Zeit läuft.»

Die akustische Warnung ertönte jetzt schrill und ununterbrochen. Sie konnten sich nur noch schreiend verständigen.

«Harry, gib sie mir –»

«Hier hast du sie –»

«Daneben –»

«Hier –»

Schließlich erwischte Norman Beths Luftschlauch unmittelbar hinter ihrem Helm. Er überlegte, ob er sich wohl lösen würde, aber das Risiko mußte er eingehen. Er zog sie nach oben, bis sie mit dem Rücken auf dem Boot lag. Dann machte er sich daran, sie in die Luke hinabzulassen.

«Vier neunundzwanzig... vier achtundzwanzig...»

Norman konnte kaum das Gleichgewicht halten. Eins von Beths Beinen brachte er zwar in die Luke, aber das andere Knie war angebeugt und hatte sich am Lukenrand verkeilt. Jedesmal, wenn er sich vorbeugte, um ihr Knie zu strecken, neigte sich das ganze Boot, und er verlor erneut das Gleichgewicht.

«Vier sechzehn... vier fünfzehn...»

«Hör doch auf mitzuzählen und tu endlich was!»

Harry stemmte sich gegen die Seitenwand des Bootes, um es zu stabilisieren. Norman beugte sich vor, streckte Beths Knie, und sie glitt problemlos in die offene Luke. Norman stieg ihr nach. Die Luftschleuse war nur für eine Person vorgesehen, aber Beth war bewußtlos und konnte die Knöpfe nicht betätigen.

Er mußte es für sie tun.

«Achtung. Vier Minuten. Die Zeit läuft.»

Er stand in verkrampfter Haltung in der Luftschleuse, Brust an Brust mit Beth, so daß ihr Helm gegen seinen schlug. Mit Mühe brachte er es fertig, die Luke über seinem Kopf zu schließen. Er drückte das Wasser mit Preßluft heraus, und Beths Körper, den jetzt das Wasser nicht mehr hielt, sank schwer gegen ihn.

Er versuchte, um sie herum den Griff zur Tür in das Innere des Bootes zu erreichen, doch Beths Körper war im Weg. Er wollte sie drehen, doch hatte er in dem engen Raum keinen Hebelarm, konnte sie nicht beiseite heben. Beth war unglaublich schwer.

Das ganze Boot begann zu schwanken. Harry stieg an seinem Rumpf empor.

«Was zum Teufel treibst du da drin?»

«Halt die Klappe, Harry!»

«Warum geht es nicht weiter?»

Normans Hand schloß sich um den Griff der Tür und löste ihn, doch sie bewegte sich nicht. Verzweifelt begriff er, daß sie sich nach innen öffnete. Solange Beth mit ihm zusammen in der Schleuse war, konnte er die Tür nicht öffnen – sie wurde von Beths Körper blockiert.

«Harry, es geht nicht weiter.»

«Machst du Witze... nur noch dreieinhalb Minuten!»

Norman begann zu schwitzen. Es war wirklich höchste Eisenbahn. «Harry, ich muß sie dir rausreichen und erst alleine rein.»

«Mann Gottes, Norman...»

Norman flutete die Luftschleuse und öffnete die Luke nach außen noch einmal. Harry hatte größte Schwierigkeiten, oben auf dem Boot das Gleichgewicht zu halten. Er faßte nach Beths Luftschlauch und zog sie daran hinauf.

Norman griff nach oben, um den Deckel zu schließen.

«Harry, kannst du ihre Füße da wegnehmen?»

«Hör mal, ich hab schon Mühe, mich auf dem Boot zu halten.»

«Kannst du nicht sehen, daß ihre Füße die Luke ver –» Wütend schob Norman ihre Füße beiseite. Der Deckel schloß sich problemlos. Die Luft blies an ihm vorbei. Der Überdruck war hergestellt.

«Achtung. Zwei Minuten. Die Zeit läuft.»

Er war im Tauchboot. Die Instrumente leuchteten grünlich.

Er schloß die Tür zur Luftschleuse hinter sich.

«Norman?»

«Sieh zu, daß du sie hier runterkriegst», sagte Norman, «so schnell du kannst.»

Jetzt waren sie wirklich in Teufels Küche: Es würde mindestens dreißig Sekunden dauern, Beth in die Luke hineinzubekommen und weitere dreißig, bis Harry im Boot war. Eine ganze Minute –

«Sie ist drin. Blas an.»

Normans Hand fuhr zum Ventil, die Luft drückte das Wasser hinaus.

«Wie hast du sie so schnell hier rein gekriegt, Harry?»

«So, wie die Natur Menschen durch enge Öffnungen bekommt», sagte Harry. Norman wollte ihn schon fragen, was er damit gemeint hatte, doch als er die Tür öffnete, ergab sich die Antwort von selbst – Harry hatte Beth kopfüber in die Luftschleuse geschoben. Vorsichtig faßte er nach ihren Schultern und zog sie auf den Boden des Bootes. Dann schlug er die Tür wieder zu. Augenblicke später hörte er das Blasen der Luft, mit der Harry seinerseits das Wasser aus der Luftschleuse hinauspreßte.

Die Tür schloß sich mit lautem Schlag. Harry kam nach vorn zum Steuerstand.

«Verdammt», sagte er. «Nur noch eine Minute und vierzig Sekunden. Kannst du mit dem Ding umgehen?» fragte er.

«Ja.»

Norman setzte sich und legte die Hände auf die Steuereinrichtungen.

Sie hörten, wie die Schrauben anliefen, und spürten den Ruck, mit dem sich das Boot schwankend vom Meeresboden hob.

«Eine Minute dreißig Sekunden. Wie lange dauert es bis nach oben?»

«Zweieinhalb Minuten», sagte Norman und stellte die Steiggeschwindigkeit ein. Er drehte den Knopf über die Einstellung zwei Meter hinaus bis zum Anschlag.

Sie hörten das hohe Pfeifen, mit dem die Ballasttanks angeblasen wurden. Die Nase des Tauchbootes hob sich in steilem Winkel, das Boot stieg rasch.

«Ist das die größte Auftauchgeschwindigkeit?»

«Ja.»

«O Mann.»

«Immer mit der Ruhe, Harry.»

Als sie hinabsahen, erkannten sie das Habitat mit seinen Lichtern. Daneben zog sich die lange Reihe der Sprengstoffkegel am

Raumschiff entlang. Sie stiegen über die hohe Leitwerkflosse des Raumschiffs hinweg, ließen sie hinter sich, sahen jetzt nur noch schwarzes Wasser.

«Eine Minute zwanzig Sekunden.»

«Zweihundertfünfundsiebzig Meter», sagte Norman. Man spürte die Bewegung kaum, lediglich die Anzeigen auf der Instrumententafel zeigten ihnen, daß es aufwärts ging.

«Das wird lange dauern», sagte Harry. «Da unten liegt 'ne ganze Menge Sprengstoff.»

Es wird reichen, dachte Norman, ihn korrigierend.

«Die Druckwelle quetscht das Boot platt wie 'ne Sardinendose», sagte Harry kopfschüttelnd.

Nichts wird sie uns antun.

Zweihundertvierzig Meter.

«Noch vierzig Sekunden», sagte Harry. «Das schaffen wir nie.»

«Wir schaffen es.»

Sie waren auf zweihundertzehn Meter und stiegen rasch. Das Wasser hatte eine blaßblaue Färbung angenommen: Sonnenlicht, das bis hierher durchsickerte.

«Dreißig Sekunden», sagte Harry. «Welche Tiefe haben wir jetzt? Neunundzwanzig... acht...»

«Hundertneunzig Meter», sagte Norman. «Hundertachtzig.»

Sie warfen einen Blick in die Tiefe. Das Habitat konnten sie kaum mehr ausmachen, nur noch winzige leuchtende Stecknadelköpfe weit unter ihnen.

Beth hustete. «Jetzt ist es zu spät», sagte Harry. «Ich wußte ja gleich, daß es nicht zu schaffen war.»

«Wir schaffen es, verlaß dich drauf», sagte Norman.

«Zehn Sekunden», sagte Harry. «Neun... acht... haltet euch fest!»

Norman zog Beth an sich, als die Detonation das Boot hin und her schleuderte, wie ein Spielzeug herumwirbelte, auf den Kopf stellte, dann wieder richtig herum drehte und wie mit einer Riesenfaust nach oben riß.

«Mama!» jammerte Harry, aber das Tauchboot stieg weiter. Alles war in Ordnung. «Wir haben es geschafft!»

«Sechzig Meter», sagte Norman. Das Wasser war jetzt hellblau. Er drückte auf Knöpfe und nahm die Auftauchgeschwindigkeit allmählich zurück. Sie war enorm hoch.

Harry schlug Norman vor Freude auf den Rücken. «Wir haben es geschafft! Gott verdammt, du Dreckskerl, wir haben es geschafft! Wir leben! Das hätte ich nie gedacht! Wirklich nicht! Wir leben!» brüllte er.

Norman konnte kaum die Instrumente vor sich sehen, Tränen standen ihm in den Augen.

Und dann mußte er heftig blinzeln, als das helle Sonnenlicht durch die gewölbte Kanzel über ihnen hereinfiel. Sie waren an der Wasseroberfläche, vor ihnen lag eine spiegelglatte See, zu ihren Häupten wölbte sich der Himmel, über den kleine Wölkchen zogen.

«Siehst du das?» rief Harry. Er schrie in Normans Ohr. «Siehst du das? Es ist ein herrlicher gottverdammter Tag!»

00:00

Als Norman erwachte, sah er hellen Lichtschein durch das einzige Bullauge auf die chemische Toilette in der Ecke der Dekompressionskammer fallen. Er lag auf seiner Koje und sah sich in der Kammer um, einer fünfzehn Meter langen horizontalen Röhre. Sein Blick fiel auf Kojen, einen Metalltisch und Stühle in der Mitte; hinter einer kleinen Trennwand die Toilette. Harry schnarchte in der Koje über ihm. Gegenüber schlief Beth, einen Arm über das Gesicht gelegt. Wie von ferne hörte er leise Männerstimmen etwas rufen.

Gähnend schwang Norman die Beine über den Rand seiner Koje. Sein Körper schmerzte, aber sonst ging es ihm gut. Er trat an das helle Bullauge und sah hinaus, seine Augen blinzelten in der grellen Pazifiksonne.

Vor ihm lag das Achterdeck des Forschungsschiffs *John Hawes*: die weiße Hubschrauber-Landeplattform, schwere, aufgerollte Trossen, die metallene Röhrenkonstruktion eines Unterwasserroboters. Eine Gruppe von Seeleuten ließ fluchend, rufend und heftig gestikulierend einen zweiten Roboter über die Bordwand hinab; ihre Stimmen waren es, die er undeutlich durch die dicken Stahlwände der Kammer wahrgenommen hatte.

Er beobachtete einen muskulösen Seemann dabei, wie er eine große grüne Stahlflasche mit der Aufschrift ‹Sauerstoff› neben ein Dutzend weiterer Flaschen rollte, die auf dem Deck lagen. Danach fiel sein Blick auf die drei Mediziner, die die Dekompressionskammer überwachten und Karten spielten.

Während Norman durch das mehrere Zentimeter dicke Glas des Bullauges die Vorgänge an Deck verfolgte, kam es ihm vor, als sehe er da eine Miniaturwelt, mit der er nur wenig zu tun hatte, eine Art Terrarium voller interessanter und exotischer Geschöpfe. Diese neue Welt war ihm ebenso fremd, wie ihm einst die des dunklen Ozeans aus dem Habitat heraus erschienen war.

Er beobachtete, wie die Männer ihre Karten auf eine hölzerne Transportkiste droschen, sah sie lachen und gestikulieren. Nicht einen einzigen Blick warfen sie in seine Richtung, auf die Dekompressionskammer. Norman verstand diese jungen Männer nicht. War es nicht ihre Aufgabe, die Dekompression zu überwachen? Die drei kamen ihm jung und unerfahren vor. Da konzentrierten sie sich auf ihr Kartenspiel, statt sich um den riesigen Metallzylinder in ihrer Nähe zu kümmern. Sie schienen sich ebenso wenig aus den drei Überlebenden darin zu machen wie aus dem größeren Zusammenhang oder den Nachrichten, die die Überlebenden mit nach oben gebracht hatten. Es hatte den Anschein, als ob sich diese munteren Kartenspieler in keiner Weise um Normans Auftrag scherten – vielleicht wußten sie ja auch nichts davon.

Norman trat vom Bullauge zurück und setzte sich an den Tisch. Sein verletztes Knie schmerzte, und die Haut war um den weißen Verband herum angeschwollen. Auf dem Weg vom Tauchboot zur Dekompressionskammer hatte ein Marinearzt ihn versorgt. Sie waren von *Deepstar III* in eine unter Überdruck stehende Tauchglocke umgestiegen, die sie in die große Kammer auf dem Deck des Schiffs gebracht hatte. Hier mußten sie jetzt vier Tage und vier Nächte verbringen. Norman wußte nicht, wie lange er schon hier war. Alle drei waren sofort eingeschlafen, und in der Kammer gab es keine Uhr. Das Deckglas seiner Armbanduhr war zerbrochen – er wußte nicht, wann das passiert war.

In den Metalltisch, an dem er saß, hatte jemand eingeritzt: «SCHEISS-NAVY». Norman zeichnete mit den Fingern die Einkerbungen nach und mußte dabei an die Furchen in der silbrigen Kugel denken. Jetzt waren er, Harry und Beth in den Händen der Navy.

Was sollen wir denen nur sagen? dachte er.

«Was sollen wir denen nur sagen?» fragte Beth.

Mehrere Stunden waren vergangen. Beth und Harry waren erwacht, und jetzt saßen sie zu dritt um den zerkratzten Metalltisch. Keiner von ihnen hatte einen Versuch unternommen, mit den Männern draußen zu reden. Als hätten sie sich, dachte Norman, stillschweigend darauf geeinigt, noch eine Weile von der Außenwelt isoliert zu bleiben.

«Ich glaube, wir müssen ihnen alles sagen», sagte Harry.

«Das wäre ein Fehler», widersprach Norman. Ihn überraschte seine Entschlossenheit, die Festigkeit seiner Stimme.

«Das finde ich auch», sagte Beth. «Ich bin nicht sicher, daß die Welt für die Kugel bereit ist. Ich jedenfalls war es nicht.»

Sie sah beschämt zu Norman hinüber. Er legte ihr die Hand auf die Schulter.

«Schon», sagte Harry. «Aber betrachtet es doch mal vom Standpunkt der Navy. Sie haben eine aufwendige und kostspielige Operation auf die Beine gestellt; sechs Menschen sind umgekommen und zwei Unterwasser-Habitats zerstört worden. Bestimmt wollen die Leute Antworten von uns hören – und sie werden so lange fragen, bis sie die bekommen.»

«Wir können uns weigern, etwas zu sagen», sagte Beth.

«Das wird nichts nützen», sagte Harry. «Vergiß nicht, daß die Navy alle Bänder hat.»

«Ach ja, die Bänder», sagte Norman. An die Videobänder im Tauchboot hatte er gar nicht mehr gedacht. Es waren Dutzende, die sie mit nach oben gebracht hatten, und sie belegten alles, was während ihres Aufenthalts da unten geschehen war: der Kalmar, die Todesfälle, die Kugel. Alles.

«Wir hätten sie vernichten sollen», sagte Beth.

«Vielleicht», sagte Harry. «Aber dazu ist es jetzt zu spät. Wir können nicht verhindern, daß die Navy-Leute alles erfahren, was sie wissen wollen.»

Norman seufzte. Harry hatte recht. Es gab keine Möglichkeit zu verschweigen, was vorgefallen war, oder zu verhindern, daß die Navy erfuhr, was es mit der Kugel und mit der Macht, die sie verlieh, auf sich hatte. Diese Macht wäre gleichbedeutend mit einer unbezwingbaren Waffe: die Fähigkeit, den Feind einfach dadurch zu bezwingen, daß man sich vorstellte, er sei bezwungen. Die Auswirkungen wären unabsehbar, aber sie konnten nichts daran ändern. Es sei denn –

«Ich glaube, es gibt doch eine Möglichkeit, wie wir sie hindern können, es zu erfahren», sagte Norman.

«Welche?» fragte Harry.

«Die Macht haben wir doch noch, oder?»

«Ich denke schon.»

«Und sie besteht», fuhr Norman gelassen fort, «in der Fähigkeit, alles geschehen zu lassen, indem man es denkt.»

«Schon...»

«Dann können wir dafür sorgen, daß die Navy nichts davon erfährt. Wir können beschließen, das Ganze zu vergessen.»

Harry runzelte die Stirn. «Eine interessante Frage: Haben wir die Macht, die Macht zu vergessen?»

«Ich finde, wir sollten sie vergessen», sagte Beth. «Die Kugel ist viel zu gefährlich.»

Sie schwiegen und überlegten, zu welchen Konsequenzen ein solches Vorgehen führen würde. Nicht nur würde die Navy nie etwas über die Kugel erfahren, sondern jegliches Wissen über sie würde ausgelöscht, ihr eigenes eingeschlossen. Damit würde die Kugel aus dem Bewußtsein der Menschen verschwinden, als hätte sie nie existiert, wäre für alle Zeiten aus dem Bewußtsein der Menschheit getilgt.

»Ein großer Schritt», sagte Harry, «sie einfach vergessen. Nach allem, was wir durchgemacht haben...»

«Gerade weil wir all das durchgemacht haben, Harry», sagte Beth. «Seien wir mal ehrlich – wir haben uns nicht gerade mit Ruhm bekleckert.» Es fiel Norman auf, daß sie ohne jede Bitterkeit sprach; ihre frühere Kampfeslust war wie weggeblasen.

«Ich fürchte, das stimmt», sagte Norman. «Die Kugel wurde wohl mit dem Ziel gebaut, jede Form der Intelligenz, mit der sie zusammentraf, auf die Probe zu stellen, und die haben wir einfach nicht bestanden.»

«Hältst du das für den Zweck der Kugel?» fragte Harry. «Das kann ich mir nicht vorstellen.»

«Was denn sonst?» wollte Norman wissen.

«Nun», sagte Harry, «sieh es doch einmal so: Stell dir vor, du wärest ein intelligentes Bakterium, das durch den Weltraum treibt, und stießest auf einen unserer Nachrichtensatelliten, der auf seiner Umlaufbahn die Erde umkreist. Dann würdest du doch denken: was für ein seltsamer fremdartiger Gegenstand! Den wollen wir uns mal näher besehen. Nun stell dir vor, du würdest das Ding öffnen und reinkriechen. Drinnen fändest du alles sehr interessant, und eine ganze Menge Sachen würden dir zu denken geben. Schließlich würdest du dann vielleicht in eine der Brennstoffzellen krabbeln, und der Wasserstoff würde dich umbringen. Dann wäre dein letzter Gedanke: Diese fremdartige Einrichtung wurde offensichtlich mit dem Zweck hergestellt, die Intelligenz von uns Bakterien auf die Probe zu stellen und uns umzubringen, sobald wir etwas falsch machen.

Vom Standpunkt eines sterbenden Bakteriums aus wäre das natürlich auch richtig, aber nicht vom Standpunkt der Wesen, die den Satelliten gebaut haben. Was uns betrifft, hat ein Nachrichtensatellit nichts mit intelligenten Bakterien zu tun – wir wissen ja nicht einmal, ob es da draußen solche intelligenten

Bakterien gibt. Wir versuchen einfach, Nachrichtenverbindungen herzustellen, und haben dazu etwas gebaut, was für uns eine ganz gewöhnliche Einrichtung ist, die diesen Zweck erfüllen kann.»

«Du meinst, die Kugel ist vielleicht gar keine Nachricht, keine Trophäe und auch keine Falle?»

«Genau das», sagte Harry. «Sie braucht überhaupt nichts mit der Suche nach anderen Lebensformen zu tun zu haben oder mit der Absicht, sie auf die Probe zu stellen, wie wir uns das denken. Möglicherweise ist es reiner Zufall, daß die Kugel bei uns so grundlegende Änderungen bewirkt hat.»

«Warum aber sollte jemand eine solche Maschine bauen?» fragte Norman.

«Genau dieselbe Frage würde ein intelligentes Bakterium über einen Nachrichtensatelliten stellen: Warum sollte jemand so was bauen?»

«Im übrigen», sagte Beth, «ist die Kugel vielleicht gar keine Maschine, sondern eine Lebensform. Sie könnte ja immerhin lebendig sein.»

«Möglich», sagte Harry und nickte.

Beth fuhr fort: «Falls sie lebt, sind wir dann verpflichtet, sie am Leben zu halten?»

«Wir wissen doch gar nicht, *ob* sie lebt.»

Norman lehnte sich zurück. «All diese Spekulationen sind zwar hochinteressant», sagte er, «aber wenn man es recht bedenkt, wissen wir rein gar nichts über die Kugel. Möglicherweise sollten wir nicht einmal den bestimmten Artikel benutzen, sondern einfach ‹Kugel› sagen. Wissen wir denn, was das ist? Weder wissen wir, woher es gekommen ist, noch, ob es lebt oder unbelebt ist, und wir wissen auch nicht, wie es in das Raumschiff gelangt ist. Nichts wissen wir darüber, außer, was wir uns vorstellen – und das sagt mehr über uns aus als über dies Kugelgebilde.»

«Stimmt», pflichtete Harry ihm bei.

«Für uns ist es buchstäblich eine Art Spiegel», sagte Norman.

«Dabei fällt mir eine andere Möglichkeit ein», sagte Harry.

«Vielleicht kommt es gar nicht von außerhalb unseres Alls, sondern ist von Menschenhand gemacht.»

Dieser Einfall überraschte Norman sichtlich. Harry erläuterte: «Überleg mal. Ein Raumschiff aus unserer eigenen Zukunft ist durch ein Schwarzes Loch in ein anderes Universum oder einen anderen Teil unseres Universums geflogen. Wir können uns nicht vorstellen, was dabei herauskommt, aber nehmen wir mal an, es gäbe eine bedeutende Verzerrung der Zeit. Nehmen wir weiter an, das Raumschiff, das im Jahr 2043 mit einer menschlichen Besatzung aufgebrochen ist, sei tatsächlich viele tausend Jahre unterwegs gewesen. Hätte nicht in dem Fall die Besatzung die Kugel während dieser Zeit erfinden können?»

«Das halte ich nicht für wahrscheinlich», sagte Beth.

«Wir können es ja einfach mal einen Augenblick lang annehmen, Beth», sagte Harry sanft. Es fiel Norman auf, daß Harry seine Überheblichkeit vollkommen abgelegt hatte. Wir sitzen alle in einem Boot, dachte er, und wir arbeiten so reibungslos zusammen wie nie zuvor. Unter Wasser hatten sie ständig gestritten, doch jetzt zogen sie an einem Strang, wie ein richtiges Team.

«Was die Zukunft betrifft, gibt es eine Schwierigkeit», sagte Harry, «die wir uns nicht eingestehen. Wir vermuten, daß wir besser in die Zukunft sehen können, als es uns in Wirklichkeit möglich ist. Leonardo da Vinci hat vor fünfhundert Jahren versucht, einen Hubschrauber zu bauen, und Jules Verne hat vor hundert Jahren ein U-Boot vorausgesagt. Anhand solcher Beispiele denken wir gern, die Zukunft sei voraussagbar in einer Weise, die der Wirklichkeit nicht entspricht. Weder Leonardo noch Jules Verne hätten sich beispielsweise einen Computer auch nur vorstellen können, denn schon das setzt viel mehr Wissen voraus, als zu jener Zeit, da diese Männer lebten, überhaupt denkbar war. Wenn man so will, ist dies Wissen später gewissermaßen aus dem Nichts gekommen.

Und jetzt, da wir hier sitzen, sind wir auch nicht klüger. Wir hätten uns nicht vorstellen können, daß die Menschen ein Raumschiff durch ein Schwarzes Loch schicken – wir vermuten überhaupt erst seit ein paar Jahren, daß es Schwarze Löcher gibt – und wir haben mit Sicherheit keine Möglichkeit, auch nur im entferntesten zu ahnen, wozu die Menschheit in ein paar tausend Jahren imstande sein wird.»

«Immer vorausgesetzt, die Kugel wurde von Menschenhand gemacht.»

«Ja, natürlich.»

«Und wenn nicht? Angenommen, sie stammt wirklich aus einer außerirdischen Zivilisation, haben wir dann das Recht, alles Wissen auszulöschen, das die Menschheit über diese außerirdische Lebensform besitzt?»

«Ich weiß nicht», sagte Harry und schüttelte den Kopf. «Wenn wir uns entschließen, die Kugel zu vergessen...»

«Ist sie weg», sagte Norman.

Beth sah auf den Tisch. «Ich wollte, wir könnten jemanden fragen», sagte sie schließlich.

«Es gibt keinen, den man fragen kann», sagte Norman.

«Aber können wir sie eigentlich vergessen?» fragte Beth. «Geht das überhaupt?»

Ein langes Schweigen trat ein.

«Ja», sagte Harry schließlich. «Daran dürfte kein Zweifel bestehen. Und ich glaube, wir haben bereits Hinweise darauf, daß wir sie tatsächlich vergessen werden. Das löst ein logisches Problem, das mich von Anfang an beschäftigt hat, als wir das Schiff zum erstenmal betraten. In dem Schiff hat nämlich etwas sehr Wichtiges gefehlt.»

«Tatsächlich? Was denn?»

«Ein Hinweis darauf, daß dessen Erbauer bereits von der Möglichkeit einer Reise durch ein Schwarzes Loch wußten.»

«Da kann ich dir nicht folgen», sagte Norman.

«Nun», sagte Harry, «wir drei haben ein Raumschiff gesehen, das durch ein Schwarzes Loch geflogen ist; wir haben es sogar erkundet. Wir wissen also, daß eine solche Reise möglich ist.»

«Ja...»

«Aber in fünfzig Jahren wird man das Schiff versuchsweise bauen, offenkundig ohne zu wissen, daß es fünfzig Jahre zuvor bereits gefunden worden war. Es gibt in dem Raumschiff keinen Hinweis darauf, daß dessen Erbauer bereits etwas von der Existenz eines solchen Schiffs in der Vergangenheit wußten.»

«Vielleicht ist es eins von diesen Zeitparadoxen», sagte Beth. «Ihr wißt ja, man kann nicht in die Vergangenheit zurückkehren und sich dort begegnen.»

Harry schüttelte den Kopf. «Ich halte es nicht für ein Paradox», sagte er, «sondern glaube, daß alles Wissen über das Schiff verlorengehen wird.»

«Du meinst, wir werden es vergessen?»

«Ja», sagte Harry. «Und offen gestanden halte ich das für die beste Lösung. Eine ganze Weile habe ich da unten gedacht, daß keiner von uns je lebend zurückkäme. Das war die einzige Erklärung, die mir einfiel. Deswegen wollte ich auch mein Testament machen.»

«Aber wenn wir beschließen, es zu vergessen...»

«Genau», sagte Harry. «Wenn wir das beschließen, führt es zum selben Ergebnis.»

«Dies Wissen wird damit auf immer verschollen sein», sagte Norman ruhig. Er merkte, wie er zögerte. Jetzt, wo sie diesen Punkt erreicht hatten, war er merkwürdigerweise nur widerwillig dazu bereit, den Schritt zu tun. Er fuhr mit den Fingern über den zerkratzten Tisch, als könne ihm die Oberfläche eine Lösung liefern.

In gewisser Hinsicht, dachte er, bestehen wir alle ausschließlich aus Erinnerungen. Unsere Persönlichkeit gründet auf Erinnerungen, unser Leben ist um Erinnerungen herum gebaut, unsere Kulturen ruhen auf den Fundamenten gemeinsamer Erinnerungen, die wir Geschichte und Wissenschaft nennen. Und jetzt sollen wir eine Erinnerung aufgeben, Wissen aufgeben, die Vergangenheit aufgeben...

«Leicht fällt es mir nicht», sagte Harry kopfschüttelnd.

«Nein», sagte Norman. «Mir auch nicht.» In der Tat erschien es ihm so schwer, daß er sich fragte, ob er da eine ebenso grundlegende Erfahrung des menschlichen Daseins erlebte, wie es der Geschlechtstrieb war. Er konnte sein Wissen einfach nicht aufgeben. Er schien ihm so bedeutend, die Folgerungen daraus so faszinierend... Sein ganzes Wesen rebellierte gegen die Vorstellung, alles zu vergessen.

«Nun», sagte Harry. «Ich glaube, wir müssen es tun, so oder so.»

«Ich mußte gerade an Ted denken», sagte Beth, «und an Barnes und die anderen. Wir wissen als einzige, wie sie wirklich umgekommen sind, wofür sie ihr Leben gegeben haben. Und falls wir das vergessen...»

«Wir werden es vergessen», sagte Norman fest.

«Sie hat recht», sagte Harry. «Wenn wir sie vergessen, was ist dann mit den Einzelheiten? Da gibt es doch eine ganze Menge ungelöster Fragen!»

«Ich glaube nicht, daß wir da mit Schwierigkeiten rechnen müssen», sagte Norman. «Wie wir gesehen haben, sind die schöpferischen Kräfte des Unbewußten gewaltig. Um die Einzelheiten wird sich das Unterbewußtsein kümmern. Wenn man sich morgens anzieht, denkt man auch nicht unbedingt an jede Einzelheit – Gürtel, Socken und so weiter. Man trifft einfach eine grundlegende Entscheidung, daß man so und so aussehen will, und dann zieht man sich an.»

«Trotzdem», sagte Harry. «Wir sollten möglichst die Grundentscheidung treffen, denn wir haben alle drei die Macht dazu. Wenn wir uns verschiedene Geschichten ausdenken, stiften wir nur Verwirrung.»

«Das ist richtig», sagte Norman. «Einigen wir uns also über den Ablauf. Warum sind wir hergekommen?»

«Ich hatte gedacht, es gehe um einen Flugzeugabsturz.»

«Ich auch.»

«Okay. Nehmen wir also an, es war ein Flugzeugabsturz.»

«Schön. Und weiter?»

«Die Navy hat ein paar Leute runtergeschickt, um die Ursachen festzustellen, und dabei hat es Schwierigkeiten gegeben –»

«– Augenblick, was für welche?»

«Der Kalmar?»

«Nein. Besser ein technisches Problem.»

«Im Zusammenhang mit dem Sturm?»

«Wenn nun während des Sturms das Lebenserhaltungssystem ausgefallen ist?»

«Ja. Gut. Das Lebenserhaltungssystem ist während des Sturms ausgefallen.»

«Und infolgedessen sind mehrere Menschen umgekommen?»

«Moment. Nicht so schnell. Wodurch ist das System ausgefallen?»

Beth schlug vor: «Das Habitat ist leckgeschlagen, und Seewasser hat die Gasreiniger in Röhre B angegriffen. Dabei wurde ein giftiges Gas freigesetzt.»

«Ist das technisch möglich?» fragte Norman.

«Ohne weiteres.»

«Und infolge dieses Unfalls sind mehrere Menschen umgekommen.»

«Okay.»

«Aber wir haben überlebt.»

«Ja.»

«Warum?» fragte Norman.

«Weil wir im anderen Habitat waren?»

Norman schüttelte den Kopf. «Das ist auch zum Teufel.»

«Vielleicht haben wir es später zerstört, mit dem Sprengstoff.»

«Viel zu kompliziert», sagte Norman. «Wir wollen die Sache einfach halten. Es war ein Unfall, der plötzlich und unerwartet eintrat. Ins Habitat ist Wasser eingedrungen, die Absorptionszylinder sind ausgefallen, und als Ergebnis sind die meisten umgekommen, wir aber nicht, weil –»

«Wir gerade im Tauchboot waren?»

«Einverstanden», sagte Norman. «Weil wir in dem Boot waren, als das passierte, haben wir überlebt, und die anderen nicht.»

«Was wollten wir in dem Boot?»

«Wir haben gerade planmäßig die Bänder dorthin gebracht.»

«Und was ist mit denen?» fragte Harry. «Was gibt es auf denen zu sehen?»

«Die Bänder werden unsere Geschichte bestätigen», sagte Norman. «Alles wird sich mit unserem Bericht decken, einschließlich der Aussagen der Marine-Leute, die uns ursprünglich runtergeschickt haben, und natürlich einschließlich unserer eigenen Aussagen – wir werden uns an nichts erinnern als an diese Geschichte.»

«Und die Macht werden wir nicht mehr haben?» fragte Beth stirnrunzelnd.

«So ist es», sagte Norman, «damit ist es dann vorbei.»

«Okay», sagte Harry.

Beth schien ein wenig länger über die Frage nachzudenken. Sie biß sich auf die Lippe, doch schließlich nickte sie. «Okay.»

Norman holte tief Luft und sah auf Beth und Harry. «Sind wir also bereit, die Kugel ebenso zu vergessen wie die Tatsache, daß wir einmal die Macht hatten, Dinge geschehen zu lassen, indem wir sie dachten?»

Sie nickten.

Plötzlich wurde Beth unruhig und rutschte auf ihrem Stuhl hin und her. «Aber wie stellen wir es an?»

«Ganz einfach», sagte Norman. «Macht die Augen zu und sagt euch selbst, daß ihr es vergessen wollt.»

«Aber bist du ganz sicher, daß wir es tun sollten? Wirklich ganz sicher?» Beth wirkte immer noch unruhig und nervös.

«Ja, Beth. Du... gibst die Macht einfach wieder her.»

«Dann aber alle zusammen», sagte sie. «Im selben Augenblick.»

«Schön», sagte Harry. «Bei drei.»

Sie schlossen die Augen.

«Eins...»

Die Menschen vergessen ohnehin stets, daß sie Macht haben, dachte Norman.

«Zwei...» sagte Harry.

Dann konzentrierte sich Norman. Plötzlich sah er die Kugel wieder ganz deutlich vor sich. Sie glänzte wie ein Stern, vollkommen und poliert, und er dachte: Ich möchte vergessen, daß ich die Kugel je gesehen habe.

Und vor seinem inneren Auge verschwand die Kugel für immer.

«Drei», sagte Harry.

«Was meinen Sie mit drei?» fragte Norman. Er rieb sich die schmerzenden Augen mit Daumen und Zeigefinger und öffnete sie wieder. Beth und Harry saßen mit ihm um den Tisch in der Dekompressionskammer. Alle drei sahen müde und niedergeschlagen aus. Damit muß man rechnen, dachte Norman, bei dem, was wir durchgemacht haben.

«Was meinen Sie mit drei?» wiederholte er.

«Ach», sagte Harry, «ich hab nur laut daran gedacht, daß nur noch drei von uns übrig sind.»

Beth seufzte. Norman sah Tränen in ihren Augen. Sie suchte in ihrer Tasche nach einem Kleenex und schneuzte sich.

«Wir brauchen uns keine Vorwürfe zu machen», sagte Norman. «Es war ein Unfall. Wir konnten nichts dagegen tun.»

«Ich weiß», sagte Harry. «Aber daß die Menschen ersticken mußten, während wir im Tauchboot saßen... Ich höre sie noch schreien... Gott, wie sehr wünschte ich, daß es nie passiert wäre!»

Sie schwiegen. Beth schneuzte sich erneut.

Auch Norman wünschte, es wäre nie geschehen. Aber das brachte sie auch nicht zurück.

«Wir können es nicht ungeschehen machen», sagte Norman, «sondern nur lernen, die Dinge hinzunehmen.»

«Das weiß ich», sagte Beth.

«Ich habe viel Erfahrung mit Unfall-Traumata», sagte er. «Du mußt dir immer wieder sagen, daß du keinen Grund hast, dich schuldig zu fühlen. Fakten sind unabänderlich – Menschen sind gestorben, und du selbst bist verschont geblieben. Niemand kann etwas dazu. Es ist einfach so. Es war ein Unfall.»

«Das habe ich mir auch gesagt», erwiderte Harry, «aber trotzdem habe ich ein schlechtes Gefühl.»

«Wir müssen uns einfach immer wieder sagen, daß man nichts daran ändern kann», empfahl ihnen Norman. «Denken Sie daran.» Er stand vom Tisch auf. Es wäre gut, etwas zu essen, dachte er. «Ich laß uns was zu essen bringen.»

«Ich habe keinen Hunger», sagte Beth.

«Trotzdem. Wir sollten etwas essen.»

Norman trat ans Bullauge. Die aufmerksamen Navy-Angehörigen sahen ihn sofort und drückten auf den Knopf der Sprechverbindung. «Können wir was für Sie tun, Dr. Johnson?»

«Ja», sagte Norman, «wir hätten gern etwas zu essen.»

«Kommt gleich, Sir.»

Norman sah das Mitgefühl auf ihren Gesichtern. Diese jungen Offiziere verstanden, was für ein Schock es für die drei Überlebenden gewesen sein muß.

«Dr. Johnson? Meinen Sie, daß Sie jetzt mit uns reden können?»

«Reden?»

«Ja, Sir. Die Spezialisten, die die Videobänder aus dem Tauchboot auswerten, wollen Ihnen als den einzigen Überlebenden einige Fragen stellen.»

«Worüber?» fragte Norman, ohne besonderes Interesse zu zeigen.

«Nun, als man Sie herbrachte, hat Dr. Adams etwas von einem Kalmar gesagt.»

«Tatsächlich?»

«Ja, Sir. Nur ist auf den Bändern keiner zu sehen.»

«Ich kann mich auch an keinen erinnern», sagte Norman verwirrt. Er wandte sich zu Harry um. «Haben Sie was über einen Kalmar gesagt, Harry?»

Der Angesprochene legte die Stirn in Falten. «Über einen Kalmar? Nicht, daß ich wüßte.»

Norman wandte sich dem Navy-Mann wieder zu. «Was ist auf den Bändern eigentlich drauf?»

«Sie zeigen alles bis zu dem Zeitpunkt, als die Luft im Habitat... Sie wissen schon, der Unfall...»

«Ja», sagte Norman. «An den erinnere ich mich.»

«Von den Aufzeichnungen auf den Bändern glauben wir zu wissen, was geschehen ist. Vermutlich ist es zu einer Undichtigkeit in einer Wandung des Habitats gekommen, und die Zylinder der Gasreinigungsanlage sind naß geworden. Die Anlage ist ausgefallen, und die Luft in den Röhren wurde vergiftet.»

«Aha.»

«Es muß sehr plötzlich gekommen sein, Sir.»

«Ja», sagte Johnson, «das ist es.»

«Sie sind also bereit, mit jemandem zu reden?»

«Ich denke schon. Ja.»

Norman wandte sich vom Bullauge ab. Er steckte die Hände in die Taschen seiner Jacke und stieß dabei auf ein Stück Papier. Er zog es heraus: Es war ein Foto. Neugierig betrachtete er es.

Es zeigte eine rote Corvette. Norman überlegte, woher das Bild stammen mochte. Wahrscheinlich gehörte der Wagen jemandem, der die Jacke vor ihm getragen hatte. Möglicherweise einem der Navy-Leute, die bei der Unterwasserkatastrophe umgekommen waren.

Ein Schauer überlief ihn. Er zerknitterte das Bild in der Faust und warf es in den Papierkorb. Er brauchte keine Erinnerungsstücke. Nur zu gut war die Katastrophe in sein Gedächtnis eingegraben, und er wußte, daß er sie sein Leben lang nicht vergessen würde.

Er sah zu Beth und Harry hinüber. Beide sahen müde aus. Beth starrte vor sich hin. Sie hing wohl ihren eigenen Gedanken nach. Doch ihr Gesicht war heiter. Trotz der schweren Zeit, die sie unter Wasser durchgemacht hatte, wirkte sie, fand Norman, fast schön.

«Weißt du, Beth», sagte er, «du siehst hinreißend aus.»

Sie schien es nicht gehört zu haben, doch dann wandte sie sich ihm langsam zu. «Danke, Norman», sagte sie.

Sie lächelte.

Richard Brautigan

«**Richard Brautigan** hat Humor, Witz von einer zum Sarkasmus neigenden Art, teils eingefärbt mit einem Hauch Melancholie, aber letztlich im Ton einer auffallenden Gutmütigkeit, Sanftheit. Mitgefühl nicht als tolle Geste, sondern als Verbundenheit mit den Verlierern des Alltags.» *Kulturjournal*
Richard Brautigan, 1935 geboren, wurde mit seinen Geschichten über Nacht zum Kultautor der amerikanischen Campus-Jugend. Er starb im September 1984 in Bolinas, Kalifornien.

Ein konföderierter General aus Big Sur
(rororo 12626)
Das grandiose Debüt des Kultautors Richard Brautigan.

Forellenfischen in Amerika
Roman
(rororo 12619)
«Keiner hat die Maschine im Garten, den Ausverkauf der Natur, den Sündenfall der modernen Industriegesellschaft so realistisch und gleichermaßen phantastisch, so vordergründig und gleichermaßen hintersinnig, so sentimental und gleichermaßen humorvoll beklagt wie Brautigan.» *Frankfurter Allgemeine Zeitung*

Der Tokio-Montana-Express
Roman
(rororo 12638)

Die Abtreibung *Eine historische Romanze 1966*
(rororo 12615)

Das Hawkline Monster
(rororo 12631)

3208/3

rororo Literatur

Träume von Babylon *Ein Detektivroman 1942*
(rororo 12637)

Ende einer Kindheit *Roman*
(rororo 13124)

Japan bis zum 30. Juni *Gedichte*
(rororo 13112)

Die Rache des Rasens
Geschichten
(rororo 13125)

Sombrero vom Himmel *Ein japanischer Roman*
(rororo 13126)

In Wassermelonen Zucker
Roman
(rororo 13110)

Die Pille gegen das Grubenunglück von Springhill & 104 andere Gedichte
(rororo 13111)

Willard und seine Bowlingtrophäen *Ein perverser Kriminalroman*
(rororo 13127)

3233/5

P. D. James

Adam Dalgliesh ist Lyriker von Passion, vor allem aber ist er einer der besten Polizisten von Scotland Yard. Und er ist die Erfindung von **P. D. James.** «Im Reich der Krimis regieren die Damen», schrieb die Sunday Times und spielte auf Agatha Christie und Dorothy L.Sayers an, «ihre Königin aber ist P. D. James.» In Wirklichkeit heißt sie Phyllis White, ist 1920 in Oxford geboren, und hat selbst lange Jahre in der Kriminalabteilung des britischen Innenministeriums gearbeitet.

Ein reizender Job für eine Frau
Kriminalroman
(rororo 5298)
Der Sohn eines berühmten Wissenschaftlers in Cambridge hat sich angeblich umgebracht. Aber die ehrfürchtig bewunderte Idylle der Gelehrsamkeit trügt.

Der schwarze Turm *Kriminalroman*
(rororo 5371)
Ein Kommissar entkommt mit knapper Not dem Tod und muß im Pflegeheim schon wieder unnatürliche Todesfälle aufdecken.

Eine Seele von Mörder
Kriminalroman
(rororo 4306)
Als in einer vornehmen Nervenklinik die bestgehaßte Frau ermordet wird, scheint der Fall klar – aber die Lösung stellt alle Prognosen über den Schuldigen auf den Kopf.

rororo Unterhaltung

Tod eines Sachverständigen
Kriminalroman
(rororo 4923)
Wie mit einem Seziermesser untersucht P. D. James die Lebensverhältnisse eines verhaßten Kriminologen und zieht den Leser in ein kunstvolles Netz von Spannung und psychologischer Raffinesse.

Tod im weißen Häubchen
Kriminalroman
(rororo 4698)
In der Schwesternschule soll ein Fall künstlicher Ernährung demonstriert werden. Tatsächlich ereignet sich ein gräßlicher Tod... Für Kriminalrat Adam Dalgliesh von Scotland Yard wird es einer der bittersten Fälle seiner Laufbahn.

Ein unverhofftes Geständnis
Kriminalroman
(rororo 5509)
«P. D. James versteht es, detektivischen Scharfsinn mit der präzisen Analyse eines Milieus zu verbinden.»
Abendzeitung, München

Romane und Erzählungen

Peter Høeg
Fräulein Smillas Gespür für Schnee *Roman*
(rororo 13599)
Fräulein Smilla verfolgt die Spuren eines Mörders bis ins Eismeer Grönlands. «Eine aberwitzige Verbindung von Thriller und hoher Literatur.» *Der Spiegel*

Denis Belloc
Suzanne *Roman*
(rororo 13797)
«Suzanne» ist die Geschichte von Bellocs Mutter: Das Schicksal eines Armeleutekinds in schlechten Zeiten. «Denis Belloc ist der Shootingstar der französischen Literatur.» *Tempo*

Ray Loriga
Vom Himmel gefallen *Roman*
(rororo 13903)
Ray Loriga, Jahrgang 1967, lebt in Madrid. In seinem mit Bitterkeit und schwarzem Humor getränkten Roman verfolgen Polizei und Medienmeute einen jugendlichen Killer quer durch Spanien.

Andre Dubus
Ehebruch und anderes *Vier Novellen*
(rororo 13744)
Stimmen vom Mond *Roman*
(rororo 12446)
Sie leben jetzt in Texas *Short Stories*
(rororo 13925)
Zehn klassische Short Stories von Andre Dubus über Menschen, die versuchen, mit aufrechtem Gang das Leben zu bewältigen. «Seine Geschichten sind bewegend und tief empfunden.» *John Irving*

rororo Literatur

Daniel Douglas Wissmann
Dillingers Luftschiff *Roman*
(rororo 13923)
«Dillingers Luftschiff» ist eine romantische Liebesgeschichte und zugleich eine verrückte Komödie voll schrägem Witz, unbekümmert um die Grenzen zwischen Literatur und Unterhaltung.

Michael Frayn
Sonnenlandung *Roman*
(rororo 13920)
«Spritziges, fesselndes, zum Nachdenken anregendes Lesefutter. Kaum ein Roman macht so viel Spaß wie dieser.» *The Times*

Radek Knapp
Franio *Erzählungen*
(rororo 13760)
Die Erzählungen von Radek Knapp wurden als bestes Debüt des Jahres mit dem «aspekte»-Literaturpreis des ZDF ausgezeichnet. «Dieser Autor hat Witz, Pfiff, Humor!»
Marcel Reich-Ranicki